Yuyan Minsu Yu
Zhongguo Wenhua

语言民俗与中国文化

黄涛◎著

人民出版社

作者与导师钟敬文先生合影

目　录

序　一

老事人文浩不穷，
民风民艺情独钟。
不辞握管人憔悴，
要采珊瑚碧海中。
　　　　——小疾口占

一

　　民俗文化，简要地说，是世间广泛流传的各种风俗习尚的总称。它的范围，大体上包括存在于民间的物质文化、社会组织、意识形态和口头语言等各种社会习惯、风尚事物。物质文化，一般包括它的各种品类及其生产活动两个方面。它是由人类的衣、食、住、行和工艺制作等方面的物化形式，以及主体在生产过程中的文化传承活动所构成的。像传统的民居形式、服饰传统和农耕方式等，都是物质文化的内容。社会组织，指人类社会集团中氏族、家属、宗族、村落、乡镇、市镇，以及各种民间组织，包括民众职业集团的总称。当它们彼此之间的关系，通过某种约定俗成的方式固定下来，成为维护民间人际关系和生存方式的纽带时，它们也就进入了民俗文化的范畴。意识形态，涉及民间宗教、伦理、礼仪和艺术等，是在物质文化和社会组织的基础上形成的精神民俗部分。此外，就是口头语言。口头语言不属于以上三类。它是人际关系的媒介，是许多文化的载体，也是一种特殊的符号民俗

1

传承。

语言是人们联系共同的生产活动、生活事务和表达个人的思维、感受的必需手段。在人们的集体活动中,没有语言这种文化因素是不可想象的。语言本身既是人类社会一种重要文化因素,又是别的许多文化因素的载体。所谓"口承文化",它包括人类的各种口头文学以及用口头语言表达和传承的各种人生经验和知识。近代学者把语言作为构成民族概念的重要条件之一,这是完全有道理的。世界上一些国家如美国、日本的某些民俗学者,往往十分重视对口头语言民俗的研究。我国自"五四"民俗学运动兴起之后,也在口承语言民俗的领域,做过一些调查和探索,尽管成绩不太显著,但在"五四"时期,对口头语言问题非常重视,在这方面开展的活动与研究曾有着特殊的作用和重大的影响。

现代意义的中国民俗学肇端于1918年北京大学近世歌谣征集处,随后它作为"五四"新文化运动的一部分曾有一定的声势。"五四",这一场伟大的思想、文化运动,像一夜春雨,催开了现代中国的民主与科学文化事业的花朵,也唤醒了国人沉睡之中的民族意识。我多年来所从事的民间文艺学、民俗学两学科,就是这场运动的伴生物。我自己当时转变为追随新思潮的"新党",进入了这两种学科之门,也是"五四"运动启蒙的结果。"五四"运动与现代中国民间文学、民俗学运动的关系,在某种意义上,决定了"五四"与我个人学术道路的关系。所以我个人对这场运动怀有特殊的感情。我对语言民俗的较浓厚的兴趣,也与"五四"运动对语言问题的特别关注有关。故在此我想简略回顾一下"五四"时期的学人们在语言问题上的探索与成就。虽然那时所关注的语言问题与黄涛同学这本书里所探讨的更加专门化的语言民俗问题有较大的内容属性上的差异,但是从学科发展史的角度看,二者有相当密切的关系。

在"五四"这个非常时期,那些激进、热忱的青壮年学者们所采取的态度、进行的活动以及取得的成果,有着内、外向两个方面。内向的,主要是对待民族传统文化问题,外向的是对待外国文化问题。在对待固有传统文化这方面,大体上又可分为否定的、破坏的方面,和肯定的或积极地对待的方面。前者如严厉批判专制制度,封建伦理和正统文艺等;后者如热情扶植民众口头活语言,赞扬口承文学及优秀传统通俗小说、戏曲等。多年来,我国学术界关于"五四"时期新文化活动对待传统文化的注意和评论多侧重在前一方面,即对于旧制度、旧伦理和旧文艺等的批判上。对于后者则很少或较少涉及。更不必说,把当时学者们对大众语言、口承文艺、通俗小说、民间风尚的见解、评价联成一个主题加以论述、评价了。这不管由于什么原因,现在看来,是应该弥补的一个缺陷。只有这样做,才可能使人们对近代这一段伟大的文化史的理解更为全面,更为丰富和深刻。这里,我仅谈一下"五四"学人热情扶植民众口头活语言这一方面。

从语言学的角度看,"五四"运动又是一场白话文运动和推行国语的运动。它所提倡的以平民的白话代替传统的文言,用白话写文章,以及主张以北京话为基础向全国推行国语和用它编写教科书,反映出了一种思想、文化载体方面的重大变化。这是世界上新旧思想、文化更迭时经常出现的现象。欧洲文艺复兴时期和日本明治维新以后的文字改革时期,都有过类似情况。

鸦片战争以后,我国政府在外事交涉和国际交兵中节节失败,形成了民族、国家的危急局势。有识之士(包括部分的政府官员)觉得非参照欧美国家情形,改革某些固有制度,大力开通民智等,不足以抵御敌人,保护自己。而要开通民智,必须迅速普及教育。但是要完成这种任务,必须统一国语,特别使书面文字与口头语言统一起来。而当时实际情形到底怎样呢?在我国幅员广阔的国境中,虽然绝大多数省份的人民,使用着一种大致相同或相近的普通话(白话,它是千百年来随着社会、政治及交通等的发达所逐渐形成的,它也产生过许多通俗作品——有的还是文学史上的杰作)。但是它跟当时朝廷及一般读书人所使用的文字是不相应和的,是各自成体系的——其中只有少数的基本词汇和语法彼此还有关联。并且从文化心理上看,这种广泛存在的活文化(普通话)在当时许多知识分子(特别是士大夫阶层)眼中是鄙俗的,没有文化价值的。要救亡图存,这是一个关口,非闯过去不可!于是,有识之士不得不大声宣传运用白话写作的必要,并且把主张见于实践,例如办白话报,用普通话写作小说或教育文字(我们知道,像章太炎那样的国学家,当时还在《教育今语》上用白话写过通俗的文章)。

制作切音字母(王照)、简字谱录(劳乃宣)等,目的都在开通民智,普及教育。但是顽固的封建势力仍然把握着政权,社会上的习惯势力也如盘根错节,因此,口头语言与书面文字的分裂局面仍然在积蓄着。它有待于更大力量的冲击。

1917 年初,首倡文学革命的胡适在《文学改良刍议》一文中,提出改良中国文学的"八事",最后的一事是"不避俗字俗语"。他简略叙述了我国过去白话文学的发展及受阻,英、法、德等国俗语文学发达的过程之后,接着明确地提出要用口语作诗文,去代替那久占正统地位的文言。接着,《新青年》又发表许多响应这种主张的文章、通信及白话诗、白话论文。这中间,胡适自己还用白话编大学用的讲义《中国哲学史大纲》。而从 1918 年起,《新青年》上的文章全用口语。到了 1919 年初("五四"前夜),北京大学的学生傅斯年、罗家伦等又创办《新潮》月刊,邀请当时该校及校外进步人士李大钊、胡适、周作人、鲁迅等经常撰稿,以致力于新思潮、新文化的提倡和推进。文化革命的野火的势头越烧越旺。语文统一、普及国语的运动也随着迅速发展了。这时语言革新是与文学革命紧密结合在一起的。

正在那时期,"五四"运动的滔天浪潮涌起了。它本身是一个划时代的政治运动。但是,从关系上说,它跟当时的新文化骨肉相连。在它发生之前,新文化、新思想已经在"打前站",而它发生后又掀起了空前的文化上的狂涛大浪。仅从语文改革的范围看,那成果的巨大就是惊人的。由国语研究会及国语统一筹备会成员(他们大多数是参与新文化运动的学者)的努力,1918 年末,教育部已经正式公布了《注音字母》及《国音字典》;"五四"运动兴起后,由于学生界的醒觉和爱国宣传的需要,一时全国白话小报如雪花纷飞。据有些学者后来统计,当时这种小报有 400 多种。水到渠成。1920 年 1 月,教育部通令全国把国民学校(小学)的一、二年国文改语体文。到了 1923 年,连中学的国文科也改为国语科。此后,刊物上的文章和文艺、学术著作,一般都采用当代人们的口语了。

到了这时,用民众口语作为记述事物,表达思想、感情的媒介的要求达到了。这是我国民族文化向现代化迈出的一大步,是当时学术界致力于民俗文化活动的一个重要方面,甚至于是它的一个基本方面。

"五四"时期,关于语言方面的学术活动,除了上面所述确立了以普通话为国语,用语言去统帅文字的工程之外,还有一项值得指出的活动,那就是重视方言,号召对它进行调查并研究。

北京大学的研究所国学门于 1922 年把本来独立的歌谣研究会收编了进去,为了工作需要,又继续成立了方言调查会和风俗调查会。歌谣是"方言的诗"(有人更进一步,说它是"方音的诗"),歌谣和方言的关系是很密切的。因此《歌谣》周刊刊行后,学者在收集、整理和探究上自然要碰到这个问题。所以早在《歌谣选》时期,就派定了负责审音的人(沈兼士、钱玄同)。《歌谣》周刊出版后,曾陆续发表过这一类的文章,例如《歌谣与方言调查》(周作人)、《歌谣与发音问题》(董作宾)等。方言调查会成立前夕出版的《歌谣增刊》(1923.12.17)更集中发表了几篇文章,其中有钱玄同、黎锦熙、魏建功等的论文。从理论上看,更值得注意的,是林语堂和沈兼士的文章。林氏论题是《研究方言应有的几个语言学观察点》,沈氏论题是《今后研究方言的新趋势》。沈氏的文章主要目的在总结我国过去方言学的成就与缺点,并进一步论述新方言纵的研究和横的研究,最后指出古今方言研究的不同点:(一)向来的研究只是目治的,注重文字,现在的研究是耳治的,注意言语;(二)向来只是片段的考证,现在须用系统的方法,实现历史的研究和比较的研究,以求得方言流变之派别,分布之状况;(三)向来是孤立的研究,现在是利用与之有直接或间接关系的发音学、言语学、文字学、心理学、人类学、历史学、风俗学……等科学以为建设新研究的基础。这些意见,现在看来,虽然没有多少特殊的地方,但是在 60 多年前的学术界,无疑是相当新颖的,是对于青年学者有指导意义的。

方言调查会所指出的那些研究任务,固然出于歌谣收集、整理和研究的直接需要,但作为新国故(用现在的术语说是"民族文化遗产研究")研究对象的一方面(民族方言学),它本身正是不容忽视的。这点从林、沈等教授的论文所阐述就可以明了。方言调查会成立(1924 年 1 月)后,作为这方面的负责者,林语堂又在《歌谣》上发表了具有纲领性的文章:《宣言书》。在该文里,他举出调查会应做的事情和考察的问题,一共有 7 点:1. 制成方言地图;2. 考定方言音声;3. 调查殖民历史①;4. 考定苗彝异种的语言;5. 依据方言的材料反证古音;6. 扬雄式的词汇调查;7. 方言语法的研究(《歌谣》周刊 47 号,1924.3.16)。这 7 点,扼要地概括了方言的调查、研究的主要任务,跟上文所提到的作者的《研究方言应有的几个语言学观察点》以及后来发表的《方言调查会方音字母草案叙言》(《歌谣》周刊 55 号"方言标音专号",1925.5.18)3 篇文章,从研究观点、方法到实际作业项目等在当时起着指导性的作用。

　　北大方言调查会成立后,虽然成绩不大,但已经粗略地建立起这种新人文学科。在当时它是新语文学活动的一个方面,同时也是正在兴起的民俗文化学的一个分支。这个有相当意义的学术活动,后来似乎很少被学人提起过。

　　以上是对"五四"时期在语言方面的社会思潮和学术活动的回顾。从今天学科分工的情况看,那时候所做的倡导白话文、推行国语(普通话)、调查研究方言这些事情,应该属于语言学的工作范畴。但是在当时,这些事情不单纯是语言方面的学术问题,而是关涉文学变革和文化革新的一个关键问题。当时那些从事新文化活动的学者们,大都是具有爱国思想和受过近代西洋文化洗礼的。同时他们又是比较熟悉中国传统文化的。他们觉得要振兴中国,必须改造人民的素质和传统文化。而传统文化中最要不得的是上层社会的那些文化。至于中、下层文化,虽然也有坏的成分,但却有许多可取的部分,甚至还是极可宝贵的遗产(这主要是从民主主义角度观察的结果,同时还有西洋近代学术理论的借鉴作用)。这就形成了他们对待传统文化的共同态度和活动,那就是,重视民族传统中的中、下层文化,调查它、探索它,乃至表彰它,并用它冲击、摧毁上层文化中落后的、腐朽的部分。这就造成了"五四"新文化运动的鲜明的平民主义精神,它是这场运动的主体精神之一。若不是有这杆平民主义的旗帜,"五四"新文化的主张也不会在社会上产生那样大的反响。而大众语言,与口头文艺、通俗文学、风俗习

――――――――――――

① 这里所谓"殖民"是指历史上国内人民迁移的事情。林氏认为"殖民历史为方言调查的一部分"。

尚等一样,是被正统文化所排斥的、被那帮守旧分子认为不足挂齿的"低贱文化",这时却作为民族中、下层文化的主要表现形式,成为新得宠的传统文化,受到"五四"激进派学人的表彰、倡导和研究。白话文、国语、方言被当作鲜活的、平民的、有益于建设新文化的事物,而以文言文写作的、主张"文以载道"的所谓典雅文学被看作陈腐守旧的、代表没落贵族、阻碍社会进步的东西。那时语言学家是与文学家、历史学家、教育家等一起组成了初创时期现代民俗学的研究队伍的。这些来自不同学科的人也确实常在一起搞活动,相互间很熟悉。当然语言学是一种专门性较强的学科,其他学科的人不容易了解它。比如魏建功曾发表一部音韵学方面的专著《古音系研究》,请周作人作序,周在序里就讲自己在音韵学方面是外行,而谈了柳田国男的《民间传承论》"言语艺术"一章中关于民间命名的内容,并举了汉语方言里一些东西的俗名和小孩子们对一些昆虫的叫法,可以看作语言民俗学方面的一篇很有情趣的短文。但是共同的旨趣和事业将不同学科背景的人联系在一起,使当时发掘和研究民众文化的活动搞得有声有色。就是说,关于民众语言和其他各种民俗事项的学术活动,虽然从一方面看是彼此相对独立的,它们各有自己的对象范围、处理过程乃至于社会作用等,但是从另一方面看,它们又是互相关联、互相照应,乃至于有着某种共同点的。聚集起来,就成为一个以民俗文化为对象的学术活动系统。如果我们把当时的整个新文化运动看作一个大系统,那么,民俗文化学活动,却又是它的一个小系统了。

1927年由顾颉刚等人发起的广东中山大学民俗学会成立了。这是我国第一个正式以"民俗学"命名的学术团体。这一时期我们正式打出了民俗学的招牌,在资料搜集和学术研究上更加专业化了。民俗学运动由北大时期的初创期或者说预备期进入了展开的阶段,民俗学成为一门相对独立的学科。虽然这一时期的民俗学研究队伍还是"杂牌军"(指各人除了研究民俗学以外,还另有自己的学术领域;或者各人对于这门学问的意见,还带有各自原来学科的眼光),但大家研究民俗学的专业方向逐渐明确了。以我个人来说,我在这一时期与董作宾等编辑《民间文艺》(后改为《民俗》)周刊,并发表了一些理论文章。起初我还是用文艺学的观点来看待歌谣、故事等民间文学材料,后来我的研究视角就慢慢转移到民俗学方面来,开始在观察和研究中初步运用人类学派的理论、民间故事类型的比较研究方法等。但这一时期属于民俗学领域的语言研究成绩不突出。语言学(包括方言学、民族语言学)作为独立的学科在沿着另一个专业方向发展。从此以后很长的一段时期,民俗学领域的语言研究就开展得很少了,倒是民族学界在民间语言的调查研究方面作出了很多成绩。这是值得我们借鉴的。

新中国成立以后的二三十年内,由于政府的文化政策的关系,民俗学作为一个学科的位置是不被承认的,只有民间文学、民间艺术的研究比较受重视,其他绝大部分民俗学门类的研究陷于停顿状态,语言民俗的研究基本没有涉及。"文化大革命"结束后,民俗学研究逐渐恢复以至兴盛,语言民俗的研究也有一些成果。但这些研究是比较零散的,没有形成一定的规模。语言民俗学作为民俗学的一个分支学科还没有建立起来,它的研究对象、研究方法等基本理论问题还不明确,也还没有学科意识。与民俗学的其他门类相比,特别是相对于语言民俗在民俗文化整体中所占的位置而言,这些研究是很不够的。成绩显著的是谚语的搜集与整理工作。规模宏大的"三套集成"工程中有一套是《中国民间谚语集成》,现正陆续出版。但这主要是资料搜集上的成绩。近十几年来,民间语言的研究开始受到学界的重视,并出现了一些论著,大体看来其成果也是引人注目的。这是一个好现象。但是这些研究的主要部分立足于语言学与民俗学的交叉位置,立意于建立一门交叉学科,其研究的理论视角和方法还不是严格意义上的民俗学专业研究(关键是没有把语言现象作为民俗文化的一部分来研究)。

在这种情况之下,我感到语言民俗学的研究有必要尽快开展起来。这也是对"五四"新文化运动重视民众口头语言的学术传统的继承与发展。这不是简单的继承,因为现在所研究的问题和采用的方法肯定与那时有很大的差别。这时的语言民俗研究要能与民俗学其他门类的研究合拍,能跟上当前民俗学专业研究的理论水平。这在很大程度上是一个拓荒性的工作,有相当大的难度。这方面的研究既需要有一定的语言学知识,又要有民俗学的专业素养。我的年龄已经老迈,这方面只能起个倡导作用。我寄希望于后来者。

二

　　黄涛同学是 1996 年考入北京师范大学成为民俗学（当时叫民间文艺学）专业的博士生的。此前他在中国人民大学跟从胡明扬教授学习和研究语言学，并有过方言调查的经历。他考学时的民俗学知识完全是自学的。从专业研究的要求看，他当时在这一学科的知识结构还是不完善的。

　　入学后的第一学期我就给他确定了毕业论文的题目。在我给他们讲授的"中国民俗学与民俗学史"的课堂上，黄涛同学有一次发言时举了他家乡的方言的例子，我就想到让他作语言民俗方面的论文。所以课后我就对他说："你将来论文作方言调查怎么样？"当时他就答应了。不过我看出他还不明白民俗学的方言调查怎么搞，后来他也告诉我，他开始理解成语言学的方言调查了。这也没关系，反正他还有两年多的时间，先给他个题目让他慢慢摸索去吧。后来他参加撰写了我主编的《民俗学概论》教材"民间语言"这一章。我给他讲述我对语言民俗的基本观点，如语言既是民俗的一种载体，它本身也是一种民俗现象，不能将语言与民俗分开来或并列起来讲，要用一般民俗文化的基本特征去考察语言现象，等等。他很认真地领会，其后他写成的这部分稿子我是比较满意的。紧接着他的开题报告经过讨论修改后获得通过。这时他对这个题目已经有了正确的把握，下面要做的就是进行田野调查、依据所得资料分析论证了。俗话说"师傅领进门，修行在个人"，具体怎样搞就主要靠他自己的努力了。

　　最后他拿出来的论文是比较成功的。也可以说，比我想象得还要好些。在他的博士学位论文答辩会上，答辩委员们对论文的学术价值、写作的长处等方面也作出了相当高的评价。这里不妨从他们在答辩会上所宣读的评议书里摘录一些（已征得他们的同意）。陈原先生（国家语委）说："选择当代我国北方一个村落的民间语言现象，在实地调查的基础上进行民俗学研究，这样一个课题具有相当的理论价值，对民俗学本身以及关联的多门学科——例如社会语言学，民俗语言学，社会学，文化人类学，当代中国社会史,改革开放的理论与实践——都会有不容忽视的促进作用和丰富作用。调查的结果是极其可信的,不是走马观花或浮光掠影式的表层调查,而是深入的可信的科学调研。为此,这个选题本质上是值得肯定和称赞的,它无可否认具有普遍性的科学意义。"何九盈教授(北京大学)说:"这是一篇优秀的博士学位论文,理论上、方法上都有不少创新。由于本文的基本资料来自作者本人的田野调查,几乎每一页都有引人入胜的新鲜事例,每一页都饱含着作者的精思妙语,观察细致,文笔俊逸,从平常材料中做出了不平常的文章。称谓、亲属关系网络、人名、咒语之类的材料,如果只罗列现象,必然枯燥乏味,而作者能把语言形式和语言行动联系起来,尤其是和民众精神状态联系起来,从而为读者展示了活泼多姿的人际关系和丰富多彩的文化内涵,描绘了传统农村向现代化农村转变过程中所引起的深刻变化,读来兴味盎然,是好文章。"陈建民研究员(国家语委语用所)说:"论文积累了比较丰富的语言民俗资料,在此基础上提出自己的不少新见解。例如,对民间语言现象的文化内涵、文化功能、内部结构、使用条件,以及传承和变异等方面的分析,尤其是对老派夫妻称谓缺环的分析,对夫权失落和对父系传承的阻断的分析,对媳妇权威的崛起的分析,以及对由此而产生的称谓制变异的分析,都颇有收获,有些分析颇有见地,得出了比较确凿的结论,在语言民俗研究这个薄弱环节做出了可喜的贡献。"在答辩会上,有两位委员都赞赏黄涛同学"悟性好",对此我也同意:这样一个从民俗学角度来研究语言现象的题目,在基本上缺乏前人相近的语言民俗研究成果的情况下,对刚刚改换专业的他来说,如果没有很好的悟性,那确实作不出这样子的论文来。

这篇论文的特点,上面所引的几位评委的话已说了不少,我再简要地说几句。首先,关于论文在学科建设上的意义和理论上的建树。让他作这篇论文的初衷,有让他在语言民俗研究方面趟一趟路的打算,所以当他在写作过程中提出题目太大、能否专做称谓问题的研究时,我没有同意。题目大,有大的做法,大题可以小作。这篇论文,着眼点是宏观的基本理论的探索,但是从一个村落着手,专门研究一个村子里的语言现象,又是典型的微观研究了,不至于作得空泛、大而不当。现在看来,这样作还是比较好的。黄涛在开题报告上所提交的写作提纲比现在论文的内容要广泛,还有一部分是准备引用一般书面材料来探讨普遍性的理论的,这部分后来没搞;提纲里所要探讨的语言民俗的种类也更多些。动笔写作时他根据田野调查的情况把范围缩小了。这当然在理论框架的建构上留下些遗憾,但作者还年轻,以后还可以接着搞。就论文已达到的程度,我看语言民俗方面的基本理论问题他还是基本上解决了。这里主要有两点:一个是关于"民间语言既是民俗的载体,它本身也是一种民俗现象"的基本理论命题,在这篇论文里得到了很好的体现或论证。做到这一点并不容易。因为民间语言是一种靠口腔器官的发音和听觉器官的接受而传承的民俗,它在实际发生时的语音形式惯于为人关注和把握,所以它作为静态的语言形式、作为文化载体的方面很好理解,而不好理解它本身就是一种民俗现象、是一种民俗活动。如果仅从文献上获取材料,更容易仅注意其以文字体现的语言形式,更无从把握文字记录以外的东西了。这是研究语言民俗的难点所在,也是容易产生误区的地方。黄涛对民间语言的理解不局限于语言形式,而是把民间语言当作一种活的立体的民间文化现象,当作在特定的文化背景中发生的民众行为、民众活动,这样就把民间语言的两重属性很自然地融合在一起了。他在论文的第五章对语言民俗的基本理论问题做了总结性的探讨,这些探讨虽然还是初步的、有待完善的,但他的这些看法还是严谨的、有创见的。第二点是他比较成功地确立了一种进行语言民俗的调查研究的方法。这种方法就是:选择一个使用共同的语言并在民俗现象的其他方面也基本上具有同一性的社区作为调查点,在这个区域内搜集民众口头流传的语言现象,把它记录、描述下来,通过观察、访谈以了解语言现象与民众生活的关系,并结合这个社区的文化背景及其与宏观的社会文化变迁的关联,对这些语言现象进行分析、解释。当然,语言民俗的调查、研究方法不会只有这一种。根据研究对象与目的的不同,还会有其他的路子。这里是说,他的研究方法是有效的、值得提倡的。以上说的是论文对建设和发展语言民俗学这一学科的意义。进行这一理论上的探索是该文的主要目的。在论文写成之后,我发现它在民俗学的其他方面的探讨也颇有建树,比如对现存村落宗族文化、民间信仰等方面的探讨,都有一些独立见解或相当有价值的材料。

其次,这篇论文一个很突出的特点是它主要采用第一手材料,这些材料来自作者的父老乡亲，也来自他自己长期以来在那个乡村的生活经历与体验，而且作者一向有着诚实认真的品质，因而我相信他笔下用以论证和得出观点的材料是完全真实可靠的。他在取材时不逃避问题，就老实地按着生活本来的样子写；他在运用这些材料时也很注意表述的客观性，力求让事实说话，而不掺杂主观感情色彩和个人道德倾向的评价。比如对于农村孝道的沦落，从交谈中得知他对这种现象有着很深的忧虑，对某些人物也有着很强的义愤，但他在写作中采取一贯的冷静分析的笔调，注重问题的揭示，尽量不使情绪流露到表面来。论文是从翔实的材料归纳出理论，而不是从理论到理论，更不是先有了理论再去现实生活或文献中套材料。

当然这篇论文也有其不足之处。在答辩会上有评委提出论文有的地方结构安排不合理，有的地方显得臃肿枝蔓等，对这些地方作者已经在论文通过答辩后做了适当修改。在我看来，论文还有两个不足：一个是作者善于精细的分析和严谨的推断，但总体概括的能力不够强。这篇论文在一些地方缺少提纲挈领的总结归纳，这方面是作者需要加强和提高的；另一点是，在内容上，论文没有对黄庄的民俗生活做比较全面的描述，作者主要是按着语言现象所涉及的部分来介绍的，由于还有一些民间语言种类没有探讨，就使黄庄的民俗生活不能完整地呈现在读者面前，虽然这主要是由于题目与写作规模的限制造成的，但我总觉得是一种遗憾。答辩完成后我曾向黄涛提出这一点，他后来做了一些补充（在第一章增加了一节），现在看来还是不够。不过这些都不是根本的缺陷，并不对这篇论文的学术质量造成怎样大的妨害。我相信作者会在今后的学术生涯中不断磨砺自己的笔，尽量减少著述中的缺憾。

钟敬文

2001 年 3 月 5 日

序　二

选择当代我国北方一个村落的民间语言现象,在实地调查的基础上进行民俗学研究,这样一个课题具有相当的理论价值,对民俗学本身以及关联的多门学科——例如社会语言学、民俗语言学、社会学、文化人类学、当代中国社会史、改革开放的理论与实践——都会有不容忽视的促进作用和丰富作用。

评论一个选题的理论价值或应用价值,不能光从字面上推断,还须从实质上加以评估,即从它的典型性、时代感、方法论等方面细加考究。

论文研究的对象是改革开放二十年后的北方平原一个普通的不大也不小的自然村。这样的选择,当然具有强烈的时代感;加以作者在进行共时性的分析的同时,也注意到历时性的分析,使主题的时代感更为突出。这次调查虽然是作者的初步的地域性专门语言现象调查,而且不一定具有明显的典型性,但作为现在和未来一系列同样或类似的调研的一个组成部分,选择这样的对象有一定的代表性,值得对调查结果进行初步的分析总结。而进行这样调查活动的作者,其条件具有很大的优越性:作者是在这里出生和长大的,出村后多年都保持着经常的联系,近几年又不断回去度假或作短期专门调查,这样,所以调查的结果是极其可信的,不是走马观花或浮光掠影的表层调查,而是深入的可信的科学调研。

为此,这个选题本质上是值得肯定和称赞的,它无可否认具有普遍性的科学意义。

其调查研究成果集中表现在以下三个方面:(1)亲属称谓和拟亲属称谓的结构以及在近年的变化;(2)人名的取向以及取名思路的变化;(3)在巫术(巫医)作用下咒语的灵物崇拜。这三个方面的调查研究,在当代我国学术领域中是比较薄弱的环节。这些方面的调查,本来应当由社会语言学者大规模去进行的,但由于种种原因,专门语言现象的调查比起我国方言调查来,成绩是很小很小的。现在这篇论文稍稍弥补了这个苍白点(如果不说空白的话)。因此,这次调研成果完全可以肯定。

1999 年 6 月 8 日

绪　论

一、本课题的研究意义和前人研究状况

语言是人类的基本活动之一,它既是人类文化的重要组成部分,又是人类文化的极其重要的甚至可以说是主要的载体。由于语言在文化中的重要位置,诸多学科都把语言作为其重要研究对象。除语言学专门研究语言外,哲学、人类学、民俗学、文艺学等也都很重视对语言的研究。而学科分工不同,虽齐来开掘同一语言富矿,但各学科都有自己的目的、范围、角度和方法,最后采得的东西也各不相同——当然也免不了有共同的成分,而各学科钻研的角度、方法和发现也正可以相互启发,共同促进人类文化的研究,并有益于人类文化的发展。

从自己的学术旨趣出发,民俗学将民间语言现象作为其研究对象,重在考察它在民众生活中的表现和功能,并把它作为民众生活文化的一种来研究。如此,本文试将民俗学者眼中的民间语言现象概括为:它是民众在特定文化背景下进行的模式化的语言活动,是一种复合性的文化现象,包括以口语为主的语言形式及其运用规则,类型化的语言行为及与之关联的生活情境,和支配语言行为并与语言的意义、功能凝结在一起的民众精神或民俗心理。

在中外民俗学史上,语言研究都是受到重视的。1846 年,首次提出"民俗"一词的威廉·约翰·汤姆斯(William John Thoms,1803—1885)所说的"大众古俗",指"旧时的行为举止、风俗、仪式庆典、迷信、叙事歌、谚语等",其中谚语就是一种语言品类。其后的欧美及日本等国的民俗学家大都将口

头传承民俗当作民俗学研究对象的一个重要部分,口承民俗除了民间文学之外,就是民间语言。国内,在现代科学意义的民俗学产生之前,将民间语言现象当作风俗的一种予以采集以至研究,已是历史久远的传统。早在周秦时代,天子为了察考各地风土民情,在每年秋后农闲季节派遣使臣广为搜求歌谣和方言异语。东汉应劭《风俗通义》序里记载:"周秦常以岁八月轺轩之使采异代方言,还奏籍之,藏于秘室。"自汉代的《尔雅》、《方言》、《说文解字》开始,各代学者都不忽视对语言的研究,其中不乏从习俗或文化方面所做的解释。明清时期尤其是清代的学者热心于方言俚语的集录和考证,出现了一大批关于方言俗语的著作,如顾雪亭《土风录》、杜文澜《古谣谚》等。古代学者对方言俗语偏重于搜集、释义和考源,并非严格意义上的民俗学研究,但毕竟提供了丰富的鲜活的民间语言材料,阐释中也多有真知灼见之论。二十世纪二三十年代我国民俗学的早期倡议者们承继古代采风问俗活动重视方言俗语的传统和国外民俗学研究将语言民俗作为一个重要组成部分的传统,对民间语言给予较多关注,以至使方言的调查研究一度成为民俗学运动的一个分支。其后的几十年中,民俗学界对语言研究的重视程度虽然不如初期,但仍出现了以《中国民间谚语集成》为代表的搜集与研究的丰硕成果。而与民间语言现象在民俗文化中所占的份额相比,这些研究成果尚显不足,尤其是深入的理论探讨比较少。在此,谨借用钟敬文先生的评价:"世界上一些国家,如美国日本等,他们的某些学者,往往十分重视对口头语言民俗的研究。我国自'五四'民俗学运动兴起之后,也在口承语言民俗的领域,做过一些调查和探索,但成绩不太显著。倒是在民族学界做出了许多成绩,这是值得我们借鉴的。"①近年来,出于对语言民俗的重视,相继有民俗学家呼吁建立语言民俗学。刘魁立先生说:"(以上谈的)涉及语言方面的民俗现象是很多的。我甚至觉得,这方面的丰富的内容将来有可能促成一个可以称之为'语言民俗学'的专门分支的产生,也说不定。"②

---

① 钟敬文:《民俗学发凡》(1991),《钟敬文民俗学论集》,第270页,上海文艺出版社,1998年。
② 刘魁立:《民俗学的概念和范围》(1983),《刘魁立民俗学论集》,第14页,上海文艺出版社,1998年。

钟敬文先生主编的《民俗学概论》说："为了从民间语言考究其他民俗,同时又从其他民俗考究民间语言,就需要建立一门语言学和民俗学相互交叉的边缘学科——语言民俗学。"①

在民间语言现象中,民俗学注重研究那些有着鲜明浓厚的民俗(尤其是精神民俗)文化特色的俗话套语。常引起民俗学者注意的语言现象可归纳为以下三类:

1.日常生活中的俗语:称谓、人名、谚语、委婉语、流行语、俏皮话、口头禅、招呼语、脏话、骂詈语等;

2.特殊场合或仪式中的套语:咒语、吉祥语、禁忌语、神谕、祷词、誓言、隐语等;

3.语音形式以外的表意方式:体态语、文字、图画、隐喻性实物等。

本书虽然立意于研究民间语言现象的一般规律,但限于本书写作的时间、篇幅及本人的视野,无法对民间语言诸现象一一深入论及,故根据笔者的田野资料搜集情况,本书选择了黄庄语言现象中资料掌握较丰富的亲属称谓、拟亲属称谓、人名、咒语这几个方面以专门的章节予以探讨,并在此基础上讨论语言民俗的构成形态和研究方法。

二、研究思路和研究方法

由于对语言现象的民俗学研究在国内学界尚未充分展开,本书在进行具体语言现象的研究之前,必须首先解决关于语言民俗的一般理论问题。入学后的第一学期末刚研究此论文题目时,我对如何从民俗学角度研究语言完全茫然。三年来,在导师钟先生的逐步引领下,在迈出多个误区之后,终于在论文开笔之前明确了对语言民俗的基本理论认识,确定了论文的研究思路。概括说来,对语言民俗的基本认识问题,也就是决定着本文研究思路的问题,主要为以下两个方面:

---

① 钟敬文主编:《民俗学概论》,第 307 页,上海文艺出版社,1998 年。

　　首先,是对语言民俗的总体把握。其中的关键是语言形式与语言民俗的关系问题。以词语形态存在的语言形式是语言现象最确定也最引人注意的部分,对语言现象的民俗学考察显然也不能忽视语言形式部分,但是将关注的焦点放在语言形式上却不合于民俗学的旨趣。钟敬文先生在谈到民俗学的任务时说:"用科学的方法,尽可能搜集流传在广大群众当中的生活、文化活动现象(包括相关的思想、感情和想象的现象),加以整理研究,借以阐明一向不被重视的、真实的民众的文化活动及精神状态和特点——这种活动和状态等。"①对语言现象的民俗学考察,当然也要合于民俗学研究的总体任务。从这一原则出发,就要将语言民俗研究的对象,即民间语言现象,界定为民众的生活文化和文化活动现象。基于这种考虑,民俗学视野中的语言现象,就不是静态孤立的语言形式,而是生活情境中民众的语言活动。这样,我们将语言民俗看作一种复合性的文化现象,它包括三个层面:语言形式、语言行为和与之关联的民众精神状态。语言民俗研究就是这三个层面的整体研究,以第一层面为线索,以后两个层面为重点,同时这三个层面的研究不能脱离民众的生活情境。

　　其次,是对语言民俗与其他民俗的关系的把握。语言民俗既是民俗文化中一个有独立特征的部分,同时又与其他民俗交融在一起,难解难分。这种状况所带来的直接问题是,研究语言民俗同时也是在研究其他民俗,比如研究亲属称谓就要研究宗族组织民俗,研究拟亲属称谓既要研究宗族组织民俗,又要研究村落组织民俗,研究咒语就要研究巫术和民间信仰。这无疑给语言民俗的研究增加了难度。这种状况主要是由语言民俗的双重属性造成的:语言民俗自身既是一种民俗,它又是其他民俗的载体。这双重属性就像一张纸的两面,分拆不开。单研究其中一个方面,就不是完整、妥善的民俗学研究。本文力图处理好语言民俗与其他民俗的关系,但有的地方免不了有所偏离,比如在讨论村内婚引起的改称呼现象时,本文用较多的篇幅讨论婚俗与社会文化的变迁,有脱离语言形式的倾向,这是由于要搞清楚语言

---

①　钟敬文:《民俗学与民间文学》(1980),《钟敬文民俗学论集》,第 238 页,上海文艺出版社,1998 年。

问题,首先要搞清楚其他方面的问题。

本书主要运用民俗学的方法来研究语言现象:一方面是民俗学的观点性方法。对语言现象怎样认识和把握,也就决定了对它怎样进行研究和论述。本文对语言民俗的理论把握,除了上面所谈的两个方面外,还用民俗的基本特征即集体性、类型性(或模式性)、传承性和扩布性、相对稳定性与变革性、规范性与服务性①,来衡量语言现象,特别注意了语言民俗的传承性和变异性的两方面。在研究中既注意追溯语言民俗的传统形态,又注意研究它在当代社会文化环境中的变异状况。另一方面是民俗学特别重视的田野作业方法。本文的资料主要从田野调查获得,部分观点也吸收了当地民众的解释和理解。

本书所选择的调查地点主要是我的家乡——河北省景县黄庄,这对本文的写作有很大的便利性。我的幼年时期在黄庄度过,十五岁进入景县中学读高中(住校),开始脱离这个村落的日常生活,但我在近十年的离乡求学期间与家乡的联系并未中断:在假期里回村居住,平日常有与家中亲属的书信往来,我求学的经济来源也主要由父母提供。在我参加工作之后,除了经济能基本自立以外,与家乡的其他方面的联系依旧保持着。特别是在学校寒暑假里回家居住时,我就在这个村落里以村民的身份出现:我说着和其他村民一样的方言土语(我总尽量避免说出在城里惯言的"文雅词语"),按村落礼仪与村民交际,常与小时的伙伴相聚叙旧,并参加生产劳动,在公社时期参加队里的集体劳动,为自家挣工分;分地后参加自家的劳动,以分担亲属的劳务。我尽量以普通村民的身份在这里出现,这里的人们也基本上能将我作为村民一员看待——当然当我是一个特殊的或者是"有出息"的村民,比对一般人高看一眼的村民。在家族关系中,我也是以一个家族成员的身份出现,回乡后首先去探望族中长老,并给族中幼儿带去食品、玩具、文具等小礼品;春节时,我和族中其他成员一起请神、拜年。这一切都使我对家乡文化和村民的精神状态有较深入和较准确的理解,使我能够自然地以

---

① 钟敬文:《民俗文化学发凡》(1991),《钟敬文民俗学论集》,第271—274页,上海文艺出版社,1998年。

参与式的方法进行田野调查。

由于我只是在黄庄度过了幼年时期,我以完全的村民身份所体验的生活主要是未成年人世界的生活,成人世界的生活有许多是我过去在自然状态下所不了解的。所以,为科研所需的资料也要通过进一步的田野调查来获得。我在论文题目确定后先后三次以调查的目的回乡,以在门口炕头、田野地头随便访谈的方式调查,也以召开村民座谈会的方式集中调查,并随时观察记录村民的语言活动。收集资料的成果形式是录音带、笔记和照片。回京后的论文写作期间,因我的父母间断性地来我在北京的家中居住,我得以随时向父母请教临时遇到的不了解的事情。父母不在京时,我有时向家乡打回长途电话询问(我在黄庄的家里 1999 年春季装了电话)。我也向来京打工的其他老乡做了少量调查。

为避免与黄庄的密切联系导致的"局内人"因素可能对研究造成负面影响,我在写作时注意尽量以社会科学研究者的身份来客观看待、分析家乡的人和事。

本书除用"民间语言现象"指称研究对象之外,还用了"语言民俗"一词。两个术语的概念是基本重合的。"语言民俗"有时被民俗学者用于广义,不仅指民间语言,还指民间文学。本文所说的"语言民俗"是狭义概念,指民间语言现象。

三、黄庄概况

黄庄属河北省衡水地区景县,是华北平原上的一个自然行政村。地处河北省东南部,距冀鲁交界线二十余里,在山东省德州市西北四十余里处。

村中现有 162 户人家,651 口人。村中共有黄、王、刁、隋、李、刘、郝七姓,黄、王为大姓,余为小姓。各姓和睦相处,没有明显的大姓欺负小姓现象。原居住格局是黄姓住村东半部,王姓住村西半部,小姓穿插其间。近几十年来,住宅向村边扩展,村边所起新房黄、王两姓开始混居。七八年前,上级部署兴建新村,在村东划出新的村址,已建起三排整齐划一的新房,新区内各姓混居。村子中间大面积区域为废弃的旧房址。

村中古老传说,此处原系一古村,常氏世居,名常庄。明初,遭战乱而毁,后黄、王、宋三家从山东即墨县黄庄迁来立村,仍沿用原籍村名为黄庄,居住方位也按原来秩序,黄姓居东,宋姓居中,王姓居西,后来宋姓迁回原籍。

黄庄村民世代务农。土改前村中有三家地主大户,方圆五六里内的小村大多租种这三户的土地。土改时,各村按人口平均分配土地。黄庄据有土地1933亩,全部分布于村子东部四里地以内。现黄庄村民人均约3亩地。

黄庄村民的经济来源,一部分为种地所得,一部分为副业收入。

黄庄人所种农作物最主要的两项是麦子和棒子(玉米),余为豆子(大豆)、谷子、绿豆、山药(红薯)、芝麻、花生、高粱等。过去棉花也是一种主要作物,近年因治不住棉铃虫,种棉的已很少。蔬菜类有大蒜、茄子、西红柿、黄瓜、韭菜等。种的菜主要留下自家吃,很少到集市上去卖。黄庄粮食亩产每年1600斤,其中麦子为700至1000斤。除去肥料、种子、浇地、农药等费用外,每亩地年纯收入为500元,每人每年种地纯收入1500元左右。副业收入的传统项目为喂鸡养猪,出外打工,少数有手艺的做木匠活、打风箱、配钥匙等。这些项目收入有限,仅能补贴零花钱。近年黄庄兴起打井业务,为黄庄致富立下汗马功劳。村中现有打井架子(主要设备)13台,每台架子占用劳力五六人,以数家合股方式组成打井队,到外乡开展打井业务,入股的每家每年可得收入一万五千元左右。另外还有些新兴副业,如几家合买联合收割机,农忙季节为本村其他人家或到其他村子收割粮食,获取酬金;还有人家置买建房机械挖掘机、翻斗车(拉土用)、打夯机等,用以开展副业。由于近年来副业开展较好,黄庄成为这一带的富裕村,存款数在乡里占前几名。

村民的经济支出项目可分生产、生活、税费、教育等。生产支出,一方面用于购置农机具,现基本每家都有小拖拉机,十几户人家有收割机,许多人家有小麦播种机、玉米点播机,生产的日常花费用于买化肥、农药、柴油等。生活费用除衣食之外,住房娶媳妇花钱最多,每处房现需花费3.5万元,娶一房媳妇需花彩礼钱一万左右。这样家中一个儿子成亲,连盖房带娶亲要花近 5 万元,且彩礼不断涨价。教育费为孩子上学所花。税费称"四费"(村民说不止四项,连"八费"都过了),有农业费、公益金、民兵训练费、教育基金等,每人年均 160 元左右。

村中的行政组织,大队干部有支书、村长、大队会计,下分三个小队,各设小队长、小队会计。村干部职责主要为管理土地等公共设施和财产,催缴税费,督促完成计划生育任务,传达上级指示,接待上级来人等。

村民的生活设施近年来改进较大。绝大多数人家都有彩电,其余有黑白电视,少数人家有了洗衣机、电冰箱。四年前各家装了自来水。1997 年开始,村里买摩托车的多起来,至 1998 年已有 30 多辆。1999 年春季,村里开始有 5 户人家装电话。

村中娱乐活动较为单调。过去扭秧歌、唱戏、耍狮子等游艺节目久已不兴。业余消遣活动除看电视、串门聚坐聊天之外,主要是打麻将。

该村民风耐劳苦、尚节俭、重礼仪,人以淳朴、善良、耿直者居众。

村中家族关系、村民关系、婚姻、信仰等情况,将在正文中探讨。

第一章　亲属称谓

亲属称谓是民间亲属制度的一部分。民间亲属制度，是关于民众的亲属关系、亲属观念和亲属称谓的社会规范。它是民间的习俗惯制，而不是国家法律从公民间权利和义务关系角度对亲属范围和亲属关系的规定。不同国家政权所制定的法律对亲属概念和亲属关系有不同的表述，而民间的亲属制度却是自古以来世代传承的体系。具体说来，这套制度是周代亲属制度的沿袭。周代的亲属制度在《仪礼》和《礼记》里得到明确和系统的记载。此后由于受到历代与国家政权契合的儒家文化的宣扬，这套制度在民间得以长期遵行并成为生活习俗流传下来。后世虽有补充和局部变异，但基本格局和精神没有大的变化。黄庄村民生活中的亲族网络特别是以"五服"制确定亲族范围的方法与周制是大致相合的。

我国古代作为一个重视名分、宗法的"礼仪之邦"，向有庞大琐细的亲属称谓语系统，对亲属称谓予以记录乃至研究的著作也很早就产生了。成书于两千年前的《尔雅》和《礼记》、《仪礼》是我国古代关于亲属称谓的最重要的著作。《尔雅·释亲》将当时的亲属称谓分为四类：宗族、母党、妻党、婚姻，基本相当于今天所说的父系、母系、妻系、夫系四类称谓。这种分类法是较科学的，到现在还为研究称谓的学者所使用。书中对具体称谓语的记述也很详细，共收称谓语98个，其中"宗族"最多，为45个。就所记录"三党"（父党、母党、妻党）成员的代数而言，"宗族"类记录直系宗亲十三代，自身之上四代至高祖父，自身之下竟有八代：子、孙、曾孙、玄孙、来孙、昆孙、仍孙、云孙；"母党"类记录母系亲属三代，上到外王父母（外祖父母），下到从母昆弟（姨表兄弟）、从母姊妹（姨表姐妹）；"妻党"类记录妻子的血亲只有两代:外舅(妻之父)与外姑(妻之母),甥(妻之弟)与姨(妻之姊妹)等。这种记载反映了古代以父系宗亲为主的亲属关系格局。《释亲》只是对亲属称谓词语的记载和释义,而没有亲属称谓的功能、亲属成员之间的礼仪规范等社会文化方面的表述。另一类著作《礼记》和《仪礼》则注重亲属制度的社会功能,在《曲礼》、《内则》、《大传》、《丧服》等篇中,明确记述了人在各种亲属关系中的义务和权利,各种关系的亲族成员之间的礼仪规范,宗族的结构体系和组织方式等。这些规定性内容对后世社会生活产生了重大影响,成为两千年来的宗法制社会中礼仪文化的基础。后来又有许多训诂类、方言类、礼仪类的著作以较多篇幅谈称谓问题,一些杂记类著作或史书也辟专门章节载录称谓的材料,如汉代刘熙《释名》、杨雄《方言》,三国时张揖《广雅》,南北朝卢辩《称谓》(已佚),颜之推《颜氏家训》,唐代刘知几《史通·称谓》,明代李翊《俗呼小录》等。到清代,谈及称谓的著作更多,如钱大昕《恒言录》、翟灏《通俗编》、杭世骏《续方言》等设章节谈称谓语,较重要的是两本关于称谓的专门著作:梁章钜《称谓录》和郑珍《亲属记》。《称谓录》规模较大,载录博杂,其"称谓"概念属广义,内容既有民间亲属称谓(约占三分之一篇幅),又有宫廷皇室称谓、各部门官职名称,以及社会上各行各业诸种人物的名称,体例为在每条称谓词语之下列举此前文献中的解释或用例,作者自己所作说明极少。《亲属记》是约三万字的小册子,只收父族直系亲属称谓,体例与《称谓录》接近。以上这些关于称谓的著述,重点在于记录、释义、考源,或叙明亲属之礼,间有少量简要精辟的论述。

自1870年摩尔根发表《人类家族的血亲和姻亲制度》以来,在中国亲属称谓研究方面出现了一批现代科学意义上的论著,代表作如赵元任《汉语称谓》、冯汉骥《中国亲属称谓指南》、袁庭栋《古人称谓》等。

过去许多关于称谓的论著注重排列亲属名词和释义,而对相关的社会、文化因素研究不足。费孝通在《江村经济》中对这一点作出批评说:"必须弄清楚亲属称谓的结构分析至多只能作为研究整个系统问题的一部分,如果仅仅提供一个称呼表是没有什么用处的,因为这不能说明它们的社会意义。过去的有关研究都用这种方法处理,从摩尔根和哈特的旧著直至冯汉骥最近的出版物都是如此。"①费先生的批评是尖锐而中肯的。应该说，摩尔根与冯汉骥的著述在中国称谓的研究中至今仍是水平较高的，他们为后人的研究奠定了基础。但就像费先生所说的，他们的工作重心放在称谓词语方面也是事实，尽管也结合了亲属关系、婚姻制度以至礼仪制度等社会文化因素。这种局限在很大程度上是由田野工作的不足带来的：摩尔根的材料是 1860 年一位曾受雇于中国海关的英国人罗伯特·哈特提供的。② 冯汉骥则全部使用中国历代文献资料（他对文献资料的挖掘和利用是很充分的）。这种研究缺乏对实际生活中民众称谓行为的直接观察。直到现在，费先生所指出的仍然是部分亲属称谓研究的主要弱点。

近年来，亲属称谓的研究有了较大进展。社会语言学者的论著注重探讨亲属称谓的使用规则及与社会文化的关系，如伍铁平先生分析汉语中的从儿称谓与传统文化的关系，指出："这可能反映了女人在旧社会家庭中的从属地位，所以嫁到婆家以后，对丈夫的亲属没有自己的单独的称谓，而是跟着子女或丈夫称呼"。③ 陈建民先生探讨夫妻称谓与时代、年龄、社会阶层、场合等社会文化因素的关系④，徐志诚先生讨论汉语亲属称谓中面称与叙称的区分、用法与社会功能等。方言学者则在客观地记述各地的亲属称谓语方面有很多成绩。民俗学和民族学领域的学者在民俗志、民族志、社会调查报告及研究性论著中从家族制度、亲属关系角度描述、探讨地方及少数民族的称谓系统，如二十世纪五十年代进行的大规模的少数民族社会历史系列调查，得出许多关于少数民族亲属称谓的翔实资料。

总的来看，现有对我国亲属称谓的研究成果还较少，而在本文所研究的问题即对当代农村亲属称谓的现状予以全面描述和分析方面，研究成果更为鲜见。伍铁平先生认为目前我国亲属称谓的研究尚属薄弱环节："目前我国关于人际称谓特别是亲属称谓的文章还不多见，研究的深度也不够

---

① 费孝通：《江村经济》，第 204 页，江苏人民出版社，1986 年。
② 摩尔根：《古代社会》，第 423 页，商务印书馆，1977 年。
③ 伍铁平：《论汉语中的从儿称谓和有关现象》，《中国语言学报》第二期，第 242—258 页。
④ 陈建民：《现代汉语称谓的缺环与泛化问题》，《汉语学习》1990 年第 1 期，第 20—21 页。

均衡。"①

考察称谓的一个重要原则是区分面称与背称、口语称谓与书面语称谓。赵元任在《汉语称谓》中强调将面对面交谈时使用的直接称呼语与指称他人的间接称呼语、口头用语与书面用语区分开。② 后来我国学者在称谓研究上区分面称与背称即主要受此影响。费孝通在 1939 年出版的《江村经济》也提到了这两个角度的区分："中国亲属称谓从语言处境来说大致可分为四类:(1)某人直接与亲属说话;(2)某人说话时间接提到亲属;(3)某人用通俗口语描述亲属关系;(4)用书面语表述亲属关系。"③

面称是称呼人与被称呼人面对面交谈时使用的直接称呼语。背称又叫叙称,是听话者不是被称呼者时使用的间接称呼语。民众对面称与背称的运用受到的礼俗要求是不同的。如在乡村对非亲属关系的长辈,当面须按双方辈分关系确定的拟亲属称谓语来称呼,背后却可以直呼其名或在其姓名后加拟亲属称谓语;在亲属关系中,姻系称谓语的面称与背称往往有很大差异,一般是两套不同的用语,如媳妇对公婆当面称"爸、妈",背称时叫"公公、婆婆"。后者是确切表明双方姻亲关系的词语,较为客观,较少礼仪成分;而前者实际是一种拟血缘称谓,媳妇用之称呼公婆是受礼俗规范而为的。有些称谓语专用于背称不能用于面称,如"小叔子""小姨子""妯娌"等。所以对称谓语区分面称与背称是必要的。由于面称是称呼人与被称呼人直接打交道,比背称受到更严格的礼俗要求,我们以面称为主要考察对象,并兼及背称。

在称谓研究中区分口语与书面语也是必要的。要了解民众称谓习俗的实际状况,必须从考察口语入手。书面语称谓往往不是民众在生活中实际运用的东西。有些著作中所给出的称谓图实际只是亲属结构图,因为图中所标称谓只是从典籍中来的书面语言,而不是从调查中获得的现实生活中的确切用语。这些称谓词语虽能表明中国人观念中的亲属分类,却不能反

---

① 伍铁平为田惠刚的《中西人际称谓系统》所作"序",外语教学与研究出版社,1998 年。
② 转见祝畹瑾:《汉语称呼研究》,收于胡文仲主编:《文化与交际》,第 271 页,外语教学与研究出版社,1994 年。
③ 费孝通:《江村经济》,第 204 页,江苏人民出版社,1986 年。

映称谓礼俗。比如书面语称谓中有"伯祖""叔祖""族伯祖""族叔祖",这是古汉语系统传下来的表明亲属关系的词语,古人是否将它们用于口语称呼需要研究,起码现代民间是不这样称呼的。黄庄村民将这四种亲属当面统称为"爷爷"或"大爷爷"、"二爷爷",并不明示亲疏差别。若别人进一步询问确切的亲属关系,他们用的背称是"叔伯爷爷"或"堂叔伯爷爷"。乡民由于亲属之间居住的邻近和稳定,很少有书信往来的需要,因而用书面称谓的机会寥寥。在书信中也多使用口语称谓,也有部分书面称谓,如"父母大人"等。但这书面称谓又与研究者所用的不同。

根据称谓所指称的亲属关系的不同,可将亲属称谓分为四类:父系亲属称谓、母系亲属称谓、夫系亲属称谓、妻系亲属称谓。这四类称谓又可进一步归为两大类,前两种是血亲称谓,后两种是姻亲称谓。

下面我们按血亲称谓和姻亲称谓的分类法分析黄庄的亲属称谓体系。由于该体系十分烦琐,一一列举和解释将占太多篇幅,我们将其主要部分标于亲属谱系图上,然后再做简要的补充、说明和分析。

第一节　血亲称谓

血亲称谓是对血缘关系亲属成员的称谓。它可分为父系亲属称谓和母系亲属称谓。

从四个亲属称谓谱系图可以看出,父系亲属称谓比母系亲属称谓更为繁复。这是传统社会中历史久远的宗族制度造成的差异。我们在下文还将展示这种差异在民众观念上的体现。

在本节,我们试图全面展示黄庄一带有实际意义的血亲关系。但由于各种偶然因素的作用,各家实际"走动"的亲属范围不可能完全一致,所以我们展示的是黄庄血亲称谓的总体面貌。

一、父系亲属称谓

图1和图2所示为父系亲属称谓语。

图1 父系：宗亲称谓和姑亲称谓

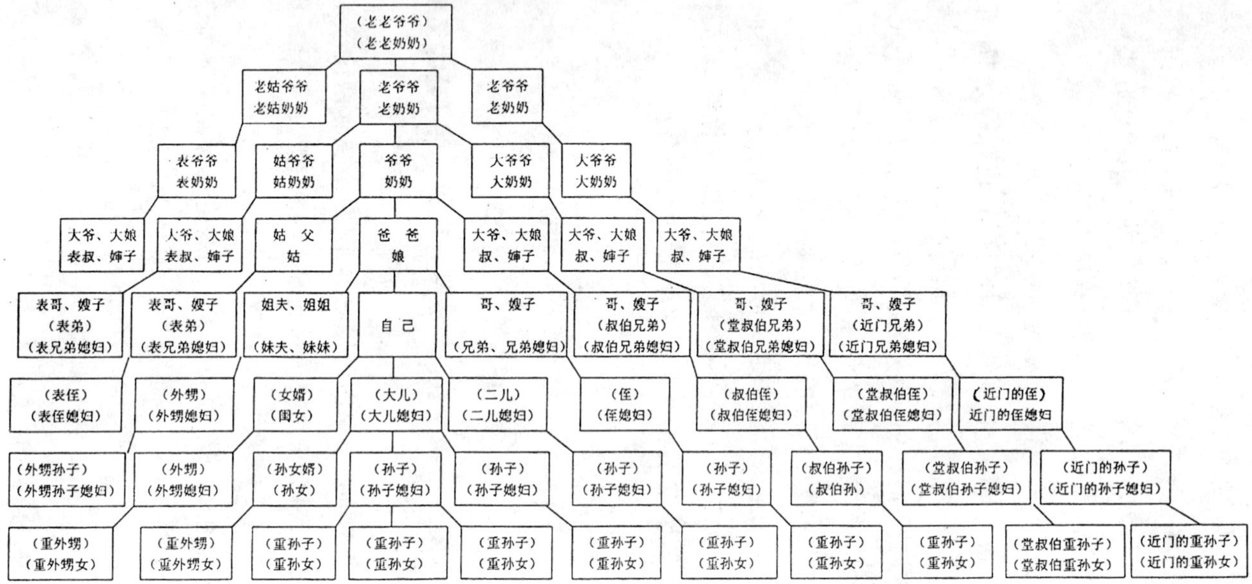

（老老爷爷）（老老奶奶）

老爷爷 老奶奶　　老姑爷爷 老姑奶奶

大爷爷 大奶奶（表爷爷 表奶奶）　大爷 大娘（表大叔 婶子）　老爷爷 老奶奶　爷爷 奶奶　大爷爷 大奶奶　大爷爷 大奶奶

大哥、嫂子（表哥、表弟）　大爷、大娘 叔、婶子（表大叔 婶子）　姑爷爷 姑奶奶 姑爷爷 姑奶奶　姑父 姑　爸爸 娘　大爷、大娘 叔、婶子　大爷、大娘 叔、婶子　大爷、大娘 叔、婶子

（表兄弟媳妇）　哥、嫂子（表兄弟）（叔伯兄弟媳妇）　姐姐、姐姐　哥、嫂子（兄弟、兄弟媳妇）　自己　（大儿）（大儿媳妇）　（二儿）（二儿媳妇）　哥、嫂子（叔伯兄弟）（堂叔伯兄弟媳妇）　哥、嫂子（近门兄弟）（近门兄弟媳妇）

（表侄）（表侄媳妇）　姐夫、姐姐（妹夫、妹妹）　（侄）（侄媳妇）　（女婿）（闺女）（孙女婿）（孙女）（大儿）（大儿媳妇）（孙子）（孙子媳妇）（叔伯侄）（叔伯侄媳妇）（堂伯侄）（堂伯侄媳妇）（近门侄）（近门侄媳妇）

（外甥）（外甥媳妇）　（外甥）（外甥媳妇）　（孙子）（孙子媳妇）（孙子）（孙子媳妇）（孙子）（孙子媳妇）（孙子）（孙子媳妇）（叔伯孙子）（叔伯孙子媳妇）（堂叔伯孙子）（堂叔伯孙子媳妇）（近门的孙子）（近门的孙子媳妇）

（外甥孙子）（外甥孙子媳妇）（外甥孙）（外甥孙媳妇）（重孙子）（重孙女）（重孙子）（重孙女）（重孙子）（重孙女）（重孙子）（重孙女）（重孙子）（重孙女）（叔伯重孙子）（叔伯重孙女）（近门的重孙子）（近门的重孙女）

（重外甥）（重外甥女）　（重外甥）（重外甥女）（重外甥）（重外甥女）

14

图2　父系：父亲的母亲的娘家亲属称谓

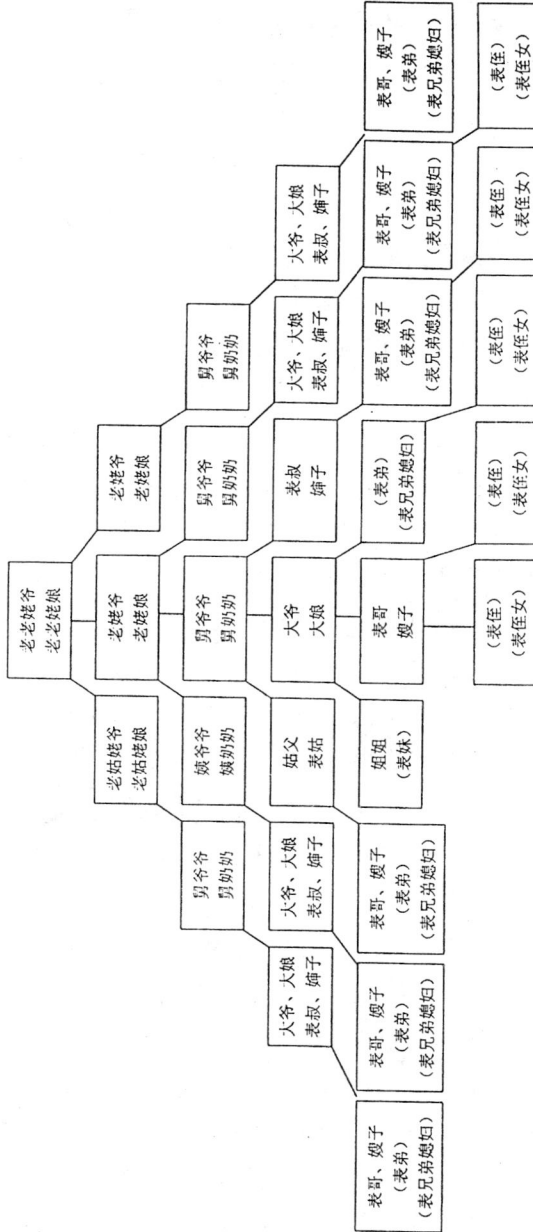

老老姥爷
老老姥娘

老姥爷
老姥娘

老姑姥爷
老姑姥娘

舅爷爷
舅奶奶

娘爷爷
娘奶奶

姑父
表姑

大爷、大娘
表叔、婶子

舅爷爷
舅奶奶

表叔
婶子

姐姐
（表妹）

大爷
大娘

表哥
嫂子

大爷、大娘
表叔、婶子

表哥、嫂子
（表弟）
（表兄弟媳妇）

表侄
（表侄女）

表哥、嫂子
（表弟）
（表兄弟媳妇）

表侄
（表侄女）

表哥、嫂子
（表弟）
（表兄弟媳妇）

表侄
（表侄女）

表哥、嫂子
（表弟）
（表兄弟媳妇）

表侄
（表侄女）

表哥、嫂子
（表弟）
（表兄弟媳妇）

大爷、大娘
表叔、婶子

表哥、嫂子
（表弟）
（表兄弟媳妇）

15

　　它们是以"自己"为中心的亲属称谓谱系图。"自己"设定为家族的男性成员。同一方框内的称谓语所指称的亲属成员在该图表示的称谓体系中属于同样的身份，即他们在特定亲属关系网络中是同一旁系同一辈分，也就是兄弟姊妹及其配偶，当这一方框内只有血族成员而不列配偶（如只有"重孙子"）时，表示"自己"与这一成员的后代已无亲属关系或没有交往了。方框之间的直线表示血缘传递关系，直线相联结的两个方框之间，上边一排的那个方框内的亲属成员是下边一排的那个方框内的亲属成员的父母。方框内不加括号的词语是面称称谓语，加括号的词语是背称称谓语。之所以标注背称，是由于这些亲属成员是"自己"的晚辈，当面称呼他们用名字，没有其他表亲属关系的面称。

　　由于民间亲属称谓的面称对亲属关系的分类没有背称那样彻底，而限于构图空间，这些称谓图又不能标出背称，所以有些面称所指向的与"自己"的亲属关系不是一目了然的，需要根据谱系传承线索去推知。父系亲属称谓语分为宗亲称谓语与外亲称谓语两部分。宗亲包括同一祖先的男性血亲成员、嫁入本族的妇女和尚未出嫁的本族女子；外亲指在族外婚制度下源自父系的女性嫁到本族以外的家族，由此婚姻关系而产生的亲戚。内外亲的划分不仅仅是针对父系亲属而言，母系亲属和妻系亲属也是外亲。

　　在传统的宗法制社会中，父系宗族是最受重视的亲缘组织，因而父系内亲称谓语的阵容是最庞大的。按传统的"九族"说，父系宗族的直系亲属为九代，以自己为中心，上推四代到高祖，下推四代到玄孙；旁系则到同一高祖的族兄族弟，计有四支。虽然黄庄村民有以"五服"论亲族的说法，但实际上的宗亲范围并不与"五服"说完全一致。实际生活中亲族范围的形成既受习俗、交往因素的影响，人们不可能拿刻板的标尺来生硬地划分亲族的界限：这一辈在"五服"以内，是亲族关系；下一辈出了"五服"，就不能作为亲族关系交往了。事实上，亲族关系是随着老人的故去而逐渐淡远、消失的。

　　就直系亲属称谓而言，黄庄称谓语只覆盖六代亲属：以"自己"为中心，往上到"老爷爷"，之上就没有固定的称呼，如要指称的话就用临时性的描叙说法了，如说"老老爷爷""老老老爷爷"或"爷爷的爷爷""爷爷的老爷爷"等；往下到"重孙子"，再往下也无固定称呼，可说"重重孙子""孙子的孙子"，也可说"滴答孙子""滴滴答答的孙子"。这是由于按历来的寿命以及生育周期，一家中顶多四世同堂，至少在此地没听说谁见过其老爷爷以上的祖先，或重孙子以下的后代。即使四世同堂的家族也罕见，1997年村中尚有一位当了"老奶奶"的，1998年她去世后村里就没有四世同堂的人家了。可是由于当地百姓以"五服"制来确定亲族，旁系宗亲算到第五代，这样直系的祖先也要上推到第五代，到"老老爷爷"，所以我们在父亲称谓图上标出这一代亲属称谓。这样做只是为了显示血亲传承体系的完整，从实际生活的角度来看这一级称谓语是不存在的。

从旁系的角度看，宗亲的范围在黄庄为"自己"高祖的所有本氏族后代。按"五服"制，"自己"最远的宗亲为同一高祖的近门弟兄，双方的后代即出了"五服"，不应再算"一家子"（即同一家族），但事实上按家长制，两家的关系以家长为准，"自己"作为一家之长，与同为一家之长的近门弟兄以宗亲关系相处，两家的子孙也以同样的关系相处，这样宗亲的范围就扩展了两代到三代。

外亲由于是本族以外的亲属体系，在传统观念里受重视的程度不如宗亲，同时由于地域上的隔离即不在一个村落居住，其亲族的范围就小得多。外亲的范围是人们在实际交往中自然形成的。当血缘联系疏远到一定程度，双方不再有礼节性的往来时，亲戚关系就自然终止了。是否保持亲戚关系的标志最明显的有两种：一是婚丧大事是否"撒帖"（即送发邀请参加婚丧礼仪的帖子）；二是新生婴儿过生日时是否告知。"撒帖"是很讲究亲戚远近的，如认为双方血缘联系已很疏远，就不再"撒帖"。有些亲戚比"撒帖"的关系略远些，但仍有来往的，如从其他渠道听说了婚丧之事，可以托人带礼物去"随礼"，而不去人参加仪式。这种关系的下一代就会终止亲属关系的往来。比如"自己"与姑表兄弟是可以"撒帖"的关系，但是"自己"及其子女与姑表兄弟的子女就不再"撒帖"了，当后者结婚时，"自己"可托人带去礼物如一个被面表示祝贺，但这种表侄的子女过生日时"自己"就不再有任何表示，这标志着"自己"及其后代与表侄的子女不再是亲戚关系，所以在图1中我们不再标出这一级称谓语。其他分支的情况也依此类推。这样，在姑舅关系的父亲外亲称谓语体系中，与"自己"同辈的外亲称谓只有三支旁系,比宗亲少了一支。

图2所示的是父亲的外祖父家族的亲属称谓。这是一个父系和母系两种性质合一的称谓语体系:从"自己"的角度来看属于父系称谓语,因为那些成员是父亲的亲戚;而从父亲的位置为出发点,它是母系称谓语,因为那些成员是父亲的母亲的娘家人。所以这一外亲体系的称谓语是外亲词语与内亲词语结合构成的,如"舅爷爷""姨奶奶","舅""姨"是修饰性称谓成分,本为表外亲关系的语言形式;"爷爷""奶奶"是核心称谓成分,本为表宗亲关系的语言形式。姨奶奶及其夫系亲属是"自己"这一外亲体系的外亲,舅爷爷、舅奶奶及其后代亲属是这一外亲体系的内亲。对"自己"而言,与后者的亲戚关系更亲密些,因为舅爷爷这里是奶奶的娘家,在一定意义上这里的人是奶奶的保护人,当奶奶去世埋葬时,要请舅爷爷家的人来看坟地,检查安放的位置是否妥当。如果爷爷娶过两个妻子,要根据娶亲的先后安排埋放的前后位置,这种安排要经过奶奶的娘家人认可才行。而与姨奶奶那边的亲戚就没有这层关系,所以要相对疏远些。在图2中,舅爷爷的世系标到"自己"的表侄这一代,姨奶奶的世系标到"自己"的表哥这一代,即显示出与两部分亲属的亲疏差别。

严格说来,奶奶的娘家亲属是父亲的亲戚,"自己"与他们发生亲属联系是通过父亲这一中介的,所以比较疏远,传统上对这类关系不很重视。在《尔雅》、《礼记》、《仪礼》中都没有指称这种关系的称谓语。但生活中"自己"毕竟与这些亲属有直接的往来。小时"自己"是跟随父亲到舅爷爷或姨奶奶家去的,他在这里熟悉了这套父系外亲称谓语,等舅爷爷或姨奶奶去世后,父亲一般不再去这两部分亲戚家,而由"自己"每年春节到这两类亲戚家给表大爷、表叔及其配偶拜年,继续维持亲戚往来。等表大爷这一辈离世后,"自己"便不到双方家拜年;"自己"的父亲故去后,对方的表兄表弟也不到"自己"家来了,于是双方的亲戚关系趋于中断。这一支源自奶奶的外亲的称谓在古籍中有零散的记载,据《称谓录》,父之舅有"大舅""舅祖""祖舅"之称;祖母之兄弟姊妹之子称"中外丈人""表丈人""表伯父""外伯父",其妻称"丈母""王母""谢母";祖母之兄弟姊妹之孙称"从表兄弟";祖母之兄弟姊妹之曾孙,称"从表侄"。

　　图1与图2展示了父系称谓语的基本面貌。限于构图空间,仍有一部分亲属称谓未能标出。未标出的主要是源自父系亲属体系的女性及其出嫁后的夫系亲属的称谓。下面将这些称谓补出(括号内为背称成分):

　　1.老姑奶奶的女儿女婿称"(表)姑奶奶""(表)姑爷爷",再下一辈的女儿女婿称"表姑""(表)姑夫"。

　　2.姑奶奶的女儿女婿称"(表)姑""(表)姑夫",下一辈女儿女婿称"(表)姐姐""(表)姐夫""(表妹妹)""(表妹夫)"。

　　3.姑的女儿女婿称"(表)姐姐""(表)姐夫","(表妹妹)""(表妹夫)",下一辈女儿女婿称"(表外甥女)""(表外甥女婿)"。

　　4.姐姐、妹妹的女儿女婿称"(外甥女)""(外甥女婿)",其下一辈女儿称"(外甥孙女)"。

　　5.女儿的女儿称"(外甥女)",其夫称"(外甥女婿)",下一辈女儿称"(重外甥女)"。

　　6.大爷、叔的女儿女婿称"(叔伯)姐姐""(叔伯)姐夫""(叔伯)妹妹""(叔伯)妹夫",下一辈子女称"(外甥)""(外甥女)"。

　　7.源自更远的宗亲的女性未出嫁时称"姑""姐姐""(妹妹)""侄女""(孙女)""(重孙女)"等(前边还可加"堂叔伯""近门的"等修饰成分),嫁出后与"自己"无亲戚关系的往来,只在她们回娘家时才有见面并称呼的机会。

　　8.老姨奶奶的女儿女婿称"(表)姨奶奶""(表)姨爷爷",下一辈女儿女婿称"表姑""(表)姑夫"。

　　9.姨奶奶的女儿称"表姑",女婿称"(表)姑夫",表姑的女儿称"(表)姐姐""(表妹妹)"。

　　10.舅爷爷的孙女称"(表)姐姐""(表妹妹)"。

二、母系亲属称谓

　　图3与图4所示为母系亲属称谓。

　　这个外亲体系是沿着"自己"与母亲的血缘关系往上推的,图3标出的是"自己"的姥爷及其后代,图4标出的是母亲的姥爷及其后代。在姥爷之

19

图3 母系：母亲的娘家亲属称谓

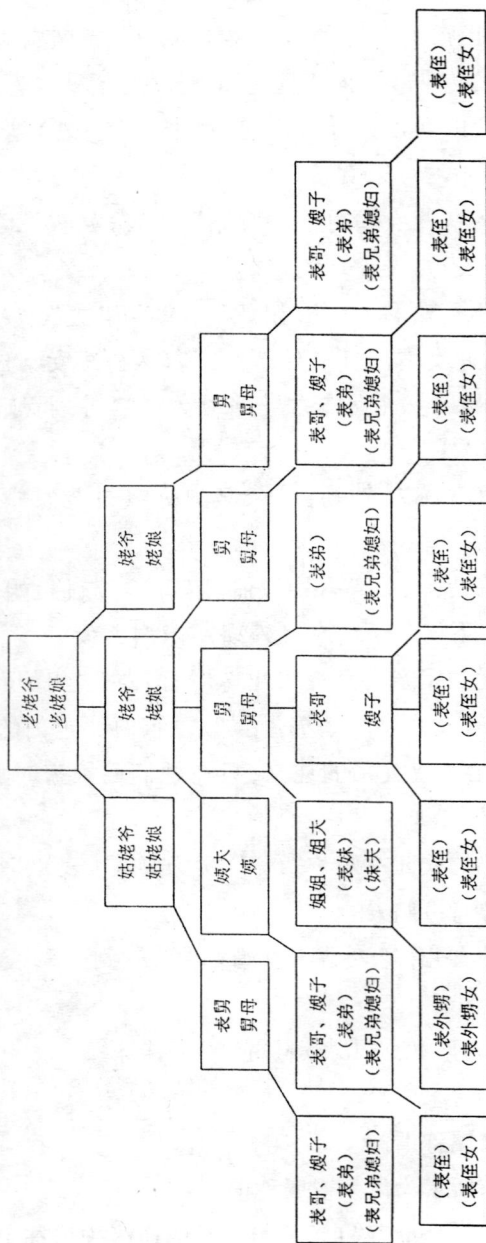

辈分	老姥爷 老姥娘					
	姑姥爷 姑姥娘	姥爷 姥娘	姥爷 姥娘			
	表舅 舅母	姨夫 姨	舅舅 舅母	舅舅 舅母	舅舅 舅母	
	表哥、嫂子 （表弟） （表兄弟媳妇）	姐姐、姐夫 （表妹） （妹夫）	表哥 嫂子	（表弟） （表兄弟媳妇）	表哥、嫂子 （表弟） （表兄弟媳妇）	表哥、嫂子 （表弟） （表兄弟媳妇）
	（表侄） （表侄女）	（表侄） （表侄女）	（表侄） （表侄女）	（表侄） （表侄女）	（表侄） （表侄女）	（表侄） （表侄女）

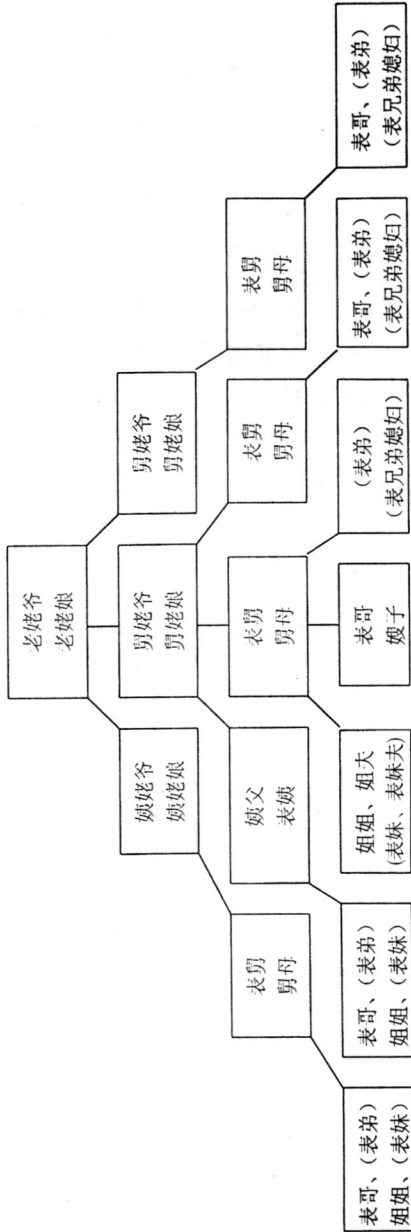

图4　母系：母亲的母亲的娘家亲属称谓

上还标出了老姥爷老姥娘,其实这一辈"自己"一般是见不到的,对绝大多数人而言,"老姥爷"只是个没有面称机会的概念性名词,我们标出这一级称谓主要是为了称谓图的血缘传递关系的完整和清晰。

母亲的娘家亲属是"自己"最亲近的亲戚("亲戚"一词在当地指外亲)。人在小的时候常到外婆家去住一段时间,这里的亲戚对他都很宠爱,很少严厉地管教,即使是男性长辈也不像父亲那样常板起面孔教训他,这使他在外婆家得到许多的温暖,就像小说里讲的:"童年浪漫如月船,泊在了外婆的臂弯里。臂弯宁静又温暖。"①姥爷、姥娘、舅舅、姨对他都是很疼爱的,所以这些称谓语在他脑子里是有很强的感情色彩的。

从生物学角度讲,母系亲属与相对应的父系亲属同"自己"的血缘关系是一样近的。生殖是男女结合的结果,血缘传递是双系同等的。从这个角度出发,父系亲属与母系亲属应该同样亲密,亲属范围也应该同样宽。但是由于社会文化的作用,"亲属体系一出家庭立刻发生单系偏重的趋势。"②在外婚制的从父居背景下,"自己"主要在父系家族的抚育下长大,继承这个家族的姓氏和财产,也承担赡养这个家族的老人的义务。这种抚育不仅是生理的抚育,而且还有同样重要的社会文化的抚育,要让幼儿逐步习得一整套社会文化规范。这一过程对幼儿来说是相当艰难和痛苦的,他得在成人的约束和训导下不断压制自己的动物本能性的欲望。对幼儿进行直接的生理哺育的角色主要由母亲来承担,而严格管教的角色主要由父亲来承担,从而有"严父慈母"一说。③ 姥爷等母系亲属与"自己"既然有同样近的血缘联系,而又不负抚育的责任,就在外甥到自己家"走亲戚"的相对不长的时光里,倍加周到地照料他,倍加慈爱地对待他,而严厉的管教就会相对的少。他们所充当的偏重于慈爱和温情的角色是慈母角色的延伸。在实行外婚制的社会里,他们对外甥的疼爱主要出于亲情的动机,很少求得报偿的功利目

① 何立伟:《白色鸟》,载《1984 全国优秀短篇小说选获奖作品集》,第 401 页,作家出版社,1985 年。
② 费孝通:《生育制度》,见《乡土中国　生育制度》,第 240 页,北京大学出版社,1998 年。
③ 费孝通:《生育制度》,见《乡土中国　生育制度》,第 240 页,北京大学出版社,1998 年。

的。因为他们知道，自己年老之时是不靠外甥赡养的。所以当地谚语有"外甥是狗，吃了就走"的说法。他们一边念叨着这警言，一边尽其所能地款待着外甥。所以民谚又有"糊涂姥娘瞎仗姨，明白是他大妗子"的说法。①因为妗子与"自己"没有血缘关系，她对款待外甥持消极甚至阻挠的态度。有一则当地传说可以作为上边两则谚语的注脚：

> 有个老头儿带着他的外甥在村东头的水坑边玩耍。姥爷藏到一堵墙后头，旁边有人投个砖头到水坑里，"扑通"一声，那人就吓唬外甥说："你姥爷掉水里咧！"外甥听了，撒腿就往家跑，说："我去看看俺爷爷掉水里没有！"

当外甥成人时，姥爷姥姥一般已去世或到风烛残年，舅舅在母系亲属中的位置就很突出。他是母系亲属的内亲中的撑门立户者，与亲戚交往中的重要事情都要由他做主和出面。当外甥结婚时，亲戚们"写红帐"（即拿彩礼钱）都"看他舅"，即他们应出的钱数以新郎舅舅所出的钱数为标准递减。在吃饭时舅舅也被请到新亲之外的最尊贵的位置上。不过新社会里舅舅在外甥婚礼上的角色被姑爷（新郎的姐夫或妹夫）部分地取代了。现在写红帐兴"看姑爷"，他是出钱最多者，但吃饭时因他的辈分不高，还是舅舅坐上座。虽然舅舅在亲戚里的位置很突出，但他在黄庄一带并不像在有些地方那样与外甥有特别的亲密关系，成为外甥的保护人。相对而言，姨比舅与外甥有更亲密的感情，这是由于姨与母亲这两姐妹之间关系极密，因而对姐妹的孩子也格外疼爱。"自己"在小时也常到姨家去。但谚语里有"两姨亲，不是亲。姑舅亲，代代亲"的说法。它的意思是，与姨家的关系虽然很亲，但当姨故去时，两家很快就疏远了；而舅舅那边是母亲的本家，她是从那里嫁出来的人，她的父母及祖先埋葬在舅家的坟地，因而，"自己"与舅亲保持来往要更为长久。

---

① "瞎仗"，当地方言，意为糊涂，没分寸。"妗子"，舅母的异称，当地并不以它来称呼舅的妻子，所以只是一个很少使用的亲属名词。

母系亲属的另一支是姥娘的娘家亲属,也就是母亲的姥爷姥娘家。当"我"出生时,母亲的姥爷姥娘一般已去世了。所以这一支外亲最重要的亲属是母亲的舅和姨,也就是"自己"的舅姥爷和姨姥娘。"自己"常随母亲去看望他们,给他们拜年或祝寿,也熟悉了这种比较拗口的称呼。当舅姥爷和姨姥娘去世后,母亲一般就不去这两种亲戚了,而派"自己"每年去给表舅拜年。等表舅去世后,"自己"也就不再去这个表亲家。两边的长辈都故去就意味着这支母系亲属关系的终止。

图 3 与图 4 尚有少量父系亲属称谓未能标示出来,图 3 应予补充的有:姑姥娘的女儿女婿称"表姨""(表)姨夫",再下一代称"表哥""(表弟)"或"(表)姐姐""(表妹妹)";姨的女儿女婿称"(表)姐姐""(表)姐夫"或"(表妹妹)""(表妹夫)",再下一代称"(表外甥)""(表外甥女)"。图 4 应予补充的是姑姥娘的女儿女婿称"表姨""(表)姨夫"。

第二节　姻亲称谓

姻亲称谓是基于婚姻关系而发生的称谓。姻亲关系的中心成员是婚姻的直接当事者,即夫妻二人。姻亲称谓主要发生在夫妻共同生活的家庭之中或他们各自与对方家族成员的交往之中,因而姻亲称谓可说是对配偶及其亲属的称谓。我们将它分为三种:夫妻称谓、夫系称谓、妻系称谓。这种划分法和通常的做法有所不同。一般将姻亲称谓分为夫系称谓和妻系称谓,而将夫妻称谓分为二者。考虑到对配偶的称谓与对配偶亲属的称谓是两种性质迥异的亲属关系中的称谓,本文将夫妻称谓单立一类。

一、夫妻称谓

家庭是以姻缘关系和血缘关系为纽带组成的一种基本的社会生活共同体。在我国当代社会中,无论在城市还是在农村,这个普遍存在的小型的社会共同体是以姻缘关系即夫妻关系为核心的,血缘关系即父母子女之间的关系、兄弟姊妹之间的关系居于从属地位。作为家庭的主导关系,夫妻关系是人际关系的一种基本类型,更是男女关系的主要形式之一。夫妻关系不仅具有一般意义上的社会合作关系的性质,而且具有更为深刻和持久的性爱关系与亲情关系的内容。夫妻关系的存在状态是由家庭共同体所处的民族文化传统和社会生活环境所决定的。夫妻称谓是夫妻交往时使用的一种用以启动谈话的对另一方的称呼,但在某种程度上可以表现出夫妻关系的存在状态或对方在家庭中的地位,从而通过考察夫妻称谓,可以探讨夫妻关系的社会文化内涵,也可以看出相关的文化传统的变迁。当前,城市与农村在生活与文化上都存在着相当大的差异,因而夫妻关系的存在状态与夫妻称谓的状况也有一定的差别。本书以实地调查资料,展示河北省景县黄庄的夫妻称谓状况,在一定程度上反映当代华北农村的夫妻关系的社会文化内涵以及相关的文化变迁。

从总体上来说,夫妻称谓可分为老派夫妻称谓和新派夫妻称谓。前者主要是现在五十岁以上的夫妻之间所用称谓,受传统社会夫妻关系影响较深;后者主要是现在五十岁以下特别是青年的夫妻之间所用称谓,产生于现代社会宣扬男女平等、提倡以爱情为基础的夫妻关系之中。

我们先来看老派夫妻称谓。黄庄的老派夫妻间基本没有面称,或者说,老派夫妻之间当面交际使用的相互称谓处于缺环状态。一般在家里,夫妻对话时没有任何称呼,直接说事,或者以“哎”“哎我说”来提请对方注意,也可以说这些招呼语是夫妻称谓的一种替代形式。确实,在较小空间范围的家院之内,不用称呼对方,对方就知道是在跟自己讲话。但是如在室外,比方说在地里劳动,离得远时呼喊对方,或者在村里呼喊不知到哪家去串门的对方,单靠嗓音的熟悉还不够,需要有个称呼来明示喊话的对象,这时只好采用从儿女角度来的称呼“××(孩子小名)他爸爸”“××他娘”,也有极少的人喊对方姓名。在黄昏时分处处升起袅袅炊烟的村落之中,妇女亮起嗓门喊“××他爸爸,回家吃饭喽”,是经常听到的一种声音,这也可以是构成一幅农村风俗画的淳朴生动的场景。夫妻之间习惯了没有面称,在需要有称呼的当面对话语境下语言交流就很不方便,不得已时采用某种称呼也是很不自然的。与夫妻面称的相对缺乏相反,夫妻的背称颇为丰富。这是由于夫妻背称主要是表明夫妻关系的亲属名词,不是发生于夫妻对话的语境之中。

背称方面，男的称妻子为"俺家的""俺家的人们""俺那口子""××他娘""俺那做饭的"等；女的称丈夫为"当家的""××他爸爸""俺那老的"等。他人说起某对夫妻，一般说女方为"××（丈夫名）家的"，说男方为"××（妻子名）男的"。

　　费孝通先生借鉴雷蒙德·弗思的观点，将夫、妻、子看作社会结构中的基本三角，认为缺少亲子关系的夫妇关系是不完整不稳固的。① 这很适合分析传统的夫妻关系及其称谓行为。在传统婚姻中，缺乏亲子链条联结的夫妻关系是比较尴尬的。传统文化不重视夫妇之爱，而强调夫妇之别，所谓"相敬如宾"。其实这"相敬"不是平等地互相尊敬，主要是妇敬夫，保持父系社会中男尊女卑的秩序。而要做到这一点，须在夫妇之间保持一定距离，不可过于亲昵，因而"如宾"是"相敬"的方法。夫妻之间这种保持距离的关系可在古时妇女对丈夫的一些称呼上体现出来，如"官人""老爷"作为妻对夫的面称，其字面意思并不表示双方的夫妻关系，而是带有尊卑含义。"官人"是以丈夫在社会上的职业身份权作称谓语，"老爷"则是借用家中下人对主人的尊称。在这样一种婚姻模式中，夫妻成了一对熟悉的陌生人。他们既天天见面，共同生活，有亲密的接触，又要注意夫妇之别。但是，夫妻靠什么凝聚在一起呢？照我们现代人的理解，一般认为姻缘应该以爱情为基础，夫妻是靠志趣相投的感情力量凝结在一起的，并不必定需要亲子关系做支撑。但是传统文化将夫妻情爱否定了，认为"昏（婚）礼者将合二姓之好，上以事宗庙，而下以继后世也，故君子重之。"②也就是说婚姻的主要目的是传宗接代，这是将本来素不相识的男女捏合在一起的理由。夫妻之间的爱情是无关紧要的，甚至是受到排斥、抑制的，双方性爱的需求也是在传宗接代的名义下得到满足的。生育后代成为夫妻的事业和将二人凝聚在一起的主要联系。所以，传统文化里的夫妻关系有两个基本特点：一个是不讲爱情，一个是否定平等。双方的性爱是为了生育，交往要体现男尊女卑、夫唱妇随。实际上，就是要把夫妻关系纳入夫权社会的文化规范之中，强调妻子

---

① 费孝通：《生育制度》，《乡土中国　生育制度》，第159页，北京大学出版社，1998年。
② 《礼记·郊特牲》。

是附属于丈夫的。事实上,这种模式的夫妻关系是夫权文化的主要基石。

称呼是交际双方关系和各自身份的标志。传统婚姻中夫妻之间的姻缘关系既不能成为联结双方的独立的关系,在剔除亲子关系对夫妻关系的稳固作用之后,夫妻相互成为身份不够独立和完整的人。这种状况在妻子生育之前表现得很明显。而如果妻子不能生育,就使夫妻关系达不到完整状态,夫家就有了堂而皇之的休妻的理由。这种情形表现在夫妻之间缺乏适当的面称上。直到孩子出世,夫妻之间的身份明朗,成为"孩子他爹""孩子他娘"。但这种称呼在当面也是极少使用的,一般在必须以称呼来引起对方注意的语境下才会使用。这两个称呼主要用作背称。当夫妻中的一人向本家族的人如孩子的爷爷奶奶提起配偶时,最顺口的称呼便是"××(孩子小名)他爹""××他娘"。

单纯的夫妻关系中的无称呼(指面称)状态在成亲男女的首次正式交往中就是注定的了。在传统社会中,婚姻须遵"父母之命,媒妁之言",结亲的男女本人一般没有自由选择权利,也无婚前恋爱过程。在典范地执行这种成婚规矩的情形下,结亲男女的第一次正式交往是在举行婚礼这一天。新娘下轿时蒙着盖头,这使新郎新娘无法见到对方面目,也无法相认和交往,习俗规定他们在拜天地之前的几分钟内还不是正式夫妻。拜天地仪式对夫妻关系的确认在习俗规约意义上是至关重要的:拜了天地、高堂即是二人的夫妻名分获得了神灵、家长的承认,再夫妻对拜,象征两人的正式结识和相互之间配偶关系的认可。值得注意的是,在这郑重的仪式上,结识和成为配偶是同时完成的,一结识就成了生活的亲密伴侣。而这种结识只是象征性的,因为新娘还遮着盖头,两人还未真正见到对方的面孔。这也直观地表现出传统婚姻的特点:获得配偶是不容本人选择的,是无须男女之间有熟悉的关系做基础的。直到男女的关系在习惯法意义上实质转变的时刻,他们还没有真正的交往,也自然没有称呼的必要。这也说明传统婚姻中成为夫妻是无须有称呼行为的,他们之间无称呼的交往是从拜天地仪式上开头的。拜完天地,二人成为夫妻,便在众人依习俗而安排的礼仪程序中进入洞房,新郎揭去新娘盖头,两人才真正相识,但是尚无语言交往,只是在众人安排下完成一些象征着二人结为一体的活动或表演一些亲热接触的节目,为此后二人独立进行亲密交往做必要的准备。夜晚就寝时分,闹房众人散去,二人独自面对,这时通常会发生第一次语言交流。此刻他们的实际交往史几乎还是空白,只有当天婚礼过程中习俗活动对两人关系进程的强硬促成性的被动接触。虽然实质上是陌生人,但是在民俗制度意义上却最亲近也应是最熟悉的人。习俗的规范力量决定了他们的交往要在这种难堪中继续下去,而且很快就有更难堪的然而是实质性的突破。这种情境决定了他们不能有自然形成的表示双方实质关系的称谓语,但又不可能像真正的路人那样以礼貌的拟亲属称谓开始交往,但是交往注定要按照习俗约定发生和继续的。传统婚姻制度决定了姻缘关系中的夫妻在尴尬的交往模式中进行。既陌生又熟悉,既疏远又亲近。这种情形也就决定了夫妻面对面的交往不会有合适的称谓语。在生育之前夫妻交往的情形是婚礼这天交往情形的延续,直到后代出世,夫妻相互之间才有了明朗和完整的身份,成了"孩子他爹"和"孩子他娘",标志着文化意义上稳固的家庭三角的形式。三角的形式并不表示夫妻尴尬交往模式的结束,传统文化的相敬如宾、夫妇有别的规约仍然左右着他们的交往,也就继续保持着那种无称呼状态。"孩子他爹""孩子他娘"主要是心理性称谓,很少使用,一般在远距离说话时以呼喊的形式出现。这是因为以孩子为出发点的称谓毕竟不是对夫妻姻缘关系的直接概括,是拐了弯的,对夫妻面对面的直接交往实质上不是完全切合和必要的。

与夫妻面称的缺环相对照,夫妻背称却花样较多。这是由于背称是对其他人称呼自己的配偶,只要这个词语能够表示出夫妻关系内容中一个易于称说的侧面就行了,这个背称词语可以从与后代关系的角度着眼,也可以从在家庭中所起作用的角度着眼。跟本家族的亲属讲话,对配偶的背称用"××(孩子小名)他爸""××他娘",这种从儿称一方面显示出家族内部成员的亲近关系,另一方面表现出家族中子嗣的重要性。这种从儿称的造词方式可用于家族中的所有成年人,孩子的爷爷、奶奶可称"(××)他爷爷""(××)他奶奶",孩子的叔叔、姑姑可称"他叔""他姑"等。跟本家族以外的人讲话则强调配偶在家庭中的作用和地位。丈夫称妻子为"俺家的""俺家的人们""俺那做饭的",表现出女子在家庭中的附属地位以及她在家中包做家务、服侍丈夫的作用，她是丈夫为首的家人的一员，而且通常是呆在家中，不大抛头露面的。以局外人的眼光来看，我们容易认为这是对妇女的蔑称。但是对当地人而言，这类称呼并无贬低人的感情色彩，因为生活中的实际情形就是如此，男人在这样称说他的女人时心里多半有一种亲切感，有时甚至带有喜爱的色彩。他妻子本人对这称呼也没有反感，甚至乐意其夫对别人这样叫她，因为这称呼毕竟表示出他们作为夫妻的特殊关系。如果说这称呼显示出妇女的低下地位，确实没错，但这是指称呼的基本意义方面，并不是指其附加的感情色彩。"俺家的人们"字面上是复数，实际上特指妻子，是比较含蓄的说法。

　　同理，妇女称其夫为"当家的"，则显示出男人在家庭中的户主地位，尽管这词带有一点尊敬的色彩，但也不是特别的对其夫表示尊敬的称呼，它也只是当地一个较普通的说法。用这称呼并不能说明她家一定是丈夫说了算，实际有相当一部分家庭中是妇女说了算，或者说许多男人是"怕婆子"的，但这不妨碍妇女称其夫为"当家的"。户口册子上登记的户主姓名是丈夫的，村里有涉及家庭的事情，总是丈夫出头露面。这是习俗约定，并不管某个家庭里实际上是谁拿主意，妻子做主只能是在背后。对当地人来说，一家之中男人做主是正常的，而男人听女人的则要受人笑话。这现象在一则常挂在男人口头的谚语里得到生动的体现："驴驾辕，马拉套，老婆子当家瞎胡闹"。所以妇女称男人为"当家的"是很自然的，并不为这词的含义而感屈辱。但是，与"俺家的"相比，"当家的"并不是一个使用很普遍的词，只有一部分妇女爱这样称呼，与它使用频率相仿的是"俺家××（孩子小名）他爸爸"或"他爸爸"，这应该是表明妇女潜意识里并不情愿让男子居于一家之主的优势地位。"俺那老的"是中年与老年妇女的说法。妇女可用这种说法指称丈夫，是由于上一辈老人已经故去，或与老人分家过日子，她的家庭里"小的"是孩子们，"老的"自然就是丈夫了。丈夫对妻子并不这样称呼。此地传统上老人是居尊的，"俺那老的"也能表现出男人在家中居尊的地位。关于夫妻背称的另一种形式是，当夫妻都不在场时，他人以夫妻中的一方为参照指称另一方时所用称谓，比如 A 为夫，B 为妻，说 A 的妻子为"A他家的"，B 的丈夫为"B 她男的"。黄庄没有"丈夫"与"妻子"这两个亲属名词,"男的""家的"在本地词汇系统中的位置即相当于普通话中的"丈夫"与"妻子"。"男的"与"家的"相对,而不是与"女的"相对,说明在黄庄词汇系统中,"男"并不是一个纯粹表示生物性的性别概念的词,而是具有附加的社会文化意义的词。"男"不仅表示生物学意义上的一种性别,而且表示这类人是一个家族的传宗接代者、撑门立户者,他是一家之主,在夫妻关系中他居尊、主外。"男""女"的这种社会文化语义可从黄庄人在生育问题上严重的重男轻女态度上清晰地看出。

新派的夫妻之间的称谓与老派的有很大差异,新派的夫妻指在新中国成立后出生和成长起来的人,如果将村内人口按年龄分为三代的话,新派夫妻指第二代人,年龄在五十岁以下。新派夫妻称谓的主要特点是主要用姓名来称呼配偶。面对面说话时,如果需要以称呼引起对方注意,一般称姓名,特别是二三十岁的年轻人,称呼配偶名字毫不避讳。背称时,也较多使用姓名称谓,同时也用"俺家的""俺家里人们""俺那口子""当家的""××他爸爸""××他娘"等。

新派夫妻在相互称谓上的变化是由社会文化因素造成的。这一代人虽然不可避免地从祖辈和父辈那里接受了传统文化的部分影响,但他们在一个新的社会制度下生活,接受新式的文化教育,其文化观念与上一代有很大不同,而社会文化环境也有了根本的变化。我们可从结亲男女的实际交往情形中看社会文化因素的变化对夫妻称谓的影响。

新中国成立以来,黄庄村民的结亲方式仍大体遵循着"父母之命,媒妁之言"的模式,但有了很多变革,可以说是"半包办"的方式。绝大多数婚姻还是由媒人牵线而成的。媒人先向两家介绍对方的诸种情况,双方父母初步同意之后就安排青年男女本人"侧见",即双方约定某一时间在一个公共场合(通常是集市)非正式会面,青年男女各由自家亲属陪同来到预定地点,但并不聚在一起,而是相隔一段距离,由媒人告知双方哪个是相看对象,然后两帮人相对着走过来,到近前时也许停下来互相打量一会儿,也许径直擦肩而过,并不打招呼。走过之后侧见就算结束了。侧见的目的是相看对方的长相、体态、仪表等,如果有一方没相中,这门婚事就"拉倒"了。如果双方都没意见,就安排正式见面,当地术语叫"见面"。见面时还是由各自亲属陪同,地点一般选在媒人家,男女双方在媒人介绍下正式结识,进行简单的交谈。如果见面后双方满意,亲事就基本定下来。定亲后男女双方各由亲属陪同去县城或德州市给女方买礼品并共同吃一顿饭,这是两人有了定亲关系后的一次较长时间的接触。通过"买东西"活动,两人有了较熟悉的关系,此时很自然地以姓名互称。从定亲到结婚,一般有一两年的时间,这期间两人有多次见面的机会,逢年过节,男青年要到女方家里送礼;女方家里有繁重的农活或其他忙不过来的事就去请男青年来帮工。这样到举行婚礼时两人已经在多次交往中相当熟悉,并有了一定感情基础。

以上从男女"侧见"到结婚的过程已与传统婚俗有根本的不同。过去强调"男女有别",结亲男女在婚前没有接触和培养感情的机会,也没有自己选择配偶的权利。现在虽然还沿用媒人搭桥的框子,但已"旧瓶装新酒",在选择配偶上尊重结亲者本人的意愿,父母的意见只是辅助性的,更重要的是结亲男女有了熟悉的过程,这使婚礼上二人的正式结合不再是生硬的撮合。这样夫妻在建立家庭后的交往一开始就是自然的,没有传统婚俗中夫妻交流的尴尬语境。而且在新社会的家庭中,男尊女卑、夫妇有别的观念也在很大程度上被男女平等的思想取代了,夫妻之间并不存在明显的尊卑界限。而且由于妻子不但操持家务还下地干活,其劳累程度一般重于丈夫,对家庭的贡献不逊于丈夫,所以在家政上与丈夫有同等的发言权,甚至丈夫常常在许多事情上向妻子让步。这些都是夫妻间使用姓名称谓的文化心理基础。同时由于现在妇女不再像旧时小脚妇女那样主要是在家里,"俺家的""俺那做饭的"这类标明妇女狭小活动范围的称谓由于缺乏生活基础而降低了使用频率。

二、夫系亲属称谓与妻系亲属称谓

夫系亲属称谓与妻系亲属称谓都是对配偶的亲属的称谓。从这种称谓行为发生和形成的由来的角度而言,二者有共同的特征,即称谓人与称谓对象之间的亲属关系不是自然形成的,既无生物性联系的血缘基础,又无社会性接触的生活积累,双方亲属关系的确立依靠中间媒介即配偶,称谓语的确定也主要以配偶与称谓对象的关系为基准。两种称谓是同一种性质的称谓,这是从两性平等结合导致了姻亲称谓的角度来说的。现代城市中的很大一部分姻亲关系接近于这种情形:男女结合后即单立一个小家庭,各自与对方家族的关系是基本对等的:妻与丈夫家族接触的多少同夫与妻子家族接触的多少没有明显差别,即现代城市婚制倾向于既非从夫居也非从妻居,这使妻与夫在"称谓人——配偶的家族"这个关系框架中的位置趋于等同。与之相对照,可明显见出传统社会中夫系称谓与妻系称谓的发生机制和文化内涵是不同的。下面我们结合黄庄及其他部分地区的夫系称谓与妻系称谓的构成和运用状况做具体的分析。

(一)夫系亲属称谓

夫系亲属称谓是嫁为人妇的女子对夫方家族成员(也是婚后自己家庭的成员)的称谓。在黄庄,妻子对丈夫的亲属的面称与丈夫相同,背称有:

夫之父母:公公,婆婆;他爷爷,他奶奶;俺家他爷爷,俺家他奶奶。

夫之兄嫂:大伯哥,妯娌;他大爷,他大娘。

夫之弟、弟媳:小叔子,妯娌;他叔,他婶子。

夫之姐妹:小姑子;他姑。

女子嫁到夫家,成为这个家族的一员,她不仅是丈夫的媳妇,而且是全家的媳妇,黄庄人常说某个妇女"是××(公公名)家的媳妇"就说的这意思。她不仅要侍奉、服从丈夫,而且要孝敬、伺候公婆,还要依礼处好与大伯哥、小叔子、小姑子的关系。她与他们是"一家人",但又与他们不同,他们之间是有血缘联系的,而她在这个家中是异姓、外来人,在朝夕相处的日常生活中必须处处谨言慎行,按照传统文化所规定的各种礼仪要求去做。这就是夫系称谓发生的大致处境。

妻与丈夫家族成员的亲属联系实质上是以丈夫为中介的,但在传统家庭中单纯的夫妻关系不是一种独立完整的关系,它要加上亲子关系才能构成为家族和社会所认可的三角结构的关系单元。"妻子"一词的文化含义不仅仅是"丈夫的配偶",而且是"家族继承者的母亲"。她在夫家的身份是这两种角色的合一。她与丈夫家族的关系的构成方式有两条线索,一是以丈夫为中介,一是以孩子为中介,所以夫系称谓也有与此相应的两种类型:一是从夫称,即现在的面称,比如对夫之父母称"爸爸""娘"等;二是从儿称,现在用于背称,"公公""婆婆""他爷爷""他奶奶"等。由于传统文化不重视甚至有意忽视夫妇之爱,而强调两性结合的传宗接代功能,妻子在传统家庭中作为"家族继承者的母亲"的角色重于"丈夫的配偶"的角色。所以她与夫家成员的亲属关系也主要是以儿女为纽带来联结的,这在称谓上体现为她常被人称为"××他娘",而她也惯用从儿称来叫其他家族成员。

从儿称在古代夫系称谓体系中占有更重要的位置:它不仅用于背称,而且用于面称。如《清平山堂话本·快嘴李翠莲记》:"公吃茶,婆吃茶,伯伯姆姆(夫之嫂)来吃茶。姑娘小叔若要吃,灶上两碗自去拿。"其中"伯伯""小叔"为从儿称。在《水浒传》第二十四回,潘金莲欲勾引武松时,殷勤地几乎每句话都称"叔叔",等遭到拒绝而恼羞成怒时,便骂"武二那厮""你这腌臜混沌",或以"你"来代"叔叔"称呼。可见从儿称"叔叔"是带有敬重的礼仪意义的。现在,"大伯哥""小叔子"这两个称谓语主要用于同夫家之外的人说话时指称夫之兄弟,它们是从儿称的变异形式,以与纯粹的儿女辈称谓相区别。"大伯哥"是从儿称与从夫称的混合。"小叔子"是在从儿称"小叔"上加了后缀"子"。"叔"作为儿称早在先秦以前就存在了,《尔雅》记载:"夫之弟为叔。""小姑子"是在儿称"小姑"上加了后缀"子",它也用于同夫家以外的人交谈时用。"他爷爷""他奶奶""他大爷""他大娘"等称谓是另一类从儿称,也是背称,但一般在家族内部使用。

在夫系称谓中,最值得关注的是对公婆的称谓。在与夫家亲属的关系中,与公婆的关系是最重要的。在封建文化中,孝顺公婆是最重要的妇道之一。《礼记·内则》中说:"妇事舅姑,如事父母"。并规定了媳妇侍奉公婆的各种细微的礼节。同时公婆有管教、监督和处理媳妇的权利。他们甚至可以不理会儿子的意见将媳妇休掉。由于"男不言内,女不言外"的传统,媳妇接触最多的是婆婆,因而婆媳关系往往是人们关注的家庭问题的焦点。

最初对公婆的称呼是"舅姑"。《尔雅·释亲》说:"妇称夫之父曰舅,称夫之母曰姑",这是由交表婚造成的一种基于血缘关系的姻亲称谓,是来归之妇的从己称。她在婚后称夫之父母为舅姑是婚前称同一对象为舅姑的自然延续,因而可以推断姑舅是对夫之父母的面称。这种称谓最初实际是血亲称谓与姻亲称谓的合一。在交表婚制衰退之后,舅姑作为夫之父母的称谓仍保留了一段时期,后来演变为"公婆"称谓。

"公婆"在古代曾是对祖父母的常用称谓,约在隋唐时期用以称呼夫之父母。这种语义的转换最合理的解释是归之于从儿称。① "公婆"在现代只能作背称,而在古时它可作为当面称呼,如关汉卿《窦娥冤》第一折:"婆婆,你要招你自招,我并然不要女婿"。明代高明《琵琶记·糟糠自厌》:"公公婆婆,我不能够尽心相奉事,反教你为我扫黄土。"

对公婆使用"爸爸""娘"这种从夫式的面称,尚无充足资料证明始于何时。这种称谓是切合孝顺公婆"如事父母"的道德及礼仪的规范的。媳妇在婚前习惯了用"爸爸"和"娘"称呼自己的亲生父母,在她个人意识里,这对称呼是有特定含义的,它们所指称的是赋予自己生命并把自己养大的人。婚后要将这种称呼用于另一对于自己没有养育之恩的人,当非易事。她是在礼俗的规约下发生这种称谓行为的。

习俗设置了特定的仪式帮助媳妇开始对公婆的称谓之礼。在黄庄,认公婆仪式设在婚礼的第二天早晨。在前一天的婚礼上,她已和新郎拜过了父母,在习惯法意义上她已将夫之父母认做了自己的父母。但那是在习俗的安排下被动地进行的,且没有称谓发生。所以第二天早晨又有一个表面看来像是自然发生但实为事先约定的称谓仪式。这天她要早起,将新房收拾好,拿着笤帚来到公婆屋。公婆已坐在炕边等着。媳妇说:"爸爸,娘,起来了?"公婆答"嗯""啊"。媳妇便弯腰扫地。这时她看到炕下有钱——这是公婆设计的考验她品行的一个节目。她捡起钱交给公婆:"爸爸,娘,这是你们的钱。"等于现场复习了刚建立的称谓关系。公婆便很满意。于是这场以称谓为中心的认公婆仪式便结束了。这个仪式标志着媳妇与公婆交往的正式开始。从此她将在礼俗的规约下完成"孝"的义务——服从伺候他们,并生养儿女为这个家族传宗接代。而传统文化并没有规定公婆应如对待亲生女儿一样对待媳妇,只是要保持威严地接受她的孝敬,并管束她——以"丢钱"来考验她便是不信任她监视她的表现。传统的小媳妇是个受难者的角色。黄庄的谚语"千年的媳妇熬成婆"便是这情形的写照。

---

① 参见冯汉骥:《中国亲属称谓指南》,第 124 页,上海文艺出版社,1989 年。

　　传统社会中媳妇对公婆的顺服主要是两种力量制约的结果：一是文化规则系统的制约。父统子，夫统妇，媳妇在父系家族体系居于丈夫附庸的地位，她是作为丈夫的附属品孝顺公婆的。社会舆论（在农村体现为家族和村落的道德评价）也以此为准绳，对媳妇的行为形成规约力量。同时媳妇自身由于受传统文化的教育，也形成与这套文化规则相协调的心理机制，也就是造成对自己行为起支配作用的良心的压力。子媳对父母不孝会受到国家力量和宗族组织的干预，重者丧命丢职，轻者受到众人的蔑视而无法体面做人。媳妇还会因此被出弃。二是经济利益的制约。文化规则是有经济利益分配规则做保障的。在封建社会，父亲是地产、房产及其他家产的拥有者，一般直到他离世时才把这些财产分配给儿子，他在世时是否分家以及分家时财产如何分配都由他说了算，所以子媳的生存条件是受制于父母的，这对子媳的行孝具有决定性作用。同时由于财产的父系传承制度，儿子是财产的继承人，从夫妇关系来看，丈夫是家产的所有者，如妻子被休弃并不能平分丈夫的家产，所以这决定着媳妇从属于丈夫对公婆行孝。

　　在当代农村，这种局面有了根本的转变。媳妇再也不是附属于夫、受制于婆的角色。她的地位的改变表现在两个方面：一是在绝大多数家庭中，妻子和丈夫分享家庭权力，而不是听命于公婆；二是在对待公婆的礼仪上，媳妇不再以低夫一等的身份恭顺他们，以奴仆的姿态侍奉他们，她只是遵守与丈夫等同的礼仪要求。这样陈述媳妇地位的转变是比较保守的，事实上许多媳妇的权力往往高于丈夫，许多媳妇对公婆的态度是无礼的。这"许多"一词在许多地方意味着"大多数"。我们来看黄庄的情况。

　　在黄庄，媳妇们总体上已脱出了公婆的约束。从家庭代际构成看，约三分之二的家庭是由夫妻一代或夫妻、子女两代成员构成，在这种家庭里，权力的重心当然在夫妻手里；另三分之一的家庭是三代成员之家，但其中大部分家庭的权力重心在第二代夫妻手上，失去劳动能力的公婆（一般只剩一人）已处于附属地位，不仅没有支配家政的权威，而且大多数往往享受不到晚辈的敬老礼仪；小部分家庭（数目占黄庄全部家庭的10%弱）权力重心在尚是壮年劳力的公婆手上，媳妇与丈夫在财政及其他事务上听命于长辈，但一来这种家庭极少，二来这些家庭中的媳妇基本都是刚进入夫家立足未稳才尚未分家的,她们不满于手中无权的状况,总是不断地向公婆争取权力,或闹分家,因而摩擦连连,矛盾激烈。所以总的说来,这里的媳妇们不再是传统礼制压抑下的角色,而是扬眉吐气的一个群体。甚至可以说,她们是父系家族的异己力量,她们几乎无所顾忌地努力割断丈夫与其父母的经济联系,以致老人的赡养成为严重的社会问题。① 黄庄民谣说:"新社会新兴的,老的伺候年轻的;伺候不好怎么办,打你个×生的!"它生动地表现了这里的媳妇甚至某些儿子同老人的关系。如果了解了一些典型的事例,你会认为这谣儿不算夸张。下面我们来看几个案例。

案例 1 这是村民们夸赞的婆媳关系和睦的人家。已经分家。老两口均 59 岁,住一座六成新的旧房。小两口同两女一儿住一处新房。两处房相距 120 米左右,大门开在两个胡同。小两口结婚已十二年。头两胎生的都是女儿。此时婆婆对儿媳怨言较多,儿子也时有跟老婆离婚的言语。这期间儿媳地位未稳,婆婆占上风。1994 年儿媳产下一子(从第二胎起这家已接受政府罚款),之后婆婆开始对她不断让步。小两口每月给老两口十元钱,耕地、播种、浇水、收割等重活合在一起干,三个孩子主要由老人带大。婆媳之间只争吵过一次,那是在 1997 年,婆婆将自己家中的一些木材送给了邻村的妹妹家,儿媳过来干预,婆媳吵架,婆婆认为分家之后儿媳无权干预这边同亲戚的经济往来,儿媳则认为公婆老了之后要由他们赡养,因而现在的家产也是不能任意处置的。这次争吵以互不让步而不了了之。我在 1998 年暑期到这家访谈,两次见到儿媳到公婆家来,她和公婆有说有笑,大方开朗,但对公婆没有任何称呼。婆婆对我说,平时她不叫公婆"爸爸"和"娘",但她来拿(借)东西的时候,要婆婆给她找,她是称"娘"的。再就是每逢春节,初一早晨她给公婆行拜年礼,称"爸爸""娘"是不含糊的。公公则告诉我一件事:有一次他们两口带小孙子到天津"他姨"家去,住了一

---

① 华北农村养老问题在郭于华的《国际力量·民间社会·文化象征》一文中得到较充分的讨论。见马戎、周星主编:《田野工作与文化自觉》,第 793 页,群言出版社,1998 年。

个星期，儿媳从大队部打电话来，是公公接的，儿媳开口第一句话是："嘛时候回来啊?"公公听得愣了，问："你是谁呀?"对方说:我是××(名字)啊。"公公才知道是儿媳，告诉她归期，她说:"噢，行了。"就把电话放了。公公评价说:"咱这里的人实在，没那么多话，不像城市人问这问那的。"看来公公对媳妇不称呼他"爸爸"持宽容态度。有一次公婆买来二斤鸡脖子炖了吃，婆婆让小孙子端了一碗给儿媳送去，一会儿小孙子同他十一岁的姐姐过来吃饭。公公席间埋怨婆婆给儿媳送吃的太多，而儿媳往这边送得太少，孩子们又总过来吃;婆婆便生气地阻止公公指责儿媳和孩子们，并说孩子大了，大人说的话都能记住，回去会把这边的话都告诉他娘的。公公则怪婆婆怕儿媳，表示他是不怕的。

这是分家之后媳妇同公婆关系的有代表性的案例。首先，在家产方面，地的所有权是政府的，分家之后两边按人口平均分配土地使用权，分种分收;房产方面，新房分给了儿子，老人住旧房——这是这一带的规矩，在每个村落里，旧房里住的必定是老人;家具已分割清楚，只有拖拉机、机器是两家共同出钱添置的。家产分开之后，双方都认为分给儿子的家产(包括房子和家具)就完全属于小两口，但对老两口这边的家产则有不同意见:老两口认为属于自己;小两口认为他们有继承权，所以就等于有所有权，老人只有在世时的使用权而已。媳妇承认她有赡养老人的责任，但这主要是对继承老人财产的回报，故她有权监督老人对财产的处置。其次，在两家互助方面来往密切，在种地动用机械的生产活动上，老人受益于儿子能够使用机械设备，但老人替儿子家带孩子，已在劳力支出方面做了补偿;儿子每月给老人十元钱，但三个孩子经常在老人家吃东西，其费用在十元以上。第三，在礼仪方面，公婆的长辈身份尚能得到儿媳的认可，但对她没有严格的要求，事实上已失去了管束她的能力，婆婆甚至有怕媳妇的倾向。

案例2　这一家三个儿子，老大、老二都已结婚并分家单过，老三婚后同父母合住了一年，第二年因婆媳不合提出分家，但父母盖了三处房已无钱再盖房，同老三分家后没有住处，于是三个儿子决定在一家的院里盖厢房让老人住,但在谁家的院里盖要凭抓阄来定,结果大儿子抓中同老人合住一院的阄。三家各出 500 元在老大院中盖起两间东厢房。我问婆婆,此宅院的正房(北房)有东屋西屋,为何不让老人住一间,婆婆说:"人家让你住啊?"表情苦楚。

传统社会中老人通常同最后成家的小儿子合过,但现在媳妇普遍要求分家,同小儿合住一般是行不通的。传统社会中房产属于老人,分家时只能小辈搬出去,现在普遍认为老人有义务给每个儿子盖一处新房,所以儿子拥有所分新房的所有权,老人的住房问题只能自己或几个儿子共同想办法,每个儿子都有权不让老人住自己的房。这种局面主要是儿媳造成的,因为媳妇在没过门前已同夫家讲好,婚后单住一处房,这是婚姻成立的必要条件,所以民间认为媳妇没错,老人辛苦一生,最后无家可归,值得同情,但按事情发展的过程看是合情合理的,老人只能这样做,因为不这样儿子就会"打光棍",老人会遭到儿子的埋怨、村人的耻笑而失去面子和尊严,那样更糟。居住的位置是地位的标志,传统社会中老辈住正房,象征着老人在晚辈面前的权威,现在儿子住正房,老人住厢房,则是老人失去权威的明显标志。老人的心理状态是失落的,不幸福的。在这种情形下媳妇尊敬公婆的礼仪实际已不存在,即使在他们的"和睦"相处中媳妇称公婆为"爸爸""娘"也失去原有意义。

案例3 这一家四口人:公、婆、子、媳。儿子结婚已两年,没有分家,合住一处新房。公婆分别五十二岁、五十三岁,尚能作为壮年劳动力参加生产活动,享有家政支配权。儿媳有强烈分家愿望,主要由于财政权在婆婆手里,认为小两口辛苦挣钱但"见不着钱",要求公婆另盖一处房分开过。公婆认为只有独子,无需再盖房,不同意分家。最后婆婆将家庭财权交给媳妇以做妥协。

这是一个尚未分家的案例。这种儿子结婚两年还在合过的情况已属少见。未分家主要是公婆坚持不另盖房的结果。但为此公婆付出交出财权的代价。财权是家庭的最主要权力之一,它落于儿媳之手,标明家庭权威由长辈向晚辈转移的倾向,而且是"媳妇权威"形成的标志。

　　案例4　这一家两个儿子,大儿子已分家单过,小儿子婚后同父母合住。媳妇同婆婆常闹矛盾,且互不让步,终于在1998年初恶化到婆媳由对骂而打架,婆婆身高力不亏,媳妇年轻力壮,双方势均力敌,公公加入战团,媳妇顿处弱势。在打架中吃了亏,媳妇搬到同村一个亲戚家住,过年时也没过来,按村人的话讲是"断了年礼"。后来媳妇在借住的房子里生孩子,生的男孩,对人说不让婆婆过来看;而婆婆表示根本没想去看。村民对婆媳争端没有孰对孰错的评价,只是劝双方各自让步:婆婆应过去照顾"月子"抱孙子,媳妇也不要将婆婆拒之门外。

　　在此案例中,婆婆试图以传统意义的家长权威来管制儿媳,但儿媳决不顺从,竟至用对骂和对打来维护自己作为"现代媳妇"的尊严。在此事件中传统的婆媳之礼和基本的亲属情面已全部撕破,双方关系中谁能获得尊严只靠体力的强弱来决出。敢于骂、打公婆(谁先骂先打已不重要),说明在媳妇观念中她与公婆是没有尊卑之分的。而村民舆论的不分是非则说明这种不讲礼仪的婆媳关系已是常见现象,社会评价系统在此方面已失去制约人的行为的效力。

　　费孝通先生指出:"像其他一切语言资料一样,亲属关系的称谓应该结合其整个处境来研究。它们被用来表示某人身份或对某物享有某种权利,表达说话人对亲属的感情和态度,总之是说话人对亲属的部分行为。"[①]以上对媳妇与公婆关系的叙述,即是为了探讨媳妇对公婆称谓的处境。如果仅仅说,黄庄的称谓习俗为,媳妇对公婆的面称是"爸爸""娘",我们无法了解到这称谓在生活中是如何运用的,它表达了媳妇对公婆是什么样的感情态度。亲属名词不仅仅是对亲属关系的分类,它还附着了称谓人对称谓对

---

① 费孝通:《江村经济》,第204页,江苏人民出版社,1986年。

象的感情、态度。当称谓人运用这亲属名词时,他就将亲属名词在该文化中所具有的感情态度加于对方身上。媳妇称公婆为"爸爸""娘",就是用对亲生父母的孝敬态度来对待公婆。这是媳妇对公婆的行为的一种。这种称谓行为是与其他行为连成一体的。所以媳妇对公婆的面称的使用情况,与他们之间关系的实际状况密不可分,与媳妇对待公婆的其他行为是协调一致的。因此我们讨论黄庄夫系称谓,无法忽视媳妇同夫系亲属成员如何相处的现实状况。

我们看到,在黄庄如此状态的家庭关系中,媳妇对公婆的称谓礼仪是较少遵守的。在较和睦的家庭中,媳妇只在重要仪式中以及有求于公婆时才使用习俗规定的称谓;在媳妇居于优势地位而对公婆公开不敬的家庭中,称谓礼仪失去了运作的生活基础,媳妇已没有必要使用这套表明她与公婆之间尊卑秩序与亲密联系的亲属名词,即使偶尔使用,这称谓也已尽失其本意。与公婆关系极端恶化的媳妇,更使用了与习俗称谓语的意义和功能相反的辱骂语言来当面指称公婆。

如前所述,媳妇与公婆之间的亲属关系没有血缘传承做基础,她又没受过公婆的养育之恩,她对公婆的"爸爸"与"娘"称谓是文化的约定,她对这种称谓礼仪的遵守是由于文化规范力量的制约和经济利益分配规则的制约。那么,以黄庄为代表的当代农村中,媳妇对公婆称谓礼仪的不守也是这两种制约力量消解的结果。新中国成立以后,这两种制约力量的消解主要是由国家力量的介入引起的。

传统社会的运作机制是"家国同构"的统御体系。齐家与治国相统一,伦理道德与政治统治相配合。个人服从于家,家服从于宗族,宗族组织又同国家政权联结起来。忠君是孝亲的推广。所以尊祖、孝亲、敬宗、睦族的伦理道德为统治阶级大肆宣扬,形成家族文化的主流价值系统,并具体落实为家庭生活中各种严格的礼仪规范。违背这种伦理道德和礼仪规范会遭到家庭长辈权威、宗族组织以至国家政权的惩戒。而个人由于受到传统文化的教化,也形成与这套伦理道德和礼仪规范相适应的文化心理。所有这些都成为文化制约力量规范着晚辈对长辈的孝亲行为。同时男尊女卑、夫妇有别的父系权威对女子多了一重压迫力量,使媳妇就范于父系权力体系,作为丈夫的附属品严守对公婆的各种礼仪,包括称谓礼仪。

但是传统文化规范是以封建社会的私有制为基础的。新中国成立以后,我国确立了公有制的社会结构。在这种体制中,如何对待传统的文化系统至今仍是一个值得深入探讨的问题。事实上国家政权采取了过激的方式。为了使公有制社会结构体系全面有效地运作,国家一方面将土地等重要资源收归国有,切断宗族文化赖以存活的经济命脉;另一方面用剧烈政治运动和密集宣传教育的方式彻底清除传统文化意识系统,用社会主义文化意识给人们"洗脑"、"换脑"。应该说,这种文化变革方式是有效力的,至少新的文化规范系统取代了传统文化规范系统成为社会主流价值体系。这种文化变革既清除了封建文化的糟粕,也抛弃了传统文化的大量精华。同时在组织形式上用严密的行政权力组织全面取代宗族组织,甚至这种行政权力渗透到了最基本的家庭组织,这表现在极"左"时期一度宣扬"亲不亲,阶级分"的理论,导致个人有违国家权力系统意识形态,便会引起父子决裂、夫妻反目。就是说,新的社会运作机制是国家从财产、组织到思想意识各方面直接实施对个人的控制,并不需要借助父系家庭权威和宗族组织体系,而且在这种运作机制下,家族组织和宗法文化已成为国家权力和意识形态的障碍,因而成为一个历史时期内重点清除的对象。

新型社会价值系统的确立表现在家庭生活领域便是传统伦理道德和礼仪规范的逐步解体,其主要方面便是孝道的不兴。在现阶段,虽然孝道不再被当作封建文化遭受鞭挞,但社会评价体系将它作为家庭私事不予干涉。在农村,管理家族事务的宗族组织早已瓦解(近年兴起的婚丧互助网络不能看作宗族组织),而取代其位置的村政权不管家庭事务(只有在被邀请的时候村干部才出面调解家庭纠纷),村民舆论也不对不孝子孙予以有效谴责和鄙弃,只有在情节严重老人告发的情况下法律才予以干预。所以在不触犯法律的情况下外部环境不能构成促使晚辈履行对老人奉养义务的压力,而礼仪上的敬老习俗更无文化规范的制约力来促使晚辈遵行。如果晚辈没有孝敬老人的"良心",那么他就可能无所顾忌地对老人不孝。而新中国成立后生长起来的村民是很少受到孝道的教化的。老人方面,他既已丧失了文化意义上的长辈权威优势,在家庭经济权力上他也面临着巨大的失落,其中最关键的是土地所有权的丧失。当我问黄庄的老人们为什么如今孝道不兴时,他们反复强调的便是"老人手里没有地了",过去地是老人的,从祖上继承下来的,现在地是国家分给的,生一口人就能分一份地,"老人对小人没拿头了",也就端不出长辈的架子。再就是房产,房子虽说是在老人主持下盖起的,但其中儿子是出了力的,并不全是老人的财富,而一旦将房子分给儿子,习惯法就认定房子的所有权是儿子的,老人不但收不回,而且他要住进其中一间也必须获得儿子、儿媳的共同许可。以上构成了老人权势地位失落的基本条件,但尚不能使老人晚景凄凉成为农村较普遍的社会问题,因为儿子受过父母的生养之恩,除个别没有"良心"的以外,大多数是有回报父母恩德的愿望和准备的。最后一个促使孝道不兴现象广为存在的重要因素是从外族进入的儿媳们对父系夫族权威的坚决而有力的挑战和阻断。

不管怎样,现代农村大部分村落仍是维持父系世系传承的社区。姑娘变成媳妇意味着她离开从小生活的家,来到一个陌生的家庭成为夫家的人。这种从夫居的婚姻模式对女性和女方家庭来说是一种不公平的制度。在传统社会男尊女卑的文化系统中,从夫居制度确实使女方"吃亏"。但是在现代倡导男女平等而且已经效果显著的社会里,女子基本获得了与男子同等的社会价值和地位,用黄庄人的话讲"女的这会儿值钱了"。这使男方家族在获得媳妇的同时也付出了足够的代价:男方要竭尽财力通常是负债盖好一处新房,要送女方一大笔彩礼,并且男子还要从订婚之日起经常到女方家无偿劳动。更严重的是,媳妇"不守妇道",她不是服服帖帖地成为这个父系链条中的一环,而是要奋力挣脱出去。公婆本意是要娶进一口人,现在她却连儿子也夺走了:媳妇刚过门就坚决要求分家,与丈夫一起同公婆在空间上隔开,在她把持财权的情况下严格控制丈夫对公婆的经济资助,并且还试图割断丈夫同公婆的感情联系。我见到一个男子骂其父为"老不死的",像对待叫花子一样对待已丧失劳动能力的父亲。这是男子同其生父完全断绝亲情的例子,我不能断言这是媳妇的离间作用,但通常媳妇是起了重要作用的。这种极端的例子固然不多,但普遍的事实是:年迈的老人总是住旧房子,他的屋子里没有什么是光鲜的,家具、被褥、衣服都是暗淡陈旧的,这与小两口日益光鲜的居住环境形成鲜明对照。儿子一般对父母与自己生活水平的差距漠然认可。这是媳妇将丈夫团结过来，而且在一定程度上割断他同父母联系的一种标志。

事实上许多做儿子的有心给父母更多的经济资助，使父母家与自己家的生活水平不致有太大的差距，但他无可奈何，他"做不了媳妇的主"。媳妇在家政上常有高于丈夫的权威。

其实就家产来源而言，丈夫是占优势地位的，因为最主要的家产是房子，而这是他从父母那里分到的。但是房产不能使丈夫在夫妻关系中占到上风，因为女性作为婚配资源的相对紧缺抵消了这一点。对农村未婚男女的比例我未做过统计，不能提供男女婚配资源的全面数据。但是黄庄一带"男的愁媳妇，女的不愁嫁"的现象确实很突出。男方家庭在儿子还没进入结婚年龄时，就早已开始省吃俭用攒钱，准备盖房娶媳妇；在儿子进入婚配年龄后就急于为他完婚，这主要是为满足早日抱孙子的愿望，其次也是为早日了却这件大事，以免年龄大了说媳妇困难，脸面上不好看：此地成亲早是家庭条件好的表现，家境较穷或长相不好的男子说成媳妇较难，往往拖到二十五六岁以上（当地认为这已过了正常结婚年龄了）还未成亲，这时本人和家长都很发愁，在村里很没面子。而女方家庭并不急于把女儿嫁出去，因为二十岁左右正是好劳力，定下亲来也不急于让她结婚，因为从定亲到结婚的过渡阶段那位未来女婿是最殷勤的：不仅常来送礼，还随时听从召唤前来帮工。这样就造成择偶上女性的优势地位。她选择的余地远大于男子，她总是提很多条件才肯嫁过去。而所提条件中一般有一条是要单独一处房，结婚后单过。所以就有了儿子结婚，父母搬到别人家庭废弃的房中去住的事情。这样看来，婚配资源上的女性相对紧缺局面主要是文化意义上的，而不是指未婚男女比例存在严重比例失调。在现代农村仍然存在着顽强的父系世系单线传承的传统观念，传宗接代是乡民生活的首要目标，人丁兴旺是"有福"的最重要的指标。媳妇最重要的价值是能为家族生育后代，其次才是操持家务、参加劳动的能力。所以即使女性精神不健全（即"傻子"）、身有残疾，仍不愁找不到婆家，总有因家穷而说不上媳妇的男子接纳她们以传宗接代。没听说有嫁不出去的女子，但每个村落都有若干因贫穷或残疾而

"打光棍"的男子。黄庄现有 25 岁以上的未婚男子 12 个（其中有一个已定亲因没盖房还未婚者）。当地认为 25 岁至 30 岁还没结婚，就是"困难户"，30 岁以上未婚，就"基本没希望了"，40 岁以上未婚，就"完了"，即注定一辈子打光棍了。在这里，"打光棍"的男子及其父母是村里最没面子的人。而 25 岁以上的未婚女子一个都没有。从大龄未婚男女的比例看，男女婚配资源确实略有失调，但从总体来看，待婚男女的数目比例并非造成待婚女子的尊贵地位的主要原因。

既然女子作为婚配资源是紧缺的，尊贵的，那么已婚女子的潜在婚配资源的价值也高于已婚男子，即已婚女子不怕离婚。一旦媳妇出了一家门，她能很容易地进入另一个人家，因为有许多待婚的大龄男子接受她。而已婚男子离婚再娶就很难，即使能再成亲，经济上的破费也是他难以承受的。这是媳妇腰杆硬的重要原因。她不怕和丈夫翻脸，闹翻了她就抛下孩子、鸡、猪等跑回娘家。最后总是男子放下架子来求和。所以一般的媳妇总能制服丈夫，让家庭生活行进在她所设定的轨道上，其中包括如何待承老人，只能照她的主意办。

媳妇地位的提高也与她对家庭的贡献不逊于男子有关。除了生育后代、操持家务这种重要而辛劳的任务主要由她担负以外，她还同男子一起下地劳动、参与家庭副业的创收。所以通常农村妇女比男子更为辛苦，这是丈夫们普遍承认的。这使媳妇赢得了丈夫出自真心的尊重。

老辈的权威向小辈转移，小辈的权威向媳妇转移，这样就造成了父系家族的"媳妇权威"。媳妇权威是由父系家族传宗接代的强烈欲求促成的，它又造成了父系长老权威的进一步失落。媳妇使父系家族的血缘得以延续，同时却又阻隔了血缘纽带在父系家族结构中的凝聚功能，使父系家族亲属制度出现危机。传统社会的父系家族是靠纵向的亲子链条环环相扣的，而以牺牲妇女的主体地位、压抑横向的夫妻关系为代价。现在媳妇具有了独立人格甚至权威地位，她就成为父系家族的异己力量，通过疏离甚至切断父系家族的纵向亲子关系，使父系家族结构呈现解体的倾向，从而完成传统农村亲属结构向现代亲属结构的转变。我们在后面讨论的村内婚和同姓婚现象可以展示这种转变的另一方面。

（二）妻系亲属称谓

妻系亲属称谓是丈夫对作为亲戚的妻方家族成员的称呼。黄庄一带，男子对岳父母的面称既非从妻称，也非从子称，而是从己称的。如岳父的年龄大于自己的父亲，他就称岳父岳母为"大爷""大娘"，若岳父的年龄小于自己的父亲，他就称岳父岳母为"大叔""大婶子"。对妻系亲属的其他成员是从妻称的。妻系称谓的背称有：

妻之父母：丈人，丈母娘；他姥爷，他姥娘。

妻之哥嫂：大舅子，大舅子媳妇；他大舅，他大舅母。

妻之弟、弟媳：小舅子，小舅子媳妇；他小舅，他小舅母。

妻之姐、姐夫：大姨子，连襟；他大姨，他大姨夫。

妻之妹、妹夫：小姨子，连襟；他小姨，他小姨夫。

这些背称除"丈人""丈母娘""连襟"之外，都是从儿称。

男子与妻方家族成员的亲属联系通过两条纽带：一是妻子，二是子女。因而妻系称谓也有两种：从妻称和从儿称。现代的从妻称体现于面称，这种称谓方式要求丈夫站在妻子的位置认可与称谓对象的亲属关系，这无疑拉近了丈夫与妻方亲族成员的直接关系，事实上这只是交际场合的礼仪要求或礼貌原则。在维持父系世系的从夫居婚俗模式中，尽管对妻方家族成员使用"哥""嫂""姐"这类称谓，仍然改变不了妻系亲属是外亲的实质。丈夫作为称谓人与他们发生交往只是在外出社交场合，这些面称用语仅是很少使用的社交礼仪辞令。在背称时，他使用从儿称，对这种称呼法他在感觉上是很自然很便利地使用的，因为这种称呼在他意识中更符合他与称谓对象的亲属联系：他与儿女有血缘关系，儿女与妻方亲族有血缘关系，从而他与妻方亲族以儿女为中介建立亲属联系。这种称谓构成方式符合传统文化重视纵向的亲子血缘关系而忽视横向的夫妻联合关系的思路。在从儿称形式中，体现不出丈夫与妻方家族成员的直接联系，而这正符合传统社会的实际生活：他将另一家的女子娶进自己家，这个女子成为自己家的一员，而自己并不成为妻子所出自的家庭的一员，因而自己与那一家是倾向于无直接联系的。

在古代妻系称谓体系中，从儿称运用得更为广泛。《尔雅》中妻之妹妹称为"姨"。据研究它是从儿称。①《尔雅》中并未记载从妻称的用例。古人妻系称谓的面称也用从儿称,如《新唐书·朱延寿传》:"行密泣曰:'吾丧明,诸子幼,得舅代我,无忧矣'。"这是杨行密在因眼病而失明时对妻之弟朱延寿所说的话。《元史·桂完泽传》记载桂与妻弟金德被俘,桂对金喊:"金舅,男子汉即死,不可听贼"。②《儒林外史》第五回中严致和在与妻之兄王德、王仁谈话时称二人为"老舅"。清代钱大昕在《恒言录》卷三解释这种称呼法:"盖从其子女之称,遂相沿不觉耳。"到现代,对妻之兄弟姐妹的面称已改为从妻称,从儿称主要用于背称。在全国大部分地区,对岳父岳母的面称也是从妻称。但在河北、山东、河南等地的部分农村地区,对岳父岳母的面称却用"大爷""大娘"等称谓语。

　　"大爷""叔"的本意是"父亲的兄弟"。这种称谓语的产生是以自己与称谓对象的血缘关系为出发点的。"大娘""婶子"作为父系血亲的配偶,也是从这一角度衍生的。用这类称谓语加于岳父母,是不符合称谓人与称谓对象的实质联系的。"大爷""叔"既是血亲称谓,而称谓人与岳父无血缘关系,那么用"大爷""叔"作为对岳父的称谓只能是一种拟亲属称谓(就称谓语的构成原则而言)。这种称谓表述的是一种较疏远的关系,因为对非亲属的村民以及偶遇的路人都可以使用,它不是表述姻亲关系的专用称谓语。但是在黄庄一带,这种称谓在使用中没有任何不妥之处,女婿用之称呼岳父母是自然而便利的,岳父母也对之习以为常。这是由于在传统社会中女婿与岳父母之间本来就是一种疏远的亲属关系:女婿对岳父母的财产一般无继承权,也不对他们承担养老送终的义务。这种状况以及男尊女卑文化决定了男子很难将从妻称加于岳父母。

　　"大爷""大娘"等作为女婿对岳父母的称谓在构成原则上可与"丈人""丈母"称谓相比照。"丈人"本为对老年人通用尊称。如《易·师》:"师:贞,丈人,吉,无咎。"孔颖达疏:"丈人,谓严庄尊重之人。"到唐代,这个对老年人的普遍性的尊称转为对妻之父的流行称谓。清人赵翼在《陔余丛考》

---

① 冯汉骥:《中国亲属称谓指南》,第57—59页,上海文艺出版社,1989年。
② 转引自袁庭栋:《古人称谓》,第180页,四川教育出版社,1994年。

卷三十七释"丈人"说："盖唐以前,凡尊长及妇翁皆曰丈人,后遂专以属之妇翁耳。今人呼妇翁为丈人,而称交游中尊者亦尚曰某丈,想六朝及唐亦如此也。""丈人"用以尊称老年人时可作为面称,它用来指妻之父也可作为当面的称呼,例如《旧唐书·杜黄裳传》:杜黄裳之婿韦执谊为相,黄裳劝其请太子监国,执谊曰:"丈人才得一官,奈何启口议禁中事?""丈母"本为对父辈亲属的妻子的尊称,后受"丈人"用法的影响转为对妻之母亲的称谓。从"丈人""丈母"作为妻系称谓的来历看,它们并不是对女婿与称谓对象之间关系的确切概括,既非从妻称,也非从儿称,而是从对一般老人的尊称的角度造词。这反映出封建社会中女婿同妻之父母的不便当面指称的关系。这种构词方式是父系外婚制下女婿与妻之父母的较疏远关系的体现。

对照"丈人""丈母"称谓形成过程有助于我们推断"大爷""大娘"作为妻之父母的称谓的构成方式。同"丈人""丈母"的本意一样,"大爷""大娘"也可作为对老人的通用尊称,它们转用为对妻之父母的称谓,其构成原理应该同"丈人""丈母"称谓类同,只是这种用法的形成时间以及历史上流行的地域范围尚无充分材料据以定论。《儒林外史》中范进对其岳父胡屠户的称谓可作为佐证之一。其第三回载范进对胡屠户当面说的话有:"方才费老爹的心,拿了五千钱来。这六两多银子,老爹拿了去。"而"老爹"同时也是邻居们对胡屠户的惯称,可见"老爹"相当于今天的"大爷",是对老年男子的尊称。范进还对胡屠户称"岳父":"岳父见教的是。"《儒林外史》的材料说明"大爷"这类对老年人的通称已用来称呼岳父,但在特定地域内并不是唯一的面称。

我们分析"大爷""大娘"等作为妻系称谓的构造原理是为了说明女婿对岳父岳母发出称谓行为的文化心理。我们看到,封建社会中对岳父岳母的面称找不到使用从妻称的例子。正由于在传统文化语境中对岳父母不能或不便使用从妻称,而岳父母这种比较重要的亲属(我们说女婿与岳父母关系疏远是同媳妇与公婆关系相比较而言)又需要有专用名词来称呼,就借用本无姻亲意义的各种词语:丈人、丈母、大爷、大娘、泰山、泰水、岳父、岳母,等等。由此可以推断,对岳父岳母使用从妻称,应是传统宗法思想弱化、男女平等思想兴起的结果。

就目前掌握的资料看,对岳父岳母的面称在城市为从妻称,而"大爷""大娘"类称谓只用于农村。在衡水地区,东部五县(景县、阜城、枣强、故城、武邑)称岳父母为"大爷""大娘"或"大叔""婶子",而南部的衡水市、冀县、深县南部称"爸""妈",西北部饶阳、安平、武强三县和深县北部按规矩该称"爸""妈",但是极少有真叫的,这里的人说:"谁叫谁是傻小子",实际情形是女婿见了岳父母什么称呼都没有。衡水地区对岳父母的面称由东北向西南的分布呈现从"大爷"类称谓向"爸""妈"称谓渐变的状态,东部为传统型称谓,西北部为过渡型称谓,西南部为现代型称谓。

与衡水地区相邻的沧州地区,有些农村并存"大爷""大娘"类和"爸""妈"类两种称谓。后者是近年部分年轻人采用的。与景县有一河(运河)之隔的沧州地区吴桥县,当面直接称"岳父""岳母"。①

山东省临沂地区按"大爷"类称谓。聊城地区一般称"大爷"类,但少数人称岳母为"妈",而不称岳父为"爸"。聊城称岳母为"妈"显然是受城市影响,此地称母亲为"娘","妈"是外来称谓。这种从妻称的影响还未改变聊城大多数人的称谓方式,而且这种影响只限于对岳母的称谓。河南西部农村对岳父母也用"大爷"类面称。②

以上是我们了解到的部分地区的情况,其他地区的称谓状况尚待进一步调查。从这些资料可以看出,"大爷"类称谓出现于文化变异滞后的农村,"爸""妈"称谓则发生于文化变革领先的城市,并向农村播布。

即使在城市内部,对岳父母的"爸""妈"称谓也有不同的运用状况。据我对部分人的访谈,北京市民对岳父母的"爸""妈"称谓可分三种情况:一是与岳父母交往时称谓积极、自然,"跟称呼自己的亲生父母一样",至少不回避对岳父母的称呼。二是较少称呼,平时尽量回避称呼,能不称呼就不称呼,只在不得已时或在重要场合、时间才称呼,比如在打电话时没有表情动作等视觉礼仪符号以及情境性话题来代替称谓形式的礼仪和开头语,并且需要以称谓语告诉对方自己是谁,这时一般会称呼;在祝寿、拜年时也免不

---

① 资料来自笔者在北京向来自该地区的人所做访问调查。
② 资料来自笔者在北京向来自该地区的人所做访问调查。

了加以称谓;有时说话需要有称谓引起岳父母注意,也要称呼。有的在称呼时发音含糊,不像称呼亲生父母那样响亮、清晰。第三种情况是基本不称呼,有人自结婚以来称呼岳父母就只有可计数的几次。还有个别人采用其他称谓语,如一位五十几岁的老北京人当面称岳父母为"岳父""岳母",这是一种旧式面称的遗留。有的采用变通的从儿称,比如抱着孩子去岳父母家,见了他们不称"爸""妈",而对孩子说:"叫姥爷(姥姥)",在他看来就算自己称呼了岳父母。由于我没有进行定量调查和分析,尚不能确定三种称谓人在北京市民中的分布比例。

从以上资料可以看出,对岳父岳母称呼"爸""妈"是从城市兴起的。它是男女平等的现代文化的产物。与此相对照,我们可以得出黄庄一带称岳父母为"大爷""大娘"的文化内涵:"大爷""大娘"这类称谓语作为对岳父母的称谓,在语源上是来自拟亲属称谓,这意味着男子与岳父母之间是一种疏远的关系,岳父母不是"自己"家庭内的成员,他们是"外亲",这可以与媳妇称公婆为"爸""妈"相比较,她称"爸""妈"意味着认公婆为同一家庭成员。所以"大爷""大娘"类称谓用以称岳父母,是传统社会父权文化和男尊女卑文化在称谓习俗上的体现。面称采用"岳父""岳母"式也是同样道理。它们在现代社会正在为"爸""妈"类称谓所取代。

第三节　亲属称谓与亲缘互助

以上对黄庄一带的亲属称谓和亲属关系做了一个基本而简要的叙述,仅有这些叙述还不能比较清楚地了解现阶段黄庄一带亲属称谓运用的实际状况和现实处境。作为一种习俗,亲属称谓是发生在特定时空中的语言行为,是具有亲属关系的人们交际活动的组成部分。而称谓时使用的词语,仅是称谓行为的一部分。完整的称谓行为,还包括称谓人对被称谓人的感情、姿态等其他礼仪性内容。这些在特定文化中都有习俗化的约定,但在特定的时代和地域内,习俗的规约又因意识形态、民间舆论、经济条件等因素的影响而变异,而呈现某种特定的表现形态。所以本节再进一步讨论在社会文化变迁背景中具有亲属关系的人们之间的互助往来,以利于对黄庄人的亲属称谓在当前的使用状况有一个更全面和具体的体察。

"互助"一词是探讨以小农经济为基础的村落文化时的常用术语,通常指村民之间在经济和生活上的相互帮助,尤其是物品、劳力诸方面的互助,如金钱的资助与互借,食品、工具的互换与互借,生产、婚丧、建房等活动中的相互帮工等。如果用这一术语来考察乡民之间的全部社交生活,还可以赋予它更宽泛的含义。我认为,乡民互助比较全面地说有两个方面的内容:一是生活互助,二是情理互助。情理互助指情感和道理(或称"道义")的互助。人不是只知道满足基本生存需求的简单动物,他在从事生产、消费等活动之外,还进行大量的精神活动。乡民之间不但在物质生活上来往密切,而且在情感和道义的世界里也是相互贯通的。比如农村上了年纪的人到城里他的儿女家来,总是住不惯,尽管生活条件很好,但他住上几天就难受得一定要回老家,因为城里的人虽然很多,但在他看来相互间隔膜得很,哪像他在农村可以随便到哪家串门聊天,到处都是亲亲热热的庄乡呢;城里的事理与农村也不同,城里有太多农村人看不惯的事,而他在农村惯用的处事方式在城里总遭嘲笑。在农村,乡民之间的情感互慰是乡民关系的重要内容。劳动疲劳在闲聊之中的排遣,欢乐忧愁情绪在相互间的分担,都是乡民少不了的情感寄托方式。乡民还有共同的世界观和处事准则,这构成乡民在信念上的相互支撑和舆论上的相互监督。其典型表现是某一家有了纠纷或两家之间有了争执可以找村里或亲戚中有权威的人说理,而众多普通村民的舆论评价也有助于纠纷的公正解决。所以在常提及的生活互助之外,情理的互助也是乡民关系研究不应忽视的部分。而后者是人们讨论乡民互助时较少提及的。

从乡民互助的人际范围来讲,则涉及互助群体的划分。根据有无亲属关系,可把乡民互助分为两种:村民互助和亲缘互助。村民互助指同村异姓村民之间与血缘关系淡远的同姓村民之间的互助。它是一种基于地缘关系的互助。地缘关系的互助也有血缘的影响,一村的同姓村民是同一远祖的后代,而异姓村民也保持仿拟的血缘关系。但从根源上讲是能够与亲缘互助区分开的。村民互助将在下章展开讨论。亲缘互助是乡民互助网络的另一个重要部分。"亲缘"是一个很有概括力的术语,一方面可以概称由生育带来的血亲关系和由婚配带来的姻缘关系;①另一方面,从空间角度来看,可以概指村内亲和村外亲两种群体。在传统的村外婚习俗惯制之下,村内亲主要是以男性世系为主干而聚居的宗亲,村外亲主要是由婚配关系形成的姻亲与嫁往外村的女性血亲及其后代。

这样,我们可将亲缘互助分为宗亲互助与外亲互助两部分。在宗族文化发达的传统社会里,宗族互助是亲缘互助的主要部分,外亲互助占据次要位置。但在新中国成立之后,宗族文化受到严厉打击和大力清理,宗亲互助所占份额大为减少,外亲互助特别是姻亲互助明显增多。目前两者所占份额难分上下,甚至在许多家庭中后者的重要性明显超过了前者。下面做一些具体分析。

一、宗亲互助

宗亲互助包括家族互助与宗族互助。家族互助指宗亲三代之内所分出的家庭之间的互助,即"自己"与父母组成的家庭、爷爷奶奶组成的家庭、叔伯家庭之间的互助。宗族互助指家族互助之外的宗亲互助,在黄庄包括"近门子"家庭之间的互助与"远门子"家庭之间的互助。"近门子"指"五服"以内的宗亲,"远门子"指出了"五服"但血缘联系较近、相互间仍有一定亲族认同意识的同姓"本家"。当地将"近门子"和"远门子"概称为"一家子"或"一家八档的"。

宗亲互助的核心部分是宗亲三代内的至亲互助。由于分家的普遍性,宗亲三代内的互助主要体现为分立状况的各家庭之间的互助:父辈家庭与子辈家庭之间的互助,子辈家庭之间的互助,并以前者为主。这种至亲家庭之间的分立和疏远状况集中体现了村落文化中的父权失落。

先看父辈家庭与子辈家庭之间的互助。按一般的说法,父母对儿子有养育之恩,当儿子成家、父母年老之后,父母可以心安理得地享受儿子的奉

---

① 参见郭于华:《农村现代化过程中的传统亲缘关系》,《社会学研究》1994 年第 6 期,第 50页。

养,这两种家庭之间不应是互助的关系,而是依赖与尽孝的关系。但这样说未免粗略,与实际情形不尽相符。事实上,父母与儿子分家之后,两家关系分两个阶段:在父母尚不老迈、还能下地干活之时,两家经济各自独立、土地分种,基本上是互助关系。当然,这种互助是在亲密的血缘关系笼罩之下的,与一般村民的互助在内容上有很大不同,这点将在下文谈到。当父母年事已高,生活不能自理时,父母便跟儿子过,不再另起炉灶,或者不与儿子家在一起吃住,但地给儿子种,由儿子供给粮食和花费。我们在这里所讨论的是第一种情况。

儿子刚成家时,父母一般处于六十岁以下的壮年或壮年的后期,完全能自食其力。这时儿媳坚决要求分家,儿子会听媳妇的话,父母一般也因很难同儿媳合得来而同意分家,所以在黄庄,父母中65岁以下的,绝大多数是单过的。有几户还勉力维持同儿子、儿媳合过的,是由于儿子结婚时间还不长,或还没盖好另一处房子,而这几家的儿媳正无一例外地闹着分家。至于等父母年事多高再合起来过,则无定规,要视父母的健康状况、生活能力和两代之间的关系和睦程度而定。一般在65岁至70岁以上,父母的体力已不能种地,就会将地让给儿子种。如果老两口俱在,虽不能种地,也不会很快与儿子家合过,一定要等老得基本生活不能自理时才不另起炉灶。如果老两口中有一个先逝,剩下的一个与儿子家合过的时间会早些,特别是"老头儿"先走,老太太会更早些将地交给儿子种。这里的村民一般都认为父母年老体衰时,儿女帮他们或替他们种地是应该的,在已基本实现了机械化的今天,多种一两口人的地也的确不成问题,儿女们也能做到供给老人基本的零花钱。但是否以及何时与老人同吃同住就不一定了。有一位老年男子黄金L,1999年已78岁,还独自一人住在一处三间屋的旧房里。地已交给儿子种,但他常下地帮着干活,还自己开了一些荒地种。他有两个儿子,与两个儿子家庭并无严重的不和。据他自己说,自己过是由于身体好,用不着别人照顾,还能下地干活,就"愿意一个人过,图个心静"。另一位老人王丙X,2000年时66岁,妻子已逝,独住一院,自己做饭,但地交给三个儿子种,由儿子供给粮食,并每月从每个儿子得到10块钱。他并非因身体不好而不能下地,实际上他还到运河边去开荒,却不种自己名下那份地。因为他认为儿子们养他是应该的。但他在礼仪上得不到儿子和儿媳们的尊重。比如他爱打麻将，常输钱，当他钱不够花而向几个儿子另外要钱时，儿子和儿媳妇都冷冷地拒绝，或不予理睬。有时他急了就在儿子的门前破口大骂。这样看来，在黄庄，做儿女的一般都能供给老人基本的生存条件，做到这一点在村民舆论里就算说得过去了。至于不能让老人过上比较舒适的生活，在礼仪上不尊重老人，不能让老人舒心、满意，这已是司空见惯的现象，村民舆论对此默然认可。老人吃住条件的不体面，以及对儿子、儿媳的不满诉说并不对后者在村中的面子造成令人顾忌的影响。

在父辈家庭与子辈家庭保持经济分立的阶段，两代家庭的互助交往可分为两部分：平日的互相接济和重大节日的团聚活动。

在日常生活中，虽然父辈家庭与子辈家庭在生计上是互相独立的，但相互的接济也是自然的经常的。这种接济主要在两个方面：一方面是在生产上。一般年轻人喜欢并擅长于操作机器，老年人或接近于老年的人摆弄机械的兴趣和能力较差，所以在耕地、播种、施肥、浇水、收割等使用机械的环节，两代家庭通常是合起来搞的，儿子开机器，父母、媳妇干其他配套的活儿。因为两代家庭的土地一般分在一起，使用机械耕作很方便。即使媳妇与公婆有矛盾，她也不反对或不强烈反对与父母家庭的这种合作，丈夫在体力活上多帮助父母一些，她也不怎么干涉。即使是典型的父母受虐待的两代家庭之间，儿子也帮助父母种地。这是由于黄庄舆论认为种地是维持生存的基本方式，儿女无论如何也应帮助父母维持基本的生存条件。另一方面，在基本实行了机械化的情况下，种地已不是很重的负担，农民有很多的空余时间，儿子帮助父母种地不会耽误自己的农活，而且付出一些体力并不会给子辈家庭带来经济损失，所以媳妇也就允许丈夫在这方面尽一些孝道（但是在物品和金钱的往来上是受媳妇严格控制的）。在父母方面，他们在使用机械上得到儿子的帮助，就会在锄草、间苗等活计上替儿子家多做一些。特别是黄庄年轻人在农闲季节常去外地打工，这时媳妇一人在家既种地又要照管几个孩子，忙不过来，父母家庭地少，就常帮助照管儿子家庭的庄稼。两代家庭的第二种接济是在抚养第三代方面。从户口本上看，第三代是从属于儿子家庭的，但实际上，第三代在幼年时期，常常呆在祖父母家里。可以说第三代是两代家庭共同抚养大的。有第三代缠绕膝头对老人是一种很大的情感慰藉,儿子与儿媳生养下第三代这件事本身就是对很看重家族声誉的老人的贡献;老人照看孙辈,给孙辈吃喝穿用的东西,从来不计得失,他们认为这是分内的事。在平日的接济上,两代家庭在这两方面的互补就如此达到了一种平衡。

两代家庭的互助交往的另一项主要内容是重大节日的团聚。所谓重大节日主要是两个:中秋节和春节。中秋节的主要意义就在于家人的团聚。这天晚上,老人家庭要请神放鞭炮,儿子家庭的人也带些东西过来一起过。如果儿子较多,几个家庭又不太和睦,可能老人只与一个儿子家庭团聚,其他儿子家庭孝敬一些食品。最隆重的节日是春节。从年三十到初一的上午,两代家庭一般是在一起过的。很和睦的家庭,几个儿子家都与老人团聚一起,日子就算十分红火。不太和睦的,老人就与一个儿子家庭过,但请神、拜年等重大礼俗活动是所有儿子家庭的人聚在一起进行的。只有两代家庭之间,通常是媳妇与公婆之间,真正撕破了面子,互不说话了,过年时才断了一切团聚活动,也就是"断了年礼"。这种家庭是个别的。节日的团圆、热闹是为老人分外看重的,这关系到他们在村中的荣誉、面子。如果这时孤单、冷清,他们在情感上会深受打击,跟别人说起过节的情况来有灰头土脸之感。而节日里经济上的得失是次要的,如儿子一家到老人家里过,老人在物品上是要多付出一些的,但老人乐意拿出自己认为最丰盛的物品来做节日的消费、来营造热闹祥和的氛围。

从上面所说的互助往来情况看,似乎父母与儿子、媳妇之间的关系不应有什么较普遍的不和谐的问题。问题在于,这种相对和谐的两代关系是在娶媳妇与分家之后、老人失去独立生存能力之前的阶段,而家庭纠纷多出现在娶媳妇、分家与养老这几件事上。在儿子成人之后,娶媳妇成为家庭的头等大事。因为在适婚年龄说不上媳妇,不仅儿子苦恼,父母更觉得脸上无光,至于种族的延续就更谈不上了。在目前的黄庄,娶媳妇主要不是年轻人的事,而是父母的义务。年轻人娶不来媳妇,如果不是由于自己长相差,而是由于家里穷,就会怪罪父母没本事,没有挣得好名声或没有为他备下一所好房子。娶媳妇这件事的分量,除了它的重要之外,就在于它的艰难:要盖一处房子,还要准备一大笔彩礼钱,两项加起来,总要四五万元左右。这在黄庄的人家是一笔很大的负担。如果只有一个儿子还能应付得来,如果有两个儿子,就很困难,一般要欠下不少外债,如果有三个儿子,父母就会陷于困境:好多人家迟迟盖不起第三处房子了。盖不好房子,一般就说不成媳妇,特别是如果在娶第二房媳妇时欠了债,这第三房媳妇就更难说成。最后父母尽全力、并借了很多债务盖起了房子,并为儿子张罗来了媳妇,却为以后的家庭纠纷埋下了种子:他们再也盖不起分家以后自己要住的房子了,而且欠下的外债由谁来还也是个问题。娶了媳妇之后很快就遇到分家问题。一般嫁过来一年左右,媳妇就会提出分家。分家出问题最多也最难办的是房子问题。有的人家只有一个儿子,两代同住一处新房,父母认为没有必要再盖一处新房,而媳妇强烈要求分开过,这就必须操心盖房,由此媳妇同公婆常起摩擦。有的人家有几个儿子,父母同最后结婚的儿子住一处房,分家时再盖房就更无财力,这种情况下家庭矛盾就更激烈。分家之后如果房子问题解决或平息了,两代家庭之间的关系会有一段平和期。如果这个问题解决不好会一直矛盾不断。当老人生活不能自理时,家族矛盾又会激烈起来。一般儿子越多,矛盾越激烈,老人越不能得到好的赡养和礼遇,因为儿子们在媳妇们的影响下会相互攀比和推托。下面来看几个例子。

案例1　老人王 YK 原是承德市的矿工,退休后回乡。其妻已逝。他有三个儿子,都已成婚。老二接替他做了矿工,一家住在外地。老大与老三两家住一处新房,王 YK 与其弟弟合住旧宅。因老大与老三没能接父亲的班做工人,有不满情绪,又没有单独的房,于是家庭矛盾较多。王 YK 为缓和矛盾,平时总把自己的工资分给两个儿子家,又常帮着两家种地。1997 年春节前的一个晚上,家人聚在一起商量事情,又起争执,儿子和媳妇们要求王想法解决房子问题。老人觉得走投无路,回到老宅上吊自尽。死时 60 岁。

这是一个造成严重后果的例子。其实这位老人所遇到的麻烦在这一带也算常见的家务事,只不过他采取了一个极端的方式来解脱。值得注意的是,在黄庄,因家庭纠纷而寻短见的事是不鲜见的。可以补记的一笔是,这一天我正好回乡探亲,傍晚时在村中心的供销社正碰上了王 YK。第二天便听到邻居传播王 YK 自尽的消息。我见到村民们谈论此事时主要是关注这件事发生的过程和细节,不加任何道德上的评判,没有批评的言语和愤慨的情绪。人们认为这是自然发生且无可奈何的事。

　　案例 2　　这是黄庄近几年里因家庭纠纷而被村民谈论较多的人家。老人叫王 KY,有两个儿子,都已成婚。1993 年次子成婚,老两口与他们在新房里合过。期间媳妇不断要求分家,要公婆搬出去。但除这两处新房以外,自家没有别的房子了,而且老两口认为自己“没几年活头了”,不愿也没钱再为自己盖一处新房。因矛盾不断,导致次子离婚。两年后再婚,女方也是二婚,带来一个女孩。婚前女方提的条件是:要有一处单独住的房(即不与公婆合住),前妻的女儿跟爷爷奶奶过。老两口只好在儿子结婚前几天搬了出来,到邻居废弃的一处旧房里借住。半年后他们的嫁到外村的两个女儿操持着给老人盖房,一个女儿出钱,一个女儿出料,两兄弟也出力张罗(没出钱),为老两口盖了两间房。2000 年春节我回村到王 KY 家访谈,看到这两间房比较简易、窄小(这一带盖房一般是五间的,除了偏房,没有两间一处房的),砖墙没有抹缝,也没有院墙。有一个小女孩依傍在女主人身边。老太太不断向我诉说媳妇们的不好处,王则坐在炕边咳嗽、气喘,他对我说他落下一身病,我看到桌子上摆着不少药瓶。2001 年春节前,我听到消息说,王已于 2000 年冬季病死。村民传言说,他病重时一个儿子来看他,一脚门里,一脚门外(即跨着门槛),问:“病了?”还没等爹答话,儿子已经走了。这种传言已无法核实,村民们都这样说,我认为真实性是较大的,至少据此可以肯定老人病重期间儿子们没有张罗着治病,也很少来看望。王 KY 死时 62 岁。

　　这是一个较为典型的案例,将父辈家庭与子辈家庭之间的矛盾表现得较充分。在家庭冲突的过程中,三个媳妇都有着明确的共同的倾向,即拒绝接纳公婆与自己的小家庭同住合过,都理直气壮地认为自己的小家庭单独拥有一处住宅是应该的,老人无处安身是他们自己的责任;两个儿子扮演了媳妇的追随者的角色,开始他们对这种状况可能无可奈何,心有不甘,但时间长了,也就认同了这种状况,以至赡养父母的责任感、对父母的亲情也变得淡漠、麻木,他们尚能在分家后帮着老人种地,但当老人病重竟置之不理。村民们对这一家的问题颇为关注,议论、嘲笑较多,但并无愤慨的批评和指责,而且在与这家的两个儿子的交往中仍然以正常的村民礼节对待他们,说明村民们对这种家庭冲突也无解决的良策,因而对两兄弟及其媳妇持较大程度的宽容、认可态度,他们自己家里也大都面临着同样的困扰,只是问题尚未这样严重罢了,因而村民舆论对孝亲行为的监管效能是软弱无力的,这对不孝后辈无疑是一种无意的纵容,使他们在不尽孝道时无所顾忌。

　　上述围绕着盖房—娶媳妇—分家—养老这一家庭事务链条发生的纠纷是近年来黄庄家庭纠纷中的核心问题,也是当前农村社会问题中较为突出的。根据我的调查资料来分析,可以将这种家庭纠纷发生的原因归结为两对矛盾:一是男方成家立业、传宗接代的习俗观念与媳妇独立自主要求之间的矛盾,二是孝亲养老与钱财匮乏的矛盾。先看第一对矛盾。俗话说"男大当婚,女大当嫁"。在黄庄,"女大当嫁"是不成问题的,即使女子貌丑、有残疾,也是"女大不愁嫁",总有急于传宗接代的人家把她娶走,只不过嫁的人家条件好坏有别罢了;而"男大当婚"就有做不到的危险,如果没能力准备好本乡舆论里约定的娶媳妇的基本条件,男子就要"打光棍"。而当男子成年之后,成家立业、传宗接代是他父母和他本人面临的必须完成的一件大事。在这里"男大当婚"是天经地义的,它的重要性是无可置疑的、想也不用想的。在村民看来,没有媳妇的成年人就是不完整的人,他的生活是没有光彩的、没有幸福可言的,并且,到了适婚年龄说不上媳妇,这事本身就是父母和他的耻辱。分析起来,按村民的生活方式和观念,娶媳妇的动机主要有三点:操持家务、满足性要求、传宗接代。所谓"娶媳妇,过日子",就是一个男子得到一个女子在这三方面的配合,男子在没有媳妇的情况下只能种地,其他三项就谈不上,那就不算"过日子"。"男主外,女主内"的思想在当前的黄庄村民那里还很牢固,地里的农活以男子为主,家务事则主要是妇女的事了。没有妇女,家里乱做一团,男的从地里回来"吃不上一口热饭"。娶了媳妇,就多了一个劳力,不光家里这摊子事有人料理了,地里的活儿也有个帮手,这是必须娶媳妇的一个原因。满足性的要求这一点,在村民们那里不是能说出口的理由,但这是不言自明的。而且在村落话语中,这种性满足好像主要是男方的事,女方在房事上主要是满足他、配合他的。也就是说,一般妇女的性意识还是受到压抑的,是被动的、从属的。所以这也成为一般妇女控制、要挟男人的一个手段,如果男子在家政上不尊重她的意见,她就拒绝丈夫的性要求,也就是"不让他上炕"。我常听到男子们取笑一个人说:"昨晚你家的又没让你上炕吧?"我也曾听到妇女们的笑谈,有一个妇女就说她在前一天晚上把丈夫赶到炕的另一头去睡。这两项还不是最重要的,因为这些满足不了,还只是自己吃些苦头、受些煎熬,还能忍下去,关键的是第三项:传宗接代。这不光是自己的事,这关系到祖宗的香火能否传递、父母的血脉能否延续呀!没有媳妇,就意味着"绝户""断子绝孙"。这在骂人话里也是最恶毒的。这也是个人在村民面前最没面子、最丢人的事。这一切都要靠娶媳妇来完成,而媳妇在她娘家的家族没有这样的责任和压力,她做一切与此有关的事只是为了丈夫和丈夫的家族,所以单就这个角度说,她嫁不嫁、何时嫁好像都无所谓。这就直接造成在婚配问题上女子的尊贵地位,也是媳妇权威形成的关键因素。问题的症结在于,在传统社会里,媳妇的附属顺从角色是由无法抗拒的长老权威、男尊女卑观念来维系的;而在新社会,宗族文化被抑制,长老已不是传统的权威角色,官方舆论所宣传的男女平等思想也颇见成效,媳妇已没有做传统角色的巨大压力。她没有受过公婆的养育之恩,也就没有自然的报恩情感。她从自己的本性出发,强烈要求独立自主:分家,并且在分家之后管住丈夫以尽可能少地与老人家庭发生经济往来,不使老人拖累自己的小家庭。丈夫不听从约束,她的最后退路也是她的杀手锏是回娘家、打离婚,反正再嫁是不发愁的。基于这点,黄庄的丈夫们及其父母对媳妇以忍让为主,甚至许多丈夫最后也与妻子一条心了。这样,媳妇的权威地位和决绝态度成为以住房和养老问题为中心的家庭纠纷的主要原因之一。再看第二对矛盾。应该看到,少数家庭纠纷是在农民经济尚未达到小康或者说温饱问题尚未解决好的情况下发生的。假如有钱盖父母单住的房子，假如社会能给予老人足够养老的保障或老人有足够的积蓄养老，也不会产生围绕着经济问题的那样严重的纠纷了。毕竟，儿子还有着报效父母的本能的情感需求，媳妇也有向善和爱面子的一面。当然，在经济富裕的情况下，纠纷会缓和、减少，但父母与儿子、儿媳之间的关系，特别是在礼仪上，也不会是传统的父权社会中的格局了。

从以上所述父辈家庭与子辈家庭的互助情况，我们了解了黄庄一般的儿子、儿媳分家之后对父母的感情、态度。这也就是"爸爸""娘"这一称谓礼仪发生的文化情境，由此也可以想象对父母称谓的使用状况。在这种情境之下，"爸爸"与"娘"的称谓是很少使用的，称呼时也很少带有传统文化所规定的恭顺、孝敬的感情、态度。虽然平时很少称呼，但是不论儿子还是媳妇，一般每年必有一次郑重称呼父母并行大礼的时候，那就是春节的拜年。春节初一的清早，吃饺子之前，习俗规定儿子、媳妇必须郑重地在神位前给父母磕头、拜年。这一礼仪晚辈们还是遵守的，在节日的神圣氛围之下，他们将平日的不敬姿态收敛起来了。这使那些处境不佳的老人获得短时的感情慰藉。如果儿子、儿媳不行拜年之礼，那就是"断了年礼"，会成为全体村民一段时间内的谈资。据我了解，在黄庄，儿子不给父母拜年的还无一例，媳妇不给公婆拜年的也极少，在关系很僵的情况下才会发生。

再看子辈家庭之间也就是兄弟家庭之间的互助。

兄弟之间是一种至亲关系，应该是亲密无间的。但娶媳妇、分家之后，兄弟成为不同家庭的户主，有了各自独立的利益，而且在处理家族事务上不再仅表达自己的意志，而要在自己的话语里或多或少地表示各自媳妇的意见，所以这时兄弟之间是很容易出现隔阂或形成冲突的。当代社会，由于长老权威的失落和媳妇权威的崛起，兄弟之间的关系有隔膜和疏远的倾向。一般分家不是一次完成的，而是按照兄弟完婚的时间先后分次进行。这样家产的分配很难均匀，这为兄弟家庭不和埋下了种子。特别是在最小的儿子结婚时与老人合住一处房的情况下，因分家时老人的住房问题兄弟之间容易产生不和、争执；在老人失去劳动力需要儿子们供养时，获得家产少的子媳便不愿与其他兄弟家庭分摊责任，而多得家产的家庭也不情愿因此而多担赡养之责，这样便形成兄弟家庭互相推诿责任的局面。当然家产分配不均只是推托赡养责任的一种借口,它只不过使家庭纠纷更加易于发生,即使不存在家产分配不均的因素,兄弟家庭之间仍然会因赡养老人问题产生矛盾。这种家庭纠纷一般首先是由媳妇的不满和发难引起,这轻则引起妯娌不和,兄弟疏离,重则导致兄弟反目成仇,两个家庭互不往来甚至发生打架和械斗。下面看两个案例。

案例 1 有一黄姓家庭,两个儿子,六十年代长子先婚,分得一处五间正房,四年之后次子结婚仅分得两间西厢房。七十年代末母亲去世,父亲七十余岁生活不能自理,需跟儿子家合过。这时妯娌在最后公共家产的分割及老人跟哪家过的问题上产生尖锐冲突,妯娌两个结下怨恨,并限制自己的孩子同另一家接近。有一次兄家长子帮助其婶子浇地,被其母在田间大骂,妯娌中的另一个搭了腔,两人先对骂,继而对打,从此互为仇敌,互不通话。两兄弟间未发生直接争执,表面和气,但相互不满,往来较少。八十年代末老人去世后,两家关系逐渐和缓,但妯娌两个背后仍互相诋毁,平日的互助方面尚不如近邻之间密切。

在这个例子中,妯娌不和是两个兄弟家庭缺少互助的主要原因,而妯娌不和的起因主要是分家和养老问题。老人不仅不能起到团聚后辈的作用,反而成为兄弟家庭发生争执的起因。媳妇不仅阻隔亲子关系、兄弟关系,还阻隔她的后代同叔伯家庭的关系。当然,并非所有的兄弟家庭都有如此严重的纠纷,但可以说兄弟家庭因家事纷争或妯娌不和而较为疏远的情况是常见的;也可以说,凡老人不能得到较好赡养的家族,兄弟家庭之间一般是不和睦的,因为在养老问题上这些兄弟家庭总是互相推托互相埋怨。

案例 2 1936 年出生的王 ZHL 在村里是有名的勤快人、"持家好手"。新中国成立前他的父亲"闯关东",他是在大连出生的。后随父亲一路讨饭回到黄庄,土改时他家分到两间房,家庭经济状况一直较差。王 ZHL 在老宅结婚有了两个儿子,他与妻子凭着苦干与勤俭,于1991 年拆掉老宅盖了一处新房,为大儿娶了媳妇。1992 年妻子得癌症去世。1997年次子与本村的异姓女子订了婚,1999年又盖起一处新房,但欠债一万余元。两个儿子的性格颇有不同。老大勤恳老实,不爱说话,有乃父之风。老二脑瓜活,能说,善交游,在北京打过几年工,其中做了一年小买卖。第二处新房是老二出头借的钱。他把自己将来的新房装修得很漂亮,比如满院里都铺了新砖,从里到外的每个门都包装了,屋里也铺了光滑的地板砖。这些在黄庄算是豪华的装修了,让村民们看了眼热。但这时还没分家,他花的是伙着的钱。这就让哥嫂有意见了。2000年7月老二结婚,婚后很快分了家。分家后主要在三件事上产生分歧:一是赡养老人问题。分家后王ZHL没有了自己独自拥有的房子和家具,只能依附于儿子家生活。分家时说好老人在两个儿子的院里各有两间房,轮流住。原来老人一直住在老大的房子里,分家后老大对父亲说:"你跟我过了这么多年了,该跟那边了。"老人就到老二那边住。但二媳妇常骂骂咧咧的,出门时就把门锁上,老人没钥匙,常进不去门。老人常气得吃不下饭,闹胃病,不断吃药。第二件事是家产的分割问题。房子与一般家具分割清楚之后,再分机械:拖拉机和井架子的股份①。机械部分是以抓阄的方式来分的,两家说好抓了东西的要东西,没抓到东西的要钱,啥时要钱啥时给。结果老二两次都抓了东西,却拿不出钱来。第三件事是还账(债)问题。老二说他不还账,因为账是合伙时借的。二媳妇在老大家里吵了一次,她在同村的父亲也到老大家里闹了一次,说结婚时没讲要还账的事。但老人分家之后既无家产也无存款,无力还债。这些纠纷至2000年冬季尚未解决。

在这个案例中,老大与老二之间已不是同胞兄弟应有的互爱互助的关系,而是成为相互间为了利益而勾心斗角的对手。在这种冲突状态中,兄弟间的称谓礼仪已不能遵守。这种冲突和无礼状态会一直持续到老人去世。老人去世之后,一般就没有了引起兄弟家庭长期冲突的缘由,兄弟之间的关系会逐渐改善。

---

① 井架子,指打井机械,约值两万元,通常几家合买,每家算一股。

通过以上几个案例,我们可以比较清楚地看到兄弟之间或兄弟家庭之间发生冲突的基本模式。由于冲突起因于娶媳妇、分家、养老,而这些几乎是每个家庭都会遇到的问题,所以在当代特定的文化情境中,黄庄的兄弟家庭之间发生不和的现象是普遍性的。而兄弟家庭之间保持亲密关系的就是鲜见的例子。在黄庄,人们公认的很和睦的家族有两个:一个是黄 JCH 家,这家有四个儿子,都已结婚、分家,一个儿子在外地。据村民们说,这家的兄弟、妯娌之间没吵过架,和和气气的,过节时常聚在一起。另一个是王 ZHR 家,这家有三个儿子,有一个儿子在县城安家。村民们也说没见这家吵过架,相互来往密切。村子里的其他兄弟家庭之间,有一部分说不上有什么矛盾,但关系也不亲密;另一部分则处于明显的不和、冲突之中,而起因都与上述案例类似。

汉语中有"亲如兄弟""同胞骨肉""兄弟如手足,妻子如衣服"这样的表示兄弟亲密关系的成语,表明在传统社会中,由于长老权威的凝聚作用,"兄友弟恭"的和睦关系是兄弟关系的基调。但同时,民间也广泛流传着两兄弟型的故事。在这种民间故事中,兄弟之间是有不和的,总有一个品行不好的弟兄或其妻子算计另一个善良老实的弟兄,故事的情节总是善良而贫穷或在分家中吃亏的一方得到神仙或宝物的帮助受到奖赏、获得财富,而较富有而作恶的一方受到惩罚。这类民间故事的广泛流行说明在传统社会中兄弟家庭不和乃至兄弟相残的事情也是不鲜见的。不过,当代农村的兄弟不和现象与传统社会相比是有不同之处的:第一,虽然缺乏统计数字上的论证,仍然可以肯定当代农村的兄弟不和现象更为多见;第二,两兄弟型故事中的兄弟不和都是在父母已去世的情况下发生的,说明传统社会中老人尚在时,由于长老权威的凝聚作用,兄弟不和现象较少发生,而在当代社会,兄弟不和现象多在老人在世时发生,没有权威的老人不仅不具有凝聚作用,而且作为"累赘"成为兄弟不和的重要因素。

宗亲互助的外围部分是"近门子"家庭之间和"远门子"家庭之间的互助。"近门子"与"远门子"是当地方言。这两个词的字面意义是从居住空间的角度着眼的,说明过去血缘关系越近,居住的房屋也越靠近。就一般情况而言,"远门子"家庭之间的关系正处于从血缘关系向地缘关系的过渡区域,既可以因实际往来密切而关系亲近,也可以因实际往来较少而关系疏远。"近门子""远门子"合称"一家子"。当地说谁和谁是"一家子",就指他们是血缘较近的宗亲,在相互关系上也比同别的人家亲近些。由于这类家庭之间没有利益冲突发生,相互间保持着比一般村民更亲近的关系,表现在宗亲成员结成一伙进行"请神""送神"等祭祖活动和拜年活动,在婚丧事务、物品交换等方面也有比一般邻居更密切的互助往来。但这种关系的互助仍是较为松散的,主要体现在一些传统的互助活动,而在以利益关系为主导的经济活动诸如打井、合买共用农机具等项目中,宗亲关系基本不再发挥作用,比如村民确定合作伙伴不会把对方是不是"一家子"作为一个重点考虑的问题,而是主要考虑经济能力、劳动力条件,以及能否合得来。有些关系密切的宗族还有一个能力强的人充当召集人性质的角色,本族内的事情常由他出面"说道",但他的地位和权威与传统社会中的族长是不能比拟的,他在本族内只是较有威望而已,对各家的事只能提出规劝性、开导性、建议性的意见,并不能以权势拥有者的身份要求或强制本族人家听从他的意见。

二、外亲互助

外亲是相对于宗亲而言的。在实行村外婚的情况下,宗亲是"自己"所出生的村庄之中的父系亲属,外亲则是"自己"村庄之外的亲属,后者在黄庄称为"亲戚"。外亲是由于宗族之间的联姻也就是女子的嫁出和嫁入而形成的亲属。由女子的嫁出而造成的亲戚主要是姑亲与亲家①。由女子的嫁入而造成的亲戚主要是奶奶的娘家亲属、母亲的娘家亲属、妻子的娘家亲属、亲家。这样看来外亲的构成较为复杂,但在村外婚和父系传承的文化情境中,外亲不管其渊源如何,他们都有其共性:是族外亲,且一般是村外亲;相互间一般没有因分家和养老问题而造成的纠纷,这些决定了外亲之间的互助与宗亲互助有不同的条件和特点。

---

① 亲家,指两家儿女相婚配的亲戚关系,即女儿的公婆或儿子的丈人丈母,此句中指女儿的公婆。"亲"读 qing。

在传统社会的文化模式中,由于宗族文化的发达和村落的较高的封闭性,外亲之间的互助活动是比较少的。外亲家庭之间并不经常"走动"(往来),亲戚往来的主要项目有三个:春节拜年、婚丧大事、"做生日"(包括为老人祝寿,为小孩祝"满月"和一岁生日)。在这三项之外的平时往来的多少就不一定了:表亲之间基本上就没有日常的往来,很近的亲戚如两姨亲、姑舅亲、亲家之间往来较多,但也限于农闲季节,农忙时就顾不上"走亲戚"了,至于生产活动的互助、工具的互借、经营项目的合作就很少了。当然往来的密切程度与两家距离的远近也关系很大。距离近的亲戚往来更多一些,住得远的亲戚间的日常往来通常是赶集或办其他事路过时的"歇脚"。

新中国成立以来,宗族文化受到有效抑制,同时女性的社会地位得到很大提高,这使媳妇在夫族基本上解除了过去受到的各种压制。虽然男尊女卑的思想和习俗没有完全根除,但媳妇在公婆、丈夫面前绝不再是顺从、附属的"小媳妇"角色,而是相反,在许多方面特别是在家族内部事务及亲戚往来方面具有一种相对权威的地位,在一些家庭敏感问题上公婆与丈夫常要看媳妇的脸色。宗族长老权威与夫权的衰微,"媳妇权威"的崛起,使宗亲之间的凝聚力显著降低以至矛盾重重,宗亲之间的互助自然也大为减少,同时外亲在亲属体系中的地位明显提高了。另外由于家庭日常事务更多地属于妇女的管辖范围,也由于妇女在亲戚往来上比男子更为活跃,所以就一个家庭而言,母系外亲(主要是外公家、姨家)、妻系外亲(主要是丈人家)比父系外亲(主要是姑亲)更为亲近,即走动更多。特别是改革开放以来,村落的封闭性有一定程度的减弱,机械化程度也有显著提高,而家族内部围绕着分家、养老问题的矛盾更加激化(实质上也就是宗族文化更深层和更根本的解体),这些使得突破村际隔绝状态的外亲互助显著增多了。近年来,黄庄村民与村外的亲戚进行经济合作的事例是不鲜见的,虽然"远亲不如近邻"的说法仍能成立,但"远亲"的作用显然比过去大了。家族内部各家庭间有隔阂,而村民关系又不如亲戚亲近,所以在很大程度上宗亲互助缺少的环节就由外亲互助补充或代替了。比如缺少劳力的家庭,在农活忙不过来时,女主人会求助外村的亲戚,亲戚会放下自己的活儿,二话不说就开着机器或牵着牲口来帮忙;盖房、娶媳妇、买农具等缺少资金时,向宗亲和村民借钱通常是比较难以开口也难以借到的,而向亲戚借钱就比较自然,只要亲戚有闲置的存款,一般会不遗余力地予以帮助;也有亲戚搭伴或合作外出打工的事情。而外亲互助中最为常见和密切的是女儿家庭与娘家的互助。

前文我们已讨论了子媳家庭与父母家庭之间的互助状况,以及媳妇地位的提高对亲子关系的割裂作用。这使老人不能从儿子那里获得足够的经济资助和感情慰藉,于是他们便有了从女儿那里获得一部分帮助以做弥补的需求。而媳妇的相对权威地位使她能在一定程度上满足报答自己亲生父母的愿望。这表现在她常支使丈夫去她娘家帮工,她也常回娘家探望。女儿家庭与娘家的密切互助关系是由女儿在两个村庄之间满腔热情又不受约束地穿梭往来而维系的。她的丈夫,早在定亲之后、结婚以前就经常到女方家帮工了,为了娶到媳妇,他是任劳任怨、有求必应的;结婚以后,他也许不像婚前那样殷勤,但他对丈人家的事也不敢怠慢,对媳妇照应、孝敬娘家的行为不会加以阻挠。而且,黄庄一带古来待女婿为贵客,现在虽然女婿的地位有所降低,常被当作无偿的劳动力役使,但在礼节上这里还古风犹存,对女婿还比较客气。同时由于许多女婿在自己家族里与父母、兄弟都不和睦,于是就与丈人家往来密切,距离近的干脆就在生产、经营项目上"打伙"合作。这样,就出现了一种值得注意的现象:父子家庭之间、兄弟家庭之间不和、吵闹,甚至冷若冰霜,而女婿家庭与丈人家庭之间合作得亲亲热热。下面看一个例子:

近年来开展打井业务是黄庄人致富的一项重要途径。在打井赚钱的致富效应推动下,村民们纷纷以数家合股的方式购买打井设备(主要是"井架子"),成立打井组。打井组有一般村民间的结合,也有亲属关系的结合。1998 年 62 岁的黄 QSH 家,有二子二女,大儿已婚,分家单过;二儿未婚,在县城工作;大女儿和二女儿分别嫁在相距三里和一里地的邻村。老两口看到打井能赚钱,也想进行这项经营,但由于自己家庭缺少壮劳力,不能出人参加打井劳动,妻子还有爱吵架的名声,所以在村民中找不到合作者,于是在 1998 年老两口家庭就与儿子家、二女儿家以合股方式购置了一台井架子,设备总值 1.8 万元,每个家庭为一股,出资 6 千元,父母家为他们各垫付 4 千元,算是借给两家的,后来两家都还了父母这笔钱。但这个打井组仍然存在着这样的问题:父母年事已高,且有病体弱,不能出人力参加打井劳动。到分红时,母亲王氏(她在家里是主事者,其夫沉默寡言,凡事不表态不出面)坚持要按股东平均分红,她所得的钱一点不能少,而且她参与"合账",防止另两家私下多分钱。儿子家反对这种分红方案,认为父母家没出人力,应该少分钱。但王氏说当初买设备时还是她借给儿子家的钱,打井过程中也为打井队(队里有雇来的其他人家的人)提供了衣服等物,因而同另两家平等分红是应该的。后来她又提出支付雇佣一个劳力的钱,按打井劳动的时间每天 20 元,从红利中扣除。按说这是一个可接受的方案。但儿子家仍不同意,说股东与雇工所出的力并不等同,雇工并不像股东那样卖力气干活。他的意见是只能解散这个组,和其他人家"重组"。但解散的方式也存在争执,王氏主张儿子家收回本金,她不退股;儿子家则要母亲退股,他要井架子。当时双方争执不下,儿子的叔叔出面调解无效。至 1999 年秋季,儿子家退出打井组,邻村的大女儿家加入了。在争执过程中,儿子家都由儿子出面,媳妇同儿子意见一致。女儿、女婿则对母亲的平等分红方案没有异议。对此,王氏质问儿子:"为什么你姐姐、姐夫没意见,你姐夫还是打井组的主事的?"(姐夫更有能力,到外乡联系业务的事是他做的,他也就成为事实上的头儿。)儿子回答说:"谁知道你背后给了他们什么好处?"

这是一个打破村落界限的亲缘互助的典型案例。开始这个互助组是宗亲与外亲混合的。儿子家同父母家在经济上完全独立,儿子作为媳妇意志的代言人,同母亲在利益分配上斤斤计较,互不相让,已看不到血缘亲情的凝聚作用;儿子与母亲是平等的股东关系,完全不是家族体系中晚辈服从长辈的关系,在争执过程中传统的长老权威已不起作用。结果,儿子家庭与父母家庭的合作关系破裂。而女儿家庭却与父母合作顺利:女儿心甘情愿地服从父母的意见,女婿同其妻保持一致,不同岳父岳母斤斤计较于利益得失,反对分红方案的是儿子,而不是女婿。最后,这个互助组变成了完全是外亲的组合，这是很能说明问题的。其实这个案例的关键就是"媳妇权威"的作用。父母同儿子家疏远，而同女儿家在来往和感情上更亲近，这已是黄庄一带的普遍现象。一般女儿嫁在外村的，只要两村离得不远，父母家同女儿家的互助总多于同儿子家的。作为调查者，我问村民为什么这样，村民说："儿子这边有个媳妇啊。"儿子做不了媳妇的主，但是女儿能做得了女婿的主，这是上述案例中儿子反对而女婿不反对平等分红的原因。在这个例子中，我们可以清晰地看到媳妇权威既是抵消父系长老权威、阻断父系组织脉络的直接力量，也是促成亲属结构向女系偏重或双向发展的关键因素。村内通婚的兴盛是这一现象的结果，又为这一现象的发展提供便利条件。

　　既然父母与女儿都有密切往来的愿望，并且父母家庭与女儿女婿家庭能够顺利合作，村民将女儿嫁到一个较近的地方便是一个自然的选择。在其他文化因素的共同促进下，村内婚的禁忌被打破了，村内通婚现象应运而兴。在女儿嫁于本村的情况下，如果女方家庭没有儿子，那么已失去劳动力的女方父母完全由女儿供养，地由女儿种，房子与家具由女儿继承，年迈的老人一般住到女儿家，构成"父母—女婿女儿—外孙"这种非父系的三代同堂家庭；如果女方父母尚是较强的劳动力，那么他们与女儿家庭是密切互助的，表现在农机具合买共用，生产各环节都密切合作，而且两个家庭之间没有感情隔阂与利益争执。如果女儿嫁在本村的人家尚有儿子，由于婆媳疏远或不和的情况较为普遍，父母同女儿家庭的关系密切程度至少不逊于同儿子家庭的关系。事实上，父母与女儿女婿之间的互助关系远胜于父母与儿子儿媳之间的互助关系。

　　近年来，黄庄的姑娘嫁在本村的逐渐增多，使村落文化的根本结构发生了一定程度的变迁。村内通婚使村落不再是只有父亲的亲友居住的地方，它也是母亲的亲友居住之处。第三代子女的抚育和第一代老人的赡养也有双系并行的倾向。这是村落亲属结构的根本变革。这变革又将最后瓦解传统的父权文化和以其为基础的宗族组织文化，包括村落称谓制。这样，村落内部出现了宗亲关系之外的另一种重要的互助形式，即姻亲家庭之间的互助。姻亲互助的出现是对宗亲互助弱化的一种补充。

　　传统上，这种姻亲家庭一般是在外村，所以称为外亲。这里按照习惯仍将它归在外亲类下,但它实质上已不是传统含义的"外亲"了:在空间上,它同宗亲一样,也是"村内亲"了。在称谓上虽然仍沿用旧称,但其实质含义也发生变化了:"姥爷""姥姥"等母系称谓所指称的亲属不再是外村的,而是本村的人了。这种互助虽仍称为"外亲互助",实际上其含义也变了:它已不再是同外村亲戚的互助了。村内通婚的问题将在下章详细探讨。

以上我们比较全面地讨论了黄庄村民亲属互助的现实状况。虽然这不是对亲属称谓使用情况的直接探讨,但有助于我们了解亲属称谓的社会文化内涵在当代社会的变迁、它所表达的亲属关系在近年农村的实际情状。毕竟,本文所理解的亲属称谓习俗不仅仅是其语言形式,还包括相应的亲属关系,称谓人的感情态度,称谓发生的时间、场所、频率等丰富的内容。本节所讨论的亲属直接的互助往来实际上也是围绕着这些问题或与这些问题是密切相关的,所以本节内容可以看作对上面两节的补充。

下一章探讨村落的拟亲属称谓时,将谈到非亲属关系的村民间的互助情况。将这两部分合起来看,可以构拟出村民的完整的互助网络;或者说,基本上可以全面地看到村民的社交圈子和人际往来状况。

第二章　拟亲属称谓

　　拟亲属称谓借用亲属称谓的名词来称呼非亲属，它是亲属称谓原则向非亲属关系的人们的扩展。在某些情况下，拟亲属称谓和亲属称谓可总称为"亲属称谓"，并放在一起来研究。但二者表示的是不同的人际关系，具有不同的含义和功能，分别而论更有利于剖析其本质。本文所讨论的村落拟亲属称谓，实际就是表述村民关系的一种礼仪制度。

　　拟亲属称谓是社会语言学者重点关注的问题之一。陈建民先生在《语言文化社会新探》中设"称谓"一章，其中部分内容讨论拟亲属称谓在社会文化观念影响下、在习俗制约下的使用情况，以及与其他社交称谓的替代关系。[1] 陈松岑先生在《礼貌语言初探》一书中指出汉语中选择亲属称谓去称呼非亲属的听话人可根据五种标准：以辈分为标准，以双方是否熟悉为标准，以交际场合的性质为标准，以听话人的社会特征为标准，从说话人的子女或孙辈的角度出发去称呼听话人（即从儿称谓）。[2] 陈松岑《北京城区两代人对上一辈非亲属使用亲属称谓的变化》一文，以翔实的社会调查资料展示了北京城区拟亲属称谓的使用状况，用确切的统计数据分析了这一称谓的运用与年龄、职业、场合、双方关系等社会因素的关系。[3] 迄今为止，社会语言学对拟亲属称谓的调查研究仅限于城市范围，尚未见到对农村的拟亲属称谓做出较深入研究者。民俗学者也有对拟亲属称谓的论著。如郭展《寒亭称呼语规则试论》描述了小城镇的称谓习俗，分析了拟亲属称谓的使

---

[1]　《语言文化社会新探》，上海教育出版社，1989 年。
[2]　《礼貌语言初探》，第 25—29 页，商务印书馆，1989 年。
[3]　《语文研究》1984 年第 2 期。

用受情境制约。① 民俗志、地方志资料中也往往有关于拟亲属称谓的简短记述。

总体而言,对拟亲属称谓的研究成果比亲属称谓方面的要少得多。据笔者对文献资料的搜求情况,可以说关于村落拟亲属称谓的理论性的专门研究基本上还是个空白。

拟亲属称谓实质上是将亲属称谓语延伸使用到非亲属关系的人们之间。这种延伸使用有两种情形:一种是用于熟悉的人们之间,表示交际双方在过去交往的基础上形成的亲近感情和亲密关系,并且起到维持、增强已有关系的作用;另一种是用于陌生的人们之间,作为民间礼仪表示对称谓对象的敬重心意和亲近意图,起到拉近双方距离、为交际创造亲近语境的作用。据此拟亲属称谓可分两类:一类是熟悉者之间使用的,一类是陌生者之间使用的。两类拟亲属称谓语不仅功用有别,就是在称谓词语的确定原则上也是有差别的。陌生人之间根据性别和年龄因素确定称呼语,如果双方的交际不继续保持,这种称呼只是现场临时使用的。由于属临时使用,根据性别和年龄确定称呼的原则也不是严格认真实行的,有时为了表示尊重,年龄大些的一方称另一方为"大哥"或"大姐"。熟人之间的关系有两种,一种是世袭的,一种是非世袭的。非世袭的关系根据对方性别、年龄确定称呼,世袭的关系要加上世袭的辈分这一因素。当辈分原则与年龄原则有矛盾时,要优先考虑辈分原则。比如在世袭关系中,十岁的孩子可以是四十岁成人的父辈,按民间礼法,这成人应该称这孩子为"小叔",虽然事实上这种称呼很少付诸实施(有些严守传统习俗的妇女会以对长辈之礼称呼孩子),但是这作为长辈的孩子却不用对这位晚辈的成人讲究什么礼节,如果他要表示客气,可以虚称成年人为"大哥",而按年龄来论,他应该称"大爷"的。现代社会,严格的世袭型拟亲属称谓只存在于农村。

在本章的第一、二节,我们讨论村落间世袭型拟亲属称谓(以下简称为"村落称谓制"或"村落称谓体系"),探讨村落称谓体系的文化内涵、构成形态、运作方式,它在村落文化中的位置和功能,它的形成机制、演变规律,以

---

① 《民俗研究》1996 年第 3 期。

及它的形成、运作和变迁所体现出的村民关系。在第三节,从"哥们儿"称谓入手,将讨论范围从农村世袭的拟亲属称谓延展到城市非世袭的拟亲属称谓,通过考察"哥们儿"称谓在村落和农村的不同内涵,比较村落和城市称谓习俗的差异及其与社会文化的关系。

第一节 村落的拟亲属称谓制与村民关系

本节讨论村落内部的拟亲属称谓。

村落是由熟人组成的社区。村民的主要活动范围在村落之内,所以村民之间所使用的拟亲属称谓是属于熟人之间的,而且由于村落人口世代固守在同一片土地上,村民之间的辈分是世代传承的。村落内部的拟亲属称谓是一种熟人团体之中世代传袭的称谓惯制。

一、黄庄的拟亲属称谓语及其使用规则

黄庄的拟亲属称谓语(面称)体系由四级辈分的称谓语组成,列举如下:

A 级:老爷爷、老奶奶。

B 级:大爷爷、大奶奶,姑奶奶。

C 级:大爷、大娘、大叔、大婶子、大姑、小姑。

D 级:大哥、大嫂子,大兄弟,大姐姐、大妹妹。

其他:爷们儿,哥们儿,你哥、你嫂子。

对侄、孙辈的人一般使用姓名称谓。

在黄庄,拟亲属称谓是一种尊称,是年幼者对年长者、低辈者对高辈者的一种礼节。传统文化以长者为尊。所以这些称谓语主要是表示长者意义的词语。指称小辈和年幼者的拟亲属称谓词语大多不用于当面的称呼。对于年龄小于自己者(包括大辈年幼者)一般称呼姓名(小名)。"侄子"、"侄女","孙子"、"孙女"等在拟亲属称谓体系中只能作为背称或拟亲属名词使用。上述称谓语中只有很少指称小辈和年幼者的词语,它们是:大兄弟、大

妹妹,你哥、你嫂子,使用这些称谓语的是中老年妇女。特别是"你哥""你嫂子"更是妇女的专用称谓。它们的含义是指称辈分低于自己的成年人。因为不能称他们为"侄子"、"孙子"或"侄媳妇"、"孙子媳妇",称姓名也不能表示礼节上的尊重,她们就使用了从儿称或从孙称,"你哥""你嫂子"与"他哥""他嫂子"意思一样,其中的"你"与"他"都是指称谓者的后代。从词源角度来说,"你哥"是"你是我孩子的哥"的缩略形式。"你哥"用于面称,"他哥"用于背称。"爷们儿""哥们儿"是另一种称谓语,它们有意模糊交际双方的尊卑界限,意在制造平等、轻松的语境,是一种玩笑体的称谓形式。其字面意思概括了双方的辈分关系,但不明确表示相互间辈分大小或年龄长幼,用于常互开玩笑的村民之间。

黄庄的拟亲属称谓语全部借用父系宗亲称谓语。这主要由于黄庄传统上实行外婚制,村落世代所居皆为父系宗亲,从这里出生的女性都出嫁到别的村庄,村中的已婚女性都来自别的村庄,只有男子才能永久居住在他所出生的村庄,所以村民关系是沿着单一的父系世系的线索代代相传的,拟亲属称谓语自然以男子的社交圈为选择标准。嫁到本村的女子的熟悉的社交圈在她出生的另外的村落,在这里她必须以其丈夫的位置为基点进入新的关系网络,她只能处于从属的地位。此外,由于宗法制度和男尊女卑思想的影响,宗亲历来处于受尊崇的地位,而外亲则有文化上受排斥的倾向,这使得宗亲称谓语带有敬重的文化色彩,外亲称谓语不含这种色彩,甚至少数妻系姻亲称谓语带有贬义,比如"小舅子"在此地常被当作骂人的话,"丈人""小姨子"的称谓也隐隐带有一种嘲弄意味。这都是由于它们指称的是妻子的娘家人,传统观念中妻子扮演着伺候人的角色,这连累了她的娘家人作为妻系亲属角色的地位。这些都使拟亲属称谓作为社交尊称,在乡土文化中,只能借用宗亲称谓语。

由于拟亲属称谓只是表示亲如血缘的密切关系,其主要意义在于村民关系的确认和礼仪上的敬重,其次才是对辈分、长幼的尊卑次序的区分,所以拟亲属称谓语的辈分划分并不像血亲称谓那样严格。黄庄村民的现有辈分共有六级,拟亲属称谓体系只有四级,对老爷爷之上的辈分也只以"老爷爷"称之。而且对老爷爷这辈的人也不都称之为"老爷爷",而称之为"大爷爷"。这种情形常发生于异姓之间。如果是同姓人，两家交往又较密切，大多会认真地称"老爷爷"。如果发出称谓行为的一方父子两代都称呼同一人为"大爷爷"，表面上不免混同了父子两代的辈分，但是他们并不在意这一点。这一方面说明拟亲属称谓语在区分辈分的功能上有粗疏的地方；另一方面也表明拟亲属称谓体系的辈分单位以祖辈、父辈、同辈为主，祖辈称谓可概指其本级及其以上的几级辈分。但是祖辈以下的辈分是乱不得的，如果称错了辈分会遭到别人的指责和嘲笑。

在构词形式上，"大爷爷""大叔""大哥"等语中的"大"字，是将被称谓人区别于本家族亲属的标志，并不一定是对人的排行称。拟亲属称谓对人的排行是不敏感的。如果一个人在兄弟中排行老二，比他矮两辈的人可以称他为"二爷爷"，也可以称"大爷爷"。拟亲属称谓语的另一种常见构成形式是在亲属称谓语前加上姓名，可以加大名，如"黄金池大爷爷"，也可以加小名，如"石成爷爷"。

二、拟亲属称谓与"亲如一家"的村民关系

拟亲属称谓将亲属称谓语加于非亲属，村民之间用这种表示亲近关系的词语互相称呼，正是他们"亲如一家"的关系在语言礼仪上的体现。那么"亲如一家"仅仅是个比喻性的说法吗？如果说村民之间的亲密关系是地缘性亲近关系，那么研究家族的学者的说法"一个村落就是一个大家族"又如何理解呢？我们说村民之间所用的亲属称谓语是拟亲属称谓语，好像村民之间是非亲属关系或者非血缘关系已成为毋庸置疑的结论，事实并非如此。要确切了解拟亲属称谓的文化内涵及形成机制，需要进一步探讨村民关系的实质和结构方式。

我国传统社会的基本单位是家族。家族在居住形态上体现为"聚族而居"，村落多为家族聚居并繁衍的结果。村落有单姓村与杂姓村之分。单姓村由一个家族发展扩大而成，村民世代传承着一个氏族的父系血缘关系。杂姓村落是由最初的几姓家族发展而成，整体上呈现"大杂居小聚居"的居住空间分布形态，同一姓氏的村民居住在村落的同一方位，仍然保持"聚族而居"的特征。黄庄属于杂姓村，以黄、王两姓为主，过去黄家世居村子的

东半边,王家世居西半边,其他姓氏穿插其间。同一姓氏的村民居住邻近,交往也比异姓间密切些。杂姓村可看作几个单姓村的联合体。从村落形式和发展的线索来看,同一姓氏的村民有着或远或近的血缘联系,确为事实。那么同姓村民之间的亲近关系是否单纯或主要由于血缘关系造成的呢? 如果是这样,同姓非亲族("五服"之外)的村民之间所用亲属称谓就不应看作拟亲属称谓了。

我们认为,亲族之外的村民关系实质上是地缘互助关系,同姓村民之间的血缘关系主要是习俗意识里的,它与异姓村民之间以拟亲属称谓形式体现的拟血缘关系并无本质区别,都是维持、加强地缘互助关系的方式之一。这样说,是侧重于村落作为空间单位的意义,强调村落的实体性。[①] 我们虽然主张当代村落中的村民关系以地缘关系为基础,但是并不否认同姓村民在古远意义上的血缘联系,也不忽略从血缘关系角度实行的组织方式和手段在村民关系中所起的有效凝聚作用。

村落是长期聚居于特定地域的一群人所组成的相对封闭独立的社会空间,同村人是一个内部联系密切而同外界相对隔绝的社会群体。在这个意义上无论是同姓村落还是异姓村落都是一样的。就异姓村落而言,异姓之间并无血缘联系,但出于地缘互助关系而结成关系亲密的地域性团体;那么同姓(非同族)村民之间的关系是以血缘为主还是以地缘为主呢? 我们不妨以同姓村落为代表稍做分析。同姓村落最初确实只是一个家族,在繁衍了最早的几代(传统理解为五代)的时段内,这个村落仍是一个严格意义的家族。随着这个初始家族的分支越来越多,村落规模也越来越大。在村落始祖的香火传递了十几代以后,较远的分支之间的血缘联系已很淡薄了,淡薄到可以忽略不计的程度:从中国的家族理论而言,分支之间已无真正意义的家族关系;就生物科学角度而言,远支之间的通婚不会对后代的生育质量造成不利影响。但是事实上,这种极淡薄的血缘联系被村民一代一代有意无意地牢记着、强化着,他们说:"我们是同一个祖先的后代"。从而在相互

---

① 刘铁梁:《村落——民俗传承的生活空间》,《民间文化讲演集》,第275页,广西民族出版社,1998年。

关系上"亲如一家",并用亲属称谓制表述和维护着这种血缘同一意识。实质上,同姓村民之间的血缘同一意识已成为一种习俗意识,它之所以被村民所认可只是由于习俗代代传承的作用。一种习俗的产生和维持总有其社会生活的基础。村民之间在习俗观念里所维持的血缘联系首先出于其自身的生活需要。传统的农业社会是自给自足的小农经济,它是以家庭为基本的行动单位的,即生产、消费、节庆等活动都是以家庭为单位来组织和实施的。在传统社会生产力较为低下又缺乏完善的社会服务体系的情况下,一个家庭在进行各种活动时,在劳力、工具等方面是无法自给自足的,诸如婚丧、盖房之类的大事必要求得其他家庭的帮助,在畜力、生产工具、生活物品等方面也常互通有无,所以村民之间自然形成互助关系,各种亲密联系都是以此为基础的。小农经济的自给自足实际上是村落的自给自足,而不是一个家庭的自给自足。这样村落就成为农业社会里基本的团体单位,组成村落的一群人形成一个靠互助关系凝结起来的团体。说到底,村民间的互助关系是由于他们同处一个空间单位即村落,是由于地缘关系造成的。假如由于人口密集的关系此处的土地不够种,需要迁移一部分人到别处去,那么这两部分人之间就中断了庄乡关系。如果这两部分人之间没有足够近的血缘联系,他们之间便会中断往来,没有任何实际关系了。当然这部分迁出去的人会说他们的籍贯是某地,那里有他们的根,那里的人跟他们有血缘联系,但是这些也只是留存在观念上或感情里罢了,对生活没有实际的作用。他们也会把祖居何处之事告诉后代,并代代传下去,但若干代之后这便成为一个古老的传说,成为他们的一种精神寄托,甚至会有"不肖子孙"怀疑这传说的真实性,两地之间的血缘联系实际上没有任何意义了。但是假如没有这部分人的迁移发生,他们的后代和另一部分人的后代还是共同生活在原村落里,他们之间仍是亲密的庄乡关系。这种假设的迁移和不迁移应该很明确地检验出同姓村民关系的实质了:他们之间的血缘联系实际上是靠地缘关系维持着的。同姓村民之间是如此,异姓村民之间的庄乡关系不消说更是以地缘关系为基础的。

　　既然村民之间实质上是地缘互助关系,那么村民群体理应以此来维系了。但事实上行不通。这首先因为村民互助关系是一种松散的联系。小农经济以个体家庭为自然经济单位,家庭内部分工合作,家庭之间并没有密切的分工协作关系,只是在举行较大型活动或家庭在工具物品上有所欠缺,使家庭无法自给自足时才发生家庭之间的互助行为。这种互助关系不足以形成严整有序的组织。它与现代工业社会中因发达的分工协作而形成的业缘关系是不同的。其次,中国传统上是一个宗法制社会,不仅宗族组织发达,而且宗法思想和势力还渗透到所有其他组织形式之中。就传统村落的权力分配格局而言,家族组织占主要地位,族长管辖着全体村民,好像一个大家庭的家长。而按地域关系设置的行政组织保、甲、里等只负责催索赋役钱粮之事,而且保正、甲首、里胥往往由族长、房长兼任,两种组织合二为一。在这种宗法社会里,地缘互助关系的组织效能在血缘宗族关系面前显得软弱无力,只能服从或借助后者。所以说,村民之间温情脉脉的血缘联系只不过是地缘互助关系的体现形式和维持手段。这样说,并不是否认村中某一部分人中间有真正的亲族血缘关系。我们所指的是一般村民间的血缘认同意识和拟亲属制度,是着眼于村落集体亲如一家的人际关系。那种"一个村落就是一个家族"的说法只有从这个角度来理解才是科学的。

这样也就很好理解异姓村民之间使用辈分严明的亲属称谓的道理了:异姓之间是没有血缘联系的,使用亲属称谓是由地缘亲近关系造成的。在宗法制社会中,既然村落是个实体性的生活团体单位,其内部的异姓村民之间为了保持亲密关系并具有和谐有序的稳定的关系格局,就使用仿拟的亲属称谓制来满足这种需要。从这个角度而言,异姓之间的亲属称谓与异支同姓之间的亲属称谓并没有什么不同。就此我询问过黄庄的村民,他们在称呼同姓不同族的人为"大爷"时,与称呼异姓的人为"大爷"有什么不同,他们说:"一样的,见了面说说话,该招呼嘛招呼嘛(即按辈分该怎么称呼就怎么称呼)。"见到上一辈的比自己父亲大的村民就按礼节称"大爷",是否同姓并无亲疏之别,但这与称呼父亲的亲哥为"大爷"在亲近感上是不同的。虽然当面都称"大爷",但背称能分出远近:对当面称"大爷"的村民,背称一般称其名;而对"亲大爷",背称时仍说"俺大爷",不可称名。已没有实质的宗亲关系同姓村民之间使用的亲属称谓与异姓村民之间的一样,都是拟亲属称谓,那么同姓村民之间的血缘关系也同异姓村民之间的一样,都是拟制的血缘关系,只不过前者从历史角度看更顺理成章而已。因而"一个村落就是一个家族"的说法不仅指同姓村落,也指异姓村落。当然异姓之间的关系与同姓之间的关系有时也体现出差别,比如在遇到婚丧大事时先请同姓的人帮忙,人手不够时才请异姓的,拜年时拜完全部同姓,再拜关系好的少数异姓,这一方面与历史传承的宗法制习俗有关,另一方面也与居住的远近有关,同姓的人居住更邻近,在互助和往来上也更方便和密切。但这同姓与异姓的亲疏差别程度并未大到影响村民之间拟制血缘关系的实质。

以上分析显示,我国现有村落的村民庄乡关系是以地缘关系为基础,以血缘关系为体现形式和组织方式的。这种血缘关系有真血缘关系和拟血缘关系两种,前者指同族血缘联系亲近(一般指"五服"以内)的宗亲关系,后者指一般村民之间以拟亲属称谓制世代传承的辈分严明的亲近关系。两种血缘关系都与地缘关系密不可分。在传统村落中,宗亲在居住上最为邻近,关系也最为亲密,地缘关系对血族联系起辅助作用;而一般同姓和异姓村民之间血缘式的亲近关系则是由于世居一村的地缘关系造成的。血缘关系和地缘关系以这种情形结合在一起,形成了村民之间和谐稳定的村民关系。村落内部的拟亲属称谓就是村民之间的地缘互助关系与血缘式亲情融合的产物。它作为一套世代传承的社交礼仪表述、维持和巩固着村民之间"亲如一家"的密切关系,将全村血缘关系已淡远的同姓村民与没有血缘关系的异姓村民联结组织起来。

在当前社会转型期,村落的拟亲属称谓制仍在整体上存活着并发挥着其惯常的社会文化功能。但也要看到,这套称谓惯制正在某种程度上发生着变迁。比如在黄庄,近年来随着不相邻的村民间交往的减少,出现了"村里的新媳妇和小孩认不过来"(村民语)的现象,这无疑会降低拟亲属称谓语的使用频率;另一个值得注意的现象是,近年来村内通婚现象逐渐增多,通婚双方的家族成员之间要由原来从宗亲角度出发的拟亲属称谓改为姻亲称谓。这说明传统的村落称谓制在村民心目中已不具有不可更改的地位,它的组织功能已经弱化,它正面临着现代文化观念的剧烈冲击。从拟亲属称谓的变迁可以观察到当代农村在向城市文化演进的过程中村民关系的细微变化。

三、拟亲属称谓的组织功能

在黄庄一带,每个村落都有自己独立的(拟)亲属称谓体系,村落之间的称谓体系是不交叉的。一个村民在他本村的辈分对另一个村的村民而言毫无意义。这是村落之间隔绝状态的一个标志。以黄庄与宫庄为例。两村相邻,"从这村到那村只有几步远",最近处相隔约 200 米,两村中的部分村民是认识甚至熟悉的,但是两村的人之间没有固定的辈分称谓,只能根据年龄来确定称呼。辈分很低的人在他本村的大部分人面前都可能是"孙子",可是他到邻村会有许多人称他"大爷爷",假如他年龄够这么大。即使他在邻村有不少熟人,他也进入不了这个村的辈分体系,表明他在这里是个外来人。

辈分是村民在他所属村落中的身份。这身份是与生俱来的,得来不费功夫。但是村外的人要在这个辈分网络里占有一个确定位置却是很难的,除非他在这里做女婿或嫁到这村,或者被人收养成为这里的永久居民。

村中的任何两人走到一起,相互间都有固定的辈分关系,都会按照辈分采取适当的称呼和礼节。拟亲属称谓就像一条丝线,把每个村民都编进一张网,每人都是这网上的一个结。这个比喻有两个要点:一是把每人都联结起来,二是把每人都固定在一个位置上。这就是下面要谈的拟亲属称谓的两个组织功能:凝聚功能和分层功能。

(一)拟亲属称谓的凝聚功能

拟亲属称谓是亲属称谓的扩展。这种扩展是有特定的社会结构功能的。亲属称谓名词并不是对称谓双方的亲属关系的简单概括。在特定的社会文化系统中,亲属名词是附带有特定感情意义的,并且它规定着称谓双方相互之间应采取的礼仪态度和行为。比如"叔叔""大爷"这两个称谓语。在传统社会里,家族通常三世或四世同堂,孩子与父亲的兄或弟生活在一个大家庭里,叔伯对侄子有抚养的义务和教育的权利,侄子对叔伯持尊敬和顺从的态度,所以"叔叔""大爷"这两个词在传统文化里不仅表示叔侄关系,而且表示双方有亲近的感情,被称谓者对称谓者是爱护的、威严的,称谓者对被称谓者是尊敬的、听从的。当这亲属名词扩展运用到非亲属身上时,就借着语言的力量,将这名词所带有的感情意义、它所包含的对亲属关系中双方态度和行为的规定推广到非亲属关系中。① 拟亲属称谓就是以这种原理在村民之间起着凝聚作用,并规定着村民之间尊卑长幼的礼仪秩序。

将亲属名词来称呼亲族以外的村民,就是将亲属名词所附带的感情意义以及社会文化规定的相关态度和行为推广到村民那里,从而将家族之内的亲密关系推广到普通村民之间。村民们互相反复使用这称呼,使家族式的亲密关系遍布村落所有人之间,将村民凝聚为一个社会团体。村民每次使用这称呼,都是对家族式亲密关系的确认,也是对自己和对方的村民身份的再度确认。所以,勤于对别人使用拟亲属称谓的村民总能获得对方同样热情有礼的回报,他因此得到别人的好感和称赞,在村中格外有人缘;而那些在村中爱闷了头走路,不怎么和人打招呼,不爱用亲属名词称呼人的村民,和其他村民的关系就较疏远,特别是那些在乡里或县城里上班的村里人,如果来来去去骑着自行车,遇见人也不下车说话,不用亲属名词称呼乡亲父老们,村民们就说他“不认黄庄人了”,就也不理睬他,不大当他为村里人。如果在外工作,回村后仍然频繁使用亲属名词称呼村民们,别人也对他很亲热,不把他当作“外头来的人”。可见,拟亲属称谓是确认村民身份和维持村民关系的一种重要方式和手段。

(二)拟亲属称谓的分层功能

宗法社会的家族关系是极重尊卑长幼的秩序的,由宗法社会传袭下来的一套亲属名词除了表示双方的亲属关系之外,也包含着传统文化所规定的尊卑长幼之别。村民关系借用这套亲属名词,主要利用它的表示亲近关系的功能,即上边所说的凝聚功能,同时部分承袭了它所带有的尊卑长幼之别的内容,使村民关系趋于有序化,这就是拟亲属称谓的分层功能。

由于拟亲属称谓借用的是父系宗亲称谓语,它对村民的分层也仿拟宗亲称谓对亲属成员的分层。民间的父系家族人伦秩序的构建主要有三个原则:亲疏、辈分、长幼。亲疏原则强调血缘的承传、远近,表现于区分直系与旁系,直系亲属比旁系亲属亲近,两系的内部又以自己为中心向外推,越往外越疏远。血缘越近,关系越亲,相互之间所承担的权利和义务就越重,相

---

① 费孝通:《生育制度》,《乡土中国　生育制度》,第275页,北京大学出版社,1998年。

处时的礼仪要求就越严格和细致。《礼记·大传》说："四世而缌,服之穷也。五世袒免,杀同姓也。六世,亲属谒矣。"就讲的这道理。辈分原则在亲属结构中是至关重要的,家族内部的许多活动都首先区分辈分,特别是在婚姻制度中强调不同辈分的男女不得通婚,因为两个不同辈的族人的身份混同会引起这个亲属体系中其他成员位置的变动,导致较大规模的亲属关系的混乱。长幼原则以辈分原则为前提,在同一辈分内才有长幼之别,以年长者为尊,这种区分是很细致的,如两人同岁要区分出生月日的先后,即使是双胞胎同天出生,也要区分哪个先出母腹。拟亲属称谓对村民的分层最重要的是辈分原则,其次是长幼原则,只有轻微体现的是亲疏原则。由于拟亲属称谓毕竟是对亲属称谓的仿拟,它在村民社交生活中的分层功能不可能像亲属称谓在家族团体中那样得到严格贯彻,它对村民身份的区分是象征性的,而且和年龄、财力、权利等因素的分层功能共同发挥作用。

先看亲疏原则。为了对村民关系的实质有个清晰的界定,我在前文将村民关系分作两类:一类是亲族关系,它所包括的范围比"五服"制规定的要宽泛些,可容纳进第六旁系及其后代作为亲族成员;二是非亲族关系,就是一般村民之间的关系,其间不再区别是否同姓,以及同姓之中血缘的远近,因为亲族之外的同姓血缘联系在生物学意义上对通婚没有妨碍,对实际生活中的互助关系也无实质影响。所以我们倾向于将亲族之外的村民关系看作地缘关系,而未将是否同姓对村民关系的亲疏造成的影响考虑进去。的确,拟亲属称谓一般不会因姓氏异同而产生差异,尽管在拜年等民俗活动中村民有区分姓氏的习惯,但这些特殊时间的活动在日常生活中只占很小的量,并不能对村民关系形成根本性的影响,也未影响到拟亲属称谓的使用频率和情感意义。就是说,拟亲属称谓并未将一般村民区分亲疏。这是就总体而言,但是在调查中我还是发现了例外的情况,这就是"老爷爷"称谓在不同姓氏中的使用状况。

我们来看两个例子。

案例1 黄庄村民王 BX 的五岁孙子小伟对近邻王 FT 夫妻与对近邻黄 QB 夫妻的称呼的区别。王 BX 在村中是第三辈,王 FT 与黄 QB

同辈,都是第二辈,这样小伟应该称王 FT 与黄 QB 为"老爷爷"。前文已述,"老爷爷"称谓在黄庄拟亲属称谓中通常被降格为"大爷爷",很少被认真使用。小伟称王 FT 夫妻为"老爷爷""老奶奶",而称黄 QB 夫妻为"大爷爷""大奶奶",在称谓上分出了亲疏。这是否与三家之间平时交往的密切程度不同有关呢?不是的,实际情况是王 BX 家与王 FT 家人情来往更疏远些。这两家在胡同的同一边,而中间隔一条道路,这路是村里的交通要道。王 FT 家在道旁开了个小店铺,专卖诸种日用品。销售收入中重要一项是卖给附近人家的小孩们各种零食如冰棍。乡下的冰棍便宜,有一毛至五毛不等。王 FT 的妻子负责销售,从未白给小伟冰棍吃。当然小伟可以赊账,但当他的父母来了时,这位"老奶奶"就会告知他们小伟吃了冰棍还没给钱,后者就如数付钱。两家的互助性交往基本没有,因为这两家在十几年前曾经为在道旁挖土加固宅基的事频起纠纷,后来终于发展到械斗,结果是王 BX 用铁锨将王 FT 拍倒在地,从此没再起纠纷,用王 BX 的话讲是"那一回可把他打服了。"尽管两家交往疏远,但并不影响小伟称王 FT 夫妻为"老爷爷""老奶奶"。因为论起血缘关系,两家在王姓中是较近的。据村中王文治老人口述的资料,王姓始祖之下分臻之茂合四支,其中合支下有亲哥俩王恒泰与王振泰,恒泰有五个儿,称"五大院",王 FT 是第三院的第五代孙,王 BX 是第五院的第六代孙,两人分别为恒泰的第六代孙和第七代孙,属于出了"五服"不远的"远门子",如果来往密切的话在黄庄可算宗亲。这种同在"五大院"的血缘关系并未表现为互助关系,只是体现在小伟的称呼上。再看王 BX 与黄 QB 家的关系。王黄两家对门,中间也隔一条通路,双方没有过纠纷,来往密切,王 BX 常来黄 QB 家打麻将,小伟也常来玩耍,有时就在黄家吃饭,小伟的父母也常将自家种的蔬菜送与黄家以作补偿。尽管如此,小伟对黄 QB 夫妻只称"大爷爷""大奶奶"。

案例2　黄 QB 的孙子小达称近邻黄 JCH 为"老爷爷",两家的血缘关系已很远,远到已无法追溯共同的祖先。但大家对小达的称呼感到自然。小达也称近邻王 JCH 为"老爷爷",却遭到其母的申斥:"又不是一个姓,干嘛老叫人家老爷爷,听着烦得慌!"黄 QB、黄 JCH、王 JCH 三家的关系都很融洽,交往密切程度没有明显差别。

在上述例子中,"老爷爷"是能够反映两家是否有血缘关系的称谓,但是并不能反映村民实际关系的亲疏。这种已超出亲族关系的血缘关联不能作为地缘关系之外的因素促进两家的互助性往来。我们认为保存在村民意识中的血缘关联只是传统宗法文化的遗迹,在考察以地缘关系为基础的村民关系实质时是可以忽略不计的,但是它也对称谓习俗产生了轻微影响,使个别拟亲属称谓语产生使用上的差异。也可以说,"老爷爷"在拟亲属称谓体系中是可有可无的,它们表示的辈分常与"大爷爷"所表示的辈分混同。村民在称谓行为中对"老爷爷"与"大爷爷"的区分一般发生在同姓村民之间。"老爷爷"作为拟亲属称谓能反映姓氏不同对村民关系的影响。但是姓氏不同对村民互助关系的影响是很小的、非实质性的。所以可以说拟亲属称谓基本没有区分村民亲疏关系的功能。

再看辈分原则与长幼原则。亲属关系中的辈分原则对于亲族成员之间的礼仪要求很严格,如果交际双方分属两辈人,低辈的一方年龄比高辈的一方大了许多,这种年龄的逆差不能影响双方之间的常规称谓和尊卑礼节。也就是亲属称谓中长幼原则完全服从辈分原则。而在村民之间的拟亲属关系中,长幼原则是超出祖传辈分的界限影响交际行为和称谓习俗的,成为与祖传辈分原则相抗衡的一种因素。由村民交往礼仪的长幼原则派生出另一种辈分关系,我们称之为年龄辈分,而将祖传辈分称为世袭辈分。两种辈分造成了两种拟亲属称谓语,它们和谐并存于村落的拟亲属称谓体系中。

世袭辈分和年龄辈分对于一个有几百年以上历史的村落而言,是出发点不同因而性质不同的两种体系。它们就村民对称谓语的选取而言往往是两种不同的标准,因而会对村民称谓行为产生不同的影响。在一个自成体系的村落社交团体中,两种原则在相互交叉、冲突和平衡的状况下左右着村民之间的称呼行为和礼仪秩序。世袭辈分从村落始祖开始世代传袭。据村中老人口头资料,现在的第一级辈分中,黄姓和王姓均为各姓始祖的第十代孙,最低的第六级辈分为第十六代孙,其他姓氏的传袭代数按进入本村的早晚而多少不一。不同姓氏的村民的辈分关系联结成一个统一的网络,代代相传。年龄辈分是按自然年龄估算的辈分,比如与自己年龄相仿是同辈,比自己大二三十岁算父辈,比自己小二三十岁算子侄辈等。在黄庄,世袭辈分是明晰的、确定的,是不容忽略和弄错的,每个村民从小就被父母反复传授,自己不断在运用中巩固着对其他每个村民辈分关系的记忆,在他成年时,对全村六百多口人的辈分已十分熟悉,碰见每一个人不用想就知道对方的辈分,并自然地按适宜于双方辈分关系的礼仪与他打招呼。所以本村的辈分网络是储存在每个村民脑中的最熟悉也最重要的地方知识之一。而年龄辈分则是模糊的、潜在的,它在日常生活中对村民相互间的尊卑态度起着重要作用,牵制着世袭辈分的影响,而在郑重的礼仪活动中,年龄辈分是基本服从世袭辈分的。比如甲村民 50 岁,世袭辈分为 C 辈,乙村民 20 岁,世袭辈分为 B 辈。按世袭关系,甲应称乙为叔;而按年龄辈分,甲是乙的父辈。由于年龄差距很大,乙在日常交往中对甲说话时按青年人对中年长辈的礼节,持尊敬态度,一般暂且放弃自己作为“叔”的世袭辈分,称甲为“大哥”——这已是两种原则平衡的结果。在此例的关系中,甲固然可以不称呼乙,乙也可以不称呼甲,而采取与甲平等和玩笑的态度,这并不失礼,因为乙年龄虽小,但“辈儿”大,按当地话讲,叫“萝卜不大,长在背(辈)儿上了。”他要“充大辈”对甲来说是可以接受的。虽然乙在平时可以委屈自己的大辈身份称甲为“大哥”,但在拜年活动中他是不会给甲拜年的,甲倒可能以开玩笑的方式对乙说句拜年话。

对村民来说,世袭辈分是一种祖传习俗,承认并遵守它所规定的人际差序是对祖先的尊重,也是对双方村民身份的确认和对全体村民一体化的庄乡关系的固守。对现在已有三四百年历史的这个村落来说,世袭辈分已经从始祖时的自然年龄辈分转化为一种社会性村民分层制度。它只对这一个村落小社会有意义,走出这个村落,这个特定区域的辈分关系网络就没有意义了,要服从更大社会范围通用的年龄辈分原则。但是在特定村落文化意义上,世袭辈分比年龄辈分却更值得关注,无论对村民来说还是对研究者来说都是如此。莱维—斯特劳斯说:“赋予亲属关系以社会—文化特征的并不是它从自然中保留下来的东西,而毋宁说是它从自然中分离出来的基本方式"。① 这话虽然是就亲属关系而谈,但同样适宜于村落拟亲属关系的分析。世袭辈分从自然辈分的母体中分离出来,是稳定、亲密的村民关系的产物,是特定村落的历代祖先的文化遗产的一种,它是与传统的乡土社会相适应的。

如果说世袭辈分是一种历时性的文化设定,那么年龄辈分则是一种在实际接触中形成的共时性的经验积淀。实际生活中的年龄辈分关系有三种:爷孙辈分关系、父子辈分关系、同辈关系。这是一种客观的分类,而不是历史文化的规约。但是在年龄辈分之间相处的礼仪上,仍然是遵循了传统文化"尊老爱幼"的伦理的。孟子所讲的"老吾老以及人之老,幼吾幼以及人之幼"已成为民众深层文化心理的一部分。《礼记·曲礼上》对怎样对待亲族之外的年长者做了礼仪上的规定:"年长以倍,则父事之;十年以长,则兄事之;五年以长,则肩随之。群居五人,则长者必异席。"村民作为保留传统文化影响较多的群体,对基于年龄辈分的礼仪要求也不会忽视。况且在村落团体中,年龄辈分对村民的分层还有实际生活经验基础:年长的村民通常与自己的家族长辈接触密切,那个圈子是与自己有距离的,每逢社交场合,父亲或爷爷就要求自己采取恭敬有礼的态度对待他的伙伴们,所以对父亲或爷爷的敬重态度也推广到与他年龄相仿的村民;年长的村民通常给自己或自己家提供过帮助,也免不了向自己传授生产或做人的经验。这些都是与年龄辈分直接相关的,都足以让年轻的后生对年长的中年或老人采取与对父亲或爷爷相仿的恭敬有礼的态度。对比自己年幼的子侄辈、孙子辈的后生则帮助、教育、爱护他们,并自然保持自己作为年长者的持重与尊严。这些因年龄的差距而引起的相互对待的态度都不是与世袭辈分直接对应的,甚至经常是与世袭辈分矛盾的:爷爷辈的人是个懵懂无知的孩子,孙子辈的人倒是饱经沧桑的白胡子老人。另一种情况是年龄辈分方面的同辈关系,由于年龄差距不大,在身体素质、人生阅历、趣味爱好等方面较为接近,

---

① 克洛德·莱维—斯特劳斯:《结构人类学》,第 56 页,谢维扬、俞宣孟译,上海文艺出版社,1995 年。

使这种关系范围的人趋于一致和平等的接触,不易发展出尊卑关系。特别是年龄相仿的村民,从小在一起玩闹、上学,待到成年,已有多年的伙伴关系的交往,相互间有牢固的平等意识。以上诸种因素都使村民产生认同年龄辈分并采取相应礼仪的强烈倾向。

两种辈分都要求得到村民的重视并体现为相应的礼仪态度,而两种辈分恰好一致的情形是很少的。从整体来看,黄庄的世袭辈分有六代,可依此将全村人划分为六个等级,而年龄辈分只有三代:第一代指在家中已做爷爷的老年人,第二代指在家中未做爷爷的但已做父亲的中青年人,第三代指少年儿童。两种分类体系不可能一一对应,差距最明显的是最大辈的家庭祖孙三代处于世袭辈分的前三代,最小辈的家庭祖孙三代处于世袭辈分的第四至六代。这样,即使大辈家庭的孙子也比小辈家庭中的爷爷高出一辈。从家庭与家庭之间的辈分关系看,两种辈分交错的情况在村中居多,两种辈分平行的情况只占一小部分。这样,在村落内部的社交生活中,两种辈分原则对村民的称谓行为及礼仪态度的要求不可避免地发生了冲突。

这种冲突是我们在逻辑上推导出的,事实上村民世代和谐相处,早已将这冲突化解。他们根据自己的原则进行调适。现在的情形即是两种原则平衡的结果。假设"自己"是村民中的一员,他与不同年龄辈分和不同世袭辈分的村民之间发生称谓行为的情形可分如下几种:

第一种情形,对方的年龄相当于自己的父辈或爷爷辈时:(1)如果对方的世袭辈分是父辈或爷爷辈,自己称对方为"大爷""大叔"或"大爷爷",称呼得很自然;即使对方年龄相当于父辈,而按世袭辈分称他为"大爷爷"也是自然的。自己对他们的态度是恭敬的,与他们的交际是严守尊卑界限的。(2)如果对方的世袭辈分与自己平辈,对年龄相当于爷爷辈的人称"大哥",对他的态度是敬重的,与他说话是注意礼节的;对年龄相当于父亲辈的人称"大哥",对他虽持敬重态度,但言行较为放松,与他可适当开些玩笑。(3)如果对方的世袭辈分是自己的小辈,当他的年龄是爷爷辈时,对他可称"大哥",也可不称呼,但与他遇见时主动打招呼,态度是敬重的;当他的年龄是父辈时,对他一般不称呼,也可称"大哥",与他见面打招呼不大主动,且说话随便,常开玩笑。

有些年长的妇女很重庄乡之礼，称自己为"叔"或"××（小名）叔"，使自己顿感长辈身份而变得矜持，但在自己尚未成年时对她这样尊称自己很不适应。有位三十多岁的村民对我讲他在十二三岁时被中年妇女称为"叔"的尴尬情形：

> 那是在夏天的一个下午，他在家睡午觉。他正睡得香，母亲喊他起来去"砍草"。砍来草晒干，卖给生产队，算工分。他坐起来，觉得睁不开眼，又躺下睡。母亲又喊，他又重复上边的动作。最后母亲冲进屋，把他揪起来，劈头盖脑骂他一通，他慌里慌张跑到院里，背起筐头拿上镰刀走出家门。当他走到房后时，正碰上他的同学及其母亲王张氏从地里回来，王张氏首先同他打招呼："燕（小名）叔，这是干嘛去呀？"他沮丧地回答："砍草去。"接着他听到同学在笑，王张氏指着他的裤衩说："怎么裤衩子的扣还没系上啊？"他低头一看，裤衩没顾上系扣，里面又没穿内衣，全敞开露着，那时他站在宅基地上边，他们在坡下，一切看得清楚。他臊个大红脸，赶快走开。那以后的一段时间内，他碰上这位侄媳妇就觉得难为情。他很希望她不称他为"叔"，而由他称她为"嫂子"，这样他更坦然些。这并不是由于"没系扣事件"，在此之前也是这种感觉。但当他成人并结婚后，他接受她的尊称已很自然了，反而在她不称自己为"叔"时觉得若有所失。

在上述例子中，他作为一个生理与心理都不成熟的少年，正处于被父母管教的阶段，还没有成为文化意义上资格完备的村落成员，他既无独立的谋生能力，也未谙熟村落的礼俗人情，当然不能以长辈村民的身份坦然接受小辈年长者的尊称。当他成人并独自撑门立户后，他已完全进入村落的关系网络，就能作为成熟的村民理解和接受世袭辈分的礼俗意义。

第二种情形，称谓对象在年龄上与自己属同代人时：(1)双方年龄差距在五岁以内，由于个人人生阅历接近，且从少儿时期就一直保持伙伴式的密切接触，使自己与他形成平等一致的关系，成年之后能够经常意识到双方的世袭辈分的差别，但不在称谓上显示出来，相互以姓名相称。显示辈分差别的情形主要有两种：一是年龄相仿的村民同桌喝酒时，请大辈的坐上席，即靠里边的尊位，小辈的坐在外首并负责暖酒、斟酒；二是大辈的与小辈的说话时"底气足"，可用居高临下的态度，贬斥的口气，并能"骂骂咧咧"即带脏字责骂，小辈对大辈也能讥讽，但口气较软，一般不带脏字。（2）双方年龄差距在五岁以上时，由于少儿时期上学、玩耍不是一个圈子，相互间有距离感，到成人时一般按世袭辈分称呼，称呼形式可以是"小名＋亲属称谓"，这种形式既有称名字的意味，又有尊称成分，表现出年龄差距不大的情况下对世袭辈分的尊重。但是辈分差距在两代以上时，年幼者对尚是年轻人的大辈者称"爷爷"感到为难，请看下例：

　　夏天，一位十八岁的村民在玉米地"凿草"（即用"扒锄子"除草），到了地头，他感到口渴，就将扒锄子放在路边，到二百米外正从井里往上抽水的机器旁去喝水。等他返回时，扒锄子不见了，同时他看到不远处有一个人肩扛着两个扒锄子走在回家的路上，于是他便追了上去。他看出那个人是村中的大辈，按辈分该称那小伙子为"爷爷"，可是这位"爷爷"还是年轻人，他觉得"爷爷"叫不出口，可是人家又确实比自己大了九岁，叫他的名字更不合适。丢锄的少年人犹豫着跑到人家前边，没采取任何称呼，就问："你拾着我一个扒锄子了吗？"那人板着脸白他一眼，脚步不停地说："没有"。少年人被晾在那里傻半天。回家告诉父母，由母亲找到那人家把扒锄子要了回来。母亲告诉少年，那大辈青年嫌他没礼貌，没称呼他就直接要东西。

　　此例的十八岁村民刚刚成年，还是村落礼仪方面的生手，称谓概念上过多地从自然年龄辈分上考虑，所以在与村民的社交上导致失败。那位大辈青年的家庭在村中是辈分最高的两个家族之一，他习惯了别的村民包括比他年长者对他的拟亲属尊称，而丢锄的这位"毛头小子"竟不认可他在世袭辈分体系中的尊贵地位，自然会心中恼怒。

　　第三种情形，对方的年龄辈分是自己的子侄辈或孙子辈时：由于在年龄辈分上占明显优势，对村中后生一律看作自己的晚辈，对他们持帮助、爱护和训导的态度,并要求他们对自己尊敬有礼。但是后生中比自己辈分高者以平等地位与自己说话,并开些不损伤自己作为年长者尊严的玩笑,自己是乐意接受的。

以上我们讨论了世袭辈分和年龄辈分两种不一致的因素在称谓行为中相抗衡的情况。可以看出,村民们是普遍认可世袭辈分对全村人的等级划分的。这种分层大致限定了特定辈分的村民在与其他村民交往中的礼仪态度。但是世袭辈分的分层对村民交际礼仪态度的影响是受到年龄辈分制约的。这种制约使得拟亲属关系中的村民往来处于有序而和谐的状态。

需要说明的是,以上讨论两种辈分对村民交往的影响是指村民之间处于良好关系状态下的。在另外一些情况下拟亲属称谓的分层功能是不起作用的。一种情况是村民之间闹矛盾而吵架甚至打架时,表示两家撕破了拟亲属关系的面子,这种称谓分层功能不起作用了,这恰好从反面证明拟亲属称谓制实质上是维持村民良好关系的一种礼仪性组织手段。另一种情况是有少量"不懂礼"或不讲理的村民根本无意于同别人保持和睦关系,辈分分层功能在他们身上见不到明显效果。

四、拟亲属称谓制在村落权威体系中的位置

应该指出,本节集中讨论拟亲属称谓体系对村民在村落团体中的地位的影响,并不意味着它是影响村民地位的唯一因素,也不意味着它是最重要的因素。实际上,决定村民在村中的声望、人缘、权威等地位状况的是各种因素的综合作用的结果,除了辈分因素之外,主要有三个方面:行政权力、家庭财富、个人素养。因为这些不是本文关注的中心问题,下面仅出于弥补上文可能出现的偏向的考虑做简要说明。

新中国成立以来,国家意识形态和地方行政权力对村落的宗法观念和宗族势力一直起着有效的打击和压制作用,只有当前者放松控制时,后者才有所恢复和抬头。二十世纪七十年代末实行土地承包制以来,正是以宗族组织习俗为主的传统村落文化逐渐有所恢复的时期。拟亲属称谓习俗是宗族组织习俗中的一种,因为它只出现于村民的口头,作为一种象征性的礼仪文化存在,并不能造成妨碍国家权威的民间力量,所以拟亲属称谓习俗并未

受到有针对性的冲击。在家谱、旧书被焚毁的时候，在拜年请神礼仪被禁止的时候，黄庄一带地方政权倒没提出废除老祖宗传下来的世袭辈分转而建立社会主义大家庭一律平等的新型辈分关系。由此看来，即使是那样严酷的"文化革命"也还是有未触及的传统文化角落的。但是地方行政权力仍然是冲破祖传称谓习俗限制的一种强硬因素。我们以目前的状况为例。

土地承包到户以后，村干部不再掌握支配村民劳力、控制劳动成果分配的权力，从意识形态上驾驭村民的力量也减弱到几乎是最低的限度。这样，村落行政权力的地位明显降低了，村干部的数量也减少了。虽然如此，村干部仍然是村中最不容轻视的一类人。他们仍然掌握着一定数量的可供支配的权力资源和财富资源。村民在承包土地、申请宅基地、超指标生育、调解人际纠纷等事情上仍然有求于干部。即使不为这些较大的事，平时要在村中卖猪肉瓜果、提供某种有偿服务需在大喇叭里做广告，或者丢失了牲口农具要在大喇叭里广播寻物信息，也要求得村干部的帮助。作为村民，总免不了同村政权打交道。所以支书、村长是村中具有特殊身份的人，也是最有权威的人。他们到了村民家，会得到周到的招待，会抽上这家为特殊客人准备的好烟。一年中在各家酒桌上出现次数最多的也是支书与村长。小队长与会计掌握的权力资源很小，主要是协助支书、村长做好本小队的工作，并组织婚丧等大事的互助活动等，但他们也是被村民高看一眼的。不过村民并不过分趋炎附势，他们认为家中有事请干部喝酒，当面对干部比对别人待以更尊重的礼节，是很正常的，而对那些"巴结干部"（比如常给干部送礼、对干部过分亲热）的村民是瞧不起的。

在村干部中，支书是最有权威者。他在村中的身份有两重性：一种身份是村民中的一员，另一种是行政权力的代表人。虽然他每月有一定数量的职务津贴，但他毕竟不是专职国家干部，他是农业户口，也要种地、喂猪、拜年、请神。他在大队部之外的地方出现时，和村民互相以拟亲属称谓相称，村民从不称他为"支书"，只是对他使用拟亲属称谓更热情些。在村民们看来，他首先是庄乡，其次才是支书。支书为公事到各家去说事，也是以双重身份出现的，他对村民用拟亲属称谓，在说公事之外还说许多家常话。支书以完全的干部身份出现只有两种场合，一种是召集许多村民开会时，他在众人面前讲话是板起面孔很有权威感的,他用许多官方词汇表达意思,他直接称呼乡亲父老的姓名而不管对方是何辈分;另一种场合是在大喇叭里讲话,通知、布置村里的各种事情,这时他的口气是命令的、训导的、指示的,指称村民时不管其年纪和辈分一律称呼姓名,而对这种称呼法村民们是接受的,并无任何不适,因为那是大队部发出的声音,是说公事的,而不是一个处于某个辈分的村民在讲话。

家庭的财富水平也是影响村民在村中地位的一个重要因素。这首先是由于致富是各家首要的奋斗目标,已富起来的人是有能力的成功者,是他们效法的榜样,因而值得敬重;其次是由于富裕者可能会对自己有所帮助,一者急等用钱时可向他借钱,二者或许能从他那里学些致富门道,或跟他联合搞副业。不过对富人的尊重是在富人懂礼的前提下,如果他"富而不仁"或"富而无礼",村民是不理睬他的。在村民中有威望的富人是能与他人亲密相处者。

个人素养是关系村民威望的另一重要因素。受到村民格外尊敬的个人素养有:通晓乡村事理和礼仪知识、能说会道、能写会算等。具备这些素质的人,村民称之为"说说道道的",即各家有了事常请他们来摆说事理。他们所懂得的人情事理和礼仪知识必须是当地的,并不是关于世界风云、国家大事、城市奇闻等外部社会的知识,人们管聊这些叫"闲白",意思是跟他们没什么关系,聊这些只为满足好奇心。人们对懂得书本知识的人也没有特别的敬意,村里上了中学而没考上大学或没找到工作的青年是村民眼中受嘲笑的对象,因为他们书本上学到的在村落生活中派不上用场,反而因读书而缺少生产经验或人情往来的知识,村民管他们叫"书呆子"。懂得地方知识还要能说,能在人前把理摆出来,"能把人说住",当地对能说的人有种特别的敬佩感。能写会算指写得一手好毛笔字,能帮人写礼帖和对联,会算指会打算盘,擅长算账,村民认为这是"脑瓜灵"的主要标志。"说说道道的"人在村中有五六个,并不存在一个突出的权威。他们在"说道"方面的作用是次于村干部的,村民在有争端特别是在遇到较重大的纠纷时,首先想到请干部调解,再请"说说道道的"作为辅助,一些较小的家庭内部的争执就只请"说说道道的"来帮助解决。

行政权力、家庭财富、个人素养等因素的影响使部分村民成为村落中有权势、威望的一个阶层,他们不仅在社交礼仪上受到特殊尊重,而且有处理村落事务的能力。与之相比,拟亲属称谓体系虽然有区分村民尊卑地位的功能,但是这种分层并不能影响权威的分布,世袭辈分高的村民虽然享受到社交礼仪上的敬重,但是并不意味着他有处理村落事务的权力和威望。

我们可以将行政权力等因素对村民地位的影响称作村落权威性分层,将拟亲属称谓体系对村民地位的影响称作世袭礼仪性分层。前者属于现实的共时的文化形态,后者则属于传统的历史的文化形态。

村落权威性分层只是将部分村民分立出来,而对绝大多数村民并没有明确的分层作用,而世袭礼仪性分层则将全体村民联结起来,组成一个完整有序的团体。在目前村落权威体系很松散的情况下,拟亲属称谓体系在以小农经济为主体的村落中所起的凝聚和分层的作用还是不能忽视的。

五、村落拟亲属称谓制的当代变迁

如前所述,村落拟亲属称谓制是村民地缘互助关系与宗族文化相结合的产物。作为一种习俗,它自有其稳定性和传袭力。但当它借以产生的土壤有了质变之后,它也会渐渐地或多或少地发生变迁。在 20 世纪,与之相关的村落文化的变迁最显著的有两个阶段:第一个阶段是新中国成立后至七十年代国家权力和意识形态对宗族文化的有效抑制和清理,第二个阶段是八十年代以后,在改革开放的大环境中,由于电视的逐渐普及和城乡之间频繁的人口流动,传统的村落文化受到了城市文化的巨大冲击,同时先进的机械工具逐步取代落后的人力工具从而在很大程度上改变了村落小农经济的面貌。这些使村落结构在整体上有了根本的变异,村民关系掺入了新的质素,那么表述村民关系的拟亲属称谓制自然也会有所变迁。下面我对此做一简要分析。

在生产方式以个体经营的小农经济为主的情况下,以地缘互助关系为基础的村落结构必然是松散的,不能构成内部组织严密有序的团体。在封建社会中为了加强对农村的控制,利用扩大的宗族组织和宗法文化将村民组成血缘或仿血缘的团体。黄庄的同姓固然可以利用固有的血缘关系组成宗族,而异姓之间也以类似联宗的方式组织起来,村落拟亲属称谓制便有联宗的功能。

新中国成立后国家对农村实行社会主义改造,一方面以生产资料公有化、集体生产、按劳分配的方式取代了小农经济的分散经营方式,并用大队、小队的行政组织取代宗族组织;另一方面用国家意识形态信仰、领袖信仰取代以祖先崇拜为主的神灵信仰。这就是历经二十余年的人民公社阶段。由于每日都参加生产队的集体经营活动,村民关系空前密切,国家对村民控制也达到很高的程度。

二十世纪八十年代初实行土地承包制度以来,农村生产又恢复了以家庭为单位的分散经营局面,国家政权的控制相对松弛,"革命"时期大力宣传的思想意识和信仰体系也已基本失灵,于是村落进入了一个组织松散的时期,同时也有一些传统习俗在"复兴",以弥补国家力量放松控制后留下的组织和文化上的空白。宗族文化的"复兴"主要体现在同姓群体在红白事上的互助活动。在人民公社时代,村中的红白事所需人手是由生产队长派人并给帮工者记工分的。土地承包以后,村民自然形成以黄、王两姓为主的两大互助团体,其余小姓根据居住的邻近条件加入黄姓团体或王姓团体,而召集人和派工者仍然是生产队长。这种团体的划分打破了生产队的界限。现有生产队的构成格局是,一队在村东头,以黄姓为主,还有刁姓三家、刘姓一家、王姓一家(与村西部的王姓不是同宗);二队在村中部,以王姓为主,另有黄姓八家、隋姓四家、刁姓一家、郝姓一家;三队除两家李姓外,全部是王姓。互助团体的划分综合了地域和姓氏两种因素,第一生产队的全部人家与第二生产队的王姓以外的人家构成以黄姓为主的团体,第二生产队的王姓人家与第三生产队的全部人家构成以王姓为主的团体,召集人分别为一队的队长和三队的队长。这种婚丧互助团体的构成原则综合了血缘、地缘和政权三种因素,而以姓氏所表示的象征性的血缘同一关系为主要因素。这种团体与传统的宗族组织已有相当大的差别,可以说是宗族组织习俗在当代村落的变异性遗存。它只提供婚丧事务的劳力互助,而不负责生产及日常生活中其他事务的互助,更无规范村民行为的职能。由此观之,宗族文化的复兴只是局部的表层的。在少量宗族文化现象复兴的同时,几十年来被社会主义改造运动冲击掉的宗族文化的主体和实质性的部分并没有复兴,比如在宗族文化的物质基础方面,祠堂早已被毁,族田也已不可能恢复,族谱、家谱已荡然无存;在思想观念上,作为宗族文化精髓的父权思想已被根本动摇,对祖灵的崇拜与信仰也大为削弱;在行为规范上,为维护父权制度而长期宣扬的伦理道德体系已被瓦解,传统社会中对个人行为起监督作用的家规族规不复存在,村落的社会评价和舆论监督体系也处于低效甚至失灵的状态;在生活习惯上,从夫居制度虽能大致维持,但已为村内婚的兴起以及普遍的分家分居现象所消解,作为象征性的宗族组织体系的拟亲属称谓制正在失去其原有意义和功能,并且正为村内婚引起的改称呼现象所侵蚀。

　　种种迹象表明,土地承包到户以来,虽有局部的宗族组织习俗恢复,但黄庄的宗族文化从总体和根本上看并未走向复兴,而是继续沿衰退的方向演化。究其原因,首先是由于在当代社会,宗族文化已失去了根本修复的经济、政治和文化基础。在土地制度上,虽然各家有使用权,但所有权归国家,国家可以随时收回土地,并经常按人口的变化调配各家种地的数量,这使家族不能形成土地财产的继承制度,也就不能助长人身依附关系和长老权威。而土地私有制是传统社会中维持家族组织的根本条件之一,当前不具备这种条件,而且就现有国家体制和政策来看,将来一段时期也不会实行土地私有化。其次,近年来农村生产力水平有了质的提高,机械化工具正在取代沿用几千年的简陋手工工具。拖拉机取代了牛拉的铁犁和木车,播种机取代"耧子",收割机取代镰刀,脱粒机取代石碾和木锨,水井和抽水机取代"赐雨"的关公大帝……虽然人工操作的机械动力尚未完全取代简单的体力劳动,但是这些机械农具的普及已使农民在各主要生产环节摆脱了过去需要付出的繁重体力劳动。恩格斯指出:"劳动越不发展,劳动产品的数量、从而社会的财富越受限制,社会制度就越在较大程度上受血族关系的支配。"[1]人身依附关系紧密的宗族制度是与简陋的生产工具、繁重的体力劳

---

[1]　恩格斯:《家庭、私有制和国家的起源》,《马克思恩格斯选集》第4卷,第2页,人民出版社,1995年。

动和贫乏的物质产品相适应的。随着生产工具的改进,物质财富的增多,人身依附关系走向松散,这是一种历史发展的必然规律。虽然现在农村的生产力和物质财富水平尚远不足支配村民摆脱血缘依赖关系,但也不支持亲属和村落的结构恢复传统的宗族组织体系。第三,宗族文化与目前的国家主流意识形态依然是相左的。传统社会中宗族文化能够维持几千年的历史是与它吻合于国家政权的统治策略分不开的。当前国家政权虽然对农村中复现的轻度的祖灵崇拜活动和宗族组织习俗有听任发展不予干预的倾向,但在舆论上仍持排斥的态度,如常有报章将农村的村政瘫痪、宗族势力和恶势力的"猖獗"看作需要治理的消极现象①。至少,官方舆论是不会提倡、鼓励宗族文化的发展的。第四,几十年来国家力量在施政、宣传和教育上对"封建孝道""男尊女卑"和"鬼神迷信"的冲击,也就是对宗族文化的父权、夫权、神权三大命脉的冲击,已经毁坏了大多数农民的传统文化心理结构,使宗族文化在农村的深度复兴失去精神基础。土地承包到户以来,国家力量对农村放松了控制,但代之而起的对村落文化构成主要影响的不是传统文化,而是改革开放和市场经济的社会大背景下的现代文化。近年来,农业生产的初步机械化,社会流动和电视普及对城市文化的传播,使农村正在改变传统的生活方式,从而引起村落文化变迁的新的动力,并对残存的宗族文化形成进一步的冲击。生活方式和文化观念向现代化的变迁,表现在村落组织方面,就是以血缘关系和地缘关系组合成的传统村民关系正在发生结构变动,另一种后起的关系——利益关系正在悄悄扩大着它在村落结构中的地盘。

摩尔根将构成不同社会形态的人类关系分作三类:血缘(人身)关系、

---

① 这样的提法不仅在官方话语中存在,而且在社会学等学科的研究成果中也是常见的,如张琢在《社会发展理论与中国现代化》中指出:"还有近1/3的村,属于村民自治活动搞得不好的,被称为'瘫痪村'或'失控村'。'瘫痪村'多处在贫困地区或偏远地区,'村民自治'有名无实。'失控村'则通常存在于宗族势力或其他恶势力(如宗派、流氓、恶霸)把持的农村,更是名实相悖。"文中"村民自治活动"指村民直接差额选举村民委员会,建立村民代表会议制度及村民自治章程,以此方式进行村落治理。见韩明谟等著:《中国社会与现代化》,第126页,中国社会出版社,1988年。

地缘关系、利益(财产)关系,它们是与人类社会发展的不同阶段相对应的,而从血缘关系转变到地缘关系,从地缘关系转变到利益关系,是社会性质由低级阶段向高级阶段演进的表现。① 传统村落的村民关系是血缘关系与地缘关系合二为一的。在这样一个稳定而亲密的社会中,人与人之间互助往来是以人情欠还的方式来进行的。甲这次帮了乙,并不要求乙立刻给以报偿,而是表示帮助他是应该的,无须感谢和报偿的。这是由于在人际关系密切的社会里,互助是经常的事情,甲这次不要报偿,就使乙欠了一笔人情,日后他必定找机会回报甲。而这种人情的经常欠还是密切人际关系的一种方式。费孝通先生并指出人情往来与"当场算清"的钱上往来代表两种人际关系,前者是亲密社群中的互助合作关系,后者是陌生人间的商业关系。如果施予别人以人情,同时期望或要求别人日后给予同等形式和价值的报偿,那实质还是利益交换关系。而村落的人情往来不是以利益交换为动机的,虽然可能会有利益交换的效果。村民在帮助别人时,追求的是施予人情的效果:他在对方那里有了"面子"。而如果他帮助过许多村民,他就在许多人那里有"面子",于是他就在村中有"人缘"。有"面子"和"人缘"意味着一个人得到别人的尊重和欢迎,也易于得到别人的帮助。"人情——面子——人缘"是村民亲密关系的具体形态。一个村民帮助另一个不是为了直接得到实际利益的回报,而是为了得到"人情""面子""人缘",提供帮助者获得这些,已心满意足了,这些东西本身就是对他付出的报偿。也许他日后又得到了对方以实际利益形式给予的回报,那已经是另一次交往了。如果一定要把这个回报与他以前的付出联系起来,那么起码在付出和回报之间是有"人情——面子——人缘"做中介的。这种互助就和"当场算清"的往来不同。后者追求马上获得同等价值的实利形式(通常以货币形式)的报偿,不需要"人情"等做中介。这样做不是为了感情投资,不是为以后继续往来做铺垫,也就无益于双方的亲密关系。在传统村落中,这样做是为村民所忌讳的,因为这伤了双方"亲如一家"的"面子",经常这样计较一时得失的人也就没有"人缘"。反过来讲,如果双方的往来"当场算清",不讲人

---

① 摩尔根:《古代社会》,第218页,商务印书馆,1977年。

情,也不妨害双方的"面子"和"人缘",那么双方的关系起码不是很密切的。因为双方成了利益交换关系或商业关系,这是与双方的亲情相抵触的。费孝通先生说:"在亲密的血缘社会中商业是不能存在的"。① 如果一个村落中村民之间经常有这种"当场清算"的商业性活动发生,那么这个村落至少已经开始脱离"亲密的血缘社会"状态。从这个角度,我们看到,黄庄的村民之间已经有了相当规模和程度的利益关系发生,同时也体现出村民之间的血缘式庄乡亲情业已减退。

其实传统村落中也不是绝对没有直接以实利结算的往来。如一家种了许多西瓜,他种瓜的目的主要是拉到集市上去卖的,他也送一些给本家和关系特别好的邻居,但他不能送人太多,送人的量只占收成的一小部分,能够表示出亲情就行了。关系好的邻居如果要得到馈赠之外的西瓜,或关系一般的村民要得到西瓜,不能向种瓜的人家主动索要,就拿粮食去换,或径用钱买,种瓜的也接受这种交换关系,只是把瓜的价格比集市上降低一些,或者额外赠一两个瓜,也仍能维持着人情往来,不妨害庄乡的面子。村中还有一些主要靠手艺或技术谋生的人,如做风箱的、做点心的、修锁配钥匙的,他们的业务主要面向外村,本村人如果要得到他们的产品或服务,一般以低一档的价格支付货币或实物。由于这些交换活动都有卖方让利的因素,都不能看作"当场算清"的利益交换行为,仍属人情往来的范围。

我们说黄庄近年来有占相当位置的利益关系发生,是基于以下不同以往的情况:第一,以实利形式结算的往来大规模增多。过去帮工形式的互助项目现在大都以货币形式结算。传统村落中有农忙季节邻居根据庄稼成熟早晚而相互换工的习俗,被帮的人家只供给饭食,不给工钱。② 现在村民间的生产项目的帮工基本没有了,而代之以花钱雇佣技工和机器的形式。雇用价格是有惯例的,如雇联合收割机割收一亩麦子支付 40 元,单项收割机一亩地支付 7 元,播种机一亩地支付 7 元。雇工的人家不管饭,只付钱。一般干完活即付钱,有拖欠的也要在忙季过后付清,如不主动付钱,出工的人

---

① 费孝通:《乡土中国》,《乡土中国 生育制度》,第 74 页,北京大学出版社,1998 年。
② 参见徐杨杰:《宋明家族制度史论》,第 331 页,中华书局,1995 年。

家会主动要账。碍于庄乡情面不好直接上门要账,就在大喇叭里广播。我在黄庄调查期间即听到此项广播,大意是说,合伙拥有收割机的某几户人家要"合账"(即算账分红)了,请欠账的人家尽快还账。二十世纪八十年代以前,各家盖房、做家具采用请村民帮工的形式,管饭不给工钱,现在一般采用自家准备材料,花钱雇工的形式。以上项目的价格村内村外差距不大,所以村民雇工有雇本村的,也有雇外村的。村中有两个大夫,其药品价格高出县药店的,引起村民不满,其实大夫是将诊病费算在药价上了,因为他不好向庄乡单收诊病费。还有些纯粹依靠体力的帮工也以货币形式作为报酬。如下例:

> 有一家,丈夫在外地工作,妻子李 ZHF 带两个孩子在家务农,有些妇女干不了的重体力活需请亲戚或雇人来做。比如"出圈"这活儿,需要用铁锨将圆坑形猪圈里的粪肥扬上来,这是壮男才能干的。她就请邻居黄 JL 来干。黄 JL 的妻子是"傻子",无谋生能力,又有三个孩子,家境较穷。完成一次"出圈"的活儿李付给黄十元钱,还管他两顿饭。李对我说,黄在早晨来干会儿活儿,吃了早饭后干一阵,就回自家了,中午再来接着把活儿干完,其实如果集中时间,一个上午也就干完了,这样分开干,是为了多吃一顿饭。李付给黄工钱时,黄也不客气,并说:"你家就是过去的财主,俺就是给你家扛活的(做工的)"。李对他说这样的话是有些生气的。平时李与黄 JL 家也有人情往来,如李有时将旧衣服送给他家,或借给他钱(无息);李也借黄 JL 家的东西,主要是借牛。按黄姓谱系来说,这两家同属老四支,李的丈夫与黄 JL 是同一祖宗的第九代孙和第十代孙,两家住房相距50余米。

这是一个同姓人家之间发生利益互换往来的例子。双方对金钱结算方式都很看得开,给钱和接钱没有什么难为情的。这种时常发生的"当场清算"往来并未损害双方的庄乡关系,说明现在的庄乡关系已非传统的结构格局,它已能够容纳利益关系。血缘较近的同姓因素不再起到拉近两家关系的作用,这种亲近程度的同姓血族关系已经转化为以地缘关系为主的一般村民关系。在这种转型的村民关系中,"当场清算"式往来与人情往来是并存的。

非人情式互换往来的另一种情况是,村中出现了相当规模的专门面向本村的商业经营活动。费孝通先生笔下的传统村落是排斥商业活动的,村民间的商业交换行为一定要到集市上实现,在村里开店面的一定是外边来的"新客"。黄庄过去虽有商业经济活动,但主要面向外村,靠"外卖"。近年以本村为经营目标的商业活动多了起来。最引人注目的是卖生活用品的常设店面竟有四家,另有一家专卖罐装煤气。临时性和短期的销售活动也很多。有些种了瓜果的村民不愿费事拉到集市上或串乡去卖,就在大喇叭里向村人做广告,讲妥价格;本村卖不完了再"外卖"。年前有些人家杀了猪,留好自家用的肉,其余就在村里卖了,很少去集市上卖的,当然价格要便宜些。村民已经认识到本村就是可以做买卖赚钱的地方,庄乡们都是潜在的顾客。所以有些村民沿此思路积极开动脑筋想门道。有位 34 岁的村民买了个冰柜,夏天农闲季节坐在门外卖冰棍,其主要顾客是附近学校里的学生们,他家就在去学校的路旁;其次是周围邻居家来上学的孩子们。有位在县邮局工作的村民春节前办来一批城里因过时而低价处理的挂历,以每本 8 元的价格卖给村民。有位在德州干过一段机械修理的村民在村里卖机器配件,搞机械修理,等等。黄庄商业经营活动正呈现出逐步活跃的局面,不断冒出新的服务项目。

村民在经商过程中肯定面临庄乡亲情与赢利目的的矛盾。以卖冰棍的村民为例。出于庄乡亲情,他馈赠邻居的孩子一根一毛钱的冰棍算不了什么,可是如果他经常这样做,就不能赢利甚至会赔本,他的生意就没法做了。既然他要继续卖冰棍,就要将庄乡亲情撇在一边,不送别人冰棍。在孩子的亲属在场时,他也偶尔有馈赠行为,但这是极少的情况。如果按传统社会的逻辑,他在村中经商,不理会人情关系,他就会在村中失去面子和人缘。而据我的了解,他是一个在村民中很有面子和人缘的人。这有两个原因:一是他有钱,他家是村中三个富户之一。他的钱主要是靠到外地做包工头挣来的,这些买卖场的社会关系是继承自他的父亲,后者在人民公社时期是生产队里的"外跑"(即推销员一类角色)。二是他懂礼、能说,常和村民"白话"

村里和城市里的各种事。我在和村民接触中能够感受到别人对他格外的看重。最能说明问题的一点也就在这里,他在村中经商并且在经营项目上不施予人情,这并不影响他在村中的面子和人缘,说明现在"面子"和"人缘"的内涵已经发生了变化,它们不再是主要靠"人情"挣来的。再进一步说,这种事实说明,村民的价值观念以及对庄乡关系的理解已经转变,以血缘关系和地缘关系凝结而成的村民关系已在发生结构格局的变迁,利益关系已经加盟其中,形成三者并存的局面。

利益关系进入村落结构的另一种表现,是村民自发组成靠利益关系联结的短期业缘性团体。这种团体有打井组、收割组、运输组,其组成方式是几个合得来的人家共同出资购买基础设备,每家出一个壮劳力合成工作团体,根据农活的季节性在本村、邻村以至山东、河南等更远的范围开展业务。在一个阶段的业务完成之后,按照购买设备出资多少和支出劳力的多少分配利润。这种团体的首领是出资较多、懂技术、组织和社交能力强、能拓展业务的人。各个成员在团体中的地位取决于他的出资数目和业务能力,而与各自在村落中的辈分无关,虽然在交往礼仪上仍然遵守称谓习俗。这种合作是在农业生产工具有了明显改善,农民有了较多空闲时间,并有财力购买机械设备的情况下产生的。它以先进的生产力为基础,并具有相应的新型的生产关系。近年来以这种生产方式进行的土地耕作之外的经营活动是黄庄人致富的主要途径,它的挣钱效应已为黄庄人所普遍认可,并得到许多村民的效仿。这种生产方式也许代表着农村经济的发展方向。

在社会的政治、经济、文化发生急剧变迁的大背景之下,利益关系是在血缘关系和地缘关系凝结成的村民关系弱化松散之时进入村落结构的,它的进入又导致血缘关系与地缘关系的凝结体进一步弱化和松散。因而可以说,在当前社会急剧转型期,黄庄村民之间的熟悉和亲密程度明显降低了。如果黄庄能够代表当前的大部分村落的村民关系状况,那么"村落是熟人的社区"的说法应该大打折扣了。这种状况表现在村民交际上,就是村落称谓制在生活中的地位和功能的衰退。

当我和一位农妇坐在村东头她家的门前谈话时,一位十四五岁的本村少年骑车从地里回来,没打招呼就从我们面前过去了。这位大嫂指着这少年的后背说:"×他娘(此地感叹语,非真正骂人话),这时候的孩子真不懂事,见了面连个招呼也不打。在过去的时候,哪有这事儿。离老远就下车子了,见面该招呼嘛招呼嘛。"我问他是谁家的孩子,她说反正是村西头的,具体是谁家的拿不准,也说不出他的名字。

这是一个很能说明问题的例子。在和村民的接触中,我发现这是一种较普遍的现象。人们都说,村里的新媳妇们(指近一两年从外村嫁进来的媳妇)好多都不认得,十来岁以下的孩子也认不过来,这些根本不知道是谁家的孩子,只能根据长相来猜测,有些知道是谁家的孩子但叫不上名字来。这种陌生的关系反过来也成立,即新媳妇们和孩子们对村里的人们也有好些不认识的。新媳妇们和孩子们的上述表现是村民关系趋向陌生化的明显标志。其实老资格的村民们之间也有陌生化的倾向,只是不容易察觉罢了。村民说,新中国成立前,村里是很热闹的,特别是农闲季节,每天晚上都有游艺节目,吃了晚饭大家就凑到一块看"玩意儿",村里的人没有不认识的。"在队上的时候"(公社时期),经常在一起劳动或开会,村里的人也很熟悉。自从"分开地"以后,人们就很少有凑在一起的机会(指集体聚会的场合)。

关系陌生、互不认识的村民之间,称谓礼仪自然无法实现,说明拟亲属称谓制的覆盖范围缩小了;而在本来熟识的人们之间,见面、共处的机会明显减少,则意味着亲属称谓制的使用频率降低了。所有这些,都表明拟亲属称谓制在村落结构中文化功能降低了,其地位已动摇了,拿村民的话来说,即"也就那么回事吧"。下一节我将通过村内通婚引起的改称呼现象对此做更明确的展示。

第二节 村外婚习俗的变迁与村内通婚引起的改称呼现象

传统的村落可以说是血缘和地缘两种关系联结着的一群人繁衍生息的时空坐落。一般考察村民关系,主要从血缘或地缘两种关系入手。但对血缘和地缘在村民关系结构中所占位置,存在不同看法,可把它们概括为"血缘为本论"和"地缘为本论"。前者认为村民关系以血缘关系为基础,"地缘不过是血缘的投影",①地缘关系依附于血缘关系,不具备独立的凝聚作用。这样村民关系结构就主要表现为宗族组织结构,一个村落就是一个以血缘关系为纽带组成的大家族。② 从这种观点出发,对家族的研究就代替了对村落的研究,从而使村落成为一个多余的概念。③ 后一种观点认为地缘关系是村民关系的基础,村民是在一个边界分明的空间单位生存的一群人,家族研究不能取代村落研究。比如刘铁梁先生说:"村落群体是依靠地缘关系而结成的,因而和以血缘(主要是亲子)关系的家族群体相区别。"④他也承认亲缘关系不可小视,但更强调地缘关系的重要性和村落的实体性。

"血缘为本论"和"地缘为本论"是研究村落的两个视角,两者各有其长。前者将村落看作一个血缘团体,着力揭示宗法社会中村民关系的表现形态和结构方式;后者将村落看作一个地域团体,侧重研究空间单位中的村民关系。

本节从村落的婚姻制度和亲属称谓制度出发考察村民关系,认为血缘和地缘在村民关系构成中的作用总是纠结在一起的,而在村落历史的不同阶段二者有不同的形态和地位。在村落形成之初,血缘关系是地缘关系得以构成的基础,但村落有较长历史之后,地缘亲近关系已成为一般村民间的实质联系,但是由于"在我们乡土社会里地缘还没有独立成为一种构成团结力的关系",⑤地缘关系需要借助血缘关系的团结功能来维持和增强。就是说,这时村落整体意义的血缘关系只是地缘关系所借助的手段,村民间"亲如一家"的血缘式亲情只是地缘亲密感情的表现形式。村落的(拟)亲属称谓制正是以血缘式亲情来凝聚地缘团体的一种组织手段,它是血缘和地缘两种关系有机融合的产物。与拟亲属称谓制有密切关联的村外婚制也

---

① 费孝通:《乡土中国　生育制度》,第70—71页,北京大学出版社,1998年。
② 徐杨杰:《宋明家族制度史论》,第301—304页,中华书局,1995年。
③ 费孝通:《乡土中国　生育制度》,第70页,北京大学出版社,1998年。
④ 刘铁梁:《村落——民俗传承的生活空间》,《北京师范大学学报》1996年第6期,第43页。
⑤ 费孝通:《乡土中国　生育制度》,第70—71页,北京大学出版社,1998年。

是在传统的社会文化环境中维持村落结构的一种形式和手段,并且它是拟亲属称谓制得以稳定传袭的前提条件之一。

以地缘互助关系为存续基础、以血缘亲情关系为组织体系的村民关系是传统的社会文化的产物。新中国成立以来,在从传统社会向现代社会转型的过程中,村民关系格局也随着社会文化的剧变而悄然演变,村外婚习俗的变迁是村民关系变化的指标之一,而大量出现的村内通婚事件又冲击着严整有序的传统称谓体系。在由村内通婚引起的改称呼过程中,处于文化变迁背景中的村民正经历着传统观念与现代意识的冲突。本节即从这个角度出发探讨演变之中的村民关系的实际状况。

一、传统社会中村外婚习俗的成因

村外婚,指一个村落的村民之间互不通婚而向周围村落发展婚姻关系的习俗。由于我们传统上重视从血缘关系角度考察婚姻制度,而不太重视通婚现象在空间形式上的表现,古籍上多有"族外婚"或"同姓不婚"的记载和论述,而极少对村外婚制的记述。实际上,村外婚基本上是族外婚或同姓不婚在空间上的表现形式。我国有许多单一家族村落,一村只有一姓,它的原始形式便是氏族部落。也有许多村落多数人家同姓,只有少数杂姓,它们是单姓村落的变体。我国古来的"族外婚"制在单一家族村落自然表现为村外婚制。但这种婚制并不限于单姓村落,在许多地区的杂姓村落也实行同村不婚的惯制。

由于传统文化并没有关于地域性外婚制的明确规定,文献中也较缺少对村外婚制的正面记载,我们对村外婚习俗扩布的范围和遵行的严格程度尚不能确知。但是大量记述乡村生活的文献与口头资料都从侧面透露出村外婚习俗的信息。比如《狼外婆》、《巧媳妇》等民间故事在情节上就体现出村外婚的习俗,因为那位外婆总是到外村她的女儿家才在路上被狼所害的,巧媳妇和妯娌们也都是回外村的娘家去探亲的。由于这类故事流传的地域非常广泛,可以推知这种乡村通婚模式的扩布范围还是相当广的。

可以肯定,村外婚习俗往往是在历史较长的人口稳定的村落中由村民出于生活习惯而自觉遵守的,村规民约中并没这一项。它是在发达的宗族制度和亲密稳定的村民关系的双重作用下而自然形成的一种通婚模式。可以说,在传统的乡土社会中,大多数村落的通婚大多数在村落之间,很少的数量在村内。由于地域文化的差异,从地域角度来看的通婚范围在不同地区有不同的表现。我们大体可将之分为三类:一类是较严格地实行村外婚制,村内婚只是极个别的情况。我们所调查的黄庄即属这种类型。如果将1949年以前算做传统社会,那么在村中现有老人记忆能及的年代里,传统社会中的黄庄只有一例村内婚,通婚时间在二十世纪初,是黄姓女嫁与王姓。村民们也普遍承认"老时候"是有村外婚的"老习惯"的。另一类是实行大致的村外婚制。这种村落的大多数婚姻是在不同村落之间相通。费孝通先生调查的江村即属此种类型。江村是实行族外婚的,同姓但不同族的人可以结婚。而族的范围缺少明确的界限,这并不妨碍族外婚的实行,因为大多数婚姻是在各村之间进行的。费先生说:"虽然并没有明确提出,但是有地方性外婚的趋向。"[1]第三种类型是较多实行村内通婚的村落。比如乌丙安先生提到的一种"亲族联合体村落":辽宁的一些村落由几姓家族联姻聚居扩展而成,有的村落并继续保持异姓联姻关系,使村落成为异姓亲族联合体。[2] 本文以黄庄村外婚习俗的变迁为研究对象,它应该能够作为第一、二种类型的较有代表性的个案。

既然村外婚习俗主要是族外婚制在空间上的表现形式,那么二者的形成机制也是相通的。下面我们来分析一下传统文化中族外婚制得以形成和实行的原理。

我国古籍中关于实行族外婚制或者同姓不婚制的原因的论述可归纳为两种:一是出于生物学意义的血亲禁忌,二是出于维护群体内部秩序的需要。对前一种原因的论述,如《左传·僖公二十三年》:"男女同姓,其生不蕃。"以及《国语·晋语四》"同姓不婚,惧不殖也。"对近亲繁殖不利优生的道理讲得很明白。但将禁止同姓通婚的范围扩大到"虽百世而婚姻不通"(《礼记·大传》),显然就不仅仅是出于优生的考虑了。同姓到五世之后,

---

① 费孝通:《江村经济》,第61、65页,江苏人民出版社,1986年。
② 乌丙安:《中国民俗学》,第166页,辽宁大学出版社,1992年。

习惯上就不算亲属了,如《礼记·大传》说:"四世而缌,服之穷也。五世祖免,杀同姓也。六世,亲属竭矣。"至于在全国不同地方,同姓的人很多,其中多数不同宗,没有血缘关系,规定凡同姓皆不通婚的意义远远超出了近亲结婚的禁忌。另一方面,我国传统习俗对中外表亲婚却不加严格限定,甚至民间将之看作"亲上加亲"的美事。据《尔雅·释亲》,丈夫与妻子分别称对方父母为舅姑,说明我国古时姑舅表婚是普遍现象。虽然从唐至清的法律都禁止中外表婚,但这种法律规定并未认真执行,民间不以表亲婚为不妥,这种婚姻仍很常见,以至清代中叶对法律条文做了改动:"其姑舅两姨姊妹为婚者,听从民便。"①在中表婚姻关系中,姑舅表兄弟姊妹之间、两姨表兄弟姊妹之间都具有很近的血缘关系,仅因它属母系,习俗就不将之纳入通婚禁忌。将这种现象与同姓百世不婚的习俗相比较,可以更明显地看出古籍中关于外婚制是出于优生考虑的说法并不完全切合实际。在此之外还另有原因。

实际上,外婚制在很大程度上是出于维护宗族内部秩序并进而维护整个社会秩序的需要。古籍中对此也有所论述,如《礼记·郊特牲》:"娶于异姓,所以附远厚别也。""附远",指依托别族的异姓;"厚别",即严格区分族内的尊卑、长幼、亲疏关系。再如《白虎通》:"同姓不得相聚,为重人伦也。"应该说,外婚制主要不是出于优生的考虑,而重在维护群体内部的社会秩序。对此,费孝通先生有明确的论断:"生活上密切合作的已有结构决不容性的闯入,于是发生了乱伦禁律和外婚的规定。外婚的意思,并不是生物上的无关,而是向原来没有社会关系,或是本来不属于密切合作的生活团体的人中去建立两性和夫妇关系。这样新的需要就可以不必破坏已有结构而得到满足了。"②费先生对外婚制的解释,注重它是出于稳定社会结构的需要,而不从优生角度着眼。

村外婚习俗的形成固然有防止近族通婚的血亲禁忌因素,但更主要的是为了维护村落社会结构关系的稳定。这在异姓村落中表现得尤为明显,

---

① 《大清律例》卷一○《户律·婚姻·尊卑为婚》,转引自徐扬杰:《宋明家族制度史论》,第370页,中华书局,1995年。

② 费孝通:《生育制度》,《乡土中国 生育制度》,第144页,北京大学出版社,1998年。

因为异姓之间本无血缘联系,也同村不婚,显然不是出于血亲禁忌。而且从维护社群内部秩序的角度看,同村不婚比同姓不婚有更充足的理由。因为同姓不婚意味着不在同一地域的同姓也不能通婚,而这两个家庭不仅不属同一地域团体,而且通常素不相识,两家通婚并不会破坏原有秩序。但同村通婚则必然打破两家世代相传的同村乡民关系,即黄庄人所说的"庄乡关系",并引起两家之间拟亲属关系的紊乱,导致一系列的改称呼的麻烦。

为了验证对村外婚成因的上述分析,我就此问题走访了一些村民。村民们说,这里并没有同姓不婚的规矩,也没有关于同村不能通婚的传说、故事、谚语之类的固定说法,但是"老时候"确是只与外村的人通婚。我问他们为什么只与外村的人通婚,他们不假思索地说:"也就是个习惯吧。"就是说,村外婚已成为黄庄人自然而然的生活习惯,就像他们代代保持"日出而作,日入而息"的作息制度一样。这种习俗不是靠语言,而是靠行为这种"无声的语言"来传承的。我进一步问为什么会有这种习惯产生,他们略想一想,告诉我如下几条理由:

第一,村内结亲,"见了面不好说话"。指夫方家族成员与妻方家族成员遇见后不好称呼。村民说:"都是一个村的,村又不大,平时老见面,原来就认识,现在成了亲戚,觉着别扭,称呼上也不好办。"未通婚前,两家是"庄乡"(同庄的老乡)关系,按拟制的宗亲关系来称呼,这种称呼是按代代相传的辈分确定的;通婚后成了亲戚关系,要按姻亲关系来称呼,这种骤变让人为难,特别是双方如有大小辈的差别,更难改口。

第二,过去的人"封建""腼腆",结亲的双方本来挺熟的,定亲后就要成夫妻了,再在村中见了面就不好意思。这是指通婚的双方当事人难以接受相互关系和身份的转变。在一个人际关系密切而稳定的村落里,青年男女之间的关系是早已定好的,即一种授受不亲,相互隔离的关系。原有的村民关系要保持稳定,青年男女之间不能发生新的关系,所以要保持距离,避免私订终身。由此出发的道德教化使年轻男女对自己的终身大事抱羞涩回避态度,由父母作主,通过媒人的撮合与外村本不相识的人结亲,这对青年人来说是很自然的事。如同村的定了亲,没结婚前总免不了见面,下地(指去田里干农活)、赶集就会碰上,碰上就脸红;结婚时由"庄乡"而成夫妻,也难以很快适应这种关系的转变。如果双方本非同村,婚前见不着面,成婚后见了面就是夫妻了,就不会产生上述难堪。

第三,同村人太熟悉,太了解,婚事难成,成了也不好打交道。他们说:"两家都在一个村,谁嘛样,都知道。"指两家的短处相互清楚,不像双方在两村,互不了解,只听媒人说对方优点而婚事易成。另一层意思,亲家在同村,一方出什么事,与别人家有了矛盾,也会影响到另一方;距离太近了,两家也容易起矛盾。如在两村,离得远,互不来往,谁也影响不了谁,也不起矛盾。

还有人说出其他理由,如有位嫁在本村的妇女说,同村结亲,儿媳同公婆不好处关系,不容易找到一家人的感觉,因为过去习惯了"庄乡"关系,儿媳进门后,公婆还是容易把儿媳当"庄乡"对待,儿媳觉得受冷淡。如是媳妇从外村来,一进门就把她当成一家人了。

上述理由其实都在强调一点:同村通婚会引起原有人际关系的紊乱。在一个村落中,每人都有各自的位置和身份,婚姻将这些打破了,需要建立新的关系和秩序,这使结亲的男女和双方家族以至近邻友好都难以适应。

以上是对村外婚制成因的分析。可以看出它与同姓不婚禁忌的原理是一样的,主要是出于稳定社会集团内部秩序的需要。也还可以从其他方面加以解释,如实行村外婚,可以沟通村落之间的联系,扩大村民的社会交际范围,等等。但从其他方面所做的解释应该不是主要的理由。

二、村外婚习俗的当代变迁

二十世纪五十年代以来,黄庄的村内婚已有 19 起,另有 12 对已定亲未结婚者,两项合并为 31 起通婚事件。这个数字对 162 户的村庄来说已经不少,因为 31 起婚事有 62 户直接当事家庭,已占到全村家庭户数的三分之一以上。每个家庭一般都有几户亲近的本族人家,这样村内一多半家庭都被拉入姻亲网络。

19 起村内婚在年代和姓氏上的分布为:五十年代黄、李二姓通婚 1 例;七十年代王、郝通婚 1 例,王、黄通婚 1 例,王、刁通婚 1 例;八十年代黄、黄通婚 1 例,王、王通婚 2 例,黄、王通婚 6 例,王、隋通婚 2 例;九十年代王、王通婚 2 例,王、隋通婚 1 例,王、刁通婚 1 例。在年代分布的特点上是越往后越多,五十年代 1 例,七十年代 3 例,八十年代 11 例,九十年代 4 例(截止到一九九八年八月)。九十年代同村通婚数目虽小,但考虑到已定婚的 12 例,仍未打破村内婚随着年代增多的趋势。七十年代以前只有 4 例,且都是异姓婚,其中 3 例女方家庭没有儿子,选择村内婚有为养老考虑的因素。可以说七十年代以前初露村内婚的苗头,到八十年代以后村内通婚已成为正常现象,甚至已成为一种风气,不仅数量激增,而且已不在乎是否同姓。

在联姻的方式上一般为媒人介绍,家长同意后,征求通婚青年本人意见。有 3 例自由恋爱婚姻,都出现在八十年代以后。自由恋爱的 3 对,双方家庭居住上都很邻近:1 例王家同姓婚,两家大门开在两个过道(胡同),但房子连在一起,两家只隔一个墙头,这点成为村人闲谈的一个有兴味的话题;1 例王、黄通婚,两家在一条街上,相隔 200 米左右;1 例黄家同姓婚,两家在一个过道,相隔十来米。这几例自由恋爱婚显然是由于近邻关系,两人见面频繁、日久生情而引起的。

事实表明,传统的村外婚制已不能成为村内通婚的障碍。如果某一家不同意与另一家缔结婚姻,那原因不是两家同村,而是不满意那一家的人品或经济状况等。这种习俗的变化也是在不知不觉间发生的。过去的村外婚出于习惯,现在的村内婚出于生活需要。人们并不考虑过去是怎么做的,现在就应该怎么做。只要两家有通婚的愿望,或者说有这生活需要,而这需要又不违背乡村道德,不损害家族声誉,不对村民关系造成根本的阻碍,村民们自然毫不犹豫地满足这种需要。同村同姓已不给村民造成心理上的顾忌。同姓之间只要出了"五服",村民认为就没有理由不能通婚。人们觉得麻烦的是改称呼,特别是在双方辈分相差悬殊的情况下。但他们认为这种麻烦和缔结婚姻大事相比,只是一桩无碍大局的麻烦而已。

那么,村内通婚能满足村民的哪些生活需要呢?也就是说,与村外婚制相比,它有哪些好处呢?就此,我走访了一些村民,他们解释说:第一,两人在一个村,相互了解,容易培养感情,比过去只信媒人的话好,"找不错人"。第二,两家都在一村,"双方家庭嘛样,不用打听就知道",即对另一方家庭的情况有可靠的了解,不会受媒人的哄骗。第三,两家成了亲戚,关系比原来更近一层,可以互相照应。女方离爹娘近,回娘家方便,男的离丈人家近,丈人家叫女婿帮忙也方便。第四,这些年黄庄搞得不错,比周围村子富些,闺女们就不愿意出村嫁到不如本村的地方。

前文讲到,村民们在谈到为什么实行村外婚时,将村民间的相互熟悉和了解当作不利于村内通婚的因素,而现在,相互的熟悉和了解恰恰成了有利于村内通婚的因素。这是颇有意味的。由于居住邻近而造成的相互熟悉和了解在过去和现在对通婚对象的选择方向具有不同的作用,这只能由于村民在过去和现在是分处于两个不同的社会文化系统。对婚俗起作用的某一因素是属于特定的文化系统的,在不同的文化系统中具有不同的功能是很自然的。上边村民所讲的实行村内通婚的好处也只有在新的社会文化系统中才会有,在旧的社会环境中不会产生这些生活需要。比如村民所讲的第一条。传统文化认为婚姻主要为传宗接代,延续父系世系,不重视甚至排斥男女爱情,根本就谈不上培养感情问题。旧礼法讲究男女有别,倾向于不允许男女在婚前接触,婚后也要保持男尊女卑的夫妇之礼,不提倡夫妇之爱。所以村内通婚有利于男女感情的作用是不会产生于传统社会的。再如村民所讲的第三条,村内婚有利于两家的互助。传统社会强调父系继替,将女子嫁往父母居住以外的地方,有利于保持单一的父系传袭制度,并使女子处于从属、依附地位。对子女的抚育实行父方家族单系制,对老人财产的继承和对老人的赡养也是男系单一制,这种权利和义务不会加于已嫁到外族的女子。所以亲家的互助在旧的社会文化环境中是不会作为一种普遍重要的互助方式而产生的。现在产生了这种需要,应该是由于宗族和村民的互助体系不如过去那样有效了。

村外婚习俗的变迁和村民对这变迁的解释表明传统的社会文化环境和村民关系结构已经发生了变化。社会文化环境的变化自不待言,村民关系结构有了多大变化呢? 如果说村外婚习俗的保持是为了维护村民关系结构的稳定,那么现在村内通婚大量出现,是否意味着不仅社会文化观念已今非昔比,而且那种"亲如一家"的村民关系结构也发生了重大变化呢? 前文已述,村民亲密关系的重要标志是村民间的拟亲属称谓制。对上述问题要作出更确切些的回答,需要分析村内通婚对村落的拟亲属称谓制产生了怎样的影响。

三、村内通婚所引起的改称呼现象

村内通婚实质上要使结亲的男女本人和两个家族完成从庄乡关系到亲戚关系的转变。这种转变的标志之一也是困难之一就是称呼的转变。从庄乡称谓转为姻亲称谓,这对于长期相处中已习惯于原有称谓的村民而言,应该不是一件轻松的事。那么,黄庄村民在村内通婚过程中是如何完成改称呼仪礼的? 他们在改称呼过程中有哪些心理和情感上的体验? 下面我们对这些问题做必要的描述和分析,然后结合这些情况对当代村落中村民关系的实际状况做进一步的探讨。

1. 村内通婚所引起的改称呼的范围

在村落中,以每个村民为中心,都可以划出一个亲属关系的圈子。在这个圈子内又可以划分亲近程度差别的几等档次。这正如费孝通先生所讲的:"我们的格局不是一捆一捆扎清楚的柴,而是好像把一块石头丢在水面上所发生的一圈圈推出去的波纹。每个人都是他社会影响所推出去的圈子的中心。"[1]通婚的一双青年男女都是各自圈子的中心,两人的结合会引发两个圈子里的成员间关系的转变,具体表现为称呼的改变,但并非一个圈子的所有成员与另一个圈子的成员间都一一改称呼,而是按照亲疏不等的"差序格局"来确定改到哪一个档次。虽然村民们按照自己与通婚者的关系能够不太费力地确定同对方圈子里的哪些成员改称呼,但是我们作为旁观者来全面地描述两个圈子改称呼的情形还是要费一番口舌的。不妨用图示法来做辅助的说明。

下图最外环的大圈表示相对闭锁的村落集团。大圈内的所有成员本为关系亲近,辈分固定的庄乡关系。"男"与"女"表示村内通婚的当事者双方。以他们为中心分别形成 5 层亲属关系圈,从内向外关系亲近程度依次递减。"近邻友好"包括两类人,一类是左右邻舍、对门邻舍或稍远一些的一圈街坊,因为居住的最为邻近而有特别密切的生活往来,其密切程度使他

---

[1]　费孝通:《乡土中国》,《乡土中国　生育制度》,第 26 页,北京大学出版社,1998 年。

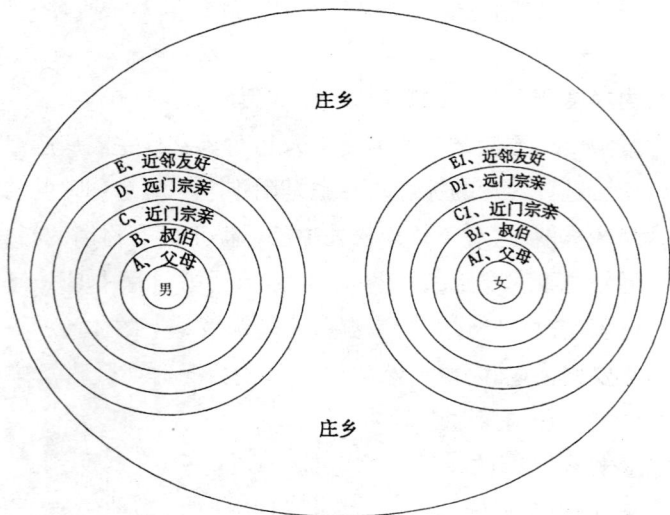

通婚男女的亲属关系圈

们的关系区别于同其他村民的关系。当然这里指友好的近邻,也有那种虽居住邻近但因某种原因结仇或疏远的近邻,他们不在"近邻友好"之列。这个词还指一类只是两家或两人"友好"但不"近邻"的,两人或两家由于交情好而往来特别密切,当地称"相好的"或"不错的"。这5层关系组成了一个人的亲近关系网。网外的其他所有村民是男女两人共同的庄乡。

在一个村落中一男一女的结合决非仅仅两个直接当事者发生姻缘关系,而是以他们为中心的两个圈子发生姻亲的关联,这种姻亲关系是由庄乡关系转变而来的。关系的转变涉及的实际问题是称呼的改变。改称呼并不像改变一般的名称那样简单轻松,它意味着双方关系、身份的改变甚至尊卑态度的转变。在一个圈子内离中心越近,需要同另一个圈子的人改称呼的范围也越大。下面我们从中心开始向外层依次考察。

首先看通婚的一男一女之间以及他们各自同对方圈子之间改称呼的情形。先看男女之间。在这场姻亲关联事件中,他们关系的转变程度是最大的:由相对疏远的庄乡关系变成了朝夕相守的夫妻关系。这种关系的转变应该是很难适应的。通婚的一系列程序和仪式帮助他们完成这种转变。从媒人说亲开始,两人便在为这个转变做着准备。买彩礼、定亲以及之后男子不断到女方家送礼、帮工,都在逐渐实现着这种转变。最后是成亲那天隆重、烦琐的成婚仪式以及紧随其后的新婚之夜身体的交融使他们的关系彻底改变。在改称呼方面倒没有什么为难的,因为夫妻之间称呼不称呼或称呼什么都是无所谓的。在有婚恋关系之前,因男女岁数相仿,两人是同学或伙伴关系,即使辈分不同,也不按辈分称呼,都是称名惯了的;如果岁数差了五六岁以上,成人之后也有按辈分称呼的,如"××哥""××叔"之类。成婚之后,夫妻间的称呼即随俗。

通婚的男女与对方家族圈子成员间称呼的改变。同村通婚使女子在村中身份的变化要大于男子的变化。女子从自己家里来到一个新的家庭,成为男方家庭的一个成员,同时她在村里从一个姑娘变成了这村的媳妇。姑娘在村里是不具备十足的村民资格的,因为人们都知道她过几年就会嫁往他村,而媳妇是要长久住下去的。所以对姑娘和媳妇有不同的要求,比如春节姑娘可以不到各家拜年,媳妇却须去各家拜庄乡。嫁在本村,姑娘变成了地道的长久的本村成员。她对男方圈子里的亲属都按丈夫的关系称呼,从公婆直到这家的近邻友好,都依夫家的辈分称呼。这里也有为难之处的。过去按庄乡称呼,如果与男方家同辈,她该称男人的父母为"大爷""大娘"或"大叔""大婶子",过门后却要称"爸爸""娘"了。如果两家辈分不同,改称呼的难度要大些。对"叔伯""近门""远门""近邻友好"的称呼也要按新辈分改称呼。男方亲属圈里的人对她也要改称呼,过去称她为"姐"的,现在称"嫂子",过去称她为"姑"的,现在称"婶子"或"大娘"。就她与男方亲属圈以外的庄乡而言,因为习惯的关系,她对长辈可沿用旧称,也可随夫称。别人对她,长辈们依旧称她的姓名,小孩们就按她做媳妇的辈分来称呼了。但是她娘家周围的邻居们,包括小孩,仍会按她娘家的辈分来叫她。本村通婚的男子身份的变化要小些,他只是从一个未成家的小伙子变成了已婚男人,他与一般村民的关系依旧,只是与女方亲属圈子的关系改变了,他依妻子的辈分来称呼这些人,如果他与妻子辈分相同,他对他们的称呼就没什么变化。按当地风俗,他称岳父岳母也是按庄乡称谓法,如对方比自己父母岁数大,就称"大爷""大娘",如果对方比自己父母岁数小,就称"大叔""婶子"，不必称"爸爸""娘"，这使女婿称呼起来"得心应口"，不会有什么为难。他与妻子亲属圈改称呼的范围到"远门宗亲"一层，与"近邻友好"这一层仍按庄乡称呼。女方家族成员对他由庄乡称呼改为姻亲称呼，如过去称"大哥""大叔"的，现在称"姐夫""姑夫"了。

通婚男女在本村需要改称呼的范围可用图线来表示（"核心层"图）。

两个亲属圈子的其他成员间改称呼的情形我们不再一一详述，只以图线法表示改称呼的范围。图中直线表示它所连接的双方需改称呼。

（1）核心层

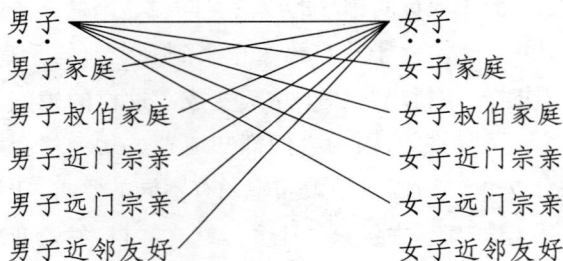

（2）通婚家庭层

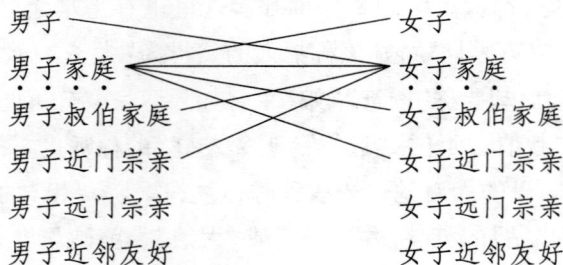

（3）叔伯层

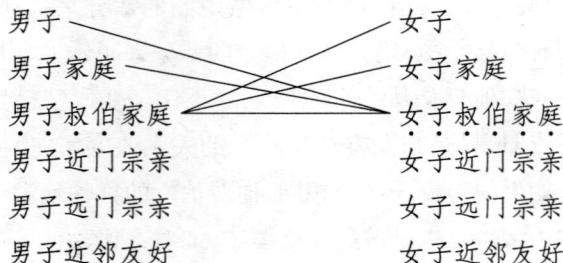

（4）近门宗亲层

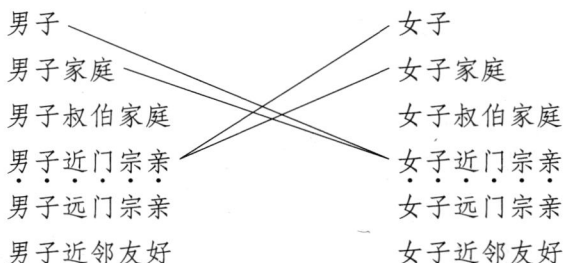

```
男子                    女子
男子家庭                 女子家庭
男子叔伯家庭              女子叔伯家庭
男子近门宗亲              女子近门宗亲
男子远门宗亲              女子远门宗亲
男子近邻友好              女子近邻友好
```

（5）远门宗亲层

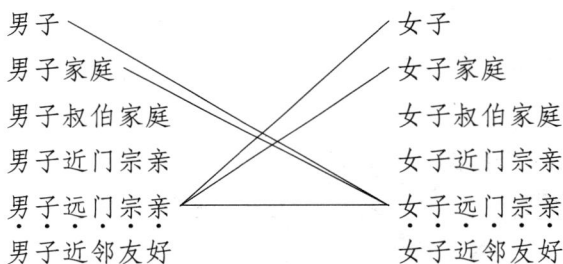

```
男子                    女子
男子家庭                 女子家庭
男子叔伯家庭              女子叔伯家庭
男子近门宗亲              女子近门宗亲
男子远门宗亲              女子远门宗亲
男子近邻友好              女子近邻友好
```

（6）近邻友好层

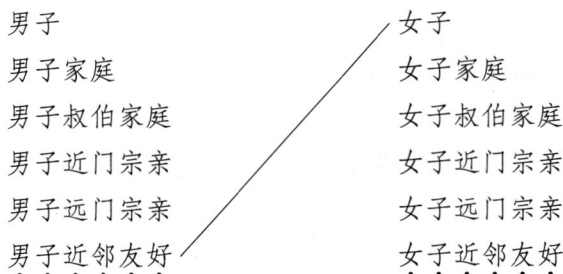

```
男子                    女子
男子家庭                 女子家庭
男子叔伯家庭              女子叔伯家庭
男子近门宗亲              女子近门宗亲
男子远门宗亲              女子远门宗亲
男子近邻友好              女子近邻友好
```

上面图示的是黄庄村民因本村通婚而实行的改称呼的一般规律。有些人家的实际做法会稍有出入。决定是否改称呼的主要因素是这桩婚姻与自身的关联程度。而与一桩婚姻的关联程度也就是与通婚者的关系亲近程度，而关系亲近程度主要取决于血缘关系的远近，其次取决于生活中的实际往来是否亲密。一般来说，血缘关系越近，实际往来也越亲密。但事实不是这样整齐划一的。如果一家没有近门宗亲，只有"远门子"，那么这两家"远门"关系的人可能会走动得比"近门"还要近，改称呼的要求和动力也就比一般的"近门"还要强。实际往来的亲密程度也与居住的远近有关。住房相连,虽是"远门",但往来的密切会使他们在感情上十分亲近。关系友好的近邻虽然没有血缘联系,但生活上的密切往来也使他们产生亲近关系,也就导致了改称呼的需要。

上图显示,通婚的男女及其家庭作为婚事的当事人,需要改称呼的范围是最大的。在乡村,婚事主要是由家长操办的。在婚前,青年人在经济上未与家庭分开,婚事的花费是由全家承担,由家长做主的。在村民的观念中,未成家的青年人与他的家庭是不可分割的,他的婚事就是全家人的婚事。媳妇不仅是嫁给男青年,而且是嫁给这个家庭,成为这个家庭的一员。所以男女通婚在当地人的观念中就是两家通婚。这样,与通婚家庭成员改称呼的范围就伸展到对方的远门宗亲。叔伯家庭以及"近门子""远门子"是通婚家庭以外的成员,是一桩婚姻的非当事者,他们与对方家庭成为姻亲是连带进去的,也可以说是名义上的,他们之间并无出于姻亲而导致的生活往来,其姻亲关系主要是按通婚关系确定的姻亲称呼。他们之间由庄乡称呼改为姻亲称呼是很勉强的,但是不改又不合于习俗,于是在相互称呼上就趋于马虎,有时会出现混乱。"近门子"与"远门子"改称呼的范围只限于通婚的对方家庭。因通婚者与叔伯家庭血缘关系很近,所以双方叔伯家庭之间也需要改称呼,但是改的时候是比较为难的。"近邻友好"不是通婚者的宗亲,可以不随通婚者改称呼,但是因为生活往来很亲密,出于友好感情的需要也倾向于改称呼。事实上男方的近邻友好对嫁过来的媳妇改了称呼;而女方的近邻友好对通婚的男子一般不改称呼,仍按庄乡称,但他们对嫁到村子另一片地方的女子也沿用旧称,不会按她做了媳妇的身份称呼她。

当地习俗,在举行婚礼之前,通婚的双方家族要进行一次正式的商议,确定两个家族改称呼的范围。这时的范围一般伸展到"近门子"和来往密切的"远门子"。具体到双方哪个层次的宗亲之间改称呼,则定得较宽,比如商定一方的叔伯家族与另一方的"近门子"也要改称呼,但到成婚之后,这种关系的成员之间往往改不成称呼,在许多事例中改了一段时间由于一方不接受或双方都不习惯只好又恢复原来的称呼。

2. 不同辈分村民间的通婚与改称呼

村内婚使相关的村民由庄乡关系转变为姻亲关系的"亲家"(亲戚)。这种关系转变引起的最大的麻烦是改称呼。如果通婚的两家是同辈,改称呼的麻烦比较小,只要结婚的男女两人各自与双方的家族成员之间改称呼就可以了,其他成员之间虽然关系转变了,但因辈分未变,称呼不变。但黄庄村内通婚并不考虑辈分问题,碰巧同辈的并不多。不同辈的人家之间通婚就会引起相关家族成员之间的辈分调整,高辈变低辈,低辈变高辈,一夜之间两拨村民之间的尊卑地位调了个儿,有的从爷爷辈变到了孙子辈,这种身份的巨大反差使人心理上难以适应。一个村的人经常见面,两家改了辈分的人见面就不好说话,不称呼吧不合礼节,称呼呢又很难叫出口。在改称呼的问题上黄庄村民经历了许多尴尬,在实际交往中不约而同地采取了一些或消极或积极的应对之策。根据近几年的经验,黄庄村民中也自然形成了改称呼的规矩。

作为婚姻当事者的双方家庭之间改称呼是较易做到的。因为通婚者是自己的家庭成员,有直接的血缘联系,"亲家"之间辈分的转变所引起的心理不适程度与通婚事件在心理上所占分量相比是微不足道的,即使辈分降了几等也在所不惜。而通婚者的叔伯家庭成员、近门宗亲及远门宗亲与另一方的宗亲成员之间改称呼就有许多为难之处。下面我们以两个实例来说明村民改称呼的难堪与调适之法。

A. 通婚者的女方近门宗亲与男方家庭之间改称呼的案例。

二十世纪七十年代,村东头的黄 QM(女)与村西头的王 FH(男)成亲。黄 QM 在村中的辈分为第二辈,王 FH 为第四辈,是奶奶辈嫁与孙子辈,辈差较大。这里我们不讨论两个通婚当事人家庭之间改称呼的问题,而关注黄 QM 的宗亲黄 QB 一家与王 FH 的家庭成员(主要是他父母)之间如何改称呼。

黄 QM 的父亲黄 GQ 与黄 QB 的父亲黄 GL 是第五代宗亲的"哥们儿",两家为前后邻居,来往密切。虽然黄 QM 与黄 QB 是第六代上的兄妹关系,出了"五服",但由于他们都与自己的父母生活在一起,其父母辈是未出"五服"的"近门"宗亲,两个家庭之间是近门关系,加上他们作为近邻相处得很融洽、亲近,所以将与黄 QB 之间的宗亲关系按两个家庭之间的关系算做

"近门"。

王 FH 的父亲王 ZHR 比黄 QB 大四岁,在年龄上是同一代人,但按庄乡辈分,王 ZHR 应称黄 QB 为叔。王 FH 与黄 QM 结婚后,王 ZHR 又比黄 QB 高了一辈,该黄称王为叔了。考虑到多年来的庄乡关系,改称呼叫不出口,双方商定老一辈的不改,即王 ZHR 夫妇与黄 QB 夫妇之间仍沿旧称。从下一辈改起。这是一种口头协议。在制定协议时,双方都是按照当地的礼仪规范考虑"应该"怎样做的,但是由于这种姻亲关系是由庄乡关系转变而来,就使这种协议在实际上很难原样贯彻。

首先是王 ZHR 与黄 QB 这一代,原说定不改称呼,但老称呼实际上已无法维持。通婚之前,王 ZHR 的妻子见了黄 QB 的妻子称"婶子",现在按姻亲关系前者比后者高一辈,"婶子"就叫不出口。所以结果是两边见了面谁也不称呼谁,宁愿让双方的辈分关系"糊涂着"。

其次是年轻人一代与对方长辈之间的称谓问题。通婚之前,王 FH 和他的两个弟弟见了黄 QB 夫妇称"大爷爷""大奶奶",通婚之后改做了"大哥""大嫂子",虽然双方在心理上都有程度不同的不适,但毕竟改了称呼。王家三兄弟作为主动称呼者,辈分提高了两级,改称呼是容易做到的。黄家的年轻一代改称呼要降两辈,改口很难。黄 QB 有两个儿子,在黄王通婚那年,大儿子 12 岁,小儿子 10 岁,他俩原称王 ZHR 夫妇为"大哥""大嫂子",后来应改为"大爷爷""大奶奶"。因黄 QB 夫妇在改称呼问题上持消极态度,并没将改称呼的协议交代给孩子们,所以两个儿子对王家长辈仍然按庄乡辈分称呼,对王 FH 也没按姻亲关系称"姑夫"。随着兄弟俩年龄的增大,他们开始意识到按庄乡称呼是不合适的,因为称黄 QM 为"姑",却称其公婆为"大哥""大嫂",显然乱了辈分。于是见了王 ZHR 夫妇的面就不再称哥嫂,但也叫不出其他称呼。兄弟俩中的老大名黄 T,他与王 ZHR 的三子王 FZH 是小学同学,成年后仍是要好的朋友。黄 T 常去王家找王 FZH,见了同学的父母因没有合适的称呼,一直觉得别扭。到了二十三岁,黄 T 考虑到对同学的父母不称呼太不礼貌,也对不起朋友,在请教过自己的家长之后,决定改称呼。于是在这年春节,他去找王 FZH 的时候,以口头拜年(指未行跪拜礼)的形式改了称呼。从此以后,他就这样称呼下去了,但心中的别扭感觉一直没有消除。而他的弟弟仍未改称呼,保持着无称呼的状态。

在这个案例中,从双方改称呼的实际情形看,黄 QB 家作为黄 QM 的"近门子"宗亲,与黄 QM 的夫家在姻亲关系上是比较疏远的。如果黄 QM 嫁往外村,她的"近门子"宗亲与她的夫家就不会有基于姻亲关系的往来,一般涉及不到改称呼问题。因为在本村,免不了打交道,这种亲等的姻亲关系就影响双方的称谓礼仪。所以姻亲关系的重要程度也是与地缘因素有关的。实际上黄 QB 家与黄 QM 的公婆家、大伯子、小叔子家相互在心理及情感上并没当对方是亲戚,也没有基于姻亲关系的生活互助往来,双方姻亲关系的确认仅限于称谓礼仪上,由于两家姻亲关系实际上比较疏远,老一辈的人之间又有几十年的庄乡关系,就确定两家的老一辈不改称呼,但由于称谓网络的连锁反应,他们之间就难以保持原有的称谓关系,所以就互不称呼,实际上成了一种同辈的礼仪状态。两家的第二代年龄较小,使用原庄乡称谓的历史较短,改称呼应该相对容易,但由于姻亲关系又疏远一层,改称呼动力很小。我们看到王 ZHR 的儿子们对黄 QB 改了称呼,而黄 QB 的儿子们对王 ZHR 夫妻迟迟不改称呼,其中的关键是与辈分的调整方向有关:低辈变成高辈容易,高辈变成低辈较难做到。这一方面表现出辈分对村民在礼仪系统中尊卑地位的影响;另一方面表现出村民有趋尊避卑的心理倾向。

B. 通婚者的男方叔伯家庭与女方近门宗亲改称呼的案例。

二十世纪八十年代末,在黄庄位居第二辈的王 Q(男)与第五辈的王 AH(女)成婚。这桩婚姻的辈分差距在黄庄的村内婚中是最大的。王 Q 家在村中属于辈分最高的,而王 AH 家在村中是辈分最低的。最高辈与最低辈的通婚必然使两个宗亲集团之间在称呼问题上遇到更大的麻烦。

在定亲时,两个家族议定了改称呼的范围。男方宗亲较少,除了当事人家庭外,还有两家,一家是王 Q 的大爷(伯父)家,一家是王 Q 的"近门"哥哥王 TJ 家。男方宗亲需要改称呼的只有这三家。女方的宗亲较为庞杂。

以下是通婚的女方王 AH 的宗亲略图。方框内是截至 1998 年 7 月已去世的男性成员姓名。△表示男性,○表示女性。当事人之外的其他女性宗亲未标出。王佩基与王佩×是叔伯哥们儿关系。图中显示,与王 AH 血缘关系最近的旁系宗亲是爷爷辈的王之秀、叔伯辈的王福员,"近门子"还有

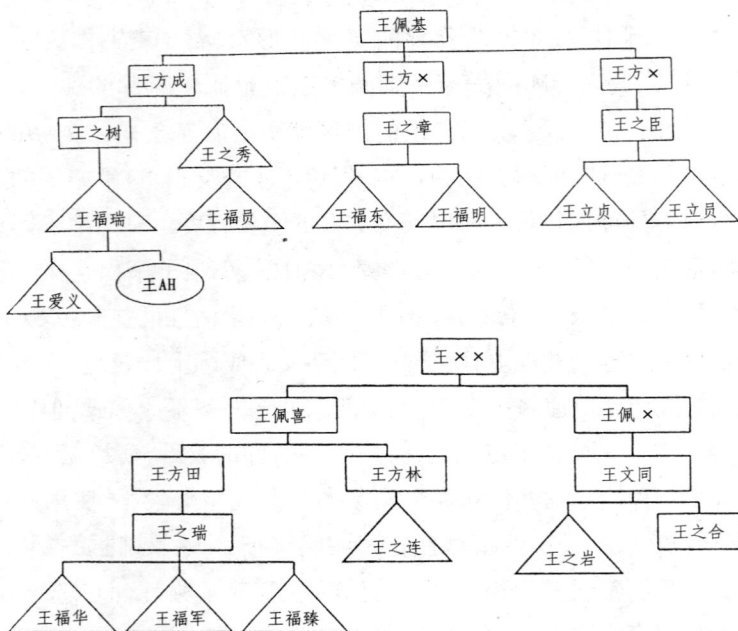

王福东、王福明、王立贞、王立员，"远门子"则有王之连、王之岩、王福华、王福军、王福臻。定亲时议定的女方改称呼范围包括了以上所有宗亲成员。这个范围显然太大了。实际改称呼的情形如何呢？

我们调查这桩婚事引起的改称呼事件所选择的切入点是王Q的大爷家，从男方当事人的叔伯家庭成员的角度来观察村内不同辈分的通婚所遇到的改称呼问题。

王Q的大爷名王JCH，其妻刘XZH。如今王JCH夫妇在村中是第一级的大辈，可是由于其侄子的婚事，他们在一些小辈面前突然身份大降。就他们与王AH的叔祖父王ZHX夫妇的关系来说，几十年来王ZHX夫妇一直称他们为"大爷爷""大奶奶"的，但侄子王Q与王AH通婚之后，他们按姻亲辈分要反过去称王ZHX夫妇为"大叔""大婶子"。说起这事，刘XZH颇为不平地说："这么些年了，都是人家叫你个嘛（指对长辈的称谓），现在得倒过去叫人家个嘛，哪改得过来呀！"可是不改不合适，因为"关系忒近了"。

实际情况还是采取折中的办法:王 ZHX 与王 JCH 夫妇见了面,谁也不用亲属称谓来叫对方,只是"你呀我的"。但王 ZHX 的妻子仍叫王 JCH 夫妇为"大爷爷""大奶奶"。王 ZHX 的儿媳有次在集市上碰到刘 XZH,仍叫"大奶奶",但马上醒悟:"你看,又忘了,该叫大嫂子了,老改不过来!"后来她到王 JCH 家来改叫大哥大嫂了。刘 XZH 认为,以她家与王 ZHX 家这样近的姻亲关系,改称呼是应该的,但是心理别扭,她说:"祖祖辈辈下来了,改嘛?一下子变不过来,不习惯呀。谁也觉着别扭。其实大辈让人家称呼爷爷奶奶管嘛用? 就是过去一直这么叫,现在一下子倒过去了,叫人家个嘛,就别扭。"

至于王 AH 的其他"近门"和"远门"的宗亲,刘 XZH 认为跟他们"改不着",即没有改称呼的必要:"跟他们改嘛? 有个红白事跟他们说得着吗?"她认为跟他们不算姻亲,因为这边有了红白事不用向他们"撒帖",即没有请他们参与的必要,所以跟他们不必改称呼。但这只是作为大辈的男方宗亲的看法,女方宗亲显然是倾向于改称呼的。在成婚之后的开始一段时间,女方的"近门""远门"宗亲成员见了王 JCH 夫妇都改了称呼,但大辈这边也就"你呀我的",不称呼什么,显得不情愿接受对方所改的称呼,所以女方宗亲在改了一段时间后,见对方采取消极态度,自己也不习惯,就"自己改回去了",即仍沿用庄乡辈分称呼。就此我采访一位女方的"远门"宗亲,他显得不很愉快地说:"要说关系不算远,改也改得着。后来看着人家不愿改,也就算了。"

这是一个同姓通婚案例。黄庄的王姓老祖之下分为"臻之茂合"四支,王 Q 是"茂"支的后代,王 AH 是"臻"支的后代。黄庄人认为这样远的血缘关系是不妨碍通婚的。王 JCH 与刘 XZH 作为王 Q 的大爷大娘,与王 AH 的叔祖父王 ZHX 夫妻是本地认为很近的姻亲关系,改称呼是势在必行的,对此两家均无异议,但五六十年里已习惯了的旧称呼关系及相应的尊卑礼仪态度岂是说改就能改过来的? 所以在理智上认为应改,但实际上还是改不过来:王 JCH 夫妻对王 ZHX 夫妻没改叫叔婶,而王 ZHX 的妻子对王 JCH 夫妻仍沿旧称。由此可看到传统习惯顽强的保守力量。这种力量的大小是与年龄大小成正比的,而且在女性身上体现得更充分。王 ZHX 的妻子在

1998 年已 77 岁,仍称比她小近二十岁的王 JCH 夫妻为"大爷爷""大奶奶",在有了姻亲关系之后仍不能改口,可以见出村落称谓制是老龄村民根深蒂固的生活习惯,也可推知它在传统村民关系中的重要位置。王 AH 的其他"近门"和"远门"宗亲则积极参与改称呼,这一方面由于"臻"支王姓人家较为团结,同族认同意识较强;另一方面也是由于他们作为小辈,有提高自己辈分的潜在愿望。作为高辈的王 JCH 夫妻多年来习惯了受尊敬的地位,如果改称呼就要反过来做那么多人家的小辈,所以他们把改称呼的范围缩得很小。这个例子分明地显示出称谓网络作为村民组织结构的作用,以及村内婚导致的改称呼事件对村民固有秩序的破坏。

不同辈分的通婚引起村民间的辈分调整是值得注意的现象。因为从两种关系及称谓系统的尖锐冲突中可以更方便地透视村民的文化心理和村民关系现状。辈分调整事件所显示的共同之处是,高辈的一方趋向于缩小调整的范围,低辈的一方则倾向于扩大调整的范围。其他类型的通婚模式所引起的辈分调整事件也是如此。村民在外村的亲戚嫁到本村,也会导致改称呼,这种事情在村中也不少见。在村中居第二辈的 34 岁的王 YJ,其在外村的姨嫁给了本村第四辈的王 FJ,他就得称这位按庄乡辈分是孙子的人为"姨夫",他也确实这样改了,因为双方关系太近了,不改不行。但是他对姨夫的其他家庭成员,如姨夫的父母、弟兄,却不愿按姻亲关系来称呼,见了面就哼哈着不称呼什么。不巧的是他与姨夫家是近邻,每天都会与他们打几个照面,称谓的困窘给他们的交际带来很大的不便。王 YJ 说:"人往高处走,往下走就觉着不那么痛快。"这是黄庄村民在改辈分过程中所存心理的明确表白。

以上我们对村内婚引起的改称呼范围的展示,和对具体案例的描述,显示出村内通婚会引起村民关系的大幅调整。两个人的婚事会引起双方几十人的关系变动。特别是当双方辈分不同时,这种调整就更难以进行。在看重亲属关系的传统社会中,按习俗,我们所展示的改称呼范围是要认真落实的,而且这个范围在传统文化语境中是最起码的。由此我们可以清晰地看到传统村落实行村外婚的原因。改称呼过程中村民所感受的交际困窘源于传统村落文化和称谓惯制对村民文化心理的深切模塑,而尽管如此村内通婚仍然逐渐增多，又显示出急剧转型的社会背景下新型的村落文化对传统村落文化的冲击，以及村民文化心理的变迁。这是村落称谓制的组织功能减退的文化涵义。下面我们结合其他相关因素，对此做进一步的分析。

四、村内婚——改称呼现象与村落文化的结构变迁

以上我们记述了村外婚制和村落称谓制的形成机制和当代变迁，下面我们来分析、概括一下这种变迁得以发生的根本条件与深层原因。作为宗族文化的伴生物，村外婚制和村落称谓制都是"不自觉的产物"，①是传统村落文化中为人所习焉不察的习俗惯制。在漫长的历史时期，它们作为"正确的"行为模式代代相传，②为村民自动遵守。它们是与传统宗法文化和封闭落后的小农经济相适应的。进入当代社会，宗法文化遭受国家力量的迅猛冲击，生产方式在外力作用下急剧变革，它们作为习俗层面不为人注意的行为模式，并未受到国家力量或其他人为因素的"蓄意"性冲击，但是作为"适应性文化"，它们也随着其他文化要素的变动而进行"适应性生态调整"。③ 这种调整是在不为人注意的情况下自动、自然地发生的。其中，村外婚制作为一种主要由行为传承的民俗，调整较为容易，变动程度也较大。村落称谓制作为一种主要由语言传承的民俗，它的调整要受到语言习惯这种文化凝结物所具有的相对独立性和顽强的保守性的制约，因而变动得较为缓慢，尽管其文化功能即在村民生活中的凝聚与分层作用已经大为衰减，但从整体来看，其形式体现并无大的变动，村落称谓制仍然作为一种有效的组织体系存活着。当然，这个网络的局部已经为村内婚造成的姻缘关系捅出了漏洞，并且村内婚规模的迅速扩大对称谓网络的整体存在构成威胁。

---

① 萨姆纳：《民俗：论惯例、风度、风俗、德范和精神的社会学意义》中指出："民俗是不自觉的产物"。见高丙中：《民俗文化与民俗生活》附录一，第175页，中国社会科学出版社，1994年。

② 萨姆纳：《民俗：论惯例、风度、风俗、德范和精神的社会学意义》中指出："民俗中的什么都是正确的。这是因为它们是传统的，并因而包含了祖先的灵魂所具有的权威。"见高丙中：《民俗文化与民俗生活》附录一，第183页，中国社会科学出版社，1994年。

③ "民俗文化是一种适应性文化"，"变异是对于类型文化的适应性生态调整"，见《钟敬文学术文化随笔》，第146、143页，中国青年出版社，1996年。

一方面是称谓习俗自身固有的要求传袭的惯性力量,一方面是文化环境和村民关系的变化以及村内通婚对它的直接冲击所加给它的要求作出相应调整的外部力量,两种力量形成冲突与整合的局面。正是从这种冲突与整合的具体情形,我们一方面可以观察称谓习俗自身的演变规律,一方面可以观察村民关系的变化程度。

钟敬文先生说:"每一社会中所流行之风俗、习惯,乃至其大部分制度、文物,大抵由该社会之民众,迫于共同之需要,凭借现实所能提供之条件(物质的、精神的)所创成。在流行过程中又不断受到广大群众之补充或修订,一世代又一世代,一地域又一地域,流传与扩布,直到原来之需要及所凭借之各种条件已经变迁、消失,此种社会文化产物亦逐渐或迅速成为一种'残余物',或终沦于消亡。"①这段话恰好可以用来解释村外婚习俗与村落称谓习俗的演变。这两种习俗都是传统的宗族组织文化与村民互助网络相融合的产物。目前,村外婚的惯制已为村民所彻底打破,可说它已是"沦于消亡"的习俗;村落称谓制已被村民在理念上认为是"就那么回事"的东西,但仍作为传统文化的"残余物"存在。这种变迁理应是它们原来所借以产生和流传的社会需要和文化条件变迁、消失的结果,也就是村民互助关系、宗族组织文化及其他社会条件变迁、消失的结果。

二十世纪村落文化变迁的内容表现为从家庭、家族到宗族、村落的组织结构的整体变迁。这个变迁的最明显可见的历程是从四十年代中期土改时期开始的,到现在发展到村外婚制的崩溃、村内婚的流行直接冲击象征性的村落宗族组织体系即村落称谓制,其间经历了约五十年的时间。五十年内村落宗族组织文化的变迁过程可以简要概括为:首先是国家力量的强制性变革和全方位的冲击,生产资料所有制的彻底变革使宗族文化失去了固有的经济基础,国家行政组织对村落基层直至个人的直接控制从根本上取代了宗族组织体系,国家的新型的思想文化体系通过强化的触及灵魂的宣传教育以至剧烈的运动斗争形式改造着村民的思想观念,也就是清理着宗族

---

① 钟敬文:《刘三姐传说试论》(1981),《钟敬文民俗学论集》,第121页,上海文艺出版社,1998年。

文化在人们观念、心理以至习惯上的遗存。国家力量固然无意于改造传统的村落称谓习俗，但这种拟亲属称谓制度本是宗族组织文化的产物，宗族组织体系的消亡使村落称谓制失去了一种存在的条件和动力。这可以看作对村落称谓制的第一层冲击。但仅是这层外部的冲击力量尚不足以从根本上动摇业已成为生活习惯的称谓制度，称谓制出现明显的变化还要靠其他冲击力量的共同作用。

对宗族、家族的显性的组织网络，国家以行政手段直接摧毁和取代，而家庭结构的变革是在思想观念和社会生活的社会主义改造的影响下，在改革开放以来现代城市生活方式的冲击下逐步完成的。家庭结构的变革首先表现为通过分家使家庭格局由以复合家庭为主转变为几乎是单一形式的核心家庭的局面。其次是家庭内部的权威结构的变迁，传统社会中的权威结构为父统子、夫统妻的模式，夫统妻是父统子的基础和前提。而家庭权威结构发生根本变迁的突破口便是夫统妻模式的崩溃。新社会男女平等思想的宣传教育和女子在家庭、社会生活中不亚于男子的贡献，使妻子勇于挑战丈夫的权威，同时由于国家意识形态对宗族文化的批判和对孝道伦理的否定，更由于老人对土地和财产的控制权力的丧失，使媳妇们能够公然漠视和拒绝承认老人的权威地位，并尽力阻隔以至切断丈夫对其父母的孝行，从而使老人处于不受尊重和孤立无助的地位。这种状况代代继替，传统家庭中的长老权威和父统子的父权结构事实上已经被破坏殆尽。而妇女成为相对紧缺的婚配资源的事实又迫使丈夫及其父母对媳妇持忍让原则，加上其他各种因素，造就了黄庄家庭结构中的媳妇权威。提出"媳妇权威"一词不能算夸张的说法，这在黄庄确为一种客观存在，只是它不如传统的长老权威那样显赫和严苛。媳妇权威并不意味着男女传统地位的全面转换，甚至在家务劳动和社交事务上仍然保留着男尊女卑和妻子服侍、顺从丈夫的局面。这个词的含义主要表现在男子在享受着传统惠施他的尊荣地位的同时，又有着对妻子的惧怕心理；当夫妻在家庭事务上存在争执时，这种惧怕心理便促使丈夫对妻子作出让步。这种惧怕心理不仅丈夫有，而且是为公婆等其他夫家人分担的（上文已述惧怕的直接原因是女性作为婚配资源的相对紧缺）。所以在家庭事务上便形成媳妇具有更多决策权的局面，特别是在赡养老人问题的处理上，一般都以媳妇的意见为准。即使丈夫持不同"政见"，他也终拗不过媳妇的强硬立场。长辈家庭与晚辈家庭的分立状态意味着父权结构的瓦解，媳妇权威的形成意味着夫权结构的势微，这两方面构成黄庄家庭组织结构的根本变迁。这种变迁又促使父母家庭与女儿家庭之间属于姻亲关系的往来增加，使农村出现了引人注意的姻亲互助模式。为了姻亲互助的便利（当然还有其他因素），在限制村内通婚的文化条件消解的情况下，村内通婚现象逐渐增多，使家庭结构发生了另外一种重大变迁：家族世系的父系单向传承的线索变得模糊不清了，同时有向双向传承转化的倾向。

家庭结构格局的变化对村落拟亲属称谓制的影响是根本性的。因为这套称谓制有两个根本原则：一是以长者为尊，二是妻子依附于丈夫的关系网络。现在媳妇权威的出现，使长老权威失落，村落中尊老敬长的文化传统已有很大程度的削弱，村落称谓制的尊长原则在很大程度上失去了原有的意义，或者说称谓制区分村民尊卑地位的功能削弱了；同时，我们上文已描述过，村内通婚对村落原有的称谓秩序构成直接的巨大的冲击：传统的村落称谓制所用的称谓词语都是夫族亲属称谓语，这是由于村落是夫族人居住的地方，妻子是外来者，她作为丈夫的附属角色加入这一社团，但是现在村内婚的盛行，使一些媳妇不再依附于丈夫的关系网络，对她们而言，村落不再只是夫族居所，也是她和娘家人的大本营，她的后代就会用"舅、姨、姥爷、姥娘"等姻亲称谓语来称呼许多同村人，因而村落称谓语纯用夫族称谓语就失去了现实依据。既然村落不再仅是父系亲属居住的地方，那么这套借用父系亲属称谓语的村落称谓体系就失去了借以存在的一种文化基础。由于村内婚家庭目前在数量上尚未占到优势，村落称谓体系的基本框架仍能维持，但这种维持主要是固有习俗的顽强传袭力量所致，它在村民心目中的地位不再像过去那样重要和不可更改。可以说，家庭结构的变化从根本上动摇了村落称谓体系。或者说，父权文化的退化和宗族组织文化的衰微成为村落称谓制功能弱化的根本原因之一。这是对村民拟亲属称谓制的第二层冲击。

在改革开放时期，农业生产由社队集体经营恢复为家庭个体经营，宗族文化也相应有些表面的"复兴"现象。但是在现代社会生活和现代思想观念的冲撞之下，残存的宗族文化实质上走向进一步的衰退，村民间的血缘式亲情和宗族尊卑秩序也有了实质性的蜕变。我们看到，在思想意识上，填补国家控制放松所留下的空白位置的，不是传统思想观念的复归，而是通过社会流动和电视媒介等各种渠道蜂拥而入的城市文化观念的引导和占领。另一方面，随着生产工具的初步机械化和家庭设施的初步现代化，金钱结算方式的有偿服务逐步取代劳力、产品互换方式的人情互助，并且出现了在黄庄经济中占重要位置的脱离自家土地的团体经营活动（指打井组、收割组等经营活动），这是以利益关系组织起来的团体活动。也就是说，以人情、面子、人缘维系的互助关系和以宗族尊卑秩序编织起来的象征性组织网络正被越来越显著的利益关系所打破和取代。这样不仅村落作为封闭的稳定的社区的概念正在为现代社会所修改，而且村落作为亲密的熟悉的社区的概念也在悄然演变。村落拟亲属称谓制表述的本来是宗族血缘关系外衣下的地缘互助关系，在地缘互助关系为主体的村落结构为占据不能忽视的份额的利益关系所侵蚀的时候，这种称谓制得以存在和活跃的生活基础和社会功能也随之大为削弱了。这实际体现为村民之间在一定程度上的陌生化倾向和亲密交往范围的缩小使拟亲属称谓语运用的频率降低和范围减小。而八九十年代以来村内通婚现象的剧增也是利益关系侵蚀传统村民关系的结果之一，同时它又以更直接的方式冲击传统的村落称谓制。如此，村落内拟亲属称谓体系已近于勉力维系的境地，但是由于语言习俗的顽强传承力量，它也不会在短期内转变为城市的民间称谓状态，但它将随着乡村的都市化进程，逐步向着后者演化。

需要说明的是，由于本节的研究视角为，从村外婚制引起的改称呼现象来看村民关系，在村外婚制的变迁与村落称谓制的变迁的关系上，只谈了前者对后者的影响，实际上村落称谓制文化功能的减退也是村内婚兴起的一种促进因素。它们的影响是相互的，同时村外婚制与村落称谓制又一起受着当代社会政治、经济、文化等因素的冲击，二者的变迁是同步的。在变迁的动力上，主要是当代社会政治、经济、文化等因素的冲击。

虽然黄庄的拟亲属称谓制已出现组织功能衰退的迹象，但还没有出现

"不论辈"的现象。而在离黄庄仅五里的齐庄,却出现了这种变化。这是一个只有107人的小村,30多户人家,已有6对村内通婚者。直接引起拟亲属称谓制发生明显变化的是"哥们儿"称谓的兴起。村里的所有男性青年常到城里打工,在城里他们学会了不论辈分的"哥们儿"称谓,回村后部分年轻人之间也不论大小辈,互称"哥们儿"。他们说:"什么年代了还论辈,都是社会主义辈!"当他们婚后有了后代,就不让其后代按世袭辈分来称呼自己这代人了。这种现象提供了农村传统的世袭辈分称谓制变迁的一种模式。

第三节 从"哥们儿"称谓看城乡拟亲属称谓的差异

在调查中我了解到,在离黄庄五里地的齐庄,拟亲属称谓的世袭辈分制已被局部打破,而这种变化始于学自城里的"哥们儿"称谓。这引起了我对"哥们儿"称谓的关注。在本节,我们讨论村落和城市两种不同文化的社区里"哥们儿"称谓运用的状况和两种"哥们儿"称谓的差异,并由此比较城乡拟亲属称谓的差异。

一、农村的"哥们儿"称谓

对农村"哥们儿"称谓的调查是在黄庄进行的,采用访谈和观察的方法。在这里,"哥们儿"称呼的运用不是根据年龄相仿原则,而是根据辈分原则。如前所述,村民的辈分关系是村落内部历史形成的象征性组织体系,它对于村民之间的交际礼仪有规范作用。"哥们儿"称谓受辈分关系所限,当是农村的这一称谓形式的根本特点。

农村的"哥们儿"称呼可分两种,一种是亲属称谓的,一种是拟亲属称谓的。前者包括"亲哥们儿"与"叔伯哥们儿",表示亲兄弟关系或叔伯兄弟关系。这种"哥们儿"只用于背称,不用于面称。背称时说法为"俺那哥们儿如何如何",或"俺那叔伯哥们儿怎样"。当面说话时,一个家族的兄弟之间从不称"哥们儿",弟对兄郑重地称"哥",兄对弟称名。而作为拟亲属称谓语的"哥们儿"一般只用于面称,不用于背称。背称时,同辈村民间用姓名指称,因为如说"俺那哥们儿",是在特指他的亲兄弟。个别例子中用姓名加"哥们儿"的形式指称非亲属的村民。同辈的村民见面可互称"哥们儿",也可称"咱哥们儿",如"我说咱哥们儿忙乎得嘛样了?地里的麦子都收回家来了吗?"也可在"哥们儿"前冠以"老"或"小"显示双方的年龄差别很大,岁数小的称岁数大的为"老哥们儿",岁数大的称岁数小的为"小哥们儿"。

拟亲属关系间的"哥们儿"称呼并不是广泛运用于村民中的。只有那些性格活泼的村民才将它用来称呼关系随便的可互开玩笑的村民。一般而言,同辈之间年龄小的称大的为"大哥",或在名字后加"哥",如"金桥哥"。称"哥"显示出对年长者的敬重,不像"哥们儿"称呼那样不分大小。正由于"哥们儿"是对讲究长幼之序的称谓规则的一种违反,喜诙谐的村民才能体验到打破界限的一种放松情绪,为交际场合制造一种轻快活跃的氛围。而那些持重严肃的村民则倾向于不用这种称呼。

谨守传统的农村妇女是从不用"哥们儿"称呼的。

我在部分20岁左右的青年人中间发现有使用不论辈分的"哥们儿"称谓的情况。他们用它称呼年龄不相上下的伙伴,而不管他与伙伴是否同辈。但他并不将这用法扩展到不特别亲密的村民那里。我问他们为什么称呼不同辈的人为"哥们儿",他们说"跟电视上学的";也有人说,他从前不这么叫,去北京打工回来后才这么叫;也有人是学着同伴叫。显然,这种不论辈分的"哥们儿"称呼是在城市文化影响下用于很小范围的青少年中的,由于它受到农村称谓习俗的排斥,不会被广泛采用。这些用此称呼的少年待年长些特别是成家之后,便停止这种称谓方式了,因为他要经常教育其后代怎样按辈分称呼村里人,自己做父亲的当然要做个榜样。

二、城市的"哥们儿"称谓

城市的"哥们儿"称谓在内涵和用法上与农村的有很大差别。它用于关系不错的朋友伙伴之间,能体现双方的亲密交往;也可用于不相识或不大熟悉的年龄相仿的人之间,表示对被称呼者的亲热态度,起拉近双方关系的作用。在发音形式上,"哥们儿"称呼有四种变体:"哥们儿""哥儿们""哥儿们儿""哥们"。本文以"哥们儿"统指四种形式。例如：

(1)"哥们儿"，小个子并不介意，"兄弟倒几张车票混口饭吃，你不挡道吧？兄弟刚从大狱里出来，咱们要是翻脸，我又得进去十年八年，哥们儿忍心吗？"（《北京晚报》，1992 年 4 月 28 日，文艺副刊）

(2)"晚上有俩哥儿们请我喝酒。"他拇指向一上挑，夸张地说。（徐星《无主题变奏》）

(3)"我其实是一个大大咧咧的人，我性格有点像男孩子那种。喜欢嘻嘻哈哈和一帮哥们儿姐们儿凑在一块玩儿，不沾也不扯什么乱七八糟的是非。"（《中国妇女报》，家庭周末版，1999 年 1 月 8 日第 4 版）

例(1)中"哥们儿"是票贩子对干涉他做非法生意的陌生人所说，起拉近关系、联络感情的作用。例(2)的"哥们儿"是一位大学生在自己房间里同朋友说话时对不在场的好朋友的称呼。例(3)是影星刘蓓对采访她的记者所说，"哥们儿"是对她的男性好朋友的背称。

为了搞清"哥们儿"称谓在城市的使用状况，我们于 1998 年 7 月在河北省衡水市做了调查。调查对象有：(1)市科委、市环保局的机关干部；(2)衡水师专、市四中、育才小学的师生；(3)市电池厂的工人，以及市区街道边、自由市场上的商贩和修理匠等个体劳动者。调查方式以分发问卷为主，以访谈为辅。共发问卷 400 份，收回有效问卷 302 份。调查内容有四个方面：第一，被调查者的基本情况，包括性别、年龄、文化程度、职业、职务或职称等；第二，使用"哥们儿"称呼的情况，包括使用的频率、原因、场合、相似称呼等；第三，被称呼者的情况，包括性别、年龄、职业、与使用者的关系等；第四，不使用该称呼的原因，是否愿意被别人这样称呼以及对此称呼的看法等。

下面从三个方面表述我们的调查结果和分析。

（一）"哥们儿"称谓的群体分布

我们先看"哥们儿"称谓分别在年龄群体、性别群体、职业群体的分布情况。

首先是年龄因素对"哥们儿"称谓的影响。

在初期进行的确定"哥们儿"称谓使用范围的访谈调查中，我们了解到

50 岁以上的人一般不用"哥们儿"称呼,使用者只是个别人;15 岁以下的小学生也基本不用它,使用者只是极少数。所以我们确定"哥们儿"是存在于 15 至 50 岁之间的年龄群体的称谓习俗。① 以分发和填写表格方式予以定量分析的调研方法也限定于这一群体。下文中的"被调查人总数"或"被调查者"一类的用语即指 15 至 50 岁之间使用"哥们儿"称谓的群体,也就是以表格方式予以调查并进行统计分析的群体。

"哥们儿"称谓在 15 至 50 岁的年龄群体中的分布状况可列表如下:

年龄	被调查人数	使用者人数	使用人数占总数比例
15 至 25 岁	183	119	65.03%
25 至 50 岁	119	64	53.78%

数据显示,15 至 25 岁的小青年更多使用这一称呼,这可能与他们是未婚青年,常与同龄人"扎堆"活动有关。也与他们传统观念更淡薄,更易追求新潮有关。25 至 50 岁的使用者少了近 12 个百分点,特别是 45 岁以上的使用者更少:在 37 名 45 至 50 岁的人中,只有 4 名使用者,占 10.81%。

其次看性别因素对使用"哥们儿"称谓的影响。

从本意而言,"哥们儿"是男性群体的专用称谓。无法想象传统社会的女性会使用这种称谓来混淆性别差异。今天保留着较多传统观念的老年妇女也从不使用这一称呼。但中年和青少年女性中则不乏使用者。在 127 名被调查的女性中,有 39 名曾用过该称呼,占被调查女性总数的 30.71%。在这 39 名使用者中,只有 6 名经常使用,其余只是偶尔使用。女性主要用"哥们儿"来称呼熟人,在 39 名使用者中,有 32 名回答用以称熟人,只有 7 名表示用于陌生人或浅识者。最常见的情况是称呼关系特别好的同性朋友,有少数女性也用以称关系好的男性。

女性对"哥们儿"称谓的态度有着鲜明的反差。回答"没有使用过"这

① 这里所说使用"哥们儿"称谓的年龄群体是我们在 1998 年做此项调查时确定的。该年龄群体的范围应随调查时间的不同而调整。

YUYANMINSUYUZHONGGUOWENHUA

一称呼的女性大多表示很反感它,觉得它流里流气,也讨厌别人这样称呼她。有位19岁的大专女生认为"哥们儿"是"不文明语言,说话人素质低的表现",另一位女生表示:"我认为这种称呼带有一些流氓气,令人讨厌"。她们认为女子根本用不着这种"不雅"的称呼,同性好友可用昵称、绰号、名字的重叠式或"姐妹儿",对异性可称"大哥""小哥""小弟"或名字加"哥"。使用过"哥们儿"称谓的女性都不选择"讨厌这称呼"的答案,但也不"愿意"别人称她为"哥们儿",或者表示只限于同性中的熟人称她"哥们儿"。女性显然不能接受异性称她为"哥们儿",因为这样称呼好像表示她没有女性特点。至于使用"哥们儿"称谓的目的和功用,女性使用者认为它可以在关系密切的好朋友之间起活跃气氛的作用,它是在特定场合下开玩笑的叫法,不能将此称呼带入公众场合。也有不少女性表示使用这一称呼为了显得"像男人那样爽快重义气,"或"比称'姐妹儿'显得好听、舒服"。只有个别人表示出于对被称呼者的尊重。

在175名被调查的男性群体中,有144名使用者,占总数的82.29%,远超过女性群体。但是男性使用者中的89%的人只是偶尔使用,只有13名回答说"经常"使用。说明即使在该称谓存活的男性青壮年群体中,它也还未成为一个活跃的称呼。再加上统计人数之外的小学生和老年人基本不用它,可以说,"哥们儿"称谓在衡水市总体上是很少使用的,它还不是被人们普遍接受的称谓语。

男性群体对"哥们儿"称谓的评价明显好于女性群体。从不使用该称呼的人只是极少数。对"您是否愿意让别人称您为'哥们儿'"的问题,73.33%的人持"无所谓"的态度,大多数男性既不是很喜欢被人称为"哥们儿",也不反感它,只有从不使用它的个别男子表示"讨厌这称呼"。一位经常使用这一称呼的43岁的科长说:"'哥们儿'反映同志之间感情融洽、性格相近,是朋友的一种代称。"一位19岁的大专男生对"哥们儿"含义的理解是"四海之内皆兄弟。"另一位20岁的大专男生说:"当自己遇到麻烦或者闯了什么祸时,就爱这样称呼与自己年龄相近的青年,但称呼起来总觉得可以显示一下自己的豪气。"

部分男性对"哥们儿"称谓印象不佳。一位偶尔使用它但不愿意让别人这样称呼他的 20 岁大专男生说"哥们儿"是"当今时髦的社会现象,是青年人特别是修养水平低的人的口头用语。"认为"哥们儿"称谓主要为文化素质低的人使用,是一种较有代表性的意见。一位 32 岁的大学文化程度的副科长说"'哥们儿'这个称呼反映出现在处于一个剧烈变化的时代,转轨期过后,将会有一个更体面、文明的称呼来取代它。"他从未使用过这一称呼。一位偶尔使用该称呼的 25 岁的工人说:"如果你真的尊敬他,就别用这个'哥们儿'。"一位 19 岁的大专男生表示:"从内心深处有点对它讨厌,流里流气,不过也无所谓,别人叫是别人的事,与我无关。"

第三,看职业因素对使用"哥们儿"称谓的影响。

下面是不同职业的人使用"哥们儿"称谓的统计。

职业	文化程度	被调查人数	使用者人数	使用者占被调查人数比
干部	大专以上	76	39	51.32%
学生	大中专	88	52	59.09%
	初中	82	47	57.32%
工人	高中以下	56	45	80.36%

上表中的"干部"包括机关干部和教师,"工人"包括工人和 8 名个体劳动者。数据显示,使用"哥们儿"称呼者比例最高的是工人,其次是大中专和初中学生,再次是干部。

考虑到上表的被调查者中含女性在内,而不同职业群体中女性所占比例不一致,会影响数据的准确性,笔者又从三个群体中各抽出 20 名男性予以比较,结果如下:

职业	被调查人数	经常使用者	偶尔使用者	从未使用者
机关干部	20	3	12	5
大专学生	20	1	17	2
工人	20	4	15	1

续表

职业	被调查人数	经常使用者	偶尔使用者	从未使用者
总计	60	8	44	8

上表中的被调查人全部是男性。其中机关干部不含教师,除 3 名为高中以下文化程度,余皆有本科或大专学历,平均年龄 36 岁;大专学生平均年龄 20 岁;工人平均年龄 24 岁。三个群体中使用"哥们儿"称谓的人数占被调查人数的比例分别为 75%、90%、95%,结合"经常使用者"和"从未使用者"两项数字所占比例的多少,可知工人使用"哥们儿"称谓是最高的,其次为学生、干部。不过这个比较结果有一个较大的干扰因素,就是平均年龄不一致,特别是干部平均年龄比工人大出 12 岁,这使得职业因素对称谓的影响不很确定,这是选择调查对象未能充分考虑年龄因素所造成的缺陷。但通过以上比较至少可以得出结论说,"哥们儿"称谓并不只是文化素质低的人所用称呼,它是为干部、学生、工人各职业集团的人所用的,而且使用频率的差异并不是很悬殊。

综合以上三个部分的分析,可以见出年龄因素对"哥们儿"称谓的影响最大,其次是性别因素,再次是职业因素。

(二)"哥们儿"称谓的使用情境

它的使用情境主要包括两个方面:交际双方的关系和称谓发生的场所。首先看交际双方的关系。

从双方的性别关系而言,它是主要用于同一性别内部的称谓。男子中只有个别人用它来称呼女性。女子中大多数用来称同性好友,少数用以称男性,但二者的含义和作用有差异:用以称同性,表示二人是很铁、很亲密的朋友关系,而且由于这是一种"超常"的用法,可以起到活跃气氛的作用,也可以说是一种幽默;用以称异性,只是双方很熟悉,不一定是密友。

从双方的熟识程度而言。绝大多数人都用"哥们儿"来称呼非亲属,用以称亲属的属个别情况。这是由于亲属关系是要区分辈分的长幼的,可以确定"哥们儿"是用于非亲属的一种拟亲属称谓。从交际双方的熟识程度看,男女使用者在这方面表现出较大的差异。男性以干部、学生、工人各 20

名的调查范围为例,用于熟人的为 21 人,占 41.67%；用于生人的 12 人,占 20%；用于认识但不知其姓名者的为 27 人,占 45%。而在女性群体中,用于熟人、生人、认识但不知姓名者的人数分别为 32、4、3。可见女子所用的"哥们儿"称谓基本发生于熟人之间,即女子并不是随便地见人就称哥们儿,她们比男子更谨慎地使用这一称呼。

从双方的年龄大小关系来说。绝大多数使用者都以"哥们儿"来称年龄相仿者,或看起来岁数差距不大的人,大几岁小几岁都没关系；也有少数人用以称年龄有明显差异但尚不构成代差的人。

交际双方的关系还包括双方的社会角色关系。这里的社会角色指由所从事的职业规定的社会身份,如工人、农民、学生、干部、个体户等。这些词汇可以指职业,也可指职业与社会地位凝结在一起的社会角色或社会身份。由于职业的不同关联着个人的收入、权势、文化教养、工作环境等,人们对不同职业的人有着不同的社会评价,使特定职业的人有了特定的社会地位。在社会交往中,由职业带来的社会地位因素影响到交际双方所持的态度,并体现在语言运用上。当社会角色相同时,双方的社会地位是同一关系。当社会角色不同时,双方的社会地位有着某种程度的差距。下面是社会角色关系影响下的"哥们儿"称谓统计表(干部、学生、工人的总数各 20 名):

称谓对象	工人	农民	学生	知识分子	办公人员	自己的领导	小商贩或修理匠	其他
干部	5	3	3	3	5	0	3	5
学生	3	1	10	0	0	0	4	5
工人	8	5	5	2	3	0	2	4
总计	16	9	18	5	8	0	9	14

上表最值得注意的现象是三类人对"自己的领导"一项的选择为零。上下级之间注重工作职位造成的尊卑关系的特点,与"哥们儿"称谓抹平尊卑界限的特点形成对立,使上下级之间通常不用这一称呼。上下级之间的交往是一种公务性特征很强的语境,即使在工作地点之外的一般社交场合,

上下级之间的尊卑界限也依然存在,使双方不能使用"哥们儿"称谓。但一位48岁的大学文化的副处长说,他对同级干部或较亲密的直属下级也用此称。可以认为,虽然下级不对上级称"哥们儿",但作风随和的一些干部为显示他的没有架子,或联络感情,也会在较随便的场合称其下属为"哥们儿"。

也就是说,交际双方的上下级关系造成了公务语境,使"哥们儿"称谓不能或不易发生;而与领导之外的人(亲属除外)的交往都可以成为"哥们儿"称谓发生的场合。

其次看"哥们儿"称谓发生的场所。

场所不同于场合,但场所的不同常能区分出场合,或者特定的场所一般属于特定的场合。比如干部之间在办公地点常处于郑重的公务场合,在街上或家里常是随便的生活场合。场所可以作为确定场合的明显标志。

在60名男子中,使用"哥们儿"称谓的地点情况如下表:

称谓人 \ 称谓地点	在学校	在工厂	在办公地点	在街上	在家里	不分场合	其他
干部	0	0	1	7	3	0	8
学生	3	0	0	11	0	1	7
工人	0	4	0	9	4	5	1
总计	3	4	1	27	7	6	16

从上表看,选择"在街上"的最多,其次是"在自己或别人家里",而最少的是"在办公地点"。这初步说明"哥们儿"是属于生活领域的称谓,而不属于公务领域。在这三类人中,干部阶层所处的语境在这两种场合的区分上最鲜明,当他在机关内与领导同事一起办公时是一种郑重的公务场合,他倾向于不使用这称呼;而在街上和个人家里时,他处于生活场合,就易于使用这称呼。很能说明问题的是,所有干部都不选择"不分场合"这项,有位干部还特地在"其他"项下注明"分场合,不固定"。学生使用"哥们儿"称谓也是分场合的,他不宜于用此称的郑重场合主要是课堂上,但课堂上的郑重

程度显然不如干部处于公务活动中那样高,所以课堂上"哥们儿"称谓也是偶尔使用的,同学之间可以私下里小声称呼。有位大专男生在"其他"项下注明:"适时适地而定",另位男生说:"在比较随便的地方"。学生选择"在自己或别人家里"的为零,这是由于笔者抽出的这 20 名男生都是来自农村的,他们在家里按农村的称谓习惯是不称"哥们儿"的。工人对场合的选择有显著的不同。工人除了选择"在街上"和"在家里"之外,还有 4 人选了"在工厂",有 5 人选了"不分场合"。这是由于工人的日常活动在"郑重的"与"随便的"两种场合上的区分不是很鲜明,工厂是他的工作地点,但他在这里从事生产活动并不像机关干部办公那样处于郑重的严格强调社会身份的气氛中,他与同事之间仍可以"哥们儿"相称(也可使用其他拟亲属称谓),只是与领导说话时例外。所以工人在工厂里的生产劳动语境应是半公务半生活的语境。也就是说,工人比干部更多时间地处于民俗发生的情境之中。称谓情境除了交际双方关系,称谓发生的场合之外,还应有其他因素,如称谓双方正在做什么事情,称谓人的交际目的,称谓的交际效果等。这些内容已在上面有所涉及,不再专论。

(三)"哥们儿"称谓的文化内涵

"哥们儿"作为一种拟亲属称谓,是宗族文化体系在现代社会的遗存形式;同时它作为追求现代思想的城市中青年的新潮称谓,[1]又是对宗族文化观念的反叛。

为了解称谓人使用"哥们儿"称谓的心理动机和这一称谓的民俗语义,我们在调查表中设计了"您为什么使用'哥们儿'称呼"这一问题。在男性干部、学生、工人各 20 名的调查范围中,共有 52 名"哥们儿"称呼使用者,他们对上边问题的回答情况如下:

---

[1] 这句话并不是说"哥们儿"称谓最早出现于近年。1929 年老舍先生的小说《二马》中已有"哥儿们"的说法。它的早期形成过程尚待研究。但是说"哥们儿"称谓在近二三十年来才开始流行,当无不妥。

称谓\动机	表示亲近或拉近双方关系	显得随便或豪爽	叫着顺口、习惯了	没有比它更合适的称呼	表示尊敬	其他
干部	5	10	0	1	1	1
学生	8	5	0	4	1	3
工人	3	10	1	5	0	1
总计	16	25	1	10	2	5

从上表看,回答"显得随便或豪爽"的占 25 人次,其次是"表示亲近或拉近双方关系",占 16 人次,而选择"表示尊敬"的只占 2 人次。据此可将"哥们儿"称呼定义为:"为制造轻松随便的交际氛围并表示亲近感情的一种拟亲属称谓。"而这一称谓并不含有尊敬对方的意思。这从被称谓人的反应上也可以看出来。在回答"您是否愿意让别人称您为'哥们儿'"这一问题时,60 名被调查者中有 44 人次持"无所谓"态度,只有 11 人次表示"愿意",4 人次表示"不愿意",2 人次表示"讨厌这称呼"。这种对"哥们儿"称谓不很欢迎的态度固然跟人们还没广泛接受这一称谓有关,但更主要的是人们不能从这一称谓中得到被尊敬的感觉。一位大专男生说:"如果你要真正尊重他(她),就请不要使用'哥们儿'称呼!"

女性使用者对上一问题的答案与男性是基本一致的。在 39 名女性使用者中,答案情况分别为:"显得随便或豪爽"18 人次,"表示亲近或拉近双方关系"13 人次,"叫着顺口,习惯了"2 人次,"表示尊敬"1 人次,"其他"13人次,"没有比它更合适的称呼"为 0 人次。女性的答案在前两个选项上更为集中,事实上女性使用"哥们儿"的功用在这两方面也更突出。对女性而言,相互称"哥们儿"是一种比喻的、幽默的且超越常规的叫法,有明显的活跃谈话氛围的作用。同时它主要用于女性亲密社交圈子内部,它表示亲近关系的意思也是显而易见的。

"哥们儿"称谓是对"兄"类称谓的替代形式。"兄"类称谓指对非亲属交际对象称以"××兄""老兄""××哥""大哥""老哥""小哥""老弟""兄弟""小弟"等。所谓"称兄道弟",是汉文化中的典型称谓礼俗。这一礼俗有着历史悠久的文化内涵,对民众有根深蒂固的影响。

　　传统社会认为最基本的人伦有三种:父子、夫妇、兄弟。兄弟间的和睦友善、长幼有序是父系宗族秩序的组成部分。古人将"悌"与"孝"并称,将之看作最重要的道德规范之一。《礼记·礼运》所说:"兄良、弟悌",《论语·学而》所言"弟子入则孝,出则悌",都在强调兄友弟恭的礼仪,特别是弟对兄的敬爱之礼。将同胞兄弟之情之礼推及世人,就是《论语·颜渊》所讲的"君子敬而无失,与人恭而有礼,四海之内,皆兄弟也。"这样,"兄"类称谓就备受推崇,得以广泛运用。

　　"兄""哥"作为社交中的常用敬辞,其意义主要是礼俗意义,即表示对称谓对象的亲近、敬爱之义,而它们的本意"同胞年长者"退隐为背景意义。所以对同辈年长的人称兄,对同辈年幼的人也称兄;甚至对晚辈以至晚辈女性也称兄。这里我们可借鲁迅先生对兄称谓的使用和解释来说明。

　　1925年3月,许广平先生收到鲁迅先生的第一封回信,对信中称她为"广平兄"大感不解:"但当我拆开信封,看见笺面第一行上,贱名之下竟紧接着一个'兄'字,先生,请原谅我太愚小了,我值得而且敢当为'兄'么?不,不,决无此勇气和斗胆的。先生之意何居?弟子真是无从知道。不曰'同学',不曰'弟'而曰'兄'莫非也就是游戏么?"①这段话表现了许广平作为一个晚辈、学生、女性被称为"兄"之后的感受,从中我们可以真切地看到"兄"称谓给人带来的受尊敬感,这就是该称谓礼俗的社交效果。鲁迅复信解释说:"这是我自己制定,沿用下来的例子,就是:旧日或近来所识的朋友,旧同学而至今还在来往的,直接听讲的学生,写信的时候我都称'兄';此外如原是前辈,或较为生疏,较需客气的,就称先生,老爷,太太,少爷,小姐,大人……之类。总之,我这'兄'字的意思,不过比直呼其名略胜一筹,并不如许叔重先生所说,真含有'老哥'的意义。"②鲁迅在这里解释了"兄"的礼俗意义,是在其本意之外的,也就是延伸的用法。

　　"兄""哥"作为拟亲属称谓,其意义一是表示亲近之情,二是表示敬重之意。而"哥们儿"缺少的或者说有意抹去的是第二种意义。这是"兄"称

---

① 《鲁迅全集·九·两地书》,第15页,人民文学出版社,1963年。
② 《鲁迅全集·九·两地书》,第17页,人民文学出版社,1963年。

谓与"哥们儿"称谓的根本差别所在。二者的另一重要区别在于对交际氛围的影响不同："兄"称谓导致的是郑重的氛围,"哥们儿"称谓创造的是轻松、随便的气氛。而且据调查,现代中青年所使用的"哥们儿"称谓营造随便气氛的功能已大于表示亲近的功能。而"哥们儿"称谓的反叛传统的意味,也就在于它对年龄差距的社会文化意义的忽视,在于它对称兄道弟的传统礼俗的否定。部分传统观念淡薄的中青年,不愿沿用拘谨陈旧的"兄"类称谓,又要表示对称谓对象的亲近之意以利于亲际,就使用"哥们儿"称谓。

"哥们儿"称谓一方面具有与传统观念不合的地方,从另一方面看又是对传统称谓法的继承。或者说"哥们儿"称谓与传统观念的不合只是传承中的变异。因为它毕竟是亲属称谓的泛化,是将表亲近血缘关系的词语用于非亲属关系。这还是受几千年来宗法制社会的传统观念影响的。

三、"哥们儿"称谓与城乡文化背景

通过以上比较,我们可以看到村落的"哥们儿"称谓与城市的"哥们儿"称谓在含义、功能、运用状况等方面有着显著差异,农民与市民对"哥们儿"一词也有迥然不同的理解。作为拟亲属称谓的两种"哥们儿"分属于两种文化体系,两者的差异也是由城乡文化的差异造成的。

城市和农村是两个文化上反差极大的社区。这种文化上的反差必然反映到民间称谓上。我们在讨论黄庄的称谓体系时看到,亲属称谓和拟亲属称谓是村落称谓的主体部分,并具有主导作用,其他称谓形式是作为亲属称谓的补充而存在的,这是由于村落是靠宗族血缘关系(含拟血缘关系)组织起来的,因而村民间的礼仪态度主要是由辈分称谓关系来决定。由于小农经济采取以家庭为单位的分散经营方式,传统村落的村民之间基本上不存在以共同经营为基础的业缘关系纽带,因而称谓体系中没有职务称谓的地位。而城市作为开放型的人口流动性很强的社区,人际关系的连接纽带是在血缘和地缘之外的另一种关系,即业缘关系,也就是城市人常说的同事关系、上下级关系。这是以社会分工为基础形成的社会关系,它将城市居民切分为各种职业集团。在职业集团内部,个人在业缘关系中的地位取决于他在社会协作链条中所起的作用,其尊卑取决于他在单位里的职务,因而业缘

关系中的称谓以职务称谓为主导,以姓名称谓为辅助。这与村落称谓制形成鲜明的对照。当城市人在八小时之外处于业余生活情境时,他对人的称谓有两种情况:一是对本单位的同事仍以职务称谓和姓名称谓为主,如果他所在的居民区是单位内的相对封闭的社区,职务称谓在业余生活中仍占重要位置;二是对非本单位的同事以拟亲属称谓为主,辅以其他称谓形式,不过这种拟亲属称谓的构成及其在称谓体系中的位置与农村是迥然不同的:

首先,城市居民的拟亲属称谓对亲疏长幼的区分是很粗疏的。由于城市里人口流动频繁,极少有祖辈世居一处的稳定的居民社群,同时由于人们之间缺乏亲密的互助往来,同一居民区的人们之间缺乏村落那样世代相传的辈分关系,辈分的确定主要根据年龄的差别,其次根据对方与自己家庭成员的社交关系,如对爷爷的熟人称"爷爷",对父亲的熟人称"叔叔"。由于传统的父系文化的影响,这种拟亲属称谓语以宗亲称谓语为主,但是这并不意味着人们有区分宗亲和外亲的意识。事实上由于城里子女婚后一般不与父母同住一处,多数情况下是说不上从夫居或从妻居的,对第三代的抚育也呈现双系并重的局面。由于计划生育的独生子女政策,家族结构有"四二一"型的倾向,即祖父祖母、外祖父外祖母为四老,父母为双亲,再加一个孩子。对这个孩子而言,实际生活意义上四位老人已无内亲与外亲之分,反正都在同一个城市内,居住上离祖父近还是离外祖父近一般是偶然性的。所以亲属称谓语的内外亲之分只是传统社会称谓体系的现代社会的遗迹,拟亲属称谓语对内外亲称谓语的选用也是如此。部分老人尚有区分内外亲的称谓习惯,而中青年人一般无此意识。比如在北京海淀区的一个居民小区内,一位退休干部让他的外孙称年老邻居为"姥爷""姥姥",但他这种外亲原则贯彻并不彻底,他并不让外孙称年轻邻居为"舅舅""舅母",而称"叔叔""阿姨"。这个孩子的父母则让儿子称这里的年老邻居为"爷爷""奶奶"。实际上,拟亲属称谓的"爷爷""奶奶"已失去宗亲意义的本来面目,并非指称父系亲属社区的人们,而是对年老长辈的泛称。而且,近年来城市拟亲属称谓体系有打破以宗亲称谓为主局面的倾向,"大姐"正在取代"大嫂","阿姨"正在取代"大娘"或"伯母"。而且"大姐"与"阿姨"是不区分称谓对象结婚与否的。另外,城市拟亲属称谓趋向于只区分以年龄代际差别为基础的辈分,不区分同代范围的长幼关系。"叔叔""阿姨"这对带有现代城市文化色彩的新兴的称谓形式,即不区分称谓对象与父母的长幼关系。同辈之间的"哥们儿""姐们儿"称谓也不区分相互间的长幼之别。

其次,拟亲属称谓虽然在城市民间称谓中仍占据主要位置,但已不占绝对优势,它在某些情况下为其他称谓形式所取代。在城市运用较多的称谓除了拟亲属称谓和姓名称谓之外,还有职务称谓、情态称谓等。职务称谓除了来自单位内部的业缘关系以外,还有一种泛化的称谓形式,如"同志"和"师傅"。"同志"自二十世纪五十年代至七十年代末被广泛使用,在相当程度上取代了拟亲属称谓的位置。八十年代以后,"同志"用得渐少,被"师傅"取代。近年来又兴起"先生""小姐"这类从称谓对象性别着眼的社交尊称。对拟亲属称谓的运用状况,已有学者做了调查。根据陈松岑《北京城区两代人对上一辈非亲属使用亲属称谓的变化》一文,①可对城区居民使用拟亲属称谓称呼非亲属的基本情况概括如下:第一,中老年人大多数情况下对上一辈非亲属都使用"大爷、大妈、大叔、大婶儿、姑、姨"等称谓,青年人对此的使用频率下降,并且较多使用类分法性质的"叔叔、阿姨"来取代其他对上辈的旧式称谓。第二,从称谓人身份看,工人比知识分子更多地使用亲属称谓去称呼上一辈非亲属;从称谓对象身份看,人们对来城的农民更倾向于使用亲属称谓以示亲切,对知识分子多称"先生、老师、同志"等表明身份或较文雅的词语。

村落的"哥们儿"称谓与城市的"哥们儿"称谓虽然分属两种民间称谓体系,但二者有着天然联系,即都源于传统的宗族文化,都是将亲属关系名词用于非亲属;而且随着村落的封闭性逐渐减弱,城乡文化交流逐渐增多,文化差异逐步缩小,城市的"哥们儿"称谓有向农村传播的倾向。一旦这种不分世袭辈分的称谓为农民接受,它将和其他因素一起促成拟亲属称谓的世袭辈分制的变异。

① 《语文研究》1984 年第 2 期。

附："哥们儿"称呼问题调查

您的情况	性别	年龄	文化程度	职业	生活区域		职务或职称
					城市	农村	

1　您是否称呼别人为"哥们儿"？

　　A　经常　　B　偶尔　　C　没有使用过

2　您为什么使用"哥们儿"称呼？

　　A　表示对他们亲近或为了拉近与他的关系

　　B　显得随便或豪爽

　　C　叫着顺口，习惯了

　　D　没有比它更合适的称呼

　　E　只是不习惯　　F　其他：_____

3　如果您从不使用"哥们儿"称呼，为什么？

　　A　嫌它俗气　　B　觉得它流里流气

　　C　觉得它降低了您的身份

　　D　有其他更合适的称呼，没必要用它

　　E　只是不习惯　　F　其他：_____

4　您在什么情况下叫人"哥们儿"？

　　A　在学校　　B　在工厂　　C　在办公地点

　　D　在街上　　E　在自己或别人家里

　　F　不分场合，什么地方都可以　　G　其他：_____

5　您称呼"哥们儿"的人有哪些？

　　A　性别　　a　男性　　b　女性

　　B　职业　　a　工人　b　农民　c　学生　d　知识分子

　　　　　　　　e　办公人员　f　自己的领导　g　小商贩或修理匠

141

h　其他：_____

6　您称呼"哥们儿"的人与您的关系？

　　A　a　亲属　b　非亲属　c　亲属和非亲属都称呼过

　　B　a　熟人　b　生人　　c　似曾相识但不知其姓名身份等

7　您称呼"哥们儿"的人的年龄？

　　A　（看起来）年龄比您大　　　B　（看起来）比您小

　　C　（看起来）年龄相仿　　　　D　年龄大小无所谓

8　如果您曾用"哥们儿"称呼女性，那是为什么？

　　A　好玩　　　　　　　　B　显得洒脱

　　C　希望像男人那样爽快重义气

　　D　比称"姐妹儿"显得好听、舒服

　　E　表示对她的尊重　　　F　其他：_____

9　您是否愿意让别人称您为"哥们儿"？

　　A　愿意　　B　不愿意　　C　无所谓　　D　讨厌这称呼

10　您对"哥们儿"称呼还有什么要说的？您如果用过与"哥们儿"相近的
　　称呼，有哪些？

第三章　人　名

　　人名的研究,总体来看成果是丰硕的,其中从文化角度探讨姓名现象的尤多,对乳名和绰号的研究较薄弱,尤其是绰号,由于收集资料较困难,研究成果少见。①

　　黄庄的人名有三种:姓名(大名)、乳名(小名)、绰号(外号)。其民俗属性表现在两个方面:一是命名,特定人名用词体现了命名者的民俗心理,也体现出命名对象的村落社会地位或者个性特征;二是人名的使用,即作为一种在社会功能和使用频率上仅次于亲属称谓和拟亲属称谓的一种称谓形式,其运用规则体现出村落礼仪制度的一部分。姓名、乳名和绰号在此两个角度的内涵和功用构成村落的人名文化。

第一节　姓　　名

　　清代唐甄在《潜书·名称》中说:"名者,序长幼,辨贵贱,别嫌疑,礼之大者也。"这是从命名角度讲,姓名不单纯是指代个人的符号,而且是个人在社会秩序中的位置的标记。所以我们先看姓名的构成模式及其文化意义。

---

① 纳日碧力戈的博士论文《姓名论》以我国少数民族姓名文化为重点,并兼及汉族和世界上其他民族的姓名文化,对此现象进行了全面的理论探讨,并有专章对姓名研究状况作了述评。《姓名论》,社会科学文献出版社,1997年。故此处对姓名的研究状况不再做较多的评价。

传统的大名由三个字组成。第一个字是姓,它是父系血缘的标志。在传统社会,姓起着明血缘,别婚姻的作用。《白虎通义·姓名》中说:"人所以有姓者何? 所以崇恩爱,厚亲亲,别婚姻也。"同姓意味着是村中同一远祖的后代,有古远的血缘联系。在传统社会中属同一宗族,同姓男女不得通婚。现在,这种同姓亲族意识在村民的脑中仍有"遗迹":在拜年、婚丧互助等民俗活动中姓氏仍有区分和凝聚村民的作用,在村民口头上也还有"黄家人""王家人"等的说法,说明村民也还隐约具有区分一个村民是哪个姓氏群体的意识。但正如第二章所述,这种同姓亲族意识已极微弱,以至于对整体的村民关系已没有实质性的影响,亲族关系之外的同姓村民和异姓村民实际上都是地缘互助关系。固然,从历史的角度来看,同姓村民关系与异姓村民关系是有区别的,因为前者可以溯源到同一祖先,而后者则是不同的血缘;并且在以宗族文化为基础的传统社会文化中,一切组织都采用血缘式凝聚手段,在村落这个相对封闭的地缘团体中,同姓村民的血缘联系被强化和利用,形成严密的同姓宗族组织。但这种扩展的亲族团体实际是披着血缘组织外衣的以地缘关系为基础的组织。而异姓村民也用宗族组织手段凝结起来,其明显标志是全村不同性别连成一体的称谓网络。黄庄素有"黄王不分"的说法,不同姓氏间没有发生过团体性冲突,各姓村民基本上是平等和睦相处的,没有明显歧视小姓现象。过去在宗族组织影响下,同姓村民是自成体系的团体,姓氏有区别亲疏的作用,但是新中国成立以来在国家力量的干预下,宗族组织早已被重点清理而销声匿迹,宗族文化在人们头脑中的影响也已淡薄,这从同姓村民互相通婚并改称呼的现象可以看出。姓氏区分亲疏的功能已经很弱,非亲族的同姓村民已基本没有血缘同一意识,因而村民间互助的密切程度主要取决于地缘因素即居住的邻近程度,而不是姓氏的异同。我们在第二章也讨论了村内通婚的现象,可以看到一村的同姓之间只要出了"五服",就能通婚。所以,可以说,在当前的村落文化情境中,姓氏区分亲疏、阻隔同姓婚配的功用已基本不存。

大名的第二字是辈分字。它是村落宗族文化的产物。辈分字标出了村民在村落组织网络中的位置,将同姓血缘群体的内部尊卑秩序清晰地展现于语言层面,为村民特别是孩子们和刚嫁入本村的媳妇们掌握称谓网络、遵行称谓礼仪提供了方便,即从对方姓名用何辈分字可知对他怎样称呼。过去有些家族的辈分字是在族谱或家谱中由祖先规定载明的,命名者并无选择的权利。有些家族没有传下家谱定好的辈分字,就依从同姓或近族已有的辈分字。也有的家族独行其是,这种做法在二十世纪五十年代以前只占很小比例。现有村民中,黄姓的"金"和"庆"两字是突破家支界限的常用辈分字,分别是第一辈和第二辈的标记;第三辈的辈分字有"砚""殿""文"等,第四辈的名字已基本不再遵行排定辈分字的习俗。如黄姓老四支中的第二支,第一辈用"金"和"桂"字,第二辈用"庆"和"希"字,第三辈用"殿"字;第四辈呈无序状态,三个家支中,有一个家支的第四辈堂兄弟们共用"红"字,另两个家支的孩子都起单名,无辈分字的位置。王姓没有全体同姓通用的辈分字,各分支自成系统。王姓远祖之下分"臻之茂合"四支,其中"臻"支的后代所用辈分字最为整齐,同辈的用同一字标示,至今无破例者。从现存老人辈分"之"字辈人上两代开始,这一支的辈分字依次为"佩、方、之、福、爱"。其他王姓分支所用辈分字没有这样严格的规律,但也能理出大致的辈分线索来。刁、李、隋等小姓的情况类似。虽然各家族的姓名使用辈分字的整齐程度有差别,但传统时期每位家长在为孩子取名时都有择定辈分的意识,这点是肯定的。至于各族辈分字一致到何种程度,与族人的团结程度成正比。至少亲兄弟要用同一个辈分字。同姓之中,不同辈的姓名第二字不能相同,个别人家取名时犯了此禁,后来在舆论压力下只好改名。但异姓之间无此禁忌。如现村中黄姓第一辈多用"金"字,而王姓用"金"字做辈分字的村民比黄姓"金"字辈矮一辈。

黄庄人的姓名取辈分字的习俗一直保持到二十世纪五十年代。六七十年代,此俗开始消解。八九十年代,此俗已极弱化,这期间出生的人口姓名有辈分字的已是少数。新时期人们取名崇尚新颖和吉利,已很少有用名字来排辈的意识。这从两字姓名逐渐增多的趋势可以看得出来。五十年代以前,黄庄姓名没有两个字的,六十年代,出现了五个两字姓名;七十年代出现三个;到八十年代骤然增多,出现 36 个,占十年内出生人口总数的 28.8%;九十年代两字姓名又增 43 个,占新生人口的 47.8%。两字格姓名没有辈分字,它的增多明示着宗族辈分意识的衰退。

　　二十世纪六十年代以来的三字格姓名中,选用辈分字的比率也是逐渐降低的,一般亲兄弟和堂兄弟用同一辈分字,再远的宗亲就很少用同一字表示辈分了。九十年代甚至出现了亲兄弟姓名第二字不同的情况,如有一家兄名"黄雪龙",弟名"黄健明"。同姓之中,出现了不同辈分的人姓名第二字用同一个字的情况。突出的表现是黄庄人偏爱"永"字,如"永生""永志""永刚""永华""永军"等,这些用"永"字的人各种辈分都有,表示不同辈不用同一辈分字的禁忌已不能有效发挥作用。

　　传统姓名的前两字是村民在村落家族体系中位置的标志,它们可以是一群人共有的,如名"王之×"和"王福×"的现各有 6 人和 11 人。前两字的共有显示出小群体内部的血缘联系和小群体相对于宗族大群体的地位。姓名的第三字才是纯粹区分个体的符号,对命名者而言,由于前两字都是因袭的,无法选择,所以只能在第三字上体现他的创意。第三个字的常用字眼,一般是能代表村民的理想、价值观和审美观的,显得吉祥、文雅、新颖的。男名常用"昌、福、禄、旺、才、龙、国、刚、强、勇"等,女名常用"英、华、芬、兰、梅、秀、芝、霞"等。有的人家还讲究子女姓名的第三字能组合成意,如李家四兄弟各名李治中、李治华、李治民、李治国。这种起名法兼有表意和排行两种作用。但李家不幸老大老二早夭,所以有村民认为"他家将'中华民国'占全了,名儿太大,不吉利"。有一王家兄弟三人名王占山、王占峰、王占岭,三名用字在字形和意义上保持一致。新中国成立后用"华、红、军"为名的增多。

　　尽管不同的姓名用字在命名角度上有表意的差别,但作为称谓语在交际中的功能和用法是相同的。姓名本为代表个人的符号,如果没有礼俗的限制,它是可以被无所顾忌地用来称呼人的。但是在礼俗社会里,姓名作为称谓语必然要纳入礼仪制度体系。在以亲属关系和拟亲属关系为基础的村民关系中,姓名称呼必要服从亲属称谓礼仪的规约。

　　在家族成员之间,长辈的名字是严禁说出的。无论当面还是背后,直称长辈的名字都是严重不尊敬长辈的行为。喜欢开玩笑的村民常告知别家的孩子其父母叫什么,让孩子直述其父母名字,从而获得破除禁忌的快感。这种游戏的成立就是以父母姓名禁忌为前提的。当我试图勾画村民世系传递图谱而问及他们先人的姓名时,一般都说不上其老爷爷的名字,五十岁以上的人半数以上说不出其爷爷名,甚至有位八十一岁的老人竟忘记了其父亲的名字。这种忘记先人名字的状况主要是由于村民没有家谱等文字记载形式,在生活中又禁说长辈姓名造成的。直系亲属长辈之外,第一旁系长辈的姓名也是禁说的,即只能用亲属称谓指称爷爷的兄弟及其配偶,父亲的兄弟及其配偶。而对第一旁系之外的宗亲长辈,当面用亲属称谓,背称时用姓名加亲属称谓的形式,因为如只用亲属称谓,听话人不明白说话人的指称对象,比如背称时提及堂祖父,因黄庄称谓中没有表示这种血缘关系的确切用语,就用姓名(或小名)加"大或'二''三'等排行字爷爷"来表示。

对家族成员的晚辈和同辈中年龄小于自己者,则直接称名。所以家族血缘关系中,实际运用中的人名称谓是对年幼低辈者的称谓,是对孙子、儿子、弟弟等位卑称谓语的替代形式。正是从这个角度上,人名称谓在功能实质上可看作亲属称谓的一种,因为它表达的是对位卑亲属的指称。在晚辈成年以前,长辈对他称以乳名。在他成年特别是成婚生子之后,长辈们出于对成人的尊重,对晚辈也有称呼大名的倾向,或者称"××他爸""××他娘",但由于语言习惯的作用,多数情况下还是以乳名称呼晚辈。

村民关系是家族亲属关系的延伸和仿拟。所以家族内部的称谓规则也适用于村民之间。但由于是仿拟的亲属关系,所以这规则在运用上就有些变通。对于村民中的年长者,不管高辈低辈,都以拟亲属称谓相称,直呼姓名是无礼行为,是为年长者所不能接受的。但在背后,为了指称明确,重礼仪的人就用姓名加拟亲属称谓语的形式,不大讲究礼仪的年轻人往往径用姓名指称关系一般的年长村民。对已成人的年幼村民,男性年长村民一般以大名称之以表尊重,而年长妇女不大讲究这点,一般仍以乳名称呼他。年龄相仿的村民自小相互称乳名惯了的,但成人结婚之后,相互间也郑重其事地改用大名相称,这是村民心理成熟的一种标志。如仍用乳名称年龄相仿者,对方会认为是对他的不尊重。

第二节　乳　　名

乳名现象是一种历史久远的语言习俗。据游国恩先生考证,起小名之俗"兴于两汉,盛于六朝"。[①] 古代文献中关于古人小名的记载是不鲜见的。如《南史·张敬儿传》记载,南齐时,有兄弟俩,哥哥张敬儿小名叫狗儿,弟弟张恭儿小名叫猪儿。张敬儿受卜术及梦境的启示,以为自己将成天子,遂密谋反叛,编造童谣说:"天子在何处,宅在赤谷口(张敬儿房前地名),天子是阿谁?非猪如是狗。"后被齐武帝所杀。《旧唐书·李君羡传》则记载了一次关于小名的宫廷游戏:唐太宗曾请武官们在宫内饮宴,令大家作酒令,并各报自己的小名。华州刺史李君羡自报小名叫五娘子,太宗笑他说:"你算什么女子,这么勇猛无畏"。从其中各报小名的记载看,当时起小名的习俗是极普遍的。不仅民间百姓、文人官宦起小名,号称天子的皇帝也是有小名的。辛弃疾的《永遇乐·京口北固亭怀古》中说:"斜阳草树,寻常巷陌,人道寄奴曾住","可堪回首,狒狸祠下,一片神鸦社鼓。"词中的"寄奴"是南朝宋武帝刘裕的小名,"狒狸"则是北魏太武帝拓跋焘的小名。最为人熟知的古代帝王小名是刘禅名"阿斗",曹操名"阿瞒"。以上小名不管是平民百姓的,还是官宦皇室的,都以俚俗丑贱为原则,这与从正面体现社会秩序和生活理想的典雅好听的大名迥然不同。可见乳名是一种有独特社会文化价值的命名和称谓习俗。

在黄庄,乳名称作"小名""小号"。传统时期,每个村民都有一个俚俗甚至"不雅"的小名。直到二十世纪七十年代仍然如此。小名的命名角度很多,归结起来,有如下几种:A. 以低贱畜类为名的,如小猪、猪剩、小狗、狗剩、老狗。B. 以坚固的物事为名的,如铁柱、铁蛋、铁成、铁峰、金生、钢生、石成。C. 改从"张"姓的,如张锁、张立、张狗、张生、张良、张燕、张旺。D. 据排行或性别起名的,如小二、小三、大丫、王小。也有男子起女性名的,如

"王丫"。村中现有人口中叫"王丫"的共三人,其中一男二女。E、表示希望、理想等抽象意义的,如红旺、来兴、小福、小荣、长勤、建华、顺立;有生了女孩希望再生男孩的,就起名换弟、招弟、会来、会生等。F、带辈分字的,第一字表明孩子在族中的辈分,即与本族中同辈的人用同一辈分字取名,第二字寄托希望、理想等义,如福刚、福明,文权、文岭,志岗、志芳。这些小名在成年后加上姓氏就是大名。还有其他起小名的角度,如以自然景物为名的:月明、月亮、红葵、秀亭、春光、小霞等;以形体特征命名的:小胖、老胖、过掌、小黑等;也有表示纪念意义的,如纪念老来得子的"老得子"等。

这些小名由于叫得随意、亲昵,语音上都是儿化的,如"小猪"叫成"小猪儿","张旺"叫成"张旺儿"。传统上小名一直叫到成年,成年特别是结婚生子之后一般改称大名,只有亲近的长辈才继续以小名称之。过去大名一般是在七岁上学时才取的,虽然老师要求大家上学后即以大名相称,但孩子们只在课堂上偶尔用大名,课外仍以小名相称。郑重的大名称呼本不属于亲密无间、喜玩爱闹的孩子们的世界。

进入八十年代,计划生育工作紧紧地抓起来,孩子一出生就要起了大名报上去,政府方面将每人的姓名输入电脑严格控制,不许以小名上报。既有大名,另起小名的动力就小了,有在大名之外另起小名的,也因已有大名而"叫不起来了"。但没有小名,称呼小儿有不便之处。一般以三字格大名的后两字作为小名来用,或将两字格大名的后一字叠音化或在前加以"小"字作为昵称。这样起小名的习俗在政府现代管理方式冲击之下趋于消弭。同时由于土地承包之后集体活动减少,且看电视取代了大部分游戏活动,孩子们之间的亲密程度比以前大为减小,这样在进入学堂之后,在老师的要求下,孩子们从七八岁开始即相互以大名相称了。

在人际关系亲密的村落里,乳名和大名是有明显的社会分工的。传统形式的三字格大名在构成上是人的村落社会地位的标记,在使用上它也相应的是对一个资格完备的成年村民的称谓。对一个人称以大名,意味着对他有足够的社会生活知识和撑门立户能力的认可和尊重。而乳名在文字构成上都是随意的,俚俗的,没有社会地位标记的,在使用上它是对接受抚育的未成年人的称谓。这样乳名和大名就是一个人在他一生中两个阶段的名称,这种分工表现了他在两个阶段与别人的不同关系,也体现着别人对他的不同态度。因而乳名和大名在语言形式上的不同是与它的分工的不同相对应的,两种名称相对待而存在,是不宜用一种取代另一种的。

乳名体现着父母及其他亲族长辈以至全体村民对幼儿养育教育的关系和爱护亲昵的感情。由于幼儿处于这样一种依赖于他人的状况,他不能也不需要在家族组织体系中占据一个独立的位置,所以他所得到的称谓也无需体现出他作为家族成员的角色含义,于是他在幼时的名称就不带父系血缘和辈分的标志,而是一个随亲长的喜好而从其他角度命名的很随意的名字。这个名字在语言形式上也就切合它的社会功能,通常是称说便利的,适于表达亲昵喜爱情态的,而且往往被超现实地赋予保佑幼儿成长的魔力。我们可以分别称之为便利原则、亲昵原则和保佑原则。它们是起小名习俗在传统社会中得以形成和长期传承的主要原因。

首先,小名作为对幼儿的称谓有很大的便利性。由于它不是正式名称,故用词随意,得来容易。而令人满意的大名却是不易得的。出于对大名的重视,必要使它用词合礼、吉利,又要文雅、好听,一时想不出,就将此事搁置下来,反正幼儿暂无用大名的需要,于是就随便取个小名来称呼他,"小二""王丫""黄小""小胖"皆无不可。小名的便利性还在于它用词的口语化和双音节,它所用的字俚俗浅白,又合乎汉语构词双音化的习惯,称呼时顺口,不像大名用字文雅郑重,往往有不生活化的字眼,又是三字格,称呼时总有些拗口费力。这样在幼儿名称不需要以更复杂的称说费力的形式来满足特定社会需要时,语言的经济原则就发挥了主导作用,促使人们以简易的符号称呼幼儿。这道理就是纳日碧力戈所说的:"人本身固有的惰性倾向,要求在姓名称谓中尽可能省力,用较少的具有普遍性、好记、好念的姓名来辅助交际,以尽可能简单、省力的姓名形式及其运用,来达到整合与区分的目的。"①所以在二十世纪八十年代以后,黄庄的村民在不给婴幼儿另起小名的同时,用婴幼儿大名中的后两字来称呼他,以部分地起到小名的作用,这可以看作小名合乎语言经济原则的一个佐证。

---

① 《姓名论》,第 124 页,社会科学文献出版社,1997 年。

其次,看小名适于长辈表达亲昵之情的功能。二十世纪八十年代以来兴起双字姓名,它们也很浅白好念,如黄帅、黄绢、王园、王飞等。为什么它们被大人们叫成了帅帅、绢绢、园园、飞飞呢? 除了这种叫法更加顺口之外,主要在于这叠字形式能表达父母的亲昵喜爱之情。而带姓的名字总是因正规而显得郑重、刻板,不大宜于作为昵称。由于这些叠字形式叫得习惯了,许多人家就把它作为大名。截止到1997年底,登记在户口簿上的叠字姓名共16个,如黄帅帅、王园园等,它们除1例出现于1970年外,都是八九十年代出生婴儿的姓名。其中只有三例是男孩名。这是由于人们感觉叠字形式不够郑重,不大适合做男子大名。如一个叫黄达的男孩,三岁之前被称为"达达",约满三岁之后就被称为黄达了,他的学名也就定为黄达。而他的两个姐姐一直被称为"绢绢"、"宁宁",她们的学名也就沿用了叠字形式。幼儿单名的叠字昵称实际上相当于小名,它所带有的明显的感情色彩证明起小名不仅是为了称说便利,而且是为了表达长辈对幼儿的亲昵之情。小名的便利性是和亲昵性紧密关联的。它的用字生活化和易于称说的特点,正适合长辈对幼儿表示喜爱的情态。小名的这种亲昵色彩既体现了长辈作为抚育者对幼儿的呵护和喜爱,也体现了他作为管教者对幼儿的尊严和权威。如果是那种三字格的表示出人的社会地位的大名,就不适合表述长辈对幼儿的这种感情和态度。

第三,乳名在村民意识中具有保佑功能。这是主要的一点。上述两点是乳名的现实性的社会功能,在传统观念里,它们只能是起小名习俗的部分成因,或者是现代思维方式的人为孩子起小名的重要原因。从这两点出发,不能解释古来小名为何偏爱"狗剩""猪剩""垃圾""石头"这类丑名贱名,也不能解释黄庄的孩子小名为何大量改从张姓,以及其他令人看来稀奇古怪的命名方式。所以对起小名习俗的解释还要从另一个角度入手,这就是在民间信仰里小名的超现实的功能,即它能使孩子易养活的保佑原则。

为了确定地了解村民在起小名时是否存有语言巫术意识,我在黄庄做了采访。那些做了奶奶的妇女们告诉我,小名带"张"是"押在张王爷的姓上"。张王爷就是灶王爷。此地传说灶王爷姓张,他的职能中有司寿命,保佑孩子一项。至于灶王爷身世的其他情况就说不上来了。据《酉阳杂俎·

诺皋记》："灶神姓张,名单,字子郭"。说他是个负情浪子,因羞见其妻而钻入灶中成为灶神。黄庄人的灶神姓张的说法应本于此。"押张王爷的姓"即寄名方法。人们说,小名叫"小猪""小牛""老狗",是因为这些畜类低贱,容易养活,叫"狗剩""猪剩",取命大之意,好像孩子已死里逃生,以后不会出事了,不过那位叫"猪剩"的村民确有劫后余生的经历,他在不满周岁时躺在西屋炕上,娘去别的屋子忙活了,这时猪进了屋,跑到炕上,咬去他一个手指头,于是他就叫了"猪剩";而铁柱、铁生、金生、钢生这类名字,是希望孩子能像铁、金、钢一样结实,不得病招灾;名字中带"链""锁"的,是希望将孩子捆住、锁住,不被恶鬼带走;叫"立"的,是希望孩子能立住;男的叫"王丫",则是由于丫头好养活。从这些解释来看,年纪大的一代村民是确有以小名而行语言巫术的意识的。而这种传统意识在四五十岁那一代的村民那里已经淡薄以至消失了。我注意到,二十世纪七十年代出生的幼儿没有起丑名贱名的,只有两个带"张"字的小名;八十年代则连带"张"字的小名也没有出现,只出现了"全有""满意""满强"这类"好听"的小名。这批孩子的父母都是在新中国成立后出生长大的。

黄庄人关于取贱名可以避邪的说法与文献所载古人对贱名的解释是一致的。如宋人王楙在《野客丛书》卷三十《小名犬子》条说:"父母欲其易于生养,故以狗名之……今人名字犹有此意,其理甚明。"另据宋人邢居实《拊掌录》及清人梁章钜《浪迹丛谈》卷六记载,欧阳修有儿名僧哥,人问他既素不重佛,何取此名,欧回答说:"人家小儿,要易长育,往往以贱物为小名,如狗、羊、马、牛之类,僧哥之名,亦此意耳。"《红楼梦》中则有富贵人家请出身贫贱者为孩子起名的情节。这就是第四十二回载王熙凤请刘姥姥为其女儿起名,王熙凤对刘姥姥说:"你就给他起个名字……你们是庄稼人,不怕你恼,到底贫苦些,你贫苦人起个名字,只怕压得住她。"在富贵人家看来,贫贱人所起名字就是贱名,就能避邪祛病。

现代的类似记载也不少见,如民国二十三年铅印本《万全县志》记载今河北省张家口地区万全县的起乳名习俗:

　　　小儿初生之命名法亦甚多,有于弥月后抱之出门,逢何物即以何物名之,如花牛、狗儿、马驹等;又因子缺,恐不能大,盗他家小儿之名者,其法于中秋夜,接墙或隔户高声猛呼邻家或街坊某小儿之名,内如应之,即返,以其名名己之儿;又有故意名讨厌之名,以望其成者,如狗不吃、狗嫌臭、不待见等;又有生男命女名者,如几丫头等类是也。此外,尚有以家长或高曾祖父母之岁数命名者,如六十三、七十二、八十一等是也。

这段记载明确指出了取小名之俗是为避邪、且避邪之命名角度不只是取贱名,还有盗他家小儿之名、以长寿家长岁数命名等。

江绍原先生曾广泛搜集关于命名习俗的资料,他在《中国礼俗迷信》中所介绍的民间取名避邪法有如下几种:(1)为小儿取牲畜名、物名,或男取女名,以求易养活;(2)取"锁""拴"类的名字,谓将小儿锁着、拴着使之不能去;(3)取名"招弟""辞妹""假小"以求下一胎生子;(4)请路人命名;(5)行"卖名"法或认干亲法,将孩子假卖给人丁兴旺的人家,认人为义父母,请其命名,或认姓刘的为干爹,"刘""留"谐音,取"留住"之吉,或将孩子假卖予神佛,请和尚代神命名。①

可见以乳名避邪曾是各地普遍流行的习俗,以巫术意识和手法试图有益于孩子的"养活"确为起小名习俗产生和流行的重要成因。各种形式的乳名避邪巫术所经历的心理过程可用弗雷泽的交感巫术原理来解释。古人相信语言所表述的意思能够对事实产生影响,语言自身有一种魔力,能将它所表达的兑现为事实。李安宅先生解释"语言的魔力"说:"语言所代表的东西与所要达到的目的,根据原始信仰,都相信与语言本身是一件东西,或与语言保有交感的作用。"②这可以看作顺势巫术的思维方式。取名为"锁""拴",以为靠经常念诵这已成为名称的字眼,就能生出一种灵力,真的能将孩子留住,不致夭折;取名为"牛儿""小猪",以为孩子就真的像牛、猪这类低贱而易养活的畜类一样,吃粗劣的食物、不必怎样精心看护他也能养

---

① 江绍原:《中国礼俗迷信》,第158、159、173、177页,渤海湾出版公司,1989年。
② 李安宅编译:《巫术与语言》,第13页,上海文艺出版社,1988年,影印本。

大;取名为"铁""钢""金",以为能令幼儿身体如这些金属一样结实不生病;让孩子姓了张,就如成了张王爷的孩子一般,邪病恶鬼就会惧了这"张"字不敢来犯;等等。同时,这种效力在人的想象中能够达成还跟对名字的崇拜有关。弗雷泽在分析名字禁忌时说:"未开化的民族对语言和事物不能明确区分,常以为名字和它们所代表的人或物之间不仅是人的思想概念上的联系,而且是实在的物质的联系,从而巫术容易通过名字,犹如通过头发指甲及人身其他任何部分一样,来为害于人。"①即古人认为名字与人自身有实体性联系,或者认为名字是灵魂的寄托物,通过对名字施加外力,就能影响到人自身的状况。把幼儿名字取为贱名,或带"锁""拴""铁""钢",或姓"张王爷"的姓,时常念诵,这种针对名字的吉巫术之所以能够影响孩子自身,就在于古人认为名字与人本身有实质性的联系。而"盗他家小儿之名"来为自家孩子起名,是由于命名者认为名字是灵魂的寄托物,既然这乳名不是自家儿女的真名,那么鬼来勾魂时勾走的就是别家的孩子了。从这个角度看,乳名在传统信仰中能起到保护幼儿的作用,不仅依靠顺势巫术的思维方式,也有接触巫术思维方式的配合。

如果说乳名作为幼儿生命脆弱期的暂用名,因而人们认为它不算真名的话,那么起乳名可看作一种藏名的方式。这样不仅带有明显巫术性字眼或以巫术方式起的乳名有避邪作用,而且所有的乳名都以藏名方式而具避邪佑儿之效。只不过这种藏名的作用在习俗长期流传中已被人们所忽略了,便在乳名用字或命名方式上再加上各种更积极的措施。弗雷泽在《金枝》中指出古代埃及人即有用小名而藏大名的习俗:"每一个埃及人都有两个名字,一为真名,一为好名,或一为大名,一为小名;好名或小名是为大家知道的,真名或大名则小心隐瞒不让别人知道。"②古埃及人的做法可以作为从藏名角度解释起小名习俗的理论上的佐证。但要对此下肯定性的结论尚需更充分的资料来论证。

以上分别从现实角度和超现实角度分析了取乳名习俗的社会功能和文

---

① 詹·乔·弗雷泽:《金枝》,第364页,大众文艺出版社,1998年。
② 詹·乔·弗雷泽:《金枝》,第365页,大众文艺出版社,1998年。

化成因。在传统时期,物质生活水平低,医疗水平差,加之迷信思想盛行,起乳名的超现实因素占据突出的位置。在现代社会,物质生活水平和医疗水平都有了根本改善,幼儿的夭折率已极低,人们已不再过多地忧惧婴儿难以养活了,所以在命名上的超现实信仰就淡化以至消失,而乳名的现实性功能就占了主导位置(假如将本自大名的叠音等形式的称呼法也算做乳名)。

不管出于何种社会的或文化的因素,乳名都是适于人的幼年期的一种称谓形式。与幼儿期接受养育的特点相应,乳名也带有只适于幼儿期使用的用字和风格上的特点。当人成年时,这种随意性很强的乳名便显示出不适宜于成人社交圈的特点。特别是在村落这种人际关系亲密的社区里,乳名与大名称谓的区分和变换有着重要的意义。在传统村落里,村民之间密切的互助往来使幼儿的抚育不完全是他所属家庭的事,他的宗族、邻居以及一般村民也或多或少地有所分担,特别是在生活知识、生产本领和为人处事常识上,幼儿常从家庭之外的村民获得教益。村民不仅管教自家的孩子,也时常管教别家的孩子。同时,村民幼时的名称也不仅为自己家庭的长辈所用,也为全村所熟知。在全村人的意识里,人幼时的名称与幼年的个人特征是凝结在一起的。当人成年时,这种幼年的名称就与他的成熟的心态和能力等个人状况不相适宜,如果继续沿用旧称,感觉上好像这人还没长大,被称呼者就感到没有得到作为成年人应得的尊重。所以在成年时用另一个郑重的名称来替换乳名就成为一种现实的需要。如此,村民由乳名称谓改为大名称谓,实在有一种成年礼的意义。从小在一起长大的伙伴们,尽管在二十来年里亲密无间地打闹,做伴上学,互称小名已成惯习,但在成婚生子之后,都摆出老成的样子,相互郑重其事地改称大名,不管这大名叫起来是多么拗口。因为他们意识到称哪种名字可不是随意为之的事。同时,那些沿用小名的大名就有一种缺陷:它不能给称谓对象以成年意识上的提示,比如小名叫"福元"的,大名叫"王福元",在他成为孩子的父亲后,由于他没有另起一个大名,村民们仍然会称他为"福元",他在姓名称谓方面就得不到其他人享受到的作为成人的礼遇。按理人们可以称他为"王福元"以示尊重其成人资格,但因大名与小名差别太小,人们感觉改称的意义不大,也太难改过来,所以也就很少人改称他的三字大名。

　　对黄庄存在由乳名改大名的称谓礼仪的事实,我还可以用自己的经历和体验做进一步的证明。由于我十五岁即离家求学,在城市生活了十几年后回乡探亲时,开始并不明白有此改称呼的习俗。儿时的伙伴皆称我以大名,我有一种生疏感,希望他们继续称我的小名,以便找回些童年在一起玩耍的亲切感,于是我主动称他们的小名。这样做还由于我忘了许多伙伴的大名而只熟知其小名,他们却不明确答应我对他们的称呼,而只是向我笑一笑,当时我对这笑感到莫名其妙,后来方知这是表示对我不知家乡礼节的谅解。当我在一个老人面前用小名问起他的儿子(也是我小时的好朋友)时,他表现出对我用此称谓的明确的反感态度。此后再遇到他两次,他对我都很冷淡。我在请教其他村民之后方明白他认为我称呼其子小名,是对他和其子的无礼。

　　从童年到成年的转变实际上也是一种人格的变换。由乳名改为大名象征着人进入了成人阶段。乳名是保护幼儿的硬壳,也是他幼稚人格的标签,当他成年时,乳名对他失去了意义,因而产生了更换名称的需要。恩斯特·卡西尔说:"神话意识非但不把人格看作是某种固定不变的东西,相反,它把人一生中的每个阶段都视为一个新的人格,一个新的自我;而人格的这种变化首先就是在其名称经历的变化中表现出来"。① 他指出在一些地方人们认为特定名称是与特定的人及其特定人格相对应的,因而名称相同的人,人格也相同;当人的人格变化时,他要取新的名称标示其新的自我,所以男孩子在青春期来临后都会获得一个新的名称。在这个意义上,从乳名到大名的更换确有成年礼的意义,它表明一个人不再是受佑护和宠爱的孩子,而是一个有独立身份的社会成员了。《礼记·曲礼》说:"男子二十,冠而字。"这里的取字便是成年礼的一项内容。古人还认为人随着境遇等的改变而更换名称可以给人带来好运,避免灾祸。卡西尔说:"在其他情况下,名称的变化有时可以保护某人免遭即将临头的危害,只要这人采纳一个不同的自我就可以逃离危险,因为另一自我的形态会使该人变得无法辨识。"②我国

---

① 恩斯特·卡西尔:《语言与神话》,第74页,三联书店,1988年。
② 恩斯特·卡西尔:《语言与神话》,第75页,三联书店,1988年。

古代也有关于类似说法的记载。从这种信仰来看,在进入成年阶段时将乳名更换大名还有"延年度厄"的功效。

第三节 绰 号

绰号在黄庄称作外号。这里流传的外号大都生动有趣,而且尖锐。其内容多为戏谑、讥嘲、挖苦的,我没搜集到可算作美称的成人绰号。它们是以游戏的态度对大名和乳名的补充。人们在起大名和乳名的时候,要遵从一定的命名规范和礼俗,要在名称上体现命名对象的社会身份,或寄托命名者的希望、理想或情感,要使名称有利于命名对象的存活、社交和发展,总之是要这名称有益于命名对象及其家庭以至家族。而作为游戏性称谓,外号的命名纯粹出于命名者指称别人的便利以及从中体验到的乐趣、快感,完全不从有利于命名对象的角度出发。在用词上,外号的构思注重体现命名对象的显著的个人特征,并且多为不雅、不光彩的特征,体现这一特征的字眼儿往往是别出心裁、一针见血的,可以算得上是一种艺术创作。人们在起大名和乳名时受社会规范的抑制而无法发挥的游戏冲动和幽默能量在起外号上找到了发泄的口子。它以一种轻松无忌的姿态打破了世俗礼仪和生活重负。一个概括准确而巧妙的外号一旦被某人发明出来,很快就会得到大家认同并迅速传播开来,成为集体共享的称谓资源。在村落这样一个人际关系密切的社区里,个人的外号是人所共知的,但是用于背称的语境,极少有当面称呼的。

黄庄的外号主要有两类,一类是着眼于相貌、姿态、嗓音等外部特征的,另一类外号从人的性格、品质、为人处事方面的特征命名。①

我向村民询问有无赞扬性的外号,村民勉强举出两个例子:一例是"五套俱全是金友家",赞扬王金友的妻子郝玉兰是个全才,"能文能武",她有

---

① 由于写出这些绰号会被当事者认为对他们的侮辱,也无法获得他们的同意,故在此只能遗憾地隐去这部分资料以及对它们的分析。

文化,在生产队当过会计和妇女队长,而且干庄稼活儿是把好手,在生产队集体劳动割麦子时,她常一马当先,她还会扶犁耕地、吆喝牲口这类男子干的活儿,家务活也做得好,有些人家炸油条专请她来帮忙。但是这一例不能算外号,只是一句流传开的赞语。另一例是"洋学生",指一男子说话斯文,像个城里的学生,但是这一例又不能算作褒意,庄稼人而有斯文相是为农民所看不惯的,因为这模样意味着他不能卖力气干活。在黄庄,"起外号"是一种"使坏"行为,学校里常有被起外号的学生向老师告状,使起外号的学生受批评的事情。

有些外号由于流传的时间久了,已找不到人说出这外号的命名理由,但这并不妨碍外号作为某人的趣称在这人背后使用。有些外号,我问了一些外号所有者的同龄人,他们已说不出外号同本人的联系。

由于外号是众人在背地里为人起的名,而且多采取戏谑和讥嘲的态度,所造的名字对命名对象多是不利的,所以外号总是不能获得命名对象的认可,而且是为他所深恶痛绝的。外号的使用也就只限于背称。当面称外号,是对人的侮辱,会引起称谓对象的恼怒,引起严重损害双方关系的后果。曾有孩子贸然称一中年男子的外号,引来被称呼者的破口大骂。一位老者告诉我一件二十世纪四十年代的轶事:邻村郑庄有位男子到黄庄来砍草,问谁家的地里草多,人家告诉他"×××"(外号)的地里草多,他走了一段正碰上"×××",但不知他就是,就迎着问:"大哥,你知道×××家的地在哪里吗?""×××"一听勃然大怒:"滚你娘拉个×的!"砍草的还不明白:"大哥大哥你怎么骂人啊?"

当面称绰号的情况有两种:一是拥有外号的人爱跟别人开玩笑,他不在乎外号的挖苦意味,或者拥有外号的人在村里因无能、境遇极差而地位低下,常遭人嘲笑,他无力维护自己的面子,并习惯了别人对自己的无礼;另一种情况是当两人处于敌对状态时以称呼对方的外号或其长辈的外号作为攻击、侮辱对方的手段,这常发生在孩子们中间。

由于孩子们的世界与成人的世界是分离的,孩子们有自己圈子里不为成人所知的外号。孩子们的外号除了恶称之外,还有要好伙伴之间的没有恶意的戏称或者美称,这些戏称和美称是可以当面称呼的。无恶意的戏称如"政委""团长"形容其长相或风采很像电影中的某正面角色。孩子们中间的绰号还有一种是只限于一家的兄弟姐妹中间用的。孩子们的绰号一般只用于幼年的圈子,一旦长大进入成人圈子,幼时的绰号也就自然废弃了,极少延用到成人中间的。

第四章　咒　语

咒语是一种魔法语言,是在巫术与宗教活动中出现的被认为具有超自然力量的神秘套语。巫术与宗教的学术领域,向来受到人类学者和民俗学者重点关注和大力开掘,并已取得丰饶的成果。咒语研究通常是对巫术与宗教的总体研究的一部分,如弗雷泽和马林诺夫斯基在讨论巫术现象时,也分析了作为巫术构成部分的咒语,奠定了关于咒语的基本理论。

国内研究巫术的著述一般也有关于咒语的论述,如宋兆麟的《巫与巫术》①、张紫晨的《中国巫术》②、胡新生的《中国古代巫术》③。此外尚有专门研究咒语的著述。较早的专著是李安宅先生编译的《巫术与语言》。此书分为四章,第一章"巫术的分析"是作者根据弗雷泽观点所做的发挥,阐述巫术的基本原理;第二章"语言的魔力",是根据马林诺夫斯基观点而发的议论;第三章"语言的综合观",第四章"交感巫术",分别是萨丕尔和弗雷泽的论文的译文。李先生认为语言的魔力源于巫术心理:"语言文字的阻障本与极原始的巫术心理相因而来。"④语言魔力的构成机理是:"语言所代表的东西与所要达到的目的,根据原始信仰,都相信与语言本身是一件东西,或与语言保有交感的作用。因为这样,所以一些表示欲望的词句,一经说出,便算达到目的,与一般的呻吟、惊叹、挥手、搥胸顿足等自足的作用,没

---

① 四川民族出版社,1989 年。
② 上海三联书店,1990 年。
③ 山东人民出版社,1998 年。
④ 《巫术与语言》,"编者序"第 4 页,上海文艺出版社,1988 年。据商务印书馆 1936 年版影印。其第四章"交感巫术"据商务印书馆 1934 年第 2 版影印。

有什么分别。"①文字具有魔力的原因是："文字本是将语言由着听官移来视官的东西,所以对于语言的迷信都可移到处置文字。然因文字比较有形可见,所以对于文字迷信更深。"②

陈原先生认为,语言从产生那天起就没有什么神秘力量,语言灵物崇拜的产生,源于阶级社会里占有书面语这种工具的统治阶级及其特定奴仆(占卜师、占星师、巫师等)对语言文字的利用："利用了语言文字的社会性,赋予了它们一种超人的性质,作为愚弄民众,巩固自己统治秩序的武器。"③"语言灵物崇拜发展到极端是符咒。符是书面语(文字)的物神化,咒是口头语(言语)的物神化。"④

以上两家虽然对咒语的形成过程的解释不尽一致,但都认为语言的魔力源自人类对自己的语言本身的崇拜。这也是学界大多数人的观点。另一种意见认为咒语并非"语言灵物崇拜"的产物,而是人格化的神灵崇拜的结果。

刘晓明先生《中国符咒文化大观》对中国自古以来的符咒文化考察甚博,认为"咒是人们向神明表达的某种语言信息,这种语言信息集中反映了人们的某一愿望,并企图通过神明来实现这一愿望。""咒起源于人们对神的祈祷"。⑤

李炳泽先生《咒与骂》认为咒"并不是什么'语言灵物崇拜',而是以万物有灵思维为基础的一种行为"。⑥ 他认为咒不过是交通神的表意工具,某些词语之所以被人认为"灵验",只不过是由于这些词语正好能呼唤事物、神灵,而不是对语言本身的崇拜。他将咒定义为"人类呼唤神灵前来为自己服务的言语行为。"⑦

虽然学界对咒语的研究已有相当多的成果,但由于巫术——宗教现象

① 《巫术与语言》,第13页。
② 同上,第15页。
③ 《语言与社会生活》,第36—37页,三联书店,1980年。
④ 同上,第41页。
⑤ 《中国符咒文化大观》,第351页,百花洲文艺出版社,1995年。
⑥ 《咒与骂》,第7页,河北人民出版社,1997年。
⑦ 同上,第8页。

的复杂性，人们对咒语灵力的本质和构成机制还存在着不同看法。

巫术与宗教同为对超自然力量的信仰和崇拜活动，二者是相通的，故巫术也称巫教或巫术的宗教，可以总括为宗教现象。但事实上民众的超自然力崇拜活动确实可区分为两种传统：一种是人类对于自己的法术具有超自然力的信仰，一种是人类对于人格化的神灵具有超自然力的信仰，虽然民众出于实用的需要，常将二者混在一起，但在理论上是可以将二者区分开的。

弗雷泽在《金枝》中对巫术与宗教做了清晰的区分，马林诺夫斯基在《巫术科学宗教与神话》等著述中对弗氏的观点做了肯定和发挥。但是他们着重研究保存着原始文化形态的土著民族的巫术活动而对神灵崇拜活动更为发达的文化中巫术与宗教的区分没有提出足够的切实的区分标准。鉴于现代社会中巫术与宗教活动常混在一起，难以彻底贯彻弗氏的分类法，一些当代人类学者倾向于将两种活动看作一码事。这种观点的代表人物许烺光博士说："无论我们采用哪一种标准，都会得出这样一个结论：巫术和宗教不应被看作是两种互不相容的实体，而必须整体地将它们看作是巫术——宗教体或巫术——宗教现象。这种观点得到越来越多的人类学家的赞同。"①

我们认为将巫术和宗教视为一类固然也是一种研究问题的角度和方法，但是也不应排斥将二者区分开来的研究。合与分，要看研究课题与目的。本章旨在探讨咒语灵力的实质及其表现方式，需要采用将二者加以精细区分的研究方法。

根据对黄庄一带超自然力崇拜活动的考察，我们认为在某些课题的研究中将巫术与宗教两种传统的活动加以区分不仅是必要的，也是可行的。事实上作为民俗遵行者的黄庄民众在观念和行为上也是将两者区分开的，即使将两者混在同一仪式中，某些情况下他们也明白二者是属于不同的体系，他们主动向我解释说："这个跟那个是两回事"。

为了研究的需要和表述的方便，本章在术语的使用上采取了将"巫术"

---

① 转引自《20世纪西方宗教人类学文选》，第726页，上海三联书店，1995年。

与"宗教"区分并对举的说法,"巫术"指人对自己的法术具有超自然力的信仰及活动,"宗教"指人对神具有超自然力的信仰及活动。本文所用"巫术"与"宗教"两术语的概念就是弗雷泽与马林诺夫斯基笔下所用概念。其中"宗教"主要指民间信仰。

在本书中,我们将巫术与宗教混杂的超自然力崇拜现象分为三类:第一类是有神灵崇拜因素加入的巫术仪式。在这种仪式中,巫力被当作主要的超自然力资源,神力只起辅助和助威的作用,或者只起名义的旗号的作用。巫术为了增强自己的威力,便呼唤神灵加入自己的仪式,但这种结合的方式是巫力占有支配性地位,巫师自认为可以调遣、操纵或敦促神灵做事,使神灵服从他的号令或邀请。第二类是掺入巫术手段的宗教仪式。在这种仪式中,神力处于至高无上的地位,但祭司类通神者为了满足信徒急功近利的要求,在祭祀之外,又以术士的身份,以符咒、动作等显示自身的法力;民众在举行自发的宗教活动时,为了满足眼前的现实需要,在供奉、祈求特定的神灵之外,也加入巫术的手段来增强宗教活动的灵验和效力。第三类是巫力、神力并重的仪式。在这种仪式中施术与求神并重,根据现实需要将两种方法按实用原则组合一体,巫力与神力各有用途,它们在仪式主持者的观念中不分主次。这种仪式的组织者和主持者通常是不掌握较专业化法术或优越通神条件的普通民众。

虽然"咒语"是一个为人熟知并惯用的术语,但笔者在一些著述中发现,对咒语的概念还是有不同理解,在使用上有广义狭义之别。本书所说的咒语,是人类相信自己的语言具有超自然力量的产物,它对事物进程起作用,被认为不是借助神灵的力量,而是依靠它自身的魔力。就是说,本书的咒语概念,是与取悦、乞求神灵的祷词,以及神话中神灵施展其法力的语言即神谕区分开的。由于巫术活动与宗教活动常交织进行,咒语与后两种形式也常同时出现或混为一体,造成复杂状况,但我们认为区分咒语与祷词、神谕是有必要的。

第一节　咒语灵力信仰

　　语言崇拜活动是语言民俗的一个重要部分。语言崇拜发生的动力是民间对语言灵力的信仰。作为社会传承体系的语言(这里指词法、语句等语言形式层面)本是人类表达思想和相互交际的工具,是音响和概念以约定俗成的方式结合而成的符号,它作为人类文化的造物,为什么在民间信仰里会具有控制、影响客观事物进程的神秘力量呢?咒语的魔力是其自身的力量还是神灵力量在其中的寄寓呢?本书试图对这一问题予以探讨。

　　目前在黄庄一带,咒语主要用来治病。这里人们治病的途径有三种:一是找大夫,吃药,打针,或动手术;二是找"道人",道人并非惯常意义的道士,而是一种自称能通神而具特异本领的人,他的家里供奉着神灵。道人供奉的神灵有多种,如"长仙"(长虫,即蛇)、"泰山老母"、观音、孙悟空等。道人家里终年香烟缭绕,她(这一带道人大都是妇女)以祭祀的方式求得神灵的帮助或配合,来给人治病;三是找另一种不供神但自身具有法术的人,这种人在此地没有专门名称,本书为指称方便,称之为巫医。巫医不供神,并不是说他是无神论者,而是说他对神灵的态度及与神的关系同常人一样,他没有通神的特殊本领,他家里不供奉给人治病的神。黄庄人生了病,一般先去找大夫,大夫总治不好,就去找道人或巫医。

　　在这一带,道人与巫医是区分得很清楚的。道人治病主要靠神灵,也以法术为辅助,但一般不念咒语;巫医主要靠咒语,但绝不请神灵来帮助,甚至有巫医宣称他不信任何神和鬼。这两类人的区分不是我作为研究者的分类,而是村民告诉我的。事实上我询问了村民半天才搞清楚这种区分。村民说道人治病靠神,"人家请的有神";而巫医看病靠"法儿"靠咒,"人家那套法儿管事,咒管事",而主要是咒管事。村民对道人和巫医都信,根据他们宣称的具有什么本领就找他们看什么病。一般巫医的本领很有限,某个巫医只会一种或几种特定的本领。黄庄有三位女巫医只会给孩子收魂,有一男巫医只会"画疙瘩",即以巫术消去患者的肿瘤;前些年去世的一位男巫医既会收魂，又会画疙瘩，他是上面几位的师傅。而道人的本领就大得多，凡大夫看不了的"虚病"，即说不出确切病因的怪病（看起来"邪门"的病）她都能治。有时孩子生了病家长既给孩子看大夫，又请巫医念咒收魂，又按道人教给的做法烧纸送"邪鬼"，三种方法并行不悖。

我们来看一个家庭对大夫、道人、巫医的信仰情况。

这个家庭七口人。第一代，男性黄 QB59 岁，初中文化，17 岁时被招工到外地做了列车员，后在某火车站做摇旗的信号员，并担任车站共青团书记，几年后进入石家庄铁路分局机关工作，二十世纪八十年代退休回村。其妻李 ZHF，59 岁，初中文化，曾在德州师范学校（中专）上学，三年困难时期学校因"没饭吃"将学生遣散回家，李 ZHF 遂回乡务农至今。第二代，黄 Y32 岁，初中文化，十几年前接替父亲做铁路职工，在三十里外的王瞳火车站工作，常骑摩托往返于车站与黄庄之间；其妻高 YY，初中文化，一直在家务农。第三代三人，老大老二是闺女，老三名黄 D，是这家的"宝贝小子"。

在 1994 年黄 D 出生以前，这个家庭中只有李 ZHF 信仰道人和巫医，其他三个成人都不信。有一次黄 D 不满两岁时发烧哭闹，请大夫治不好，李 ZHF 请了本村的巫医收魂，又请道人，道人说是孩子被已去世的姥姥的魂缠住了，遂烧纸送鬼魂，这样折腾一场，孩子的病真的很快好了。于是从此以后，孩子有病常用此术。据他们说很管事。后来黄 QB 的态度是相信巫医的收魂，但不信道人的烧纸磕头；铁路职工兼村民黄 Y 则变得很信这一套，对道人巫医都信，孩子一生病，他就对妻子说："给他烧烧（即烧纸送鬼）"。高 YY 是个比一般农村女性有见识的人，能说出许多城里人的事，对道人巫医半信半疑，孩子病了她不情愿自己去请巫医或看道人，但婆婆去请她也不反对，并在旁辅助仪式的进行。

1998 年春季黄 Y 因感冒后又在一晚上喝了酒，第二天嗓子肿痛说不出话，在家歇了三天才去上班。请了大夫又吃药又打针，快一个月了还不好，黄 Y 就请其妻去外村看道人（因本村只有巫医，不会治此病），高 YY 不愿去，请李 ZHF 去。李 ZHF 到了蒙庄道人那里，道人问明症状后，闭上眼睛，嘴里嘟囔着什么，呆会儿打个呵欠，一会儿睁开眼，又问李 ZHF："你家供没供老佛？"李 ZHF 说："我家里没供，他奶奶（李氏婆婆）那时候供了；现在俺妯娌那边供着老佛。"道人说:"你给老佛烧过纸没?"李 ZHF 说:"没烧过。"
道人说:"你不应该只让妯娌供老佛,你这边也应该供。回去后你去给老佛
烧六张黄裱纸。"李 ZHF 因与妯娌王 FY 不和,怕王 FY 不让她去家里烧纸,
后与王 FY 一说,王 FY 倒痛快答应了。因暂无黄裱纸,只好用平常上坟用
的草纸钱代替。王 FY 说:"也不一定拿六张,多拿点去烧吧。"到王 FY 家,
王 FY 出于占便宜的心理,拿了这些纸钱中的一部分去给财神爷等也烧了。
过了两天,王 FY 来找李 ZHF 说:"不好了,我的嗓子也疼起来了。可能是那
天没按道人说的做,我又把纸钱供了别的神,老佛怪罪了,麻烦你去买黄裱
纸再去替我烧烧吧。不是我舍不得花这钱,怕我烧了不行(因为她认为是
李 ZHF 去看的道人,只有李 ZHF 烧纸才有效)。"后来李 ZHF 又去她家烧了
一次。而黄 Y 从车站下班回家,家里人告诉他已给他看过道人烧过纸了,
黄 Y 说:"怪不得,这两天我在车站就觉着轻!(指病轻)"。

从以上案例我们可看出黄庄人对道人巫医的信仰状况。因这个家庭中
有两名国家职工,这个家庭对此的信仰程度应轻于一般家庭。

因本书讨论咒语问题,故更关心巫医与咒语的情况。我向村民提了一
个问题:咒只不过是一套话,它为什么管事? 相信咒术的村民说不知道为什
么管事,反正就是管事。他们不给我讲咒语管事的道理,只给我讲许多咒语
管事的例子。现年 64 岁的王 BX,他已过世的父亲即是一位会"画疙瘩"的
巫师,他并未继承其父的这套本领,但他说他明白这其中的道理。据他讲,
他父亲画疙瘩是用毛笔沾墨在人体的疙瘩上写字,一气写十二个带"食"字
旁、有助消化意思的字,如"饿"等。还会"画鱼刺卡着"。有次附近辛店村
的一位妇女吃鱼被刺卡了,"脖子肿得老粗",来找其父治疗,其父往一碗水
里连画二十四个字,让那妇女喝了,她喝后"就笑了,没事了"。他说这里边
的道理在于,墨是凉的,画在疙瘩上有祛火的作用,所以管些事;他又评价村
里的收魂巫术,说孩子总哭,说是"掉了魂",其实就是着风受凉了,巫师把
手搓热了,来回摩挲孩子的脑袋,再念咒语,有时孩子的病就好了,其实不用
咒语也能治好,就是把孩子脑袋摩挲热的缘故。照他这样说,好像他对巫术
现象已有"科学"的认识。但他对我讲的另一件事,却表现出他对咒语法力
的深信:村里早已过世的"黄 GL 大爷爷"(他按辈分对黄的称谓)会用咒语

拘老鼠、长虫（蛇）、蝎子等动物,还会拘旋风。所谓"拘",就是将动物召集来,或将旋风召到跟前来,使之不能擅自离去。他说,有次他同几个伙伴一起去请黄 GL 表演,黄坐在屋里,手捋胡须,嘴唇开合而不出声地嘟囔着咒语,眼神"如过去老道士的一样",一会儿就从各处来了三四十只老鼠,满院子都是,黄不让打死它们,他不小心还是差点踩死一只。因为黄只学会了拘老鼠之法,不会放老鼠的咒语,所以老鼠都集在那里走不了。王 BX 反复强调这是他亲身经历的真事。接着他又说某革命领袖也会拘老鼠,在西安时他曾拘了许多老鼠到马路上,汽车都不能行驶。显然他是在进行"神话的创作"。尽管如此,把他前后的说法综合起来,还是能看出他对咒语法力的总的看法:过去曾确信不疑,现在将信将疑,其中疑的成分居多。我在同其他村民的接触中,发现这是绝大多数男性村民的态度,而女性村民却是虔信的居多。

几乎黄庄的每一位母亲都有过以巫术方式为自己孩子治病的经验。或者说,在婴儿看起来无缘由地哭闹不休或发烧不退的情况下,以巫术方式为孩子收魂是妇女们惯用的方法,也是为她们深信不疑的最灵验的方法之一。我采访了上文所说的那位黄姓家族的李氏。在二十世纪六七十年代,她为自己的儿女收魂。现在,她又将这方法用到孙辈身上。她所用收魂的方法有两种:一是自己收,用孩子的袄搭在"耙子"（一种聚拢、搂拾柴草的农具,有长柄,一端有一二十根铁钩或竹钩）上,在屋里院里小孩玩耍过的地方来回拖拉,嘴里念叨着"××（孩子名）,找你娘咧!"以召唤丢失的魂回到被娘抱着的孩子身内。仪式的最后是将袄披到孩子身上。据说这个仪式在孩子睡着时效果最佳,概因人们相信孩子睡时灵魂最易回归体内。二是请巫师收。村里法术最为人信服的女巫是黄姓的媳妇张 W,她现年 38 岁,高中文化。她收魂的方法是搓搓手,在孩子头顶摩挲一会儿,再以手指绕孩子头顶正反方向各划三圈,然后将手指放到嘴边吹吹,这套动作重复三次。仪式进行中,张 W 和孩子家长都不出声。人们认为张 W 在仪式进行的同时心里默念咒语,但嘴唇不动。对这套动作的象征意义人们莫测高深,张 W 也从未解释过,但人们都认为是她默念的咒语起关键作用。我问张 W,她在仪式中是否确实念了咒语,她说当然了,不念咒语能管事吗。我问她念的是什么咒语,她说这是保密的,不能告诉别人。我虽从各种角度劝说和央求她,仍不能使她松口。这显示出了咒语在她心目中和在她的巫术中的位置。她对咒语的绝对保密的做法,说明她将咒语看作自己的法宝,是她的巫术起作用的主要力量。她能轻易答应将动作演示给我看,而绝不告诉我咒语。这种对咒语保密的做法也令其他村民愈加感到它的神秘,也就愈加相信它的法力。我问张 W,她自己信不信这套法术,她不高兴地说:"当然信了,要不怎么给别人看病?"

上边那位李姓妇女的女儿因到石家庄纺织厂做工,嫁在石家庄近郊的一个村落。1998 年春节过后,女儿带其将满周岁的儿子回村探亲,孩子有天忽然发烧,又吐又闹,本村的两个大夫都看不好,四五天了还不退烧,李 ZHF 就到离黄庄四里地的蒙庄去请教道人,道人说:"可能孩子吓了一跳,有点说处(即有鬼缠身),回去你给他拉拉拉拉(即用'耙子'拖拉一番以收魂),在你那三间屋子里给他收收(收魂),再给他送送(即烧纸送缠身的鬼)。要是还不好,你再回来给我说。我在这里也给他许着(即许着愿)"。回来后即举行仪式,先收魂,除按道人授予的办法收魂外,又请本村的张 W 来家施展其收魂术,然后再"送":用自家打制的纸钱在孩子头上方晃着说:"谁打灾(即起灾)谁赚钱,别跟孩子闹了,孩子也小,经不住你闹,给你这些钱你走吧! 别闹了你走吧!"这样絮叨着就拿着纸钱往外走,到村边十字路口处将纸钱烧了,仪式就结束了。李 ZHF 说,这样收收送送,也就好了。她说:"为什么老人迷信呢? 这样真能治好了,不信就好不了,让大夫打多少针都好不了"。

在这个案例中咒语与祈祷是结合使用的。对此李 ZHF 区分得很清楚,她说"收"和"送"是两回事。但两种方法用于同一仪式中是不矛盾的。李 ZHF 过去也常用"收"或"送"的方法给她现已三岁的孙子看病。

以上展示了黄庄村民运用咒语的部分实例。可以看出对咒语灵力的信仰仍然在部分村民的心灵占有一席之地,这种法术仍然在村民现实生活的一个侧面发挥着作用。这种对咒语灵力的信仰成为代代传承的习俗,在生活中遇到科学方法不能解决的难题时,他们便施行这种古老而便利的处理方法。偶有巧遇的成功加强着对此法术的信仰。那些神秘的咒语是由素有威望的能人们代代相传的。受众的盲目信仰与施术者的郑重传承,是巫术习俗流传中的特点。咒语灵力的存在,在他们看来是无需论证的,也无需介入理性思考的,它的"正确性"和有效性是为前人传下的神话证明的。至于这些口说、书写甚至只是默念的词句为什么具有改变客观世界的力量,他们是不关心的。"为什么这样"是研究者感兴趣的问题。在这里,我们有必要追索一下咒语灵力最初得以形成的缘由和过程。因为这关系到对咒语灵力的本质的认识。

黑格尔在《宗教哲学讲义》中认为巫术的宗教是宗教史上最早的一个阶段。弗雷泽在《金枝》中用大量的民族学资料论证了这一设想,提出在"宗教时代"之前有一个"巫术时代",并对巫术与宗教的区分做了明晰的阐述。他指出在一些尚存的原始部族中人人都自以为能够用符咒魔法来影响自然进程,而无一人懂得用祈祷和献祭来讨好神灵。宗教学的其他研究成果也证明了这一点,比如 15 世纪下半叶,葡萄牙人航海到达非洲西部时,发现当地原始部族尚未产生人格化的神灵观念,但是相信并崇拜具有魔力的符咒,学者称此现象为"拜物教"。此一术语英文单字"fetishism"即源于葡萄牙文 feitico(原意为手工制品)。既然在人类文明的最早阶段,咒语灵力的信仰和运用已经在宗教神灵崇拜形成之前产生,说明对咒语灵力形成缘由和过程是可以独立于宗教现象之外予以探讨的。而黄庄人有关咒语可以与神灵无关的观念和活动也为我们提供了这样做的现实生活田野资料上的依据。所以下面我们先不谈宗教兴起之后咒语与神灵崇拜现象混杂的状况,单论咒语作为一种巫术现象的形成机制。

马林诺夫斯基依据弗雷泽的交感巫术原理,从初民社会的现实需要的角度,设身处地地构想了巫术产生的过程:人在从事实际活动遇到阻碍的时候不甘愿招认自己的无能,而欲有所作为,但是这种要做出积极努力的愿望却不能得到已有知识、经验与技能的帮助,他在无能为力的情况下便产生焦虑、恐惧与希望,他在幻想中看到了自己现实目的的达成。这种强烈的精神活动使他的机体紧张起来,不由自主地活动起来,发出模仿实际努力过程的动作和语言,也制造出目标已实现的假象。在这些发泄行为完成之后,他的内心平静下来,并且以为他刚才的情绪化的行为已经对他的实际目标发生了作用,或者将对他未来的事业产生影响。① 这些以幻想为动力的行为与信仰在初民的反复实践中形成了模式和传统,逐渐有了内部传承的固定技法和传承这种技法的术士阶层,这种不断演练的神秘化的活动在世代流传的神话的帮助下,维系着普通民众对巫术力量的信仰。

在初民基于幻想而做出的模拟性行为中,语言是其中一个重要部分。为了发泄他达到目标的渴望和热情,他可以诉诸动作的模拟,也可以用语言来表述,而往往二者同时进行。马林诺夫斯基说:"因无力可施而愤怒或因怀恨而无处发泄的人,自然而然地紧握了拳头,意想中向敌人打下去,同时发出诅咒怒骂的声音。因与情人咫尺山河而相思或因对方没有反应而单恋的人,在幻想看得见她,向她打招呼,恳求她,要求她底赐予,同时觉得他已使她接纳,而在梦中将她'软玉温香揽满怀'。焦虑中的渔夫或猎人,也在想象中看着鱼到网里,兽被刺住;他更呼叫这等鱼或兽的名目,用话来描写捕获成功的异象,甚且装出样子模仿他所希冀的东西。"②

对敌人的诅咒与怒骂,对恋爱对象的招呼与恳求,对鱼兽名目的呼叫与对成功景象的描述,都是初民在巫术仪式中自然进行的语言活动。语言是其情绪性行为的一种。人们对于语言具有魔力的信仰,与对于其他巫术行为具有魔力的信仰所经历的心理路线是一致的。在其他巫术行为成为固定技法的同时,这些表述其成功愿望和热情的语言也形成套路,以凝固的形式传承下来,就是为后人视为宝物的神秘的咒语,而且由于它所保留的为后人感到陌生难解的古时面貌而更易于引起人们对它的膜拜和敬奉。相对于模拟性动作而言,语言是更能方便地表达其成功愿望的方式,也是能更确切地表现其成功幻象的途径,而且语言比动作更能作为一种凝固不变的技法以严格的规矩传承。这些事实使人们对咒语比对其他巫术技法更为重视。这样就造成一种较普遍的文化现象:语言成为巫术—神话—宗教体系中的一

---

① 马林诺夫斯基:《巫术、科学、宗教与神话》,第66页,李安宅译,中国民间文艺出版社,1986年。
② 马林诺夫斯基:《巫术、科学、宗教与神话》,第67页,李安宅译,中国民间文艺出版社,1986年。

种重要力量,有时是首要的力量,有时是与神灵相当的力量,有时是仅次于神灵的力量。恩斯特·卡西尔则认为它是神话—宗教意识中的首要力量:"语言意识和神话——宗教意识之间的原初联系主要在下面这个事实中得到表现:所有的言语结构同时也作为富有神话力量的实体而出现;语词实际上成为一种首要的力,全部'存在'与'作为'皆源于此。在所有神话的宇宙起源说,无论追根溯源到多远多深,都无一例外地可以发现语词至高无上的地位。"①

　　以上是说,语言崇拜来自被称为"交感巫术"的思维和行事方式。在这种活动中,语言魔力开始只是存在于幻想中的短时经验,而在反复进行的模拟性活动中,语言灵力发生的原因和存在的方式——缘于无能为力状况下的焦虑、恐惧和希望,而以幻想的方式产生了控制事物的灵力——在记忆中模糊并消失了,留存下来的只有语言具有灵力的意象,这时语言灵力已由短时的幻想经验转化为独立力量,在人们的信仰里它成为一种实际存在的控制世界的力量。按此信仰,语言不再只是指称事物和表达思维的符号,而且是事物本身和已实现的事实。于是名称与事物、对事件的描述与已达成的事实成为等同的一体的关系。人们相信,只要掌握了某人或某神灵的名称,就控制了这人的灵魂和这神灵的意志,就能通过名称对他施予实际的影响和支配;只要描述了某种希望发生的事实,这事实就已经真的实现或将会实现。既然有如此神奇的效用,语言就成为人们顶礼膜拜的对象,成为控制客观事物进程的法宝。而咒语作为术士阶层内部传承的套语,成为人们信仰中法力最大的语言形式,于是掌握咒语成为巫师的资本,他的技艺中最关键者,所以他绝不把咒语轻易泄露出去。这就可以解释黄庄一带的咒语为什么大都是默念的——巫师不怕别人学了他的动作去,只是怕人家学了他的咒语。

　　通过以上考察和分析,我们看到,黄庄民众对咒语的信仰和对神灵的信仰是可以区分开的。在巫医那里,咒语的地位就相当于道人那里神灵的地位。咒语是被巫医和部分村民虔敬地崇拜和神秘地使用的。由此我们可以

---

① 恩斯特·卡西尔:《语言与神话》,第70页,于晓等译,三联书店,1998年。

得出结论说,咒语灵力是源于人们对语言自身具有超自然力的信仰,而不是神灵力量在语言形式中的寄寓。

至于咒语的灵力观是怎样形成的,我们从村民那里不能得到直接的答案。因为对现有村民来说,咒语有灵力是世代传承的信念,是现成的传统,他们用不着靠自己的摸索去创造这种法术,也不用考虑咒语为什么会有灵力。他们只要照传统去做就行了。所以我们所进行的对咒语灵力形成过程的探讨只能是一种学理上的论证或推测,由于已经过实证的方法确知咒语原属巫术领域,所以咒语灵力的形成可以用巫术原理来解释。这种推测和论证应不会有大的误差,但也不会如纯粹靠实证而得的结论那样可靠和确凿。

第二节　巫术仪式中的咒语灵力和神灵法力

当民众在生活中遇到科学的经验与技术不能解决的困难时,便开发和借助超自然力资源。超自然力资源有两种:一是巫术的力量,或称"马纳"(mana),其中主要的是咒语灵力;二是神灵的力量。而我国民间信仰并无严格的排他性的传统,而是惯以实用的原则杂取并收,根据所遇困难的种类寻求适应这困难的解决的超自然力,但求对症,不管这超自然力是巫术的还是宗教的。如果这两种途径的方法都能适用于他所遇的困厄,他在急切中自然两种方法都取来应用,这就造成民间迷信活动中巫术仪式有神灵崇拜因素的加入,宗教仪式也运用巫术的手段,或者将巫术手段与神灵崇拜不分主次地拼合为一个连贯的仪式。比如黄庄的李氏为其外孙治病,既用巫术的方法为孩子收魂,也用烧纸祈求的方法请附身的冤鬼离去,两种方法很自然地结合起来。在这种情况下,巫术与宗教两种信仰体系便不能保持单一传承的分立形态,而是相互借助与杂糅。

上节我们讨论了交感性思维和活动在咒语灵力信仰的形成过程中所起的根本作用。为了讨论的简便,我们只分析了前宗教时代没有神灵崇拜因素的仪式中咒语的情况。本节我们讨论在第一类仪式即巫术占主导地位的仪式中咒语在有神灵崇拜因素加入的情况下的运用,侧重分析咒语灵力与神灵法力相结合的方式。

在前宗教时代,人最初尚未形成超自然体观念,更无向灵魂、神灵等礼拜和求告的行为,而是认为许多物体同自身一样是活的,即具有"物活感",人可以用仪式向这些活的物体施加影响甚至制服它们,咒语即是这一时期人所常用的超自然手段。我国古代文献上记载的较早的咒语皆向自然物直接发号施令,如《史记·殷本纪》载商汤时向鸟兽发的咒语:"汤出,见野张网四面,祝曰:'自天下四方皆入吾纲'。"《礼记·郊特牲》所载年终蜡祭的咒语:"土反其宅,水归其壑,昆虫毋作,草木归其泽!"这些朴拙的语句显示出咒语直接影响自然物的巨大威力。现代社会中还遗存着这种与神灵观念无涉的咒语。如黄庄的"画疙瘩""画鱼刺"仪式,施术者相信靠口念的咒语和手画的字符即可将疙瘩和鱼刺画掉,完全以人和咒的力量作用于客体。

在超自然体信仰和崇拜产生后,人们一方面对各种神灵采取礼拜和求告的态度,一方面又相信人的法术能够像控制自然物一样控制神灵,所以用咒语向神灵发号施令,如《山海经·大荒北经》记载上古人们驱逐旱魃所用咒语:"魃时亡之,所欲逐之者,令曰:'神北行!先除水道,决通沟渎'"。人的灵魂走失,也用咒语招回。对各种动植物精灵,也用咒语呼之,使之听从人的调遣,如马王堆汉墓帛书《五十二病方》记载西汉时期治疗"阴㿗"(阴囊肿大)的医方:"令㿗者北首卧北乡(向)庑中,禹步(巫医常用步法)三,步呼曰:'吁!狐麇(读如"袍")!'三,若智(知)某病狐。"当时人认为阴囊肿大为受狐精所祟,所以用呼其名的方法将之驱走。

古人认为控制神鬼的最重要的方法是知道并呼唤他的名称。弗雷泽在《金枝》中提到,古埃及人相信只要知道了神的真名,就能迫使神像奴隶服从主子一样服从自己,所以获得神名是巫师费尽心力追求的目标,如果神向巫师透露了真名,他就只能屈从于巫师,如抗命就会受到巫师的惩罚。在古埃及神话里有位妇女伊希斯因设法得到了太阳神的真名而获得了他的神力,成为诸神之后。① 我国古代也有这种说法。《管子·水地》中说有两种

---

① 弗雷泽:《金枝》,第 387—388 页,大众文艺出版社,1998 年。

水中精灵,一是涸泽之精名庆忌,"以其名呼之,可使千里外一日返报";一是涸川之精名蚳(读如"鬼"),"以其名呼之,可以取鱼鳖"。晋人葛洪在《抱朴子·登涉篇》中列举了许多精灵鬼怪的名字,说呼出其名,众鬼自却,不敢为害。呼名是一种咒术,只不过咒文简洁而已。由于呼名即能驱遣鬼神,所以许多支使鬼神的咒语都先呼其名,再向他布置具体的"任务",如云梦秦简《日书》的咒语:"皋!(相当于'喂!')敢告尔豹裿(伯奇,专食恶梦之神),某有噩梦,走归豹裿之所。豹裿强歙(饮)强食,赐某大福。"是一则呼唤专食噩梦之神来为人消除噩梦的咒语。① 在这种呼名的咒术中,巫力是大于、支配神力的。

在原始氏族社会,人与人之间尚无主奴关系,故原始人虽对神灵有礼拜和祈求的态度,但人神关系还是相对平等的,这时以咒术支配神鬼的情况相当广泛。进入阶级社会后,人间不平等的关系反映到宗教之中,人对神持敬畏态度。巫术以居高临下的态度支使神灵的做法便与人敬畏神的观念发生冲突,所以就有祭司仇视、驱逐巫师的事情。② 而随着神灵崇拜的升级和普及,巫术的地位和威望受到威胁,只好与神灵信仰相妥协。巫师通常宣称他有通神降神的本领,一方面他以疯癫妄语做出神灵附体的样子(实际上这也是一种巫术表演),一方面在咒语中宣称他是某神灵的使者或召请诸多神灵为他助威。虽然从表面上看这种巫师也供奉神灵,将神灵置于至高无上的地位,但是巫师实质上是借助神灵在人们心目中的威望来施展其自身法力,神灵被置于背景之中,巫师仍处于最突出的位置,信徒不能直接向神灵祷告,而只能求助于巫师。人们相信巫师能够通神,从而对他的法术更加信赖。巫师只是把他的法术笼上一层神话色彩,向神灵求告只是一种辅助手段。这是巫术在宗教时代的一种变异形式。这种巫师与作为神职人员的祭司是不同的。

祭司作为神人之间的中介,宗教活动的主持人,不能刻意突出自己的本领,信徒要在他的引导下直接向神灵祷告。在西方社会宗教活动的早期,祭

---

① 刘晓明:《中国符咒文化大观》,第 377 页,百花洲文艺出版社,1995 年。
② 弗雷泽:《金枝》,第 80 页,大众文艺出版社,1998 年。

司与巫师的职能常混在一起,表现在祭司既举行祭祀活动又举行巫术仪式,既念祷词又念咒语。有的地方祭司在施展了自己的法术之后要马上请求神的赦免,因为按他的本职,他是不能敦促神做这做那的。① 与恪守本分的祭司相比,以降神为名施展自身法术的巫师显然是另一种角色,我们把他放在巫术行业之内,即出于这种考虑。他所做的事情有祭司角色的一部分,但主要还是以术士的身份出现。黄庄一带的道人就是这种巫师。

黄庄人将道人定义为"能看病而且供神的人",以和只看病而不供神的人相区分,并且说前者是"神管事",后者是"咒语管事"。如果仅凭这说法,应将道人归为从事宗教活动的人。但是考察一下道人的来历和"行道"方式,就知道她们只不过将神灵作为施行巫术的旗号,真正"管事"的还是她们的法术,所以她们本质上还是巫,而不是祭司那种角色。由于道人都是已婚妇女,我们可以称之为"巫婆"。

黄庄现有村民中没有道人。在老人的记忆中,上一辈已去世的人中有三个道人。她们的"出道"(即由常人成为道人)有共同的过程:先是得疯病,神经错乱,胡言乱语,就请道人给她看病。道人说有鬼扑在她身上了,让她出道。等她病好了,也会看病了,声称是"神家"让她看病的。比如"从前的黄庆芳家"(村民对她的称谓)即是这样"出道"的。她是现年53岁的黄国强的母亲,二十世纪六十年代死于癌症。据村民讲,她得神经病之后,请道人来治病,脚心扎满针,却跑下炕来,在院子里乱跑,一甩腿把鞋甩到房顶上去。她的疯病治好后,就"出道"了,不仅会以法术看病,还会给人扎针。她患癌症后对村民宣称她是受神保佑的,死不了。由于关于黄庄道人的事迹都是记忆中的,不能了解得确切,我们来看邻村一个道人的情况。

离黄庄五里远的齐庄有个"很灵验"的道人。周围几个村的人常来找她看病。她现年42岁,老家陕西。其夫去陕西做工将她娶来时,她已会此法术。她在自家的套屋里供奉一尊观音。这种像是不准别人看的,求医者来了之后,由她在外边屋里接待,而由她独自进套屋去上香、烧纸。求医者根本无权直接面对神像。这是此地道人行医的共同特点。当我询问黄庄村

---

① 弗雷泽:《金枝》,第80—82页,大众文艺出版社,1998年。

民,他们求助的道人供奉什么神时,他们全都说不出,都没见过道人供奉的神像,只是听说道人有供财神的,有供长仙的,有供泰山老母的,等等。对村民来说,道人供什么神是无关紧要的,也不关心这点,因为求医者不用求神,而是求道人,关键的是道人跟神的关系好,她供的神法力大,实际也就是道人"诊病"准确,治病的法术灵验。只不过道人将这一切都说成是神的谕示和法力。道人垄断通神的特权,是这种活动的一个重要特点。这种做法可以认为出于两种考虑:一是为了突出她个人的作用,维持求医者对她的依赖性。她既需要打出神灵的旗号来赢得别人对她的法术的崇拜,增强其法术在别人心目中的威力和神圣感,又不能给求医者直接求助神灵的机会。因为如果别人知道了她仰仗的是什么神和神的名字,别人就可能也在自家供了神直接求神,不必来找她了。二是为她收钱创造便利条件。求医者来后,道人先去上香、烧纸,香与纸是项花费,求医者就付给道人两元钱做为香钱、纸钱,这为双方的利益关系找了一个很好的借口。在村落里人情往来密切,如果只是付出精力或体力给庄乡看病,就不好意思收钱;既然道人在物质上有所破费,那么求医者给点香钱纸钱也是不伤情面的。两块钱中成本之外的部分算做道人所得酬劳,这是双方都明白的事。假如求医者自带香、纸直接求神,道人赤裸裸地收"辛苦钱"就有碍于庄乡的情面。那些不供神的巫婆就无此便利条件,她们或者纯为帮忙不收钱,或者收了钱而受到村人的微词挑礼。不过道人给本村人看病也并不是非收钱不可,有些关系很好的人家是不收钱的,其他庄乡不给钱也给看病,只是一般村民还是按惯例给钱的,有时本村只收一块钱。不管怎样,村民感觉找道人看病比找大夫便宜多了,吃药打针一般每次要花五六元钱以上。

道人所看的病一般是"虚病"、邪病,是医院里诊断不出确切病症来的,按道人的解释,就是"遇见什么"而生的病,即有鬼邪附体而导致的病,或者因掉魂而生的病。这些病常是孩子无端哭闹、成人精神失常以及其他大夫治不好的"怪病"。像感冒这种谁也明白吃药就好的病属于"实病",是不用找道人治的。至于道人治病的效果,许多人都说很灵验或至少"管点事",没找道人看过病的也都听说过道人治好病的几件事例。下面看道人治病的一个实例。

我采访了齐庄一位 23 岁的村民,他叫立新,有请道人看牙疼的经历。1999 年春节前不久的一天,立新骑车去十二里外的县城买东西,回到家时是下午六点多,天还没黑透。晚上他忽然牙疼,第二天右边腮帮子肿起老高,找本村大夫看病,吃了药疼痛不减,第三天到乡医院,打了一针,拿回两包药,仍不见好。第四天躺在炕上,疼得吃不下饭。他娘就去请了本村的道人来。道人在立新的腮帮子上按摩了不到一分钟的时间,嘴里哼着别人听不懂的咒语。简短的仪式完了,道人说:"我回家再给你烧烧,明天就好了"。"烧烧"就是在神前烧纸钱。第二天果然牙不疼了,肿部已消退不少。按道人的说法,病因是由于立新去县城的途中"碰见嘛了",也就是撞见邪鬼了。立新想起从县城回来的路上曾经过一个坟场,于是家里人们认定是在坟场被恶鬼作祟了。经过此事,立新对道人治病的效果深信不疑,并说村里人找道人看病"治一个好一个",但是在理智上对道人治病的方法持怀疑态度,他以新社会成长起来的青年的头脑思考道人治病的过程,想不通其中道理,所以总体上对道人治病的事"半信半疑",他对别人讲述这段亲身经历的态度是"拿这事当笑话说"。

这位道人的看病过程分为两部分。先是"诊病",先听病人的家属陈说了得病的经过和病症,给出"在路上碰见嘛了"的诊断结果,然后是施治。她治病的过程主要是施行巫术:以手抚摸和念咒,而烧纸求神是在现场之外进行的,且只是听她口头表示的,她回家后是否真的烧纸无从得知。这一仪式中最让人感到神秘的还是咒语,她念咒虽然出声,但声音很小很含糊,像在哼唱,其词句非日常语言,别人听不清也无法模仿。由于咒语是保密的,我无法获得她所念咒语的词句。但可以肯定咒语灵力在这个仪式中是最重要的,神灵的作用只存在于背景之中。

民间信仰注重功利和实效的特点决定了道人这种角色不可能成为纯粹的主持祭祀者,而必以施术为主。因为如果道人只会上香、烧纸,而不会巫术,那么民众就不需要她了,上香烧纸是每人都会的,能成为被别人尊崇求助的角色必得宣称具有异于常人的法术。这使得道人首先是巫师,其次才是祭司。

我们再来看黄庄的一种集体性巫术仪式,这就是过去在这一带很有名的红枪会的"求体"仪式。这种仪式在此地现已绝迹,但还在一些老人的口中当作黄庄的轶事成为闲谈的资料。红枪会是当地二十世纪三四十年代地主、富农组织起来的为自己看家护院的民间武装,参加者为本村的男性青壮年。据老人回忆,当时村里绝大多数男性青壮年都参加了红枪会,他们平时务农,晚上或农闲时常聚集起来习练武艺,并举行"求体"仪式以求"刀枪不入",所使武器为红缨枪。晚间红枪会派人在村子周围放哨站岗,发现有土匪、散兵来村骚扰或日伪军偷袭时,即鸣锣报警,红枪会会员们迅速会合,同土匪、散兵或小股日伪军对抗,当然在大批日伪军扫荡时他们就同其他村民一起逃跑。当时黄庄是抗日堡垒村,八路军常到此村活动,村中老者说鬼子常常一出县城就直奔黄庄,而且常在晚上偷袭,所以红枪会晚上站岗在通风报信上起了很大的作用。这种组织在《景县志》中有极简短的记载:1937 年11 月,"留智庙一带地主、富农成立了红枪会。"①1945 年 10 月下旬,"景南县(抗日战争期间景县曾划分为景南、景北两县)七区甘官屯发生红枪会叛乱事件,追捕七区区长陈洁如、杀害地区干部高维新。11 月初,军分区派一个营把甘官屯红枪会铲除。"②可知红枪会是在抗日战争结束后土改开始时被"铲除"或解散的。

红枪会的"求体"仪式资料主要是村中两位老人提供给我的。一位是1926 年出生的黄 JCH,他当时是红枪会会员,一位是 1934 年出生的王 BX,他当时因年幼没加入红枪会,但常去观看红枪会的"求体"仪式。"求体"两字是我根据村民的发音形式确定的,如果这两字是村民口头用词的正确记录的话,它们应是"求神入体"的简称。仪式举行时,红枪会会员每人胸前戴一个红兜兜,上面挂上张黄裱纸,纸上写着字符,他们跪在地上,念诵咒语:

> 天护身,地护身,
> 今请南方火帝君。

---

① 《景县志》,第 32 页,天津人民出版社,1997 年。
② 同上,第 37 页。

头顶火焰山,脚踩火龙门。

左边火龙刀,右边火龙绳。

护前心,护后心,

通身上下护得清。

若要有人破我的法,

除非数清我头发。

念着念着,红枪会会员们便有了"神入体"的感觉,纷纷做出迷狂状态的跳跃等动作。王丙戌对我描述说:"红枪会的附体,我闹不清这里边的事:俺K哥这么癞巴巴的人,还有王XT焉不几几的,连王FP那么笨的人,求体跪着,蹦起来一两米高,要说咱站着也蹦不了那么高呀!老高的墙头,噌一下子蹿过去了。庆二爷照着人的身上'吭'一枪,打不进去,谁知道枪里装没装沙子呀!"当然这种描述免不了掺入有意渲染和夸张的成分,但可据此构想当时求体的热烈、神秘氛围,和村民对咒语灵力的虔诚信仰。当时有位叫王ZHH的老实人,总也进入不了状态,看见别人都在狂热地蹦跳,他酝酿了半天情绪,仍没有附体的感觉,禁不住地笑了:"哼哼哼,不行"。于是这一细节成为几十年来黄庄老人常提起的趣事,并给黄庄的语库中增加了一个歇后语:王ZHH求体——哼哼哼,不行。既然进入不了"附体状态"成为笑柄,那么说明红枪会会员一般都能进入那种迷狂状态。当然用求体仪式求得的"刀枪不入"状态只是一种幻觉和迷信,后来的残酷失败教育了村民。有次红枪会会员戴着护身符念着咒语以勇猛无敌的气势围困了十几个持枪的"二鬼子",同样迷信的"二鬼子"见到这阵势吓破了胆,跪在地上缴枪投降,但红枪会会员们不受降,喊着要把对方的脑袋砍下来挂到树上,"二鬼子"们见无活路,开了枪,打死打伤十几个红枪会会员,红枪会只得溃散逃命。从那以后人们有了"神仙难敌一溜烟"的说法,意谓神仙法力抵不住火枪火炮。

虽然我们已无法亲眼见到"求体"仪式的演练场面,仅根据两位老者的回忆构拟这一民俗事象肯定有资料依据上的不足。但有两个基本点是肯定的:一、此仪式的信仰中的超自然力量既有神灵法力,又有符咒灵力;二、在二十世纪三四十年代,黄庄村民对这一仪式,也就是对神灵和符咒的超自然力量抱有虔诚的信仰,并以积极的方式应用于现实生活之中。需要讨论的是,这一仪式是巫术的还是宗教的,信仰中的仪式威力以符咒灵力还是以神灵法力为主。

我们认为"求体仪式"在根本性质上应认定为巫术的仪式,它所利用的超自然力资源主要是符咒灵力。虽然红枪会会员在获得"刀枪不入"的感觉时借助了神附体的意念,但是附体的神是不确定的,他们没有制作可以用以当面求告的神灵偶像,而且护身的神是多元的,既有天,地,又有"火帝君"(灶王爷)。一个仪式请求多种神灵说明这种崇拜活动是一种虚泛的神灵崇拜。关键的一点是,红枪会会员获得神入体的感觉不是单独的祭祀行为的结果,而是在念诵咒语的过程中产生的,即咒语的灵力召来了神灵入体,然后才是神灵佑护着他们。所以说,咒语的力量在这场仪式中占了主导的地位。我在向当年的红枪会会员黄金厂调查这则咒语时,在场村民的表现也从一个侧面证明了这一点。当黄金厂要给我口述咒语时,旁边三个六十岁以上的老者均摆出郑重的态度,那凝神恭听的样子显示出他们对这咒语的好奇、看重和神秘感。有一个老者说:"要不你们到屋里说去(当时人们都在院里坐着,屋里没人),咒语不能当着人前说"。其余二老者也随声附和。但黄金厂还是在原地对我吟诵了,看出来他对这咒语记得很熟,在仪式发生的五十余年之后,能在别人突然问起的情况下随口流利地完整背出。他不回避众人主要是由于这咒语是现在已不运用的。而旁边老者的郑重态度显示出在村民观念中这咒语的重要性。

"求体"仪式充分表现了宗教时代后期咒语灵力与神灵法力的关系:咒语已不再采用前宗教时代居高临下、颐指气使的态度来命令神灵,而是采用邀请、请求的态度。但这种请求并不是祷词对神所采取的奴对主的讨好、迎合和收买的态度,而是含有以咒语力量敦促、要求的意味。虽然对神灵客气、尊敬了,但咒语灵力与神灵法力仍然是支配被支配的关系。在神入体后,红枪会会员那种勇敢无敌、坚不可摧精神状态的维持是信仰符咒力量、神灵力量共同支撑的结果。所以红枪会会员观念中"求神入体"的神应是超自然力量,既有神力,又有符咒灵力,而不仅指人格化的神灵。

通过上述分析,我们可以概括有神灵崇拜因素加入的巫术仪式的特点:(1)仪式的目的是为了解决现实生活中所遇到的用科学方法不能解决的困难,有迫切追求短期或眼前见效的特点。(2)供奉神灵虽为仪式的一个组成部分,但神灵是不确定的或处于背景之中,巫师处于前台的神通显示者的位置,信徒不能直接求告神灵,而是求助于巫师。(3)仪式的神圣力量虽然是巫力与神力的混合,但巫力居于主导地位,神力只是辅助形式,而且操纵神力本身就是巫力一种表现形式。体现在行为上就是虽有上香、烧纸、祈祷等祭祀活动,但这些活动在巫术仪式中不起主要作用,仪式的威力主要通过巫术手段来具体实施。(4)在宗教时代的中晚期,巫术对神灵的态度由早期的居高临下的命令式支配转为客气的甚至是恭敬的邀请,但仍不失主位的操纵者姿态。黄庄一带的多数道人主持的仪式以及"求体"仪式都属此类。也有少数道人以向神灵求告的方式为主,以巫术方式为辅。这种仪式归入下节讨论的宗教仪式。

显然,在这种巫术仪式中虽有神灵崇拜因素,但咒语灵力仍然体现为基于巫术原理的语言自身的魔力,而不是神灵法力在咒语中的寄寓,即不能认为在存在神灵崇拜的仪式中咒语灵力根本上是神灵的法力。

第三节　宗教仪式中的咒语与神谕、祈祷语

宗教仪式指以神灵为直接膜拜求告的对象,以神灵法力为主要超自然力资源的仪式。在这种仪式中,主要的交流关系是人神之间的交流,人用祷词向神讨好和告求,作为幻想物的神则用虚假形式的神谕将所谓"神意"昭示于人,因而祷词与神谕是宗教仪式中的主要语言形式。在严格规范的宗教仪式中,仪式的主持者如祭司不再是巫术仪式中法力无穷驾空神灵的角色,而仅仅是人神交流活动的组织者,或被认为是不参与自己意志的人神之间的中介:他将人的话转达神灵,或将神的意志传达给人。但巫术与宗教本是一脉相承的超自然力崇拜活动,在宗教占据了优势地位后,巫术传统并未就此彻底断绝,而是以各种方式和不同程度地渗入宗教活动之中,咒语在宗

教仪式中的出现就是其中的一种渗透方式。因而宗教仪式就出现了祷词、神谕与咒语混杂的情形。

与不区分巫术与宗教的观点相适应，有些论著将咒语与祷词、咒语与神谕看作同一种语言现象，或认为咒语是由祷词、神谕演化而来。我们认为，由于咒语与神谕、祷词常混用在一起，在研究和论述中将它们总括为一大类神圣领域的语言现象未尝不可，但就此认为它们是不可区分的同质的语言现象则是不妥的。本节讨论宗教仪式中神谕、祷词与咒语的区分与融合，以及宗教仪式与咒语灵力的关系。

先从神谕说起。

神既是一种虚妄的幻想的产物，那么神谕也自然是子虚乌有的。但是在虔诚信仰神灵存在的人看来，神并非虚幻物，而是隐于一个看不见的处所的实存物，他既然有意志和法力，也就有安排和预知世界进程的言语，这就是神谕。获知神谕，是宗教信徒的终极目标之一。但是信徒不管怎样虔诚和辛苦地进行神灵崇拜，他总是不能亲眼见到神的现身，亲耳听到神的话语。于是他在渴求，无奈和焦灼之中，以幻想、虚构或自欺的方式营造出神谕，或者相信他人有意欺骗的语言为神谕，或者将梦境中的神言或精神失常者的妄语当作神谕。这样就出现了各种以寻求神谕为目的的民俗活动，如附体、求签、扶乩、托梦等。附体即求神附体，一些号称有通神本领者如巫婆、神汉、童乩等以亢奋狂乱的动作和恍惚迷离的精神状态做出神灵附体的样子，并模仿神的腔调说出"神的语言"。求签是在拜神之后，在神像之前抽签，将签上的话认作神谕。扶乩则是将不由自主状态下在沙盘等物上所写的字认作神谕。托梦即神灵托梦，认为梦境中神灵所说的话是灵验的语言，如黄庄有一村民说他曾梦见先人托梦给他，说坟墓一角塌陷进水，果然应验。这些虚幻的语言形式之所以被当作灵物崇拜，是由于它们被当作宣示神意的语言，即这些词语本身并无法力，只是传达神意的媒介。比如一位妇女到泰山上香许愿求签，签上告诉她将添丁进口并将生男孩，一年后果然生子，于是她便认为那签上的话应验了，而那签是她向神灵烧香磕头许愿向神求来的，签语是神意的昭示，儿子是神赐给她的，签应验之后她要到泰山"还愿"，即去感谢神灵。在这个过程中，签语只是传达思想和信息的工具，其自身并未被当作有法力的东西。显然,签语与咒语符箓是不同性质的语言。人们不会将表示生子的签当作宝物收藏或佩戴,只有在个人求神之后所得的签才是有效的,这签语只是"一次性消费品"。以其他方式求得的神谕也是如此。

在现实生活中以宗教仪式或梦境所得的神谕大都是告知性的,即神将要发生的事情告诉人,或安排了某种结局却将它告诉个别有福分的人,或将已发生而人尚浑然不觉的事情告诉有关的人。这些神谕表现出神的全知全能的力量,而显然与咒语是两码事。咒语是命令性的,而且咒语是解决眼前的事情,而不是预言或告知已发生的事。在现实中,命令性的神圣语言是由巫师发布的,所以不表现为神谕。

但是在神话、传说等文学虚构性的语境中,神谕的内容更为复杂,除了告知性的神谕以外,还有命令性的神谕。有些神谕就与咒语发生了交叉的关系。

我们先看人所熟知的《旧约全书·创世纪》中神以语言创造世界的情节:起初世界是混沌黑暗的,神便创造天地。第一日,"神说:'要有光',就有了光。"第二日,"神说:'诸水之间要有空气,将水分为上下。'神就造出空气,将空气以下的水、空气以上的水分开了。事就这样成了。"第三日,"神说:'天下的水要聚在一处,使旱地露出来。'事就这样成了。"就这样一直到第六日,神造就了天地万物和人类。而这一切创造活动,神都以语言来施行,没有借助其他工具和动作。

这是一个关于神圣语言的很有代表性的例子,其中有一个也很有代表性的问题:世界的创造是靠了神的力量还是语言的力量? 固然我们可以说,既体现了神的力量也体现了语言的力量,但是主导性的力量是什么? 我们认为在这个创世过程中神的意志力是至高无上的,语言的力量是神力的体现,或者说,语言是神的意志的载体,是神创世的工具。在这里,语言作为工具并没有独立于神的法力,它与神是不可分离的。

从另一个角度看,这个创世神话中语言确实占有突出的位置。上帝不用斧头等实体性工具来开辟天地,也不用肉体实物来化生万物,而只用语言这种表意符号来直接命令自然界。这种奇特的想象是语言崇拜在宗教领域

183

的遗存和演化。这创世神谕与咒语相同的地方就在于都以语言来直接作用于客观世界,只不过咒语的力量属于语言自身,神谕的力量属于神。语言的作用在创世神话中已经完成了从巫术到宗教的转变。创世神谕与咒语的关联在于咒语是神谕的前身和来源。神以语言来创世正是世俗社会中巫师以咒语来向自然界发号施令这一现象在神话中的反映。

神谕与咒语的这种关联在《创世纪》第 3 章耶和华发出咒诅的情节中表现得更为明显。亚当、夏娃由于受蛇的引诱而吃了分别善恶树上的禁果,于是神对蛇说:"你既做了这事,就必受咒诅,比一切的牲畜野兽更甚。你必用肚子行走,终身吃土……"然后又分别对女人和亚当发出咒诅。这种神谕与巫师施行黑巫术的咒语很相似,只是这里神谕的法力仍然体现为神的意志力。

以上分析显示出神话与巫术的渊源关系。马林诺夫斯基认为神话不是因为原始人出于哲学的意趣而对自然界加以思辨和冥想的结果,而是起因于加强巫术信仰的实用功能。在他看来原始社会主要的神话是关于巫术奇迹的叙述,神话源于巫术,并为巫术服务。这样,神与巫师,神谕与咒语就是一种前者源于后者的关系。英国宗教学家 A·罗伯逊则更明确地指出:"有充分的证据证明:巫师或术士本身便是最早的神。在古代社会中,祭司、国王和神的职务,仅是逐渐地分开的。野蛮人是完全没有神的。归根结底,祭司、国王和神都导源于掌握假想的'马那'来为全部落谋利益的早期的巫师。"①

在另一种类型的创世神话中语言还保持着巫术思维里的灵物面目。恩斯特·卡西尔指出在有的民族的创世神话中,语词就是第一源泉——主本人,他转引普罗斯译的尤多多印第安人的创世神话中的句子:"天之初,语词给予天父以其初"。② 在这类神话中,语言尚居于神之上,成为独立的力量源泉。

神话小说《西游记》提供了神谕与咒语关系的另一种模式。小说中无

---

① 罗伯逊:《基督教的起源》,第 4 页,三联书店,1958 年。
② 恩斯特·卡西尔:《语言与神话》,第 70 页,三联书店,1988 年。

论是佛家的神,还是道家的神,或是半人半神,或是魔王,大都会念咒。这些咒专属于某一角色,与这角色是若即若离的关系。以紧箍咒来说,它是由如来佛授予观音菩萨,又由观音授予唐僧的,这咒的主人是如来佛,所以咒的法力大小取决于如来佛的神通大小,正因为是最高位的神如来佛的咒,才能制得住本领高强的孙悟空。这样紧箍咒体现了如来佛的神力。但是这咒又能归他人使用,到了毫无神通的唐僧口里仍然能原样发挥效力,这体现出咒作为灵物的独立性,它可以离开主人,成为一件有魔力的宝物为任何掌握它的人所用。因而紧箍咒是神谕与咒语的结合体:既是特定神灵意志的法力的载体,又是有独立魔力的灵物。如来佛所用的书写着"唵、嘛、呢、叭、咪、吽"六字用来镇压孙大圣的帖子,也就是符,与他的咒语同样性质,是神的意志力和符咒灵力的混合物。这六字真言离开佛体压了孙大圣五百年,直到唐僧来了才揭去,而唐僧揭帖是如来佛安排和预知的,不然唐僧是揭不动的,这些都体现出六字真言是神谕与符咒相融合的特点。

孙悟空与其咒语的关系则是另一种模式。他虽是天地化生的一个精灵,可谓出身不凡,但他开始并无神异法力,也是一个寿命有限的"凡猴"。他去求仙术时也靠木筏渡海,花了十数年才到达菩提祖师所居之山。他从祖师那里学到了长生之道、腾云变化之术,这才成为神通广大的孙大圣。而这些神通都是通过咒语学到的。他学法术的情形是祖师秘密传他咒语,他再记熟修炼而成。之后念诵咒语成为他自身的本领,与他的神格融为一体。所以说,在孙悟空与其咒语的关系中,咒语是孙悟空法力的源泉,而不是孙悟空给予语言以灵力。而在咒语与他神通广大的形象融合之后,咒语方带有他的神性。总体来看,孙悟空所念的咒语所具法力主要是巫力即"马纳",其次才是神力。这与孙悟空的形象不是完全的神有关,他是人、兽、神的混合体。

《西游记》的神与咒的关系虽然出自小说的虚构,但由于这部小说在我国家喻户晓,影响广泛,神与咒的这种关系应是民众关于神的有代表性的想象。在这些情节中,神、仙或精灵很像现实世界念诵咒语的巫术师,或者说,小说中神灵形象是现实中巫师被神格化的反映。

巫师的事迹演变为神话故事在信仰巫术的地方确为常见现象。我们常听说某巫师如何灵验，他有哪些非凡的事迹，这其中固然有偶然"成功"的真事，有些则是信徒的虚构和以讹传讹，后者就是神话的雏形。比如黄庄村民王丙戌告诉我的故事，说他亲见本村的黄桂林念动咒语，就拘来许多老鼠满地跑，就是一则萌芽状态的神话故事。只是这个故事的主角才刚刚开始神化，他还基本保持着巫师的面目，他的法力来自咒语：他学了拘老鼠的咒语就能拘来老鼠，他没学放老鼠的咒语，老鼠聚在那里就走不掉。

下面再讨论咒语与祷词的关系。

祷词无疑属于宗教仪式，但由于事实上巫术与宗教常混在一起，宗教仪式中也常有咒语的加入，有时与祷词难解难分。在不同地区和不同情形下，宗教仪式中祷词与咒语的运用及混合也有不同表现。我们来看黄庄宗教仪式中的情况。

目前黄庄各家供奉的神灵主要有四种：祖灵、灶王爷、财神爷、老天爷。这些神灵能依时享受到常规性的祭祀。其中最受重视的是祖灵。

祭祖仪式主要在节日里举行，最隆重的是春节祭祖，由上供、请神、祈祷、跪拜、送神等环节组成。这个仪式是从大年三十的上午开始的。先在墙上挂好神主图画，摆上供品，然后放鞭炮、烧纸、磕头。这是年节系列祭祖活动的开头，称为"上供"，其实是为当晚的"请神"做好准备。在人们的意识里，"请神"之前神还未来到家里，因此年三十白天祖先的灵位还是空的。请神仪式在傍晚天刚黑的时候开始。各家的灶膛冒出火光时，男人们拿着鞭炮纸钱走出家门，与本族人聚齐了，来到坟场旁的路上，向着坟的方向放炮烧纸磕头，同说着"爷爷奶奶回家过年去啦"，就引领着意想中已请到的祖灵们往自家走，一路上要不停地念叨那句话，来到自家大门口，先闪到一旁，躬身请神们先进门，然后将一根柴火（"柴"与"财"谐音，以讨吉利）横在门口。进了家门，请神的人们喊道："请爷爷奶奶来咧！"在家已烧开锅的妇女们就说："爷爷奶奶请来啦，快下饺子！"男人们到堂屋的神位前磕过头，请神的仪式就完成了。然后就下饺子、放鞭炮，与祖神一同过年。

祭祖活动虽在整体上是宗教仪式，但它的请神仪式是带有巫术性的。人们相信这套仪式有邀神的法力，仪式完成，神就真的来到家里。仪式中很重要的一点是要在回家的路上反复说着"爷爷奶奶回家过年"的话，进门后要说"爷爷奶奶请回来啦",说过的就是已实现的,这些语言实际上是咒语和祷词的合一。请来神后,人们认为神就呆在神位那里,因而供桌那里就成为一片令人敬畏的神圣的地方。年节期间的晚上,人们经过堂屋的神位时,就多少有种悚惧的感觉。夜深人静时小胆的人是不敢独自到堂屋去的。这种感觉证明着请神仪式的有效性。

祖灵被供奉在堂屋正面居中之处,墙上挂着布质的神主图画,画着一座富贵堂皇的四进的深宅大院,画的两边是一副对联,常见的是"祖宗功德传百世,子孙基业福寿昌。"从图画和对联的内容,可知祭祖的含义有两种:一是表示对祖先的怀念、敬重和感恩,二是祈求祖先保佑家业昌盛、子孙兴旺。神主图画前摆一张供桌,桌上点香,有鸡、鱼、猪肉、饺子、馒头、油条等供品,这些供品在当地是能拿出的最好的食品。有的人家在祖灵神位之旁还供奉家中非善终的亲人,墙上贴其照片,照片下摆一小供桌。通常认为凶死亲人的灵魂归祖神统领,他跟随着祖灵被请到家来,本可随祖灵一处享受祭礼,但他受到特别的关照,被请到一旁享受"特供",其用意也有两种:一是对他遭遇不幸的痛悼,二是安抚其亡灵,防止他成为恶鬼作祟于在世者。

过年的两天里堂屋的灯是通夜亮着的,香也始终燃着,每次吃饭都要先将新熟的饭食供奉祖灵。初一的早晨,神位前是拜年磕头的地方。初二早饭要吃面条,遵行"请神饺子送神面"的习惯。吃了早饭后男人们又拿了纸钱鞭炮,在神位前磕了头,说:"爷爷奶奶过了年咧,今儿该回府了,俺们把你们送回去,赶过年(明年)再来。"或其他诸如此类的话。也有只磕头不说话的,是简化的做法。然后让神在前,将之送到坟地里,在坟前烧纸放鞭磕头。

这套祭祖的仪式虽然很隆重,但其中祈祷的词句是很简洁、质朴的,只是像款待客人那样说些礼让的话,如"爷爷奶奶回家过年咧,给您摆上好吃的,爱吃嘛就吃嘛吧",或将刚煮熟的饺子供上两碗,说"爷爷奶奶吃饺子吧!"并不说祈求祖灵保佑的话。这是由于黄庄人的祭祖,伦理和礼俗的意义远大于功利的意义。人们祭祖主要是出于对祖先的怀念和敬重,是一种行孝的举动;年节的祭祖是请祖先回家和后人一起过年,庆祝过去一年的丰收的。其次才是请祖先赐福和佑助的目的。黄庄人认为这种功利目的只能是潜在的隐喻的,不宜于对作为亲人的祖先明白说出来。隐喻性表述的方式是在神前讲话要趋利避害。在年三十晚上将神请来之前,从大门口到屋门口,地上撒些柴火,取"发财"之义,和一些芝麻秆,取"节节高"之义。说话时要严守语言禁忌。特别是在往锅里下饺子时,严禁说"破了""不够了"。平日里煮饺子时,人们很容易说到"破"字,比如说:"快搅和搅和,别破了",或"熟了吧,再煮该破了"。平时因无神在场,人们并不在乎"破"字。但请神来之后,家里顿增神秘氛围。孩子说了不吉的话,马上遭到大人的申斥。每个盖搭儿(盛放饺子的圆形器物,用高粱穗的茎拼成)上的饺子都要留下中间的几圈,取"年年有余"的意思。这种郑重的语言崇尚和禁忌主要是由于有神在场,尤其是下饺子时,如果锅灶与祖灵神位在同一间屋(堂屋),说话高度谨慎。新房的锅灶挪到东套屋,下饺子时的禁忌心理就放松许多,因为神在另间屋,可能听不到这边说的话。所以年节的语言崇尚和禁忌是巫术和宗教两种因素相结合的现象。它们既是以语言巫术的方法造福,也是以隐喻的方式向神灵祈福。这可以看作是对过于简洁的祈祷语的补充。

黄庄祭祖功利目的的淡薄还在于他们不把祖灵看作本领很大的神,祭祖主要为敬祖谢祖,祖灵神通大小不是关键的。记忆中,逝去者在世时也只是普通人,他去世后作为鬼神虽然是令人敬畏的,但并不是神通广大的神。虽然他被认为能保佑后人家业兴旺,但这种职能是很抽象和笼统的,人们从不为生活中所遇的具体困难去求祖灵,除非道人诊断某人的邪病是某位亡灵作祟才用祭祀的方法将他送走。这样看来,祖灵成为家神中的主神应该在很大程度上归因于宗族文化的敬祖孝亲原则。在鬼神观念大为淡化的今天,这种原则体现得更为突出,一些不再迷信鬼神的男性村民仍然郑重地遵行祭祖习俗,他们说:"请神(指年节请祖灵回家过年的仪式)也就是个纪念祖宗的形式。"

咒语属于巫术,祷词属于宗教,二者的区分也就在于巫术与宗教的区别。弗雷泽认为巫术与宗教的区别在于:"宗教认定世界是由那些其意志可以被说服的行为者加以引导的",所以宗教信徒总是试图以迎合、抚慰的方式取悦于人格化的超自然力量,以说服和诱导的方式使神灵按人的利益改变事物发展的方向,而巫术认为"自然的进程不取决于个别人物的激情或任性,而是取决于机械进行着的不变的法则",这种法则是一种无意识的非人格化的力量,人可以用适当的仪式和咒语操纵这种力量。至于神灵,也像人一样,是从属于这种超自然力量的,所以巫术对待神灵的方式就是强迫或压制。① 从这种区分出发,巫术仪式中的咒语总是以命令的语气向客观世界发布,用表示着人的需要和希望的言词直接对事物的进程作出安排,对于神灵也像对待人和无生物一样不客气地支使和操纵;而祷词则表现出人对神卑躬屈膝、讨好祈求的态度,它的内容一般有迎合和告求两部分,迎合包括对神的德行和智慧的赞颂、对神的屈从态度和供奉祭品的陈述,告求则是向神倾诉自己某方面的苦难,祈求神的帮助。黄庄的祭祖仪式总体来说是一种宗教仪式,人们对待祖灵自始至终是恭敬、迎合和供奉的态度。请神和送神虽然带有巫术性,但是由于它们只是宗教仪式中的辅助部分,人对神灵不可避免地采取恭迎态度,而实质上有对神灵操纵之效,表现在语言上就是用恭敬的言辞对神的行为予以安排,所以说它是咒语和祷词的混合。请神语与送神语的巫术性突出表现在人们相信它们的成效上,说出的就是已实现的,请神的路上一路念叨着"爷爷奶奶回家过年"的话,就认为必定能将神请到堂屋的灵位上,而不考虑神是否愿来;送神时说着"爷爷奶奶送你们回去",就真的将神送走了,晚上走过供桌时再不害怕,因认定那里已神去位空。这种语言行为体现出人的意志是凌驾于神的意志之上的,这是请神语与送神语具有咒语因素的一面。而对神在礼仪上所持的恭敬膜拜的态度则使这种语言带有祷词的特点。将神请到家之后,在堂屋举行的祭祀活动则是不掺杂巫术色彩的宗教仪式,其中人神之间的语言交流是祈祷。与某些地方的祭祖仪式具有繁复的祷词不同,黄庄人的祭祖祷词只是敬劝祖灵享用供品。虽然简洁,但已体现出人对神恭顺、迎合、祈求的关系,而无巫术中操纵、支配神灵的色彩。

咒语与祷词的另一个重要区别是咒语往往致力于眼前可见的事功,而祷词往往着眼于长远的根本利益上的功效,有时表现为没有直接、明确的功

---

① 弗雷泽:《金枝》,第 77、79 页,大众文艺出版社,1998 年。

利目的。马林诺夫斯基在说明巫术与宗教的关系时指出:"巫术行为背面的意见与目的,永远都清楚、直接、一定;宗教礼节则无希望达到的事后目的。"前者如为避免孩子夭折而行的礼,参加的人都明白仪式的目的;后者如庆祝生产子女而行的礼,只是表现父母亲属的喜庆之情,参加者说不出仪式有另外要达成的事,因而仪式的完成便是目的的实现。① 其宗教礼节并不是没有目的,只是在参加者方面是按传统行事,没有显豁可见的解决具体问题的功效,而其社会文化的功能只有研究者才能指出。

黄庄村民对于巫术仪式与宗教仪式的区分虽无理论上的概括或理性的认识,但在实践上是按照习惯自然地将二者大致区分开的。一般来说,当生活中遇到临时的难题,村民求助于巫术仪式,而不去求助宗教仪式,因为那些神灵不具备解决这些困难的职能,也不可能在短期内给他明确的帮助;但巫术仪式也只能解决某种临时的困难,一般没有长久的佑助之效(风水法术是个例外),而且有许多涉及家族以至村落的根本利益的事情是属于神灵的管辖范围,不能以巫术来解决,只有求助于宗教仪式。身上长了疙瘩或吃饭卡了鱼刺,就去找巫医,以求通过咒语当场将疙瘩画小或将鱼刺画掉;孩子生病哭闹,大夫治不好,也去找巫医、道人念咒,以求一两天内治好。这些具体的困难人们从不想去乞求神灵解决。虽然认为灶王爷管一家的饮食,并司一家人的健康、寿命,但人们也不为上述麻烦去给灶王爷烧纸磕头。人们对灶王爷的祭祀只是按时(如腊月二十三)举行,所求于他的也是性质重大但无法见到具体功效的事情。

由于家族文化的影响,祭祖成为尊祖敬亲的一种行孝方式,并起着维系宗族团结的作用,因而它的礼俗意义和伦理功能占据突出位置,而祈求祖宗保佑和赐福的功利目的成为次要的不明确的因素,这使得黄庄的祭祖祷词只有迎合、供奉祖先的内容,而无告求的部分。不管怎样,祭祖成为一种根深蒂固的习俗和传统,成为一种自动遵行的生活模式和行为规范,在促成人们做出祭祖行为的因素上,习俗传承力重于功利的推动力。特别是年节祭祖,成为村民春节生活的一项重要内容,是春节具有郑重、神秘氛围的一个

---

① 马林诺夫斯基:《巫术、科学、宗教与神话》,第21页,中国民间文艺出版社,1986年。

重要因素。过年而不请神,在黄庄村民看来是难以想象的。但是祭祖的功利目的也是确实存在的。我看到那些不孝敬老人的村民也照样郑重、认真地祭祖;有些媳妇们对与自己没有血缘关系的祖先大多没有亲近之情,在公婆在世时尽量推托赡养责任,但祭祖时比男人们更加虔诚投入。这两类人的祭祖显然并非出于尊祖孝亲的感情需要,除了遵从生活习惯的因素以外,主要是由于对鬼神的敬畏和祈求。他们要以对祖灵的真心周到的侍奉弥补自己在孝行上的过失,以求取得祖灵的谅解,不降祸于他们,并赐福保佑全家。

与祭祖相比,家祭的其他仪式就简略得多。灶王爷供奉在锅灶旁边,旧房结构是锅灶安在堂屋,灶王爷也就在堂屋的角落里同祖灵相对。新房的锅灶设在最东头的套屋,灶王爷也就搬到了小厨房,成为名副其实的"东厨司命王"。财神供奉在另一间放粮食的套屋或厢房内。对灶王爷、财神的祭祀仪式为:墙上钉神像,像下安块木板,板上放杯、碗类容器作为"香炉",在像前烧纸,并念诵祷词,请灶王爷上天言好事,并保佑一家健康平安,请财神爷保佑家里的财运,常年不缺钱花。不摆设食物供品,只在饺子熟时端半碗来,碗上放双筷子,将饺子在神像前晃晃说:"请灶王爷(财神爷)吃饺子吧!"说完就端走,再盛满让家里人吃。对灶王爷和财神的祭祀有明确的功利目的,所以在祷词中皆有直接的告求,不过与咒语的内容相比,这种告求都是着眼于长远的利益,不求眼前的功效。由于功利目的明确,各家祭灶、财二神的仪式虽不隆重,但都如期举行不敢忽略。老天爷的神位在正房屋门旁的东侧。墙上凹进一块地方作为神龛,里边贴一张写着"天地三界之神位"的红纸或贴一张神像。近年盖起的新房干脆不在墙上设神龛,对老天爷的祭祀也就在住新房的家庭(家长多为中青年)取消了。

家祭除了祭祖灵、灶王爷、财神、天爷之外,还非常规性地祭其他神灵。比如过去农家所用布料是用自产的棉花纺织而成,纺线织布是妇女们一项经常性的家务,于是纺车成为妇女尊崇的神灵。纺车神还保持着自然神的面貌,没有神像,以实物作为直接的膜拜对象。每年开春祭纺车神,将纺车摆好,在车前烧纸,祈祷说:"车子神,车子神,一年给你二两银,纺线细,出线匀。"今天纺车已搁置不用,祭纺车的习俗也就断绝了。有婴儿的人家一般祭炕神,主要祈求炕神保佑孩子不要摔下地来或摔下来而不受伤。有的人家还在放粮食的屋里祭"皮袋虎子",传说它能将败运人家的粮食运走。

黄庄人的宗教仪式除了家祭之外,还有庙祭。过去村中有土地庙和关公庙,庙祭是常见的仪式。庙毁之后,关公祭祀活动至今已基本消失,土地神崇拜只表现于葬礼中的报庙仪式。由于庙中有硕大直观的神像,村民们认为庙是神的居所,至少是神常光顾之处,所以庙祭比家祭灵验。庙的被毁使村民少了一种拜神的方式,有些村民为偿此愿,就远到泰山、桑园(邻县)等有庙的地方去上香、求签、许愿。

上述的宗教仪式除了祭祖的请神与送神之外,都没有巫术参与,人与神交流的语言形式是祈祷语。这些祷词表现了对神灵的顺从、迎合和请求,而崇拜神灵的功利目的皆从长远根本的利益出发,非为眼前的琐事和短时内的难题。下面我们来看两个带有明显巫术性的宗教仪式。

当婴儿夜间哭闹不休而又找不出哭闹的缘故时,他的母亲就把他抱到鸡窝前,对鸡们说:"鸡大哥,鸡二哥,你黑下(夜间)哦(叫),我白下(白天)哦。"妇女认为这样就能止住孩子的哭闹。鸡是黄庄妇女饲养的两种主要家畜之一(另一种是猪),卖鸡蛋所得的钱是她零花钱的主要来源之一。当地有俗语说:"老太太三件宝,闺女、女婿、老母鸡。"鸡每天环绕在主妇身边,扫除从院子到屋里满地皆是的鸡屎是主妇的一件很麻烦的工作,而当鸡嘎嘎叫着走出鸡窝时去拣拾热乎乎的鸡蛋,又是主妇们每天快意的收获。鸡是主妇亲密的伙伴,它与她构成相互依赖的关系。主妇们认为鸡是有灵的,但由于和鸡的亲密关系,又不把鸡的精灵当作可敬畏的神,所以当为治孩子夜哭而找鸡神时,并不跪拜烧纸,只是称鸡为"哥",这是一种平辈的称谓,表示与鸡关系亲密尊卑差距不大,而又像对兄长那样尊敬它;然后让鸡晚上叫,这是对鸡的一种委婉的安排或命令。主妇认为孩子夜哭与鸡夜啼有替代性关系,孩子夜哭是对鸡夜啼的感应,而通过这一仪式可将孩子夜哭转化为鸡夜啼。这是一种巫术性仪式,同时又以对鸡神的崇拜为基础,所以说它是宗教与巫术相结合的仪式,主妇在鸡窝前所说的套语则是祷词与咒语的混合体。

传统时期黄庄人在遭遇天旱时常举行祈雨仪式,祈求的对象是关老爷。

祈雨仪式有两种。一种是全村人参加的大型仪式,将关公庙里的关老爷像抬出来,敲锣打鼓,围着村子走几遭,有祈祷、念咒、求体等仪式。这种大型仪式是在较早时期举行的,村民中已无人能提供详细的描述。另一种小型仪式是偷像祈雨的方法。过去每家都供关老爷,村中传言只有两家供的神像最灵验,当天旱时,往往有几个村民商量好,到这两家把关老爷像偷出来,两家的主人佯作不知。祈雨的方式是暴晒神像,并对神像说:"关老爷,晒晒你,三天以后下大雨,下雨以后供应你,给你换金身金袍。"等真的下雨后就用红布包了送回去。这也是一个宗教与巫术结合的仪式。这个仪式从根本上讲出于对关公司雨的信仰。在旱灾刚开始时,人们仅向关公烧香磕头和祈求,但这些膜拜求告活动得不到神灵的反应,天气依然干旱,人们在焦灼之际,便采取升级的巫术性仪式:暴晒神像。为让神灵亲身体验干旱的苦难而采取体罚神的方式,显然是对神的大不敬,同时也是将人的意志凌驾于神的意志之上。人们相信自己这套仪式能促使神灵降雨,这是祈雨仪式具有巫术性的一面。同时这套仪式伴随着对关公烧香磕头求告的行为,以及晒神之后为神"换金身金袍"的补偿举措。"偷像"也是对神敬畏的一种表现。自家供奉的神像自家不敢得罪,于是便"偷来"别家的神像体罚,由于被"偷"的人家"不知道"此事,神就不会怪罪这家。对神膜拜和敬畏的一面则是仪式的宗教性。村民只求实用、灵验,根本不顾忌这套仪式的两个方面是矛盾的,而是很自然地将它们融合到一起。祈雨仪式中对神像所说的套语充分体现了巫术与宗教混合的特点,其中既有晒神、令神三天后下雨的支配性词句,又有对神的尊称,和表示对神供奉和报答的言辞。这个套语同样是祷词与咒语的混合。

通过以上考察,我们可将咒语的特征,或者说它的"文法",概括为两个方面:一方面是咒语的命令性和实施性。咒语既然原属巫术领域,它就带有巫术对客观世界(包括作为客观世界变形反映的鬼神世界)予以强行支配和安排的特点。在神灵崇拜盛行的时代,咒语总体上呈现出复杂的存在形态,生活中既留存着纯巫术的样式,又有种种向神灵力量妥协或与之融合的表现。在神灵崇拜仪式中出现的咒语,虽然语气温和,失了它原初形态的激烈和刚愎,但其内容实质仍是人对自然的直接支配,仍有着它的独立力量,只不过它借助了神灵的威势或与神灵力量结合在一起。与其命令性相关的另一法则，是咒语的实施性或者自足性。人们相信咒语的发出就是事情的完成、收效的达到。咒语具有势无可当的穿透力和直截了当的完成性。在语言与事情之间并不存在执行者的中介。比方说某人要将门关上，他如果不想劳自己的大驾，可以用语言支使别人代劳，比方他让儿子去关门，儿子可能马上去关，可能等演算完作业中的一道题再去关，或者竟不理睬父亲的支使。这是日常语言的运作情形，它的"言语之力"取决于双方的关系，说话人的权威大小，听话人的意志等因素，其"言语之效"在言语之外，而且要有一定的时间过程才达到。咒语不同，假如人要以咒语来关门，施咒人相信咒语一经说出，关门的事情就完成了，中间没有代行者，没有时间的延宕，门会听咒的安排，而且门不可能违拗咒语的旨意。当然事实上这只能是人的异想天开。但是假如碰巧一阵风在施咒时刮过来，将门关上了，那么这一次的成功就足以使迷信的人崇拜了这"关门咒"。咒语的"言语之力"在信仰中是无可违拗的，其"言语之效"就在言语之中。

咒语"文法"的另一方面是其固定性与神秘性。并非所有的日常语言都能成为咒语，而是只有一些特定的词语组合才有神奇的效力。而这些特殊的语句是由个别人掌握的，它是通过某种途径从前人那里继承下来的。继承下来的咒语不能随意改动，即使不明白它的意思，也要照原样念诵，这就造成一部分咒语成为意义难解的语音的机械组合。咒语的词语组合形式的固定性使它成为稀罕的法宝，在狭小集团的内部秘密传承，这就造成它的神秘性。咒语在尚为专人使用时，是不会轻易泄露给一般人的。在黄庄，巫医张氏的家庭因遇突发性灾厄而有经济困难，我在1998年春节前曾资助其家200元钱，这次"人情"的施予再加上我与其夫多年交好的"面子"，仍不能促使她将咒语透露给我。在齐庄，道人的徒弟是我的姨表姐，与我的家庭有"走动"频繁的亲戚关系，但我不能说服她将咒语告诉我以为我的论文增色。她们是在遵行着"咒语不能给别人说"的规矩和信仰。事实上，咒语的魔力是与其神秘性相辅相成的。因为咒语灵验，才需要保密，将其据为己有或传给后代或关系特别好的人；而其神秘性又加强着人们对咒语有灵的信仰。一旦咒语不再作为灵验的语言使用，也就无需保密，比如红枪会的护身咒语会被黄姓老人轻易透露给我。但是某些咒语的失灵并不影响人们对其他咒语的信仰。

咒语是在科学手段不能奏效的事情上在人们对困难无能为力时才使用的。随着科学的进步和人们对世界认识水平的提高,咒语必然会逐步缩小其存活的空间。我们看到,与新中国成立前相比,黄庄人对咒语的信仰总体上已经淡化,其使用范围也大为缩小。另一方面,这种语言灵力信仰在社会生活中还有程度不同的表现形式。除了咒语这种极端的语言崇拜现象之外,还有其他的形式,比如部分语言崇尚习俗(或称吉祥语俗)、部分语言禁忌习俗(或称避讳习俗)就与语言灵力观念紧密相关。这种观念不仅在科学较为落后的农村有相当市场,在部分城市居民的脑中也有一定位置。据1999 年 1 月 29 日《金融时报》披露,某些商店为赢利目的给某些商品定出吉祥价,比如原本只打算卖 800 多元的商品,为了所谓吉利效果,就标上888 元的价格,而顾客们对商场不找零钱愤愤不平,对"吉祥价"这种温柔的宰客方式却能够接受,咬咬牙多掏几元、几十元也把这种吉祥语效买下了。① 这一事例检验出不少城市居民的脑中仍有一定程度的语言崇拜心理。1999 年 1 月,河南省舞钢市一名青年男子因改名未遂而服毒自杀。他从旧书摊上买到一本《属相与名字》的小册子,按照书中说法,认为自己的病与名字中的"强"字有关,便执意要将"强"改为"敏",遭到家人与有关部门的反对后,当天自杀。② 有一种事情在全国是普遍的:电话、手机、呼机的号码尾数是 8 和 6 的,受到人们的追捧,这些号码总是被顾客抢购,以至于商家普遍将这些吉祥号码加价销售,甚至为特别吉利的号码如尾数为四个8 或 6 的举办专门的拍卖活动,这些号码多为有实力的大户以高昂的价格购得。而尾数为 4 和 7 的号码就受到顾客冷落,因为它们与"死"和"气"谐音。种种现象表明,语言灵力观念是我国民众文化心理结构的一部分,对这一问题予以研究仍有较强的现实意义。

---

① 廖仲毛:《"不找零"与"吉祥价"》,《金融时报》1999 年 1 月 29 日第 7 版。
② 《中国妇女报·家庭周末》1999 年 1 月 8 日第 4 版。

第五章　语言民俗综论

在上面几章我们讨论了几种民间语言现象。本章在此基础上探讨语言民俗的一般理论,包括语言民俗的情境、语言民俗之"民"、语言民俗之"俗"等,也就是从理论上探讨语言民俗的存活形态、内部构造、运作规律等问题。

第一节　语言民俗的情境

语言民俗发生于具体情境之中。它的形式、意义和功能也为情境所规定。

对民俗的情境性的关注是由来已久的。古语说"一方一俗","十里不同风,百里不同俗",都在讲风俗因情境而异。而"入乡随俗"这一成语则提出了情境对"民"的规约,要求"民"尊重俗的情境性,遵行特定情境中的俗。钟敬文先生所提出的民俗文化的基本特征中,有一条"传承性和扩布性",实际就是讲的民俗情境的两个基本构成要素:时间或历史的纵向规定和空间或现实的横向规定。民俗因不同的时空条件而变异,也就是因不同的情境而变异。

所谓民俗情境,指民间文化传统规约下与特定空间范围内的社会处境。情境是历史传统与现实生活的交汇。历史传统储存在特定社区的民众集体的意识和记忆之中,它制约、规范着民众的活动,而现实因素又调整修改着历史传统,两个方面的会合、交融就是影响实际发生的民俗行为的主要情境因素。

情境的内容可分为文化背景和现场处境两部分。

文化背景指民俗事件发生之前在特定生活环境中业已存在的关于这个民俗事件的文化规约。生活环境主要指民俗事件所发生的环境,但有时还包括民俗行为人在个人历史上所曾经历过的另外的环境。比如一村民在其村落进行一项民俗活动,影响他的现场行为的生活环境除了这个村落之外,还可以包括他曾去打工的城市生活环境。而文化背景就既指村落中关于这项活动的文化规约,也包括个人所经历过的城市环境对这项活动的文化规约。它们共同对将要发生的民众活动起作用。一般情况下,起主导作用的是民俗活动发生地的文化规约。对文化背景的这种界定,不仅适用于分析群体的民俗行为,也适用于分析个体的民俗行为;既适用于分析历史传承的民俗事象,也适用于分析现场发生的民俗事件。

文化背景存在于特定社区的民众集体和特定民俗行为个人的意识之中。这种文化背景或文化规约,是一种"民众知识"。民众知识包括集体知识和个人知识。集体知识是一个社区内所有成员共有的关于民俗行为的文化规约。这种共同拥有的规约形成一种模式,对个人行为具有很强的约束力。个人知识指个人对集体规约所实际理解和接受的部分,还有他在其他社区所经历过的其他类型的规约。在村落里,如果一个村民曾在城市打工相当长的时期,那么他的个人知识既有与集体共同的部分,也有异于集体知识的部分。还有一种情况,个人如果受到不充分的集体知识的灌输,那么他的个人知识就弱于集体知识,就会导致不合模式的行为,即村民所称的"不懂事"。集体知识是共同的,导致集体行为的模式性类型化;个人知识互有差异,导致个人行为在类型化基础上的变异性和多样性。

我们举例来说。

黄庄有一个为成人所尽人皆知的谚语:"休前妻,毁稚苗,后悔到老。"当我从村民那里弄清它的含义后,不禁为它说理的生动、贴切、深刻和有力所打动。

"毁稚苗"是将头茬未长齐的庄稼幼苗毁掉,重新播种。发生这种情况的庄稼主要是豆子、谷子、棉花。最常见的是豆子。因为豆芽开始就是双瓣的,它破土较为困难,如果刚下过雨,地表结起硬皮,豆芽就难以出土,或者顶起一块硬皮,但无力将它完全顶开。农民用手替它揭开硬皮,又往往将豆芽也连带拽下来。豆种耩得太深了,豆芽也钻不出来。这样就造成苗不齐的情况。一般在播种五六天时,能钻出的豆芽就大部分出土了,到十来天时,见该出土的已出来了,未出土的已无希望了,只得在未长出豆芽处补种,再过五六天,如补种的豆子仍然出土的太少,眼见这一茬豆子总体上出土情况不理想,农民就把这茬豆子全部毁掉,重新播种。但如由于播种的时机已误了近二十天,或由于与前次类似的原因,重播后长出的豆苗与前次差不多甚至还不如前次,农民就十分后悔将头茬庄稼也就是稚苗毁掉:既浪费了豆种,又白费了力气。这种深切的后悔之情是每一个农民都有切身体会的,也只有农民才能真正体会。

用毁稚苗而生的后悔心情,来比喻休妻另娶但后妻尚不如前妻而生的后悔心情,有多么贴切。老人用这句世代流传的谚语来规劝要休妻另娶的后生,其说服力远胜于一般的说辞。在年轻人闹离婚时,老人用此谚语来规劝他,乃常有之事,而每次年轻人总能从这谚语里感受到巨大的压力。

有一24岁的黄姓男子,经人介绍与邻村大辛庄的女子结婚后,夫妻感情不睦,且婆媳不和。头胎生女孩后,家庭关系更加恶化,于是小伙子便做离婚打算,离之前他联系了中学时曾恋爱过的六里外的杨庄的女子,约好离后与后者结婚。这时邻居来劝和。一位60岁的高辈妇女劝他说:"休前妻,毁稚苗,后悔到老。差不多就算了,又有孩子了,凑合着过吧!"他受到压力,但离婚之志已决,就诚恳地跟她解释:"大奶奶,不是我不想好好过日子,实在是过不下去"。"大奶奶"见他不听,就带气刺他:"你不听,看离了你找谁去,现在说个媳妇容易吗?到时候你说不上媳妇,就得称上五斤肉,晚上放被窝里抱着吧!"小伙子听了这话也生了气,就"哼"一声走开了。1998年我在黄庄调查时,是在六年以后,他已和后妻有了一个4岁的女儿,当我夸奖他的后妻漂亮懂礼时,他表现出成功后的自足并告诉我现有家庭的来之不易;他诉说当时他闹离婚时遭受的巨大压力,就举了那位大奶奶先以"毁稚苗"谚语劝说他继以"五斤肉"讥刺他的事。这件六年前的事至今让他耿耿于怀义愤难平。

以上事例可看作围绕"毁稚苗"谚语发生的民俗事件,是以谚语来调解离婚的语言民俗活动。在调解事件发生以前,黄庄已有了促使这个事件发生的文化背景，即黄庄民众关于"离婚不如凑合着过"的传统信念，"毁稚苗"谚语即是这信念的语言凝固形式。黄庄村民集体对此谚语含义的理解和记忆就是文化背景中的集体知识。这种集体知识一方面是关于"毁稚苗"喻体的知识，即种地经验中对毁稚苗不如留住头茬苗的后悔感受，一方面是"毁稚苗"比喻的本体的知识，即对离婚行为的评价。这两方面知识的汇合就构成这则谚语的整体含义，也就是关于这则谚语的确切的集体知识。"大奶奶"作为有根深蒂固的传统观念的老年妇女，她关于离婚的个人知识与谚语所反映的集体知识是基本重合的，所以她热心地用此谚语来劝阻别人离婚，促成这个语言民俗事件的发生。而黄姓小伙显然也理解和掌握这个集体知识，这使他在以谚语而行的规劝面前感到这种文化规约的巨大压力，但他的个人知识中还有另一部分即作为一个新社会中长大的青年对婚恋自由、打破常规追求个人幸福的信念，这部分个人知识与其脑中的集体知识相抗衡，加上现实生活中各种因素的推动作用，使他不听从别人的调解，坚持离婚另娶。

再看情境的现场处境部分。

现场处境指民俗事件发生、发展过程中的在场因素，如行为动机、行为人之间的关系、行为发生的场所、当场进行的活动等。现场处境是导致民俗事件发生的直接因素，并且决定着民俗事件的体现形态和实施效果。

我们以打招呼这种语言民俗为例。

对农民打招呼，有一种误解是，认为农民见面就问"吃了吗"，而且认为这是由于经常吃了上顿没下顿而导致的对吃的格外关心。不过这种说法通常只是一种猜测，尚未见到有人拿出足够的实际证据来。

根据我在黄庄的观察，"吃了吗"确为最常用的招呼语之一，但并不是使用频率占第一位的。它被使用的场所通常是在家里或在家院周围，极少见到有人在田地里问"吃了吗"的。它被使用的时间通常是在一日三餐的惯例时间前后。为验证我的观察，我直接问村民："是否打招呼常用'吃了吗'？"村民说："要看嘛时候，半头晌午（即上午的中间）问'吃了嘛'，那不成傻瓜了？得在吃饭的时间问。"那么吃饭时间前后问"吃了吗"是否出于对吃的特别关注呢？未必。固然"民以食为天"，在黄庄也不例外，吃饭是人生命延续的必要条件之一,吃是人生一大享受,吃饱饭才有力气干活。这些在黄庄也是常识,所以如说黄庄人不重视吃当然不合事实,但这种重视是在什么程度上就值得辨别了。据我观察,黄庄人虽重视吃,但对吃并无特别的关注。实际上他们对吃的态度可概括为"舍不得吃"。一般人家的伙食以面食为主,肉类与蔬菜吃得很少,因肉贵舍不得花钱买,蔬菜虽便宜却舍不得花时间炒菜。通常早晚吃咸菜或凉菜,中午常有炒菜,但不管全家人多少,一般只炒一个大锅菜。他们的吃是远谈不上精致的,而是以省钱、省事、吃饱为原则。他们把钱省下来盖房子、买化肥,把时间省出来忙农活,只要吃饱了有力气就行。虽吃得简朴,但吃不上饭的情况从历史上看只是在特殊困难时期才有的(现有村民记忆中印象最深的是"大跃进"年代),所以认为"吃了吗"是出于担心人家没饭可吃,这种观点并无充分的生活依据。

实际上黄庄人打招呼时说什么话是以相遇时的现场情景来决定的。我们可称之为"情景原则"。我们看两个实例。

一位60岁的妇女刘氏下地干活,路上碰到人随口打着招呼。见一位老年妇女坐在房后,刘氏招呼说:"大娘在这凉快啦?"对方说:"啊。"就过去了。再往前走,另一条路上有位中年男子扛着扒锄子背着筐头走过来,刘氏问:"干嘛活去啊?"对方回答"凿草"。再走一段见有一位妇女在地里提着篮子种什么,刘氏问:"种的嘛呀?"对方说:"种的芝麻。"迎面有一位与刘氏年龄相仿的妇女走来,刘氏说:"干嘛去咧?"对方说:"啊,我到地里来看看,一看苹果树底下,俺娘哎,草都长疯了,地要荒了。"

以上是路遇时的招呼语,一问一答,语言简略。但并非所有的招呼语都是问答式,实际上用作招呼语的话是不拘一格、丰富多彩的,根据在场情景,任何事都可用作打招呼的由头。除问候外,可以就天气、庄稼等随便评议以为招呼,如:"嗬,这天,简直要把人热死!"或:"你家这棒子(玉米)上了嘛好肥了,窜得这么高!"也可向对方提供某种信息:"家南来了卖西瓜的了,还不快买去!"对方也就顺着这话头说一两句。

再看一场村内家门口前的对话。一天晚上下了场大雨,清晨各家都有人出来站在门口看雨后的情景,有的在修理冲坏的猪圈或淘出里边的积水,有的在填补被雨水冲坏的宅基。一位老年男子在自家门口说:"这场雨下的,光没人说天旱了!"另一位中年男子在自家门前接口说:"可不,上场雨说欠点,这回可不说欠了。"收拾猪圈的男子说:"这场雨下的好吧,光添腻歪了。"另一边一位中年男子说:"大早晨起来听见猪叫唤。"不远处一个二十几岁的青年说:"你那个摆设耳朵更行!"(因前边那位一只耳朵失聪,这青年和他同辈,常开玩笑。)

　　以上对话的空间是周围有六户房舍的六七百平方米的场地,人说话的嗓门都很大,以使一二十米处的邻居能听到。一个人主动说话是向所有在场的人打招呼,所以他的招呼语中没有对哪一个人的称谓。打招呼的话题离不开这场雨。

　　从上边的例子可以看出,村民打招呼所用语言的具体词句是由在场因素决定的,这些因素包括交际双方关系、场所、双方正做的事情或现场发生的事情等。而各种招呼语中重复频率最高的招呼语是"干嘛去",其次是"吃了吗"。这两种招呼语与农民的两种主要活动场合相对应。一种场合是路遇场合,村民下地干活或去做其他事,时间通常是农民所说的"正时候",即早晨、上午、下午的非吃饭时间,也就是一般农民的劳动时间,所以在路上碰到都以问候干什么去的为多。另一种场合是家庭场合,村民在家宅之内或家门口打招呼,时间通常是一日三餐的时间,也是农民劳作之后的休息、交游时间,因为吃饭是这段时间内所做的主要的事,是否已吃过饭也就是村民这段时间内的主要活动是否完成,所以问候"吃了吗"就是情景原则的主要体现。特别是要到别人家去闲坐聊天即"串门"的村民,不仅要在自己吃过饭才去,而且最好在别人家已吃过饭的情况下才去,如人家没吃过饭或正吃饭,自己坐在一边就很别扭,所以他去串门是最关心别人家是否吃过饭,进了别人家自然以问"吃了吗"为最多。所以村民打招呼的套语"吃了吗"与"干嘛去"以及其他各不相同的招呼法一样,都是出于情景原则。情景原则就是指村民交往时现场处境因素对招呼语言的影响。

　　招呼语的主要意义不在字面,而在于这种语言行为的象征意义,也就是其礼俗意义。情景原则决定了村民招呼语的话题和词句,具体话题和词句虽然多种多样,它们的内容都有共同的模式,那就是一方对另一方的活动和状况的关注和对某种事物的共享感,体现的是双方的密切关系,表达的是村民间"亲如一家"的情感。具体说什么并不是最重要的,关键是这种问候方式成为村落文化背景中的语言礼仪,起着确认和维持村民关系的礼俗功能。

和城市招呼语比较,可以更明确地看出村落称谓语的文化特征。城里人虽然还有用"吃了吗""干什么去"这类问候语的,但使用范围已很小,使用频率已很低,而占主要位置的是"你好"类问候语,和点头示意型的招呼方式。这种招呼语体现了城里人较为疏远的人际关系,它是由城市文化背景所决定的。

招呼语的具体词句和字面意义由现场处境所决定,其问候方式和礼俗意义由文化背景所决定。现场处境与文化背景一起决定了招呼语的整体意义。

以上我们讨论了语言民俗情境的构成要素,和民俗情境对民间语言的形式、意义、功能和使用的重要影响。可以看出,民间语言与民俗情境是密不可分的。将之置于民俗情境之中,民间语言不再是孤立的词语形式,而是一种立体的文化现象。以此视角来考察民间语言,有助于我们将语言与民众活动、民众精神联系起来,在历史文化传统与现实社会背景的交汇处,透过活生生的民俗活动来达到对语言民俗现象的完整深入的认识。研究语言民俗而不顾其语境,不结合其借以存活的民众生活土壤,对语言现象的解释容易流于单薄和片面。

第二节　从语言情境角度来确定民俗主体

民俗主体即民俗之"民",它包括哪些群体,一直是有争议的问题。在西方民俗学史上,随着人类文明的演进和社会生活的变迁,作为民俗学研究对象的"民"的概念外延经历了一个由窄到广的演变过程。英国民俗学研究的先驱威廉·约翰·汤姆斯认为"民"是以承载"大众古俗"的乡民为主的"民众"(the People)。随着西方强国在世界范围内建立、拓展其殖民地,许多人类学家将他们的研究视野专注于欧洲之外的一些欠发达部族的所谓"野蛮人"身上。这样在人类学派的民俗学家那里,"民"意味着乡民和野蛮人。到现代社会,在发达国家,随着城乡差别的显著缩小,承载着传统"古俗"的乡民或农民群体逐步减少以至趋于消失,于是一些国家的民俗学家的研究视野也逐渐包括以至转向城市生活和城市人,美国印第安纳大学的理查德·多尔逊(Rechard M. Dorson)认为"民"是趋向传统的匿名群众,包括乡下人和部分城市人,后者指流入城里的乡下人和他们的后代,这一"民"的范围扩展到了城市人,但还是很有限制的。美国加利福尼亚大学的阿兰·邓迪斯(Alan Dundes)则将"民"的范围无限扩大,认为"民"可以是任何人组成的任何群体,只要这个群体至少有一个共同点并有自己的传统,例如工人、教友、军人、教师、学生、科学家等群体①。按他的定义,政府官员群体也应属于"民"之列(虽然他并没有举出这样的例子)。他对"民"的界定显然更适用于现代社会,但是如果不从某个角度加以限定,按这种对"民"的理解去研究民俗,会使"俗"的概念与传统概念有质的差异,也可能使民俗学的研究对象变得模糊不清,或与其他学科混淆。而事实上他的关于民俗现象的清单,所列举的基本都是传统形式的"俗"。在我国,"民"的内涵也经历了一个演变的过程。民俗学运动的"五四"北大时期与中山大学时期,"民"指与贵族、圣贤相对的"平民"或"民众",重点指下层平民。新中国成立以后的一段时期,"民"按严格的阶级观点,指"人民"或"劳动人民",是与反动统治者、剥削阶级相对的一个群体,是以农民、工人为主的直接生产者、富于革命性的阶级群体。在新时期,"民"的内涵又悄然变迁,一般民俗学者逐渐用"广大群众""民众"的说法取代了"劳动人民",如钟敬文先生认为:"从数量上说,民众究竟是国家人口的多数,实质上民俗的创造者和传承者,也大都是广大民众,这一点是肯定的。可是,如果因此就认为上层社会没有民俗,或者认为它完全没有和广大民众共同的民俗,这似乎就不好讲了。中国过去有许多'岁时记',讲述岁时风俗。许多年节风俗,从农村到朝廷差不多都要奉行,尽管活动的具体情况不一样。这就是说,一个国家里大部分风俗是民族的(全民共有的)。当然,民族里面又包含一定的阶级内容。同样的过年,喜儿、杨白劳的和黄家地主的就很不一样。但是

---

① 　参见高丙中:《民俗文化与民俗生活》,第10—27页,中国社会科学出版社,1994年。

他们都要在同一天里过年,这也是事实。所以重要的民俗,在一个民族里具有广泛的共同性,它不仅限于哪一个阶级。"①这番论述打破了很长时期以来的关于"民"的阶级论,甚至说皇帝、地主也在"民"之列。这就是实事求是的说法了。他在另一处讲到,高级知识分子身上也有民俗②。这种说法目前在民俗学界有很大的代表性。这里我们拟用语言民俗的资料,从语言情境的角度对语言民俗之"民"加以限定,从而对这种范围广泛的"民"的概念加以补充。

在"哥们儿"称谓调查中,我们看到这一称谓在城市里是为各阶层的人们所使用的,只是在使用人数和使用频率上有阶层分布上的差异,但这差异也并不悬殊。而在使用情境上,"哥们儿"称谓的分布却呈现出显著的规律性。这一称谓使用情境上的最大差异是城乡差异,在城市情境与乡村情境里,"哥们儿"称谓有质的不同。在城市内部,各阶层群体在"哥们儿"称谓使用情境上表现出一致性,即人们都把这一称谓用于随便的场合,如家里、大街上等,而不用于办公地点,尤其不用于上下级关系中。显然,从情境角度来确定"哥们儿"称谓的存活范围比从社会阶层角度有更大的可行性。若考察使用这一称谓的"民",则各社会阶层的人在适宜于该称谓的情境下都可成为这一语言民俗之"民"。

"哥们儿"称谓的使用情境事实上分为两类:一类是生活情境,一类是公务情境。这种情境分类也适用于其他语言民俗,具有普遍意义。

生活情境指官方公务活动之外的情境,它以居民区的日常生活场景为主,并包括工厂、商店等单位的生产经营活动场景,以及其他类似风格的场景。公务情境指正式的官方公务活动的场景。

按情境来界定民俗的存在范围,对于居民的"阶层性"没有限定,即在生活情境中的任何人都是民俗之"民"。官员在公务情境中遵行官方文化模式,说的语言是官方公务语体,而在生活情境中他可以"混同于百姓",遵

---

① 钟敬文:《民俗学的历史、问题和今后的工作》(1983),收于《钟敬文文集·民俗学卷》,第71页,安徽教育出版社,1999年。
② 钟敬文:《话说民间文化》,第161页,人民日报出版社,1990年。

行民俗文化,讲生活乃至俚俗的语言。以称谓来说,一个"干部"身份的人在政府机关或科研机构内部,习惯了以职务或职称来称呼其同事,在单位以外,他却经常使用民间称谓。所以我们不把这位官员排除在"民"之外。另一方面,任何一个人处于公务情境中,他都可以暂时脱离"民"的身份,成为一个公务人员。如一个农民做了支书,在随便的场合他以普通村民的身份出现,但在村民大会上他就"打官腔"。电影《渡江侦察记》中,一位老农民给解放军侦察员带路到江边观察地形,侦察员称农民为"老大爷",老农民很不高兴地说:"我也是个民兵呐!"①说明"民"的角色受情境的规定,可以随情境的不同而变换。

以生活情境来确定民俗之"民"的做法,与邓迪斯从美国现代生活出发对"民"的界定是不同的。邓迪斯所说的"民群"指任何身份的两个人以上的群体,并没有关于生活情境的限定。而"生活情境"与"生活世界"是基本一致的概念。高丙中已有过从生活世界来界定"俗"与"民"的探讨,他说:"民俗是具有普遍模式的生活文化和文化生活。""从生活的角度来看民俗之'民',任何群体的人都是'民',因为他们都有自己的生活世界。"②不过他还只是初步地提出这一观点,还没展开讨论,有些问题比如生活世界如何界定,和它相对的世界是什么,各个群体的生活世界有何不同,等等,还没结合我国的实际情况予以阐释。

今天我国的社会制度从主体上说是非私有化的,这使上层社会集团与中下层社会集团之间的隔离造成的群体文化差异不如高度私有化的社会那样显著。我们所做的"哥们儿"称谓的调查显示了这点,其他学者也通过调查作出了类似的结论。如1981年,一些语言学者为了分析各种社会因素对语言使用的影响,就不同职业的北京人说"姆末(我们)""胰子(肥皂)""且(从)""伍的(什么的)"的频率做了调查和统计,发现保留土话土音的多少和职业相关的程度并不大,如说"姆末"的职业分布为:科教人员52.0%,行政干部50.0%,职员66.6%,工人55.5%;说"伍的"的职业分布为:科教人

① 转引自陈松岑:《礼貌语言初探》,第26页,商务印书馆,1989年。
② 高丙中:《民俗文化与民俗生活》,第11、13页,中国社会科学出版社,1994年。

员 40.0%, 行政干部 50.0%, 职员 33.3%, 工人 50.0%。所以带队调查的胡明扬先生得出结论:"至少在目前,在北京还没有形成依职业区分的社会集团和与此相适应的社会方言……在这种情况下,很难形成按不同职业区分的相对隔绝的社会集团,也就不容易产生相应的不同的社会方言。"①这个结论至今仍然适用于当前社会。由于社会制度以公有制为主体,社会财富实行按劳分配,目前尚很难划分出地位和文化上差异悬殊的社会集团。在工作环境中同一职业的人聚集在一起,但在生活环境中不同职业的人通常是混居在一起的,并无明显的隔绝状态。这突出表现在一个家庭中的成员往往从事不同的职业,比如父母是干部,儿女可能是工人,或者父母是工人,儿女是干部或知识分子,这种不同职业者混居一家的情形是常见的。至于我国将来因职业因素导致的阶层分化是否会更鲜明以致造成生活上的集团对立,尚不好断言。按此状况,就不好限定某一阶层是民俗文化的承载者,某一阶层不是。这样,要确定民俗文化的存在范围,从人所处的情境着眼就是一个可行的办法。

认为生活情境中的所有人都是民俗之"民",并不排斥从职业、年龄、性别、区域等角度将民众划分为各类社会群体并研究群体间的民俗差异。从情境角度研究民俗,正有利于从具体情境中考察群体文化差异对民俗的影响。

从生活情境角度来看,最显著的群体文化差异是乡民文化与市民文化的差异。这种差异自然包含职业差异的因素,但并不全是由职业差异造成的。这种差异主要是村落情境与城市情境的差异造成的。

乡民是村落文化的承载者。对村落文化的现状,我们已在前边章节探讨过,此处不赘述。虽然村落文化整体上已有很大的变迁,但农村生产经营与日常生活一体化的特点依然未变。这一方面使村民的活动全部处于生活情境之中,一方面使村民成为一个内部同质性很强的群体。一村之民的内部文化差异很小。他们的职业相同,只有极少数在务农之外,兼营或主营他

---

① 胡明扬:《北京社会调查》(1981),见《语言学论文选》,第 208—209 页,人民大学出版社,1991 年。

业；文化程度基本相同，即使有小学、初中、高中等学历的差别，由于农村很少用到文字，从学校出来之后摸上几年锄把子，大家在文化程度上的差别也就被共同的生活模式磨没了，也有个别的戴副眼镜显得文气，或讲话爱"掉文"，这是被众村民嘲笑的"异类"，是不够格的农民；村民也基本上没有官民之分，村里没有专门的行政部门，村长、书记等也首先是农民，其次才是干部，教师从学堂回到家也要脱下制服换上同村汉一样的衣服下地干活。影响村民的文化素质，造成语言运用差别的因素，主要是性别和年龄。传统文化重视"男女有别"，故有村民在文化品质上的性别差异；当前年龄差别大的村民经历过不同的社会环境和文化模塑，因而有文化品质的年龄差异。这是研究乡民语言应考虑的两个因素。如果对村落内部做更微观细致的研究，那么木匠、铁匠、郎中、干部、教师等身份差别，以及村民的性格差别，甚至在村落内居住的方位差别等对语言运用的影响，也是值得注意的。比如黄庄的支书平时也按村落称谓制与村民交际，但他在召开干部或村民会议，或者通过喇叭向村民讲话时即摆出"国家干部"的姿态，他的用语超出了黄庄的日常语言体系，在称谓上打破辈分制，直接以姓名称呼别人。在这种场合可算作黄庄的公务情境，但这种情况在黄庄的整体生活中所占的位置是极小的，可以忽略不计。再如，黄庄这样一个较小村落的内部竟然也有语言的区域差别：在黄姓居住的东半部，街南与街北的人在称谓上有差异，街南居住的多是小辈，在村中的礼仪地位处于下层，自身的尊荣感较弱，言谈举止较为活泼放松，不像村中大辈那样持重，表现在称谓上，相互间常以姓名相称。而街北多大辈人家，常受到别人在称谓上的敬重礼仪，他们对别人也回之以礼，就造成了妇女中"你哥""你叔""你嫂子""你婶子"这样的从儿称习俗。不过这种不同方位的差别只是个别现象，不致影响到村落文化的内部一致性。

城市社区之"民"是一个成员庞杂、内部异质性很强的群体。由于社会分工的发达，城市的社会工作划分为各种职业和部门。由于不同职业和部门之间的相对隔绝，城市人群形成文化各有差异的职业集团。在生活领域，人们也会将与其职业或职务有关的文化特征带入他们的语言运用。特定的职业往往又与特定的文化程度大致适应。所以考察城市的民间语言，说话人的职业和文化程度是需要重点考虑的因素。其他需注意的因素还有性别、年龄、交际双方关系等。

城乡文化背景的差别使得市民与乡民的民俗知识有着显著差异,也使城市的民间语言与农村的民间语言有着相当大的差距,差距大到二者分处于同一现象联结体的两极,形成鲜明的对照。

除了城市与村落之外,还有一种情境是小城镇。小城镇情境从整体而言是城市情境与村落情境的混合。这里的活动情境可分为公务情境与生活情境两种,其民俗之"民"与"俗"也为内部的情境差异所分隔。我们以郭展《寒亭称呼语规则试说》中提供的情况为例。①

寒亭位于胶东半岛西部,由城区中心和周围的八个自然村组成。城区中心是县级区政府(潍坊市所辖)驻地,自然村里住的是农民。这样一种特殊的语言情境造成了内部称谓习俗的显著差异。在机关单位内部,形成公务情境,工作人员相互称谓受职务级别影响,不能以拟亲属称谓相称,连机关工作人员向机关工作人员问路,也称"同志"。而在周围的自然村中,则是生活情境,人们遵循村落拟亲属称谓制,每人都有自己的世袭辈分,即使在外地工作的人当了官,回村后人们仍按辈分称之,绝不称他的头衔。

寒亭的两种称谓状况的鲜明反差说明了情境对民俗主体有显著的限定性。在小城镇这样一个不大的空间范围内,其语言环境竟被情境明显地分隔为两部分,同一个人,在机关大院的公务情境里使用官方称谓,出了机关来到民间生活情境里,马上采用民间称谓,说明从情境角度来限定民俗主体是很有效的。

通过以上考察,我们看到,用区分情境的方法来更确切地说明民俗主体问题,是可行的。这种做法,一方面肯定了一个民族的全体成员对本民族主要民俗文化的共享性,另一方面也不否认不同阶层的人在享有民俗文化的程度、方式等方面有各种差异:我们可以通过考察他们在生活情境(或者在生活情境这个大类之下的各种具体情境)中的行为研究这种差异。在现代社会不同阶层的人文化隔绝程度趋于缩小的情况下,从情境角度来界定民

---

① 载《民俗研究》1996 年第 3 期。

俗主体将是一种越来越合乎现实状况因而越来越具有解释力的民俗研究方法。

第三节　从语言活动角度看待语言民俗

语言是什么？通常人们认为就是词语、句子或说出的话。在交往中，语言就是表达意思的分音节的声音；在阅读中，语言就是用文字表现的词句和段落。对于语言的使用者来说，这当然是对的。因为语言的意义就主要附着在语音形式或书写符号上，说出或接受了这些形式，也就表达或明白了某种意思。至于语言发生的其他现场因素，如伴随语言的辅助形式——表情、手势、体态，说话的场合，交际的直接目的等，虽然也对语言表意起作用，但人们在概念上把这些因素与语言分开，事实上它们一般也确实只起辅助作用，其单独表达的意思是不很确定的。至于语言发生时所处的文化背景，对语言的使用者来说更是无须关注的，因为他们就处于这种文化背景之中，文化背景是作为基本的生存环境存的，对语言的使用不必特意加入背景因素。

比如"家来坐坐"这句社交礼仪套语，在村落中，村民甲在经过村民乙家宅附近时，听到乙向他说这句话，他会不假思索地回答："不啦。"表面看这是很简单的回答——对村民而言确实简单得不得了，因为一切文化背景、现场处境都是既定的，明了的，无须思考的，其意义也是确定的。乙说这句话表示对甲的尊重、好感、亲热的态度，当然也含有欢迎他有空常来串门的意思，但一般情况下并不真的邀请甲当时来家"坐坐"。甲说"不啦"表示甲完全领会了乙所说套语的礼俗意义。这样简短的问答体现的是村落中密切的人际关系，这种套语的重复使用也就起着不断确认和延续、加强这种关系的功能。这些礼俗意义是语言的使用者仅凭语言形式就能表达和领略的，套语功能的发挥只需双方关注这语言形式就能奏效。

所以就有语言就是语言形式的理解。语言学家索绪尔说："语言是什么呢？在我们看来，语言和言语活动不能混为一谈；它只是言语活动的一个确定的部分,而且当然是一个主要的部分。"他认为言语活动=语言+言语,言语活动去掉了言语而抽离出来的作为社会制度的语言,才是"语言学的又完整又具体的对象",①对于普通语言学家(与社会语言学家相对而言)来说,语言就是人类表意的工具或媒介,是音义结合的符号系统,他们的主要任务就是研究语言形式的构造规律。这当然是语言的最基本最主要的部分。

但是学科分工不同,民俗学者并不像语言学者那样研究一般的语言现象,而是研究特殊的凝聚着民俗文化的语言现象,对民俗语言的理解仅限于语言形式是远远不够的。如果将"家来坐坐"看作语言民俗,仅论这四个音节显然不能道出其民俗语义和生活功能。这道理可从如下事实看得明白:

1998年7月份,我在黄庄调查时,一天从村西头开始描画村民居住分布图,中午时在村西部的街上碰到了骑摩托带着妻子从地里回来的村民王立员,他是我的小学同学。我跟他打招呼时,他放慢摩托的速度,说:"家来坐坐啊?"我以为他家就在面前的胡同里,家去坐一下也好,可顺便做些调查,就说:"行啊。"他听了以后慌忙停了摩托,让我跟他去,说他家在村西头。那里离说话的地方隔了五个胡同,显然去他家坐坐是有点麻烦的事。我只好有些难堪地改口说不去了。片刻之后,我明白仅从字面理解"家来坐坐"的意义,显然是对这一民俗语言的错误领会,交际的失败即双方难堪局面的形成是由于我不属于这个文化群体,不具备相关的民俗知识造成的。

从语言活动的角度看待语言民俗,就是把语言民俗看作在特定情境(包括文化背景和现场处境)下,民众出于生活的需要而以模式化的语言表述方式进行的民俗活动。"家来坐坐"作为一种打招呼的语言民俗,就是在"亲如一家"的村落里,村民之间联络感情,维持亲密关系的一种礼仪性语言活动。

将语言民俗看作语言活动,是用民俗学观点来审视语言现象的必然结果。因为民俗学者所说的民俗就是人类的一种行为或活动。钟敬文先生说:"人类只要集体在一起生活,就有共同的做法,也就有民俗。民俗可以

---

① [瑞士]费尔迪南·德·索绪尔:《普通语言学教程》,第28—30页,商务印书馆,1985年。

说是生活的一种方式,在内容方面讲就是所谓文化。人类为了生存,为了发展,一定有些行为、有些思想,行为与思想表现出来就有一定形式,再传播下去就必然形成一定模式,那就成为民俗。"①钟先生认为民俗是模式化的行为与思想(思想也可看作心理行为),"共同的做法"、"生活的一种方式",都在讲民俗是体现为行为或活动的文化现象,而不是从行为或活动中抽离出来的一种静止孤立的东西。语言作为一种民俗,自然具有与其他民俗共同的特征,也理应被看作人类的一种行为、活动,而不应被看作与使用者、语境相脱离的孤立、静态的工具或媒介,正如马林诺夫斯基所言:"说话是一种人体的习惯,是精神文化的一部分,和其他风俗的方式在性质上是相同的。""语言是文化整体中的一部分,但是它并不是一个工具的体系,而是一套发音的风俗及精神文化的一部分。"②

语言是发音器官的动作,这本是直截了当的事实。但由于这种发音动作传达的是一套前人传承下来的繁复的表意制度,大异于一般的动作,人们早已将说话与做事区别开来,成语"言行不一"、"说的一套,做的一套"即表现了这种区分。但是从某些角度进行的学术研究却有还原语言以行为本相的必要。已有不少语言学家、哲学家、人类学家从这角度展开他们的语言研究。

十九世纪德国的人类语言学家洪堡特有句名言:"语言绝不是产品,而是一种创造活动"。③ 他所说的"活动",就是精神的创造活动。他认为,语言的存在,只能从人们的讲话和理解的过程中去把握;语言的生动本质,只能存在于活语言的真实图景之中;我们平时称为语言的那些零散的僵化的词语和规则并不是真正意义的语言,现实存在的只是个别的一次次的讲话。

索绪尔严格区分语言与言语活动,虽然他作为语言学家强调语言才是语言学的研究对象,但他对言语活动的理论阐述对后人从言语角度开展的

① 钟敬文:《对待外来民俗学学说、理论的态度问题》,载《民间文学论坛》1997 年第 3 期。
② 马林诺夫斯基:《文化论》,第 6—7 页,费孝通译,中国民间文艺出版社,1987 年。
③ 威廉·冯·洪堡特:《论人类语言结构的差异及其对人类精神发展的影响》,第 54 页,商务印书馆,1997 年。

研究有很大的启发意义。

美国结构主义语言学的奠基人布龙菲尔德受行为主义心理学的影响，强调语言的物理学和生理学方面的属性，将语言看作一系列刺激和反应的过程，他的理论对语言的意义及人的思维活动有所忽略，但他的一些基本思想促进了语言研究的更加科学化，如他认为语言是口语的，而不是文字的；语言能力的获得是由反复的刺激而形成的发音习惯；语言科学只能研究处于一定时间地点坐标上的能被观察者感受到的现象。

维特根斯坦的语言游戏理论有助于我们从哲学高度较全面地把握语言活动的含义。他说："语言也是行动"。[1] 他对"语言游戏"概念解释说："我把语言与活动这两者交织到一起而组成的整体称为'语言游戏'"。[2] "在这里使用'语言游戏'一词，是为了强调这样一个事实：语言的说出是活动的一部分，或者说是生活形式的一部分。"[3]维特根斯坦从前人对理想语言的逻辑分析转向日常语言的"生活世界"。他将语言看作人类的行为和活动，重视语言的使用过程，认为"一个语词的意义就是它在语言中的使用"，[4]因而强调语境对语言意义的限定作用，不能将静态的语句从语境和语言活动中抽离出来，孤立地分析其意义；他注重语言与日常生活的关系，在他的理论中，"语言游戏"与"生活形式"两个概念有着紧密联系，生活形式是语言游戏的文化模式和存在基础。[5] 维特根斯坦的这些论述与本书对语言的理解是契合的，可以为我们提供一些理论依据，但是他的著述主要是

---

[1] 维特根斯坦：《哲学研究》，第 146 页，转引自阿格妮丝·赫勒：《日常生活》，第 174 页，重庆出版社，1990 年。

[2] 维特根斯坦：《哲学研究》，第 7 节，转引自涂纪亮：《现代西方语言哲学比较研究》，第 108 页，中国社会科学出版社，1996 年。

[3] 维特根斯坦：《哲学研究》，第 23 节，转引自涂纪亮：《现代西方语言哲学比较研究》，第 111 页，中国社会科学出版社，1996 年。

[4] 转引自陈启伟：《塞尔》，《当代西方著名哲学家评传·语言哲学》，第 224 页，山东人民出版社，1996 年。

[5] 参见江怡：《维特根斯坦：一种后哲学的文化》，第 8—17、97 页，社会科学文献出版社，1998 年；涂纪亮：《现代西方语言哲学比较研究》，第 108—112 页，中国社会科学出版社，1996 年。

较抽象的、简要的哲学思考,与本书所做的具体的文化研究是不同的。

言语行为理论的创立者约翰·奥斯汀提出,言语本身是一种行为或言语是见诸行动的,人们在说话的时候不仅仅是说出语句,同时也是在做事,即"言有所为"或"以言行事"。他认为语句可以完成三种不同的言语行为:以言表意行为、以言行事行为、以言取效行为。他的学生约翰·塞尔修正和发展了这一理论。① 这种语言理论与本书对语言民俗的理解有相同之处,也可以在理论上给我们以启发,虽然他们的论述是针对语言学研究的。

相比之下,马林诺夫斯基对语言的解释更接近于民俗学者研究语言的视角。马氏在太平洋西部新几内亚的特罗布里恩德岛上对当地民族的文化进行为期两年的实地考察,在他所得的丰硕成果中,有一项即是从语言与社会文化的关系的角度建立的语言理论。由于岛上居民是不使用文字的,他们学习和使用语言都在捕鱼、打猎、种地、恋爱等生存过程中通过声音的途径来进行,声音的意义也在人的活动中体现出来。由于当地人的口头语言通常与其生存环境有紧密关系,他特别强调语言环境对语言意义的规定作用。他说:"要想规定一个音的意义,就必须仔细研究其语言环境,找出它能用于多少不同的意义。意义不是存在于语音的某种东西;意义存在于语音与环境的关系中。所以如果一个词用于不同的环境,它就不可能具有相同的意义;它不再是一个词,而变成两个或多个语义上不同的单位"。② 他所说的意义实际上是从地域文化出发的意义,融合了当地人的精神活动与语言在特定场合中的功能。这样,同一语言形式在不同文化环境中就有不同意义,在不同的场合也有不同的功能也就是有不同意义,如此一个语言形式就具有无限多的无法确定的意义,这对惯于追索语言形式与意义的确定关系的语言学家来说当然是一个致命的弱点,但对于关注文化多样性的人类学、民俗学等领域的学者来说正是对于语言与文化关系的得体阐释。他

---

① 参见奥斯汀:《论言有所为》,许国璋摘译,《语言学译丛》第 1 期,中国社会科学出版社,1979 年;顾曰国:《John Searle 的言语行为理论与心智哲学》,《国外语言学》1994 年第 2 期。

② 马林诺夫斯基:《珊瑚园及其魔力》(第二卷,1935),转引自刘润清:《西方语言学流派》,第 282 页,1995 年。

认为脱离语境的孤立的词句不能看作完整的语言素材:"对于我们来说,真正的语言事实是在实际语言环境中的完整话语"①。他提出的"意义是语境中的功能"的观点对语言民俗学而言应是有实际操作的应用价值的。他在《文化论》中对此有明确的论断:"在研究实际应用中的语言时,却显示了一字的意义并不是神秘地包涵在一字的本身之内,而只是包涵在一种情境的局面中(context of situation),由发音所引起的效果。""一字的意义就是它在协合动作中所获得的成就。它的意义时常就是人由直接地对他人的动作而得到间接地运用环境的效果。"②埃德蒙·R·利奇在分析仪式时指出,仪式中的言语与行动具有同样的性质,言语可看作"声音行为",它与行动部分是不可分离的,"在适当的语境中,行为总体(言词加上行动)便表示出意义来"。"'仪式'按它在原始社会中实行的情况看,是言词和行动的结合物。为了某些确定无疑的目的,在这个结合物中区分出仪式行动、咒语言词和神话言词,这是有用的。但这样做并不等于说,言词是一回事而仪式是另一回事。说话本身就是一种仪式。"③

上述相关学科的学者关于语言行为的论述对民俗学的语言研究都有启发意义,民俗学者可以借鉴它们来确立自己的关于语言民俗活动的研究视角和方法。作为民俗学研究对象的语言行为,应如何把握呢? 我们可从下面几个方面来看:

第一,语言民俗是一种民俗活动。

语言民俗不是从民众的语言表述活动中抽离出来的静止的语句,而是以发音形式体现的行为、活动。这种发音活动不是单纯的物理学或生理学的活动,而主要是一种文化活动。这种活动,具有和其他民俗一样的特征,如集体性、传承性和扩布性、类型性、规范性和服务性等。它是民俗活动的一种。词语或句子是这种活动的构成要素,它们是说话人对集体共享的语

---

① 马林诺夫斯基:《珊瑚园及其魔力》(第二卷,1935),转引自刘润清:《西方语言学流派》,第 282 页,1995 年。

② 马林诺夫斯基:《文化论》,第 6 页,费孝通译,中国民间文艺出版社,1987 年。

③ 利奇:《从概念及社会的发展看人的仪式化》,《20 世纪西方宗教人类学文选》,第 509 页,上海三联书店,1995 年。

言资源的运用。它们是语言活动中最确定的部分,但它们不是抽象的存在,整个语言活动是它们的体现形式。

"家来坐坐"的说出作为语言民俗活动,值得民俗学者研究的不在于这四个字的语音形式和字面意义,而在于它是一个村民对另一个村民的礼俗活动。我们说这一打招呼行为是语言民俗,不是指这四字套语的语言形式,而是指在村落文化背景中,在村民相遇于一方家门口的现场处境下,一个村民以说出这个套语来表示双方的亲密关系、联络双方感情。这是一个简短的语言活动,说出这个套语就是这个活动的中心和主体。在另一种民俗活动中,语言活动只是一个完整的民俗活动单位的构成部分,它是配合其他动作或行为而出现的,比如黄庄的拜年活动。

黄庄的拜年,还保留着传统的跪拜形式。大年初一的拜年活动可分为三部分:家庭内的拜年、族人之间的拜年和村民间的拜年。凌晨五点左右,村里便响起鞭炮声,这是早起的人家烧开锅下饺子了。饺子端上桌,父母坐好,儿子媳妇们就到外屋供奉的祖灵前边拜年。先是儿子,喊一声:"爸爸,拜年啦。"父亲也不客气:"磕吧!"于是儿子们就冲着香烟缭绕的供桌拱手作揖,双腿跪下,再两手撑地,头俯下去,将触地而止,算是磕完一个头。站起身来,再以同样仪式给娘拜年。然后是媳妇,她也喊"爸爸""娘",但拜法不同:两手在腹前握住,振一振,然后两腿下跪,身子略向前俯,头向下点一点,就算磕头了。至于女儿,可拜可不拜。吃完饺子,天还黑着,晚辈们就到"五服"以内的族人家去拜长辈。拜完近亲,同族晚辈男子们就集合到一起,挨家挨户给同姓村人拜年。这时天已蒙蒙亮了,各家都已吃完饺子,空气里弥漫着火药的香气。人们踏着放鞭炮留下的一地纸屑走进一家院子,大家在屋外候着,一两个领头的走入堂屋,按辈分称谓呼喊这家的主人。主人出来,领头的说:"给你拜年咧!"就在祖灵前跪下。后边人们也纷纷喊:"拜年啦!"就在院子里跪倒一大片。主人通常谦让一下,见拉不住,就闪在一边,两手虚握,打个拱,弯下腰来,喊:"收着!"这样几十家拜完,每人要磕一二百个头,新裤子的膝盖处沾满黄土。拜完同姓,大家就此解散,有的去拜几家关系好的异姓。据村中老人回忆,旧时全村异姓也要相互拜年的:拜完本姓之后,同姓的各小群会合为一大群,约有二百来人,到村子另一头去拜异姓,通常那头的一大群也正过来,两群人在大街上照面,互喊"拜年啦",就同时面对面跪下一大片,那场面是颇壮观的。两群人互拜完,再分散到对方姓氏群体的各家去拜。

在上述民俗活动中,"拜年啦"是其中的礼仪套语,它和跪拜动作一起构成拜年仪式。这一套语,是拜年活动中必不可少的部分,从语言行为的角度看,它和跪拜动作都是拜年行为,说出套语是以言行事的部分。套语的以言行事性质在不行跪拜礼的情形下体现得更明显:在街上两个不同辈分的人遇见,低辈的要先向高辈的说"大爷(或其他适宜双方辈分关系的称谓),给你拜年啊!"并不真的磕头,但拜年的礼仪完成了:说话就是做事。

第二,语言民俗是一种生活文化。

民俗学者眼中的语言活动与其他学科的学者所说的语言活动的不同之处,就在于民俗学将语言行为定位于生活文化。钟敬文先生曾这样解释民俗学的研究对象:"民俗学是一门社会科学。它的研究对象,是一个国家或民族中广大人民(主要是劳动人民)所创造、享用和传承的生活文化。"①语言民俗作为民俗的一种,是民众生活的组成部分。这是从语言活动角度看待语言民俗的主要意义所在。语言民俗是生活文化,其含义是:语言民俗活动是在生活情境之下,为满足生活需要而发生的,语言的意义和功能也是为生活情境所规定的,而且语言民俗活动本身也是生活的一部分。就是说,民俗学者是将语言行为放在民众生活的整体中来看待的。

"拜年啦"这一礼仪套语,如果仅看它的语言形式层面,就脱离了其生活环境;而将它看作民众活动,就自然联系到它的生活内容:它是在村落背景中春节生活的一部分,这种礼仪的发生除了有悠久厚重的古老习俗的驱动外,还是乡土生活的自然需要和乡邻感情的自然流露;村人的互拜,是对相互之间亲属关系(包括仿拟的)和亲密感情的郑重确认,是对过去一年中给予自己的帮助表示感谢,也为来年的互助做必要的"感情投资"。

第三,语言民俗是一种精神文化。

我们将语言民俗看作语言活动,不是像行为主义者那样只看重语言活

---

① 钟敬文:《民俗学及其作用》,《新的驿程》,第399页,中国民间文艺出版社,1987年。

动的外部表现,而是重在分析支配着语言民俗活动的民众精神。

　　说"语言是一种文化",即是说语言是人类精神活动的一种。马克思指出:"语言是思想的直接现实。"①是说人们的思维活动要通过语言来实现,说出的言语也就体现了人的思想。我们所讨论的这些俗话套语,便是民众精神活动的语言凝结形式。它们同神话、故事等民间文学作品的共同之处,便在于它们都是民众精神活动的体现。所不同的是,语言形式比文学作品的凝固性更强,民众在说出俗语的时候,较少现场创造活动,语言活动的形式部分所包含的意义主要是前人精神活动的凝结和传承,但说话人在使用某一俗语时,仍然加入了自己对这一固定形式的理解,所以俗语的意义是前人的精神与现实说话人的精神的融会。我们在前文所举出的例子都可以做这样的分析。此处我们再举一例。

　　黄庄有句谚语"生点气,得点济"。单看这一语言形式,我们难以明白它的实际意义。而仅知其字面意义对这个特定环境中与民众生活紧密关联的谚语而言是不得要领的。实际上这则谚语的意义就是民众对它的理解,或者民众所约定俗成的它的用法或功能。

　　我在请村中有威望的老人黄 JX 讲述语言风俗时,他给我举出这么一则老俗话。村民脑中的谚语决非一句干巴巴的话,而是关联着活生生的事件和这谚语的使用情境。下面我们照录音带记下围绕这一谚语的讲述的原始材料:

　　　　黄 JX:这个事啊是这样的:这个婆媳和得少,在咱这儿来说,婆媳一般都有点不和。我呢,算是半截媒人似的,我管这个事呢,他这个家庭不好咱不管。
　　　　调查者:王 Y 他娘(即他在二十世纪五十年代做媒介绍的媳妇)是哪儿的人?
　　　　黄 JX:是冯沙丸的。她是冯沙丸的青年团的团支书。那阵儿不是有管区嘛,我是管区团支书。当然管区团支书那时候不脱产。

---

① 《马克思恩格斯全集》第 3 卷,第 525 页,人民出版社,1960 年。

调查者：管区是一个乡吗？

黄 JX：比乡小，小乡。这样呢，长期在一堆儿。JCH（王 JCH，"王 Y 他娘"的丈夫）那时候也不在家，在天津造船厂里嘛，我说我给你找个对象，他说："我不管。"我说你不管不要紧，给你拿个相片你看看吧。就这样呢，看看反正是一个妇女，他也没表示什么，他说"你给俺娘说去吧"。（给他娘）说说看着呢没多大意见。是这样，你只要一家人同意了，我就不管了，我就找个人来管这个事。我跟她村里（冯沙丸）有个亲家，（让他）就这么管着往咱这儿来了。他这个婆媳不和呢，我劝劝老妈妈（老太太）去吧。到了老妈妈那里我跟她说甭跟他们生气，（她）年轻，总有些不周，上上年纪就好了。唉，老妈妈答复得呢挺痛快，老妈妈说："嗨，你哥呀，你甭劝我，我懂这些事，生点气，得点济，没儿的你想叫他生这个气还没有咧。"嗨当时闹得我倒连话也没有咧。这个老妈妈呢还是不错。就这么个事。

上面讲述的内容是村民认为的关于这次语言活动的完整事件。这一事件可以分为现场之外的活动和现场活动两部分。前者是后者发生的背景和条件中的一部分。正由于黄 JX 是"半个媒人"的身份，他才会主动去调解这场婆媳不和的纠纷，才有这次"老妈妈"说出谚语的活动。现场部分的核心是"老妈妈"所说的。"生点气，得点济"的上下文，即这句话的前后两句话已经给出了谚语的意义。这种意义就是贯注在这一语言形式中的"老妈妈"的精神活动，也就是她对与晚辈（常指儿媳妇）不和导致生气这种事件的看法：与儿女生气固然不好，但从另一方面看，生气是有儿女造成的，而有儿女本身就是一种"福"；既有儿女，平日相处免不了磕磕绊绊的，生点气是不可避免的，正常的；没气可生意味着没儿女，在黄庄称"绝户"，那才是真正的没福。这一谚语体现着黄庄民众多子多福的观念和遇事想得开的旷达精神。

若用本章第一节中界定的语言情境概念来分析这一语言民俗事件，那么这一事件还有一个组成部分，即二十世纪五十年代的乡村文化背景。因为黄金新生活于这一文化背景之中，他对此是不敏感的，所以他对这一事件的记忆不包括这一部分。而对于研究者而言,文化背景也是这一民俗事件的重要组成部分。

我们说"语言民俗是一种精神文化",就是要将语言活动与文化环境、现场处境等生活内容相联系,并进一步考察民众在特定生活情境中的精神活动,这种精神活动的内容就是民俗语言的意义。由于民众的精神是为情境所限定的,情境不同,民众也往往会有不同的精神活动或文化心理,因而同一语言形式也会有不同的意义。我们在第三节分析了乡村情境中"拜年啦"这一礼仪套语的民俗意义,同样的一句"拜年啦"在城市情境中出自城市居民之口就是另一种文化内涵。在农村,它是与跪拜动作配合的,"拜年"的"拜"表示磕头动作,它与磕头动作一起构成村落文化体系中的拜年礼仪意义。而在城市,拜年礼仪简化为"话拜礼",仪式上少了磕头动作,"拜年"的"拜"只是一种年节问候行为,人们一般不会联想到"磕头"的原意,此时套语的礼仪意义属于城市的文化体系,体现的是城市生活中的人际关系。由于意义不同,语言形式也发生了变化,青年人的拜年更多的说"过年好",而老年人才多说"拜年啦"。

第四节 语言民俗活动的结构分析

在上边的探讨中,我们将语言民俗文化分做了两部分:语言民俗情境和语言民俗活动。在第一节我们已对语言民俗情境做了结构分析,本节再分析一下语言民俗活动的结构。

我们可将语言民俗活动分为三个层面:语言资源、语言行为、语言意识。先看各部分的构成情况。

语言资源是现存语言社群从前代继承下来的集体性语言规约和制度。它是一种历史的相对稳定的传统,包括词语和使用规则两部分。词语即适用于特定情境的语言形式。使用规则是关于词语应该如何使用的知识。比如女婿对岳父岳母的面称,在黄庄,这一称谓习俗的语言资源中,词语形式为"大爷""大娘""大叔""大婶",使用规则是关于这两对词语的用法的知识,比如在这两对词语之中择一而用要根据岳父的年龄与父亲相比是大还是小,如岳父长于父亲,则称岳父岳母为"大爷""大娘",反之则称"大叔""大婶";在什么场合下称呼,称呼时应采取怎样的礼仪态度等,也是使用规则的内容。语言资源储存在社群集体的大脑之中,成为一种习惯为该社群的每个成员分享。个人对它的掌握和理解会有程度不同的差异,而所有个人的共同部分就构成集体的语言资源。

语言行为是现实生活中发生的可以观察到的语言活动部分。它是一种共时的个人差异性很强而又有模式可循的表意活动,包括作用于听觉的表述和作用于视觉的表述两部分。作用于听觉的表述指发音器官的动作,它要按表达的意思发出与意义相对应的音节,并赋予这声音以"表情",如嗓音的高低,清晰或含混,恭敬或倨傲,冷漠或热情等。作用于视觉的表述是辅助性的表达方式,如面部表情、身姿、手势以及隐喻性实物等。比如女婿对岳父的称谓礼仪,他要发出"大爷"这两个音节,嗓音应是清晰的、恭敬的、热情的,辅助性的礼仪形式是面部表情应为敬重的,而且逢年过节探望丈人往往要带些礼物,这礼物即带有礼俗意义的隐喻性实物。

语言意识,指与特定语言现象有关的民众思维活动。对思维活动予以透彻的分析显然是最困难的事情,但是这里我们无法回避这一难题,由于写作时间及篇幅的限制,仅对此层面进行初步的和粗略的探讨。按照目前我国学界通常的区分感性认识和理性认识的做法,可将人的语言意识分为感性意识、理性意识两种。但这种分类尚不能完全满足民俗学分析问题的需要。

本书认为,在上述两种意识之外,还有一种习惯意识。

钟敬文先生认为,人的意识可分为三部分:理性的、情感的、习惯的,三者大约各占三分之一。他说,人虽说是理性的动物,但理性行为在人的行为中至多占三分之一。情感的,如人的喜怒哀乐等情绪,香臭等味觉,是感性的,不经过理性的思维。习惯的部分也不经过逻辑思维,民俗是先于我们存在的,没"我"时就有的,比如对尊长的磕头礼节,是社会先定的,社会变了它也变,语言也是这样。作为社会的一个成员,就要掌握一般人们的约定,如"天下雨"不能说成"天下雪";指鹿为马为什么不行,因为原来那种动物叫鹿,如果本来没有鹿与马的约定,怎么样都行。习惯就是传统。①

我们试以这种语言意识分类法分析黄庄一带部分村民对于咒语的语言意识。对于巫术的虔诚信仰者李 ZHF 而言,对咒语的习惯意识、理性意识和感性意识是基本重合的。她作为 1939 年出生的一代人,从小耳濡目染了许多巫医治病的事情,从前辈人那里接受了咒语有灵的观念,从而形成关于咒语的习惯意识部分。而对这一观念,她并未进行个人的科学的分析,在理性上也相信咒语是有灵的。新中国成立后政府方面所做的破除鬼神迷信等宣传教育并未从根本上动摇她的这一观念,因而她没有形成科学的理性认识。我在调查中问她:为什么咒语管事,她说不知道为什么,但确信咒语管事。她也说起对道人通神的分析:"谁知道道人为嘛说得那么准呢?为嘛人家就能看出别人得什么病呢?可能是人家身上带着神了吧,是神告诉她的吧。"这是她对道人治病的理性分析。而她的感性意识也是咒语有灵的知识,她告诉我巫术治病是很灵的,差不多每次都能用此方法为孩子治好病。当然从研究者的角度看,她的这种感性意识是对现实的错误的反映。但对她来说,却是对于千真万确的多次出现的事实的反映。她的儿子黄殿×作为 1966 年出生的一代人,从小就从老师、书本、宣传媒介等渠道接受唯物主义的科学世界观的教育,也很少见到巫医治病的事,本来他的理性意识和感性意识中没有咒语有灵观的位置,也没有形成这种习惯意识,但他的儿子多次被巫医和道人"治好病"的事,竟使他有了"巫术能治病"的感性认识,并在理性意识中站住了脚,也就接受了关于巫术的传统习惯意识,变成巫术的较虔诚的信仰者,因而在其儿子生病或自己有病大夫治不好时,他就积极求治于巫道。而同在二十世纪六十年代出生的齐庄村民立新则是另一种情况。本来他是完全不相信巫术能治病的,但是他害牙疼"为道人治好的事实",使他有了巫术能治病的感性认识。他这种感性认识并未进入他

---

① 以上钟先生的观点资料,来自与钟先生的两次谈话。1998 年 8 月,钟老在八大处工人疗养院居住期间,我首次听他讲起这种看法。1999 年 3 月,笔者感到,钟老的上述思想可以用来指导本书对语言民俗的分析,于是征求钟老的意见,并听他再次讲述这一思想,笔者做了笔录。上边的话即是这次笔录所得。这些话是钟老没有正式发表的,也不是他对这一观点的全部阐述。

的理性意识,他的理性告诉他巫术治病是没道理的,但鉴于他的牙疼"被治好的事实",以及他所听说的道人治病"治一个好一个"的感性知识,造成了他的理性意识与感性意识的对立,因而他对巫术是"半信半疑"的,这种状态也是在一定程度上接受了巫术治病的传统习惯意识。

再看语言资源、语言行为、语言意识各部分之间的关系。

语言资源实际上不具备完全独立的存在形式,它是从语言行为和语言意识中抽离、抽象出来的规则系统。但是语言的高度凝固性,很强的稳定性和顽固的传袭力使语言在一定程度上具备相对独立性,使得语言的演变并不与社会生活的变迁同步,并在一定程度上成为一种相对独立于人的共时性精神活动的客观实存,从而影响、制约着人的精神,进而规范着语言行为。

关于语言对于精神的影响,洪堡特已经做过透彻和可信的论述。他认为:"尽管语言完全是内在的,但它同时又具有独立的、外在的实存,通过这一实存,它对人本身施予强大的控制。"①就是说,虽然语言在本质上来自内在的精神创造活动,但是它一旦成为一个有具体存在形态的表达系统,就成为一个与精神相对的"外在的客体"、"独特的实存",从而在外部影响着精神。语言作为一种历史遗产,它所承载、积淀下来的先人的思想已成为一种有异于后人思想的精神力量。他说:"语言所吸收的思想转化为心灵的客观对象,在此意义上说,思想是从外部对心灵产生着影响。"②他进而提出其"语言世界观"理论。这一理论虽然着重说明语言作为一种独立的外在的力量对人类精神发展的促进和制约作用,但它是以精神决定论为前提的。后来萨丕尔、沃尔夫提出"语言决定论",则过分夸大了语言对精神的影响。

洪堡特的论述有助于我们理解语言对于精神的相对独立性。但是语言资源毕竟是存在于语言意识中的,我们把它独立为一个部分是出于分析问题的方便。为和语言意识中的习惯意识相区别,我们将语言资源限定为传统的完整形态,而将习惯意识限定为民众对传统形态实际接受的部分。如

---

① 威廉·冯·洪堡特:《论人类语言结构的差异及其对人类精神发展的影响》,第26页,姚小平译,商务印书馆,1997年。
② 同上,第73页。

果语言资源是个完全稳定不变的体系,习惯意识也不因社会文化的变迁而变化,那么语言资源的意义部分与习惯意识就是完全重合的。但事实上语言资源在缓慢地变迁,习惯意识则更快地接受社会文化变迁的影响,两者是可以区分开的。比如村落的拟亲属称谓习俗,语言资源指它在传统社会中所具有的词语、规则、内涵和功能,指它的完整、严格的体系。这一体系是为老年村民所了解和掌握的,但在社会文化已发生重大变迁的情况下,村民对这一传统体系已不是完全接受,或者说倾向于局部接受,这就是村落称谓制成为被村民认为"就那么回事"的东西,在运用中也已发生了许多实际的变化。这表明村民对传统称谓制所认可和运用的部分即习惯意识已与原样的语言资源有了相当大的差异。

　　实际发生的语言行为则是语言资源和语言意识共同作用的结果。它是对语言资源的实施和运用,又不是对语言资源机械地重合式地照搬,而是受到语言意识的有异于语言资源的影响。所以语言行为既受语言资源的制约和规范,又受语言意识的支配。以北京地区对岳父母的称谓为例。虽然这一称谓习俗的语言资源部分规定,女婿在与岳父岳母交际时要热情、恭敬地称呼"爸""妈",但据我观察,许多北京人并未实际执行这一规约。一位40余岁的北京人(他是在北京出生长大的)说,他对岳父母虽称"爸""妈",但称呼的次数很少,而且称呼时发音含糊,与自然、清晰地称呼自己的父母明显不同。这一语言行为就是语言资源与语言意识综合作用的结果。语言资源规定他要对岳父母像对亲生父母一样称"爸""妈",但他的语言意识里有不同的内容。他的理性意识和感性意识是基本上倾向于男女地位平等的,有助于他发出"爸妈"称谓,但这两种意识里又有岳父母毕竟不是亲生父母的内容,这妨碍他发出"爸妈"称谓,他的习惯意识里虽然有与语言资源共同的内容,但又有传统的男尊女卑观念的潜在的成分。他的语言意识的复杂构成与语言资源一起发生作用,使他对岳父母发出频率很低的含糊的"爸妈"称谓。而我所调查的来自河北省景县的两个30余岁的人则是另一种情况。按照入乡随俗的情境原则,他们面临着与北京人同样的称谓语言资源,但是他们的语言意识中的习惯意识部分,却多了一种内容,那就是他们的家乡习俗是称呼岳父母为"大爷""大娘"或"大叔""大婶"的,这无疑使他们遵行北京的称谓习俗更加困难。事实上,两人中在村落中出生并长大的一位确实极少称呼岳父母为爸妈。据他讲,他结婚八年来,称呼的次数不超过二十次,称呼发生的场合一般是不得不称呼的时候,比如春节拜年时,岳父母过生日时,还有打电话时。另一位被调查者则表示他对岳父母称"爸""妈"很自然,次数很多,他与前者都有大学文凭,不同之处是后者在县城出生和长大的。实际上,对岳父母的称谓是受到个人因素的影响的,如个人的性格、个人与岳父母的感情融洽程度、个人的经历等,上述二人的行为差异可能与个人因素的差异较大有关。我在黄庄调查的两位在石家庄做合同制工人并在那里娶妻的青年告诉我,他们到岳父母家里都称"大爷大娘"或"大叔大婶",虽然那里的习俗也是称"爸妈"的,他们说"不理他那一套"。这是由于他们与出生地文化更紧密的联系决定了他们选择家乡称谓法,而不遵行入乡随俗的原则。

我们再来看语言资源的变迁是如何发生的。在前边几章中我们具体探讨了语言体系在社会生活影响下发生变迁的状况。可以看到,社会文化的变迁首先冲击和改变民众的精神和心理结构,使语言意识中的理性意识和感性意识发生变化,然后又影响到对传统语言资源的认同程度,也就是习惯意识部分逐步减少其份额,语言意识的变化影响到语言行为,开始只是程度上的变化,到一定程度时就会发生质变。比如齐庄不分辈分的"哥们儿"称谓进入村落称谓制并站稳脚跟。这种变化首先是从个人开始的。当社会文化的巨大变迁使得社群内的社会评价系统不再勉力维护传统规约时,个人在语言行为上打破这一规约就遭受很轻的压力,而当许多个人都打破规约时,意味着传统的语言资源正在发生质变。如果早先部分人的超常做法逐渐为社群的大多数人所采用,那么表明传统的语言资源已经为新的语言资源所取代。当然这种取代不可能像其他某些习俗的变革那样彻底,新旧换位后的语言资源里也还有历史传统的成分。索绪尔对这个变化过程论述说:"一切变化都是在言语中萌芽的。任何变化,在普遍使用之前,无不由若干个人最先发出……这个形式一再重复,为社会所接受,就变成了语言的事实。"①

---

① 德·索绪尔:《普通语言学教程》,第 141 页,高名凯译,商务印书馆,1985 年。

结　语

　　本书的写作目标是探讨语言民俗的基本理论和研究方法。我们选择了从一个村落的语言现象入手的做法。前四章都是对语言民俗的特定种类在一个村落中的实际表现的探讨,但在进行这种细部的研究时,我并没有忘记本书的写作初衷。其实这些细部研究也是特定理论和方法的体现,只是不像直接的理论探讨那样将观点表述得更为明确和充分。但从另一方面看,从具体研究入手来思考基本理论问题也有个好处,就是得出某种观点、作出某种论断感觉更为踏实,说出的话有更切实的依据,也能够在更大程度上避免浮泛和偏执。在对几个种类的语言民俗现象进行了细致的考察、分析,并对语言民俗的几个基本理论问题做了初步讨论之后,我感觉对语言民俗这一研究对象已有了整体上的比较清晰的认识,并且有了这方面的比较系统的理论见解。因而可以说,本书的写作目标基本达到了。这里,再归纳一些有关的体会。

　　由于将研究对象限定为一个村落中出现的语言民俗现象,本书讨论的语言民俗是与村落文化紧密结合在一起的。严格地说,本书所写的村落语言民俗就是村落民俗文化的一部分。虽然由于取材范围狭小的限制,本书不能用更广泛的材料在更普遍的意义上论述语言民俗,但我们通过几个方面的具体考察,对民间语言现象的民俗属性有了真切的把握:在这样一个社区中,民间语言就是这样体现为一种民俗现象的。一般来说,语言民俗的语言形式即词语部分,就是民俗学者通常所说的民俗事象,比如"休前妻,毁稚苗,后悔到老"这则谚语,如果不考虑它发生的区域、背景、传承情况、生活功能等要素,这十个字所组成的句子就是这一语言民俗的事象了。如果对这则谚语进行民俗事象研究(即脱离情境和主体的静态研究),那就是分析这个句子的形式构造、思想内容等情况了。显然，这种研究是很难进行的。原因就是作为单个民俗事象的词语形式太短小了，结构太单纯了，内容太单薄了，无法展开讨论。其流传情况也很难考察。这是语言民俗与其他民俗在形式上的一种重要差别。在民俗学者注重事象研究的情况下，其他民俗文化，比如同是口承民俗的民间文学，由于事象本身结构的丰富性，事象研究是可以较便利地展开的，事实上过去大部分研究也是这样做的。而语言民俗研究开展得就很少，这在一定程度上与语言民俗难于进行事象研究有关。本书对于语言民俗的研究之所以能够展开，就在于它不是将语言从民众生活整体中抽离出来进行孤立的静态研究，而是将研究对象设定为自然状态中的语言现象，将语言形式、语言民俗主体、语言民俗情境等因素联系在一起进行整体性研究。我们看到，在一个语言社区进行田野调查，把研究对象确定为这个社区内、与其他民俗文化交融在一起的民间语言现象，是这种研究的一个有效途径。在做了如上的考察之后，语言民俗的概念就不再是单纯的语言形式了，而是一种立体性的文化现象，它展现为活生生的民众活动，成为民众生活文化的一种；它存活于特定的文化背景下，有特定的民俗功能，寄寓着特定的民众精神，并随着社会生活的演进而变迁。这是我们在做了上文的研究之后在整体上对语言民俗的认识。在各章，我们也得出了关于语言民俗的某一种类或理论上的某些细部问题的结论，此处不赘述。

由于对语言民俗的探讨是与村落文化联系在一起进行的，所以本书在语言民俗理论方面得到一些结论之外，在村落文化的其他方面也进行了一些讨论，所得见解主要在以下三方面：第一，对当代村落宗族文化的研究。本书将村落宗族文化分为两部分：核心部分与扩展部分。核心部分指基于血缘关系的家族文化。在家族文化中，笔者重点分析了夫妻关系、父母家庭与儿子儿媳家庭的关系。在这一部分，"媳妇权威"是个关键词。这一术语是我根据黄庄的家庭结构状况提出的。媳妇角色的存在是传统的父权文化和从夫居制度的遗迹。书中分析了这一角色在当代村落家族中的位置、状态，特别是她对传统规约的抗拒与解构。通过展示媳妇权威的崛起与孝道的沦落，我们可以清晰地看到父权文化与从夫居制度正在面临最终的崩溃。扩展部分指拟血缘的村民关系。笔者将扩展性的宗族文化与村落组织文化结合起来分析,认为"五服"之外的同姓村民实质上已无血缘关系,他们和异姓村民一起组成统一的以地缘关系为基础的村民关系网络。家族关系之外的村落组织结构实质上是以地缘关系为基础,而以宗族组织习俗为凝聚手段的。这一点在理论视角上不同于过去对村落宗族文化所做的大部分研究。过去关于村落宗族文化的论述一般没有把拟血缘的部分区分出来,而笼统地说"一个村落就是一个大家族",忽略或轻视村落组织的地缘基础,也就是没有从地缘关系或空间单位的角度来认识这种扩展了的宗族组织。本书沿着亲属称谓和拟亲属称谓的线索,通过实地调查资料阐明了村落宗族文化在现代社会的变迁:在家族内部,不再驯服于丈夫的媳妇正在阻断父权文化的链条;在家族之外的村民关系中,村内婚的增多标志着从夫居制度和作为象征性的父系宗族组织网络的村民拟亲属称谓体系正在走向瓦解,拟血缘关系的凝聚功能趋于弱化,而利益关系的组合功能逐渐增强,这也是村落文化向现代文化演进的一种标志。第二,对当代村民关系的探讨。这一点由于与宗族文化交织在一起,其主要内容在上一点已谈到。本书认为,村落有较大的封闭性和较强的自足性,它是农民日常生活的主要空间,村民关系在形式上以血缘式亲情与秩序作为凝聚、组织的手段,而实质上是以地缘关系为基础的,并且在近年社会转型过程中掺入了较大程度的利益关系。笔者在讨论村落拟亲属称谓时,分析了村落的人际关系、组织结构以及相关的村民精神状态,文章不是描述静态的过去,而是细致记述与分析现代社会文化转型中村民关系在政治、经济、城市文化等各种因素影响下的变迁,这是村落文化变迁的一个重要方面。第三,在民间信仰方面,本书描述了黄庄村民的巫术与神灵崇拜活动,并提供了村民自动区分巫术与神灵崇拜的典型事例。本书第三章"人名"的内容分属上面三点。

　　本书对语言民俗与其他村落文化的探讨注重剧烈变迁的社会背景下村落社会的生活实态,这种研究是"民俗学是一种现代学"的主张的一种尝试和实践。[①] 近年来,面对着日益现代化的社会与传统民俗事象逐渐减少的

---

① 钟敬文:《民俗学的历史、问题和今后的工作》,载《钟敬文文集·民俗学卷》,第 73 页,安徽教育出版社,1994 年。

现实,不少国家的民俗学者指出传统的民俗学研究正面临着研究对象消失的危机,呼吁民俗学应调整自己的研究取向以适应不断变化的社会生活。这里我们引用一个日本学者的论述,因为他所谈的正是村落文化在现代化进程中的变迁问题,与本书的研究对象的状况有相似或相近的情形。他说:

> 今天的村落社会,与民俗学刚刚创立的时代相比已经发生了很大的变化却是不可否认的事实。日本于二十世纪六十年代迎来了高度经济增长期,产业化和都市化波及全国,地域开发也推进到列岛上的所到之处。在这个过程中,过去保留着很强的独立性的村落,也被卷入了更大的全社会的变动。即使在同一个村落内生业(职业)也失去了共通性,由从前专门的农家变成了兼业农家,停止务农而去公司谋职的人也多起来了。由于农业的机械化,就没有了共同劳动的必要性,随着相互扶助也衰退了。还有,家族、宗族、村落等集团的范畴日益弱化,反而个人行动所选择的幅度则放宽了。所谓生产组织的村落已经解体了。

> 村落社会的这种变化,会不会危及民俗学赖以生存的基础呢?如果答案是肯定的,那么,这种议论暴露了民俗学不能适应现实社会的变化。确实,假如只沿袭从前的调查项目,会陷入只把握曾经见到而现在却已经消失的民俗事象的困境。不错,把握和捕捉消失而去的民俗事象,探索其一定原则和规律的民俗学作业,也是探究民俗变化的过程及其原因的学术工作。可是,如果只拘泥于过去民俗文化的复原,民俗学会走进死胡同。反过来,把民俗学作为现在学,去精心挖掘村落社会的生活实态则是非常重要的。①

我国近年来已进入现代化的快速轨道,大量的传统面目的民俗事象正在消失,不久的将来也会面临其他经济发达国家的民俗学者所面临的研究对象消失的危机,因而尽快调整自己的研究取向是必要的。本书的写作初衷即有在这方面做一下尝试的打算。通过对黄庄的民俗生活现状进行较深

---

① 〔日〕谷口贡:《民俗学的目的和课题》,陈岗龙译,《民俗研究》1997 年第 1 期。

入的调查研究和较细致的描写、分析,我们看到,黄庄正是一个向现代型社会文化演进之中的村落,它正随着社会大环境一起变动,其耕作的机械化程度已经较高,村民之间在劳动与生活上的互助正在减少,村民开始重视副业经营来大幅度提高收入,大批壮劳力进入城市打工,村落的封闭性与独立性明显减小,民俗信仰、亲缘关系、地缘关系等传统范畴正在弱化,传统的村落文化正在走向解体。

本书在写作过程中努力体现这样一种研究方法或学术取向:把研究对象置于民众生活的整体之中,放在具体的文化情境之下来考察,而不是将研究对象从民众生活中抽离出来进行孤立静止的研究;不仅关注民俗现象,而且注意考察民俗主体,也就是进行民俗活动的人;不仅注意观察民俗主体的行为层面,而且注重开掘民俗主体的精神层面;不仅调查模式化的民众集体行为,而且注意调查民众个体在遵行民俗时的理解和行为上的差异。这样的研究不是面对标本的民俗事象研究,而是标本兼顾的民俗事件研究。由于这种研究注重研究对象与生活、社会、历史的多方面的关联,其研究的结果应会有很强的当代性和现实性。

本书在把握这种学术取向时注意处理了四种关系:(1)时空限定与宏观背景的关系。本书把研究对象限定在村落这样一个小的"时空坐落"之中,但村落并不是一个完全封闭和孤立的单位,特别是在近年改革开放、发展市场经济、交通工具与传播媒介更为发达的情况下。本书在分析村落文化时,注意了外部社会对它的影响,其中重点是政府舆论和城市文化对它的影响。(2)传统与变迁的关系。民俗学是一个特别重视历史传承的学科,但同时又是"现代学"。本书在探讨某一种语言民俗现象时,一般首先描述它的传统形态及其文化内涵,然后再分析它经过变迁后的现状以及变迁的原因。我们展示了黄庄语言现象的几个方面的状况,既注意探讨了它们的传统形态,也注意探讨了它们的当前面貌。我们看到,随着社会文化和现实生活的剧烈变革,语言民俗也在逐渐变迁。村落语言现象是村落文化的一部分,又是其他村落文化的载体。通过讨论语言现象,我们也较清晰地看到了其他一些村落文化的状况,从而能够把握改革开放背景下正向现代文化演进的村落文化概貌。(3)民俗现象与民俗主体的关系。本书认为,对民俗现象的观察与探究不能忽视了"人"这一主体因素。进行民俗活动的人不是机械运动的工具,而是有习惯意识但也有观点有感情的人(本书第五章分析了这三个层面的民俗意识的存在方式和相互关系)。这些民俗活动是以习惯的行为方式出现,但它体现的是民众的精神,而民众精神又是随着社会生活的演变而变化的。有时民俗现象虽然基本上是以传统的面目出现,但参与这些活动的人却与传统社会的人在意识上以及对该活动的理解上大相径庭了,实际上意味着这些传统面目的民俗活动在整体上已不传统了。所以应对民俗主体进行询问式调查,而不应限于对表象的观察。

(4)俗民群体与俗民个体的关系。集体性是民俗文化的一个根本特征,民俗研究一般也主要是关注集体的行为,没有传播和传承的个人行为不在民俗研究的视野之内。但是,集体总是由个体组成的,对个体的深度探询有利于对集体的理解;另一方面,集体行为的变迁是从个人开始的,当个人对民俗规约的修正得到其他人的接受并能够影响他人的行为时,意味着这一民俗规约已经在开始渐变,当大部分个体不再尊重传统规约而在其个人行为中不同程度地改变传统做法时,意味着传统民俗已成为旧俗或"老习惯",即将为新面目的民俗所取代。本书在分析过程中引用了许多个人的案例,既注意他与群体共同的地方,也注意由于某些个人因素而与群体产生的差异,以确定某种民俗规约的存活状态。当然这些只是本书在学术取向的探求准则,并非说在这些方面已做好了,肯定有许多疏忽和不完善的地方,那正是要请专家、读者指正的。

附录1 黄庄童谣十则

（一）一个老头

一个老头儿，背着筐头儿，
隔墙头儿，扔砖头儿，
砸着老妈妈脚趾头儿。
老妈妈，上炕头儿，
拾着一个小丫头儿。
小丫头儿，裹妈妈头儿（奶头）。

（二）小花猫儿

小花猫儿，咪咪叫，
它去捉老鼠，老鼠吓跑了。
小花猫儿，一声也不叫，
轻轻走，轻轻跑，
向前猛一跳，
就把老鼠捉住了。

（三）小老鼠儿

小老鼠儿，上灯台，
偷油吃，下不来，

叫奶奶抱下来。

(四)小白鸡儿

小白鸡儿,瞎嘎哒,
它娘要吃面甜瓜,
面甜瓜忲面,
它娘要吃鸡蛋,
鸡蛋有黄水儿,
它娘要吃牛腿儿,
牛腿有毛儿,
它娘要吃鲜桃儿,
鲜桃有核儿,
它娘要吃牛犊儿,
牛犊儿有马儿(马猴子),
吓得它娘打扑啦儿。

(五)小海鱼儿

小海鱼儿,嘎巴嘣,
骑着大马上北京,
北京到,天沿庙,
天沿天,顶着天,
天打雷,狗咬贼,
咬的谁?
咬的张三背李逵,
背李逵,做嘛去?
打酒去,打酒做嘛?
打酒娶媳妇儿。

谁抬轿,小蚂蚱儿。

谁压轿,小蹦跶儿。

谁炒菜,大豆虫。

怎么炒,一骨硬。

谁烙饼,臭蝈蝈。

怎么炒,一蹦跶。

(六)小小儿

小小儿小小儿,上树够枣儿。

一口一个,噎死小小儿。

小小他娘,哭一大场。

小小他爹,把嘴一撅。

(七)小猫儿

小猫儿小猫儿,上树够桃儿。

听见狗咬,下来就跑。

掉只花鞋,下来就找。

(八)一箩黄

一箩黄,两箩黄,

下来麦子请你丈母娘。

你丈母娘不来,

请个大黄狗来,

大黄狗上桌子,

打你丈母娘个老棵子。

(九)小板凳,四条腿儿

小板凳,四条腿儿,
我给奶奶嗑瓜子儿。
奶奶嫌我嗑得慢,
我给奶奶下挂面。
奶奶嫌我下得稠,
我给奶奶倒香油。
奶奶嫌我倒得香,
我给奶奶切块姜。
奶奶嫌我切得辣,
我给奶奶算个卦。
奶奶嫌我算得灵,
我给奶奶打个绳。
打的绳,挺好的,
家南来个卖枣的。
卖的枣,挺甜的,
家南来个磨镰的。
磨的镰,挺快的,
家南来个卖菜的。
卖的菜,打高的,
家南来个补筲的。
补的筲,不漏水,
打你奶奶个胡子嘴。

(十)晃荡晃荡车

晃荡晃荡车,姥娘不来接。

接去做嘛去？接去看戏去。

看了戏，怪饿的，

姥娘锅里煮着个大公鸡。

咬一口，怪腥气，

多咱不吃姥娘的好东西。

（以上童谣于1998年夏采自姐弟三人：
黄娟娟，女，11岁；黄宁宁，女，9岁；
黄达，男，4岁）

附录2 黄庄民间故事二则

(一)傻小子的故事

1

这么一家啊,有个傻小子,傻小子什么也不干。他娘说:"你出去学个话去,到外边看看人家说话你跟人家学学。"傻小子这一天就出去咧,到外头一个劁猪脬的:"劁猪脬——劁猪脬——""等会儿走等会儿走,你说的嘛?""俺说劁猪脬。""噢,劁猪脬。"学会咧。赶回来,一会儿学会咧回来咧。他娘做熟了一锅饭。他来到家弄一锅饭就给他娘倾到地下咧。倾到地下咧——他娘到回来呢一进门一家伙子滑个跟头,骑着他娘:"劁猪脬——劁猪脬——"他娘把他打一顿。

2

还有一个傻小子。傻小子他娘就给他说:"你整天价在家嘛也干不了,你出去做点好事,有娶媳妇的你给人家道个喜儿,人家有死人的你给人家吊个纸儿,人家有个打架的你给人家劝劝架。"这一天傻小子说:"噢。"他出去咧。到外边人家一个娶媳妇的,向前抬着轿走着。"等会儿走等会儿走,我给你吊纸儿咧吊纸儿咧。"叫人家打一顿哭着回来咧。人家说:"你哭嘛?"他说:"有个娶媳妇的,我给他吊纸儿呢他打我。"说:"娶媳妇你不给人家道喜儿,你给人家吊纸儿人家不打你啊?你这个行啊?""噢。"到这一回又出去咧。又出去咧——人家一个出殡的,抬着棺材走着,"等会儿走等会儿走,给你道喜咧道喜咧。"人家又站下把他打一顿。打一顿又哭着回来咧。

236

他娘说:"哭嘛?""有个死人的我给人家道喜呢他打我。""不是人家有死人的你给人家吊个纸儿啊,你给人家道喜人家不打你啊?""噢。"这一天又出去咧。出去咧到外头一伙子到远处,出去一伙子看见两个牛打架,他就给人家劝架去咧。到那儿两个大牛正打上劲儿咧,到那儿劝架一家伙子叫两个牛给拱死那儿咧。

3

说一个傻小子,给他娘说:"人家都有包脚布,你也不给我做个包脚布。"他娘说:"嗯,做个包脚布还得替样子去,我也不会,你去你大娘那里替个包脚布样子吧。"傻小子就上他大娘那里去咧。到那里,"大娘,我要个包脚布样子。"他大娘说:"包脚布样子还用替啊,你就给她照量着,这么宽这么长,做这么一块就行。""嗯。"他照量着就回来了。道上一路上他老是招呼着"这么宽这么长,这么宽这么长"。这么走着走着,一家伙子掉井咧。那些人看见他掉井咧就来捞他。他在井里坐着,照量着:"这么宽这么长,这么宽这么长。你们捞人只管捞人,可别碍着我这包脚布样子。"这就是傻小子,说的这事儿。

(二)老马虎(马猴子)

从前有这么个老太太上她娘家去,走到半路上呢碰上一个老马虎。老马虎说:"大娘,我吃个回篮儿的。""回来再吃吧。"她就去咧。到家过晌午回来,"半道上一个老马虎",给她娘家的人说。她家里的人,她哥说:"我送你去吧。"到回来走到高粱地边,哎,也没出来。没出来就说她哥:"你回去吧。荡茫(可能)走咧老马虎。"她哥回去咧。回去咧以后可好,再走了一骨碌(一段),这个老马虎出来咧,说:"大娘俺吃个回篮儿的。"扔给她一个馍馍。再走了一骨碌,吃完了以后:"俺还吃。"又扔给他一个。扔一个扔一个地,扔一个吃一个,扔一个吃一个,把馍馍就吃完咧。吃完咧这个老马虎就说:"大娘大娘你这个脖子一个大虱子,我给你捏下来。"一下子就爬到这个脑袋上往那儿咬了一口,这个老马虎就把老太太这个脑袋给咬下来咧。咬下来在这里就吃开咧,把那个老太太就给吃咧。吃咧穿上她那衣裳,就把她那衣裳穿在身上。这就——天也黑咧,跑到她家去咧,说:"大妞二妞来开门儿咧!"她闺女就蹬蹬地跑到门儿间来咧。跑到门儿间来说:"俺娘不在前门儿走俺娘在那后门儿走。"蹬蹬蹬又跑到后门儿去咧。她闺女又说:"俺娘在那前门儿走俺娘不在那后门儿走。"蹬蹬蹬又跑到前门儿去咧。跑到前门儿去咧给他开门吧,就进来咧。进来咧吃了饭就睡觉。睡觉,他就,老马虎就跟她闺女通脚。到黑下她一踹那个身上,她闺女踹到他身上些个毛,说:"娘啊娘啊怎么你那身上净毛啊?"老马虎就说:"你姥娘给我一个皮裤叫我穿上咧,怕我道上冷。""噢,皮裤。"一会儿,又听见她娘嘎嘣嘎嘣吃嘛,说:"娘啊娘啊你吃的嘛?""你姥娘给我一个小红萝卜叫我压咳嗽。"说:"娘啊娘啊我吃一个。"老马虎一扔:"给你娘个脚趾头。"她闺女就知道不是她娘,就说,一会儿就说:"娘啊娘啊俺尿泡。""上你娘那炕跟儿底下尿去。""炕跟儿底下有炕神。""上你娘那锅台后里尿去。""锅台后里有灶王。""上你娘那南院子尿去。"她听到咧就跑到院子去咧。跑院子去咧,姐妹俩上到树上一个去,那个闺女在树底下就安上一个锅,预备好了绳,上到树上的那个闺女就招呼:"花花溜溜真好看! 花花溜溜真好看!"老马虎就想上去,他上不去就用绳套着他,底下那个闺女点着火,架上劈柴腾腾烧着。那个闺女给拽到半截里,往下一扔,吭,掉到那个锅里咧。闺女在上头就招呼:"婶子大娘来吃虎肉吧,婶子大娘来吃虎肉吧。"煮熟咧就吃咧把它。

(以上故事系根据录音资料整理。
讲述者:李致芬,女,58 岁)

附录3 村落拜年礼俗及其社会文化功能

——以河北省景县黄庄拜年习俗为例

一、拜年习俗的起源与演变

拜年习俗的历史是古远的。据《尔雅·释天》："载,岁也。夏曰岁,商曰祀,周曰年,唐虞曰载。"按此记载,唐虞即尧舜时期就有了年的概念了。先民的年岁概念与农业生产密切相关。根据考古资料,我国在七八千年前已有了比较成熟的农业生产。那时关于年岁的计算方法应初步形成。既有年的概念,就会有新年与旧年交替的时间。这一送旧迎新的时间必被当作一个特殊的日子,要举行相应的活动来祈福禳灾、庆贺纪念等,也就有过年的习俗了。拜年便是其中一个产生最早的习俗之一。根据文字记载,最晚在周代就有了拜年活动。《诗经·国风·七月》是周代豳地(今陕西省彬县)民歌,按月份咏唱当时一年中的物候与民众活动,其中有:"七月在野,八月在宇,九月在户,十月蟋蟀入我床下。穹窒熏鼠,塞向墐户。嗟我妇子,曰为改岁,入此室处。"此诗兼用周历和夏历,"七月"至"十月"的说法是指夏历。而夏历的十一月即是周历的正月。该诗在唱到十月之后不再用"十一月""十二月"的说法,而用"一之日""二之日""三之日""四之日"的说法来分指周历的一月至四月。上引诗句在唱完十月之后,就说收拾房屋的事情,并明确说"曰为改岁",就是指按当时习俗,夏历十月底也就是周历十二月底是年终,此时人们开始郑重地辞旧迎新。诗中出现"嗟我妇子"这样的说法,即是咏唱者认为过年应有更好的条件、更充分的准备,而他们因为贫穷,只能在这样简陋的房屋中塞住墙上的窟窿、熏跑老鼠、整好门窗就算是过年了,从而发出悲叹。由此可看出其时年节在人们心目中的重要位置。

239

该诗尾段这样唱到："九月肃霜,十月涤场。朋酒斯飨,曰杀羔羊,跻彼公堂。称彼兕觥,万寿无疆。""十月涤场"之后的诗句,就是记述当时人们在年终岁首之时在公共场所聚会,以酒食祭祀神灵并祝祷庆贺的活动,"万寿无疆"就是其时的祝贺语即"拜年话"。

得到记载较多的是官方的团拜活动即朝正。周代中央朝廷及各诸侯国都要举办这种正式盛大的礼仪活动。《左传》文公四年载:"昔诸侯朝正于王,王宴乐之,于是乎赋《湛露》,则天子当阳,诸侯用命也。"周代朝正的场所是在祖庙之中,或先在祖庙祭祀,再转到其他地方庆贺、宴饮。《春秋》襄公二十九年记载:"春,王正月,公在楚。"《左传》解释说:"释不朝正于庙也。"即鲁襄公因为在楚国而不能到祖庙朝正,可见朝正是一件特别重大的事情,他如在国内是一定要去的。地方政府也举行新年聚会。朝廷、官府的朝正、团聚活动不仅是宴饮、观赏演出、互赠礼品等欢庆活动,还利用这种公众场合公布新的政令、实行教化等。一些地方名流如孔子也被邀请参加官方的朝正活动。汉代以后,朝廷朝正的典礼更加隆重,地方官府和民间的团拜活动也越发普遍。宋代正式出现"团拜"一词。《朱子语类》卷九十一《杂仪》中说:"团拜须打圈拜,若分行相对,则有拜不着处。"实际上,团拜有各种方式:有围成一圈互拜的,也有两群人相对而拜的。民国以后,许多地方政府组织官员士绅汇聚一起行拜礼,或只是团聚庆贺而不叩拜,是简便的团拜礼仪。①

拜是古代的一种礼仪行为,包括打拱作揖和下跪叩头。这种庄重的礼仪可用作祭祀仪式上对于神灵的礼敬,也可以用作对于人的礼敬,而人对神的跪拜礼应是更早的时候就存在了。这是人对神表示敬畏、臣服和祈求的一种自然动作。按古制,拜年是以跪拜的郑重礼仪来贺年。而且最早是在祭祀仪式上进行的。古时的重要活动都要祭神。在新旧交替的重要节日,必然要举行隆重的祭祀仪式,来求告神灵,驱除灾殃,保佑来年风调雨顺,获得农业丰收。《礼记·月令》记载:"是月也,天子乃以元日祈谷于上帝。乃择元辰,天子亲载耒耜,措之于参保介之御间,帅三公、九卿、诸侯、大夫,躬

---

① 杨琳:《中国传统节日文化》,第4页,宗教文化出版社,2000年。

耕帝藉。"在举行了祭祀天神的仪式后,皇帝举行众臣会聚的盛大酒宴,称作"劳酒"。《尚书·舜典》则记载了古人在正月初一拜祭祖先的活动:"月正元日,舜格于文祖。"在祈祷农事丰收之外,也求告神灵保佑亲人平安度过新的一年,乃至保佑老人长寿、小儿成活。这种新年祭祀仪式的拜神和祷告应该是拜年的最初形式,后来才从祭祀仪式分化出相对独立的人与人之间的新年祝贺礼制。在河北省景县,拜年必要跪拜,而且要在祭坛前向着祖神像跪拜,并不是向着人拜,也不是随处可拜,应该是承继古时拜年遗风的表现。

作为亲人、同僚、朋友等具有密切关系的人们之间的一个重要礼节,拜年礼俗在密切人际关系的同时,也成为一项人情负担。宋代开始流行起投递贺刺代替入门拜贺的方式。贺刺相当于今日的贺卡,上面写上祝贺的话语,签上名字,有的还写上所送礼品,自己或派仆人送到对方门前。这种方式适合于同僚及关系并不很亲密但又需联络感情的人们之间,至于亲人、好友之间还是要当面拜年。

二、现代村落拜年活动的开展状况

现代中国的许多村落还大致保留着春节拜年的古风。在河北省景县黄庄,拜年是为村民最为看重、持续时间最长的年俗,而且拜年的形式比较完整地保持着古老的面貌。

黄庄拜年的时间:从正月初一凌晨开始,到正月初十结束,个别因亲戚多而在初十前"走不过来"的也延长到十五以前。初一在村落内部拜年,初二以后到别的村子拜年。所以可以按阶段把黄庄的拜年活动分为两部分。

(一)正月初一村落内部宗亲、村民之间的拜年

黄庄的过年是从大年三十的早晨正式开始的。年三十早晨和中午的年饭是炖菜,用白菜、粉条、粉皮、豆腐、猪肉做成,饭前少量地放鞭炮。下午一家人聚拢在一起包饺子,要包出除夕和初一早晨两顿饭的饺子。晚上到祖坟请神、大放鞭炮、吃饺子。请来祖神后家里的氛围变得庄重,大人会叮嘱

孩子不得说不吉利的话。但是年三十是不拜年的,没人在初一凌晨放鞭炮之前说拜年话,所以这里也不会有"拜早年"的说法。

尽管年三十晚上要团聚、"熬福",睡得很晚,但是初一早晨必须早早起来。这天早起表示过日子"心盛",预示着一年勤快,能得好收成。这天谁家的鞭炮响得早要被别人钦佩,响得晚要被人笑话邋遢。为了让鞭炮声响得早一点,各户在睡觉前就在堂屋的大锅里加好煮饺子的水,在灶膛前准备好劈柴,有的人家在睡前把灶膛里的木柴点着,让它自己慢慢烧着,几个小时后起床时锅里的水是热的。第二天凌晨要家里的一个男子先起床烧火。此地的男人平时是绝不做饭的。妇女要烧一年的饭,但初一早晨她可以休息一次作为补偿,一定要家里的男人先起床烧火。如果主妇先醒来,她也要把酣睡中的丈夫唤醒,让他先起床,等烧着了火自己才起来,这天她是有特权的。男人们这天也比较自觉,总会有一个男性——或者是当父亲的,或者是已懂事的儿子——首先在黑夜里睡眼惺忪地起来烧火。凌晨四点半左右,村里开始有鞭炮声,这表示已经有人家吃饺子了。从此鞭炮声便陆续响个不停,想赖在炕上不起也睡不着了。一般人家在五点多起床。六点以后还没挪出被窝的是极个别的人家,一般是"打光棍"、没有子女、过日子不心盛的老人。

水烧开,妇女往锅里下饺子时,男人们在院里放起鞭炮。初一早饭的鞭炮是过年期间放得最多的。一定要放一挂长长的火鞭。还放一二十个二踢脚。饺子端上桌,老人在炕上坐好,晚辈们开始逐次在堂屋祖灵前拜年。祖灵的神像是一幅上有三进宅院的布质画,两边挂着的布质条幅上写着对联,如"祖宗功德传百世,子孙基业福寿昌"。祖灵前是供桌,桌上摆着鱼、肉、饺子等供品,还有一个盛满谷子的器皿里插着烟雾缭绕的香。供桌前打扫得很干净,以方便晚辈在这里磕头拜年。不少人家在这里放上一块席子或布垫,不让拜年者的膝盖沾土。也有一些人家认为这样做好像是准备好让别人磕头的,不太客气,就不铺东西,等别人磕头时他们会客气一下:"别拜了,有这个话就行了。"通常五六十岁以下的长辈会赶忙拦住要磕头的人。有的拜年者见人阻拦,就不磕头了;有实在的在别人的阻拦下也一定要磕,磕完了说着:"嗨,一年一个!"而六七十岁以上的人会倚老卖老,并不阻拦晚辈磕头,甚至径直说:"磕吧!"但是谦让只是对血缘关系比较疏远的晚辈族人或者一般村民,而对自己的儿孙或侄儿侄孙就完全不用谦让了。后者对自己的亲近长辈磕头是完完整整、实实在在的,一点马虎不得。可以哥儿几个一起在祖灵前磕头,也可以按排行分头磕。先儿子儿媳磕,再女儿磕。但顺序并不严格,只要磕过就行,家里每个晚辈都要给每个长辈磕一遍。只有女儿可磕可不磕。这可以看作是对未出嫁的女儿的娇宠,也是因为传统上以为女儿最终是要出嫁的,她不是严格的本族传人。磕头前一定要大声喊叫拜年的对象,如"爸爸,拜年了!""娘,拜年了!"爸妈分别在里屋喊:"磕吧!"拜年者就向着祖灵磕头:男子拱手作揖,双腿跪下,再两手撑地,头俯下去,将触地而止;女子在喊叫以后,两手握住,在腹前右方贴身振一振,两腿跪下,身子前俯,头向下点一点,就算磕头了。女子拜年两手并不撑地,头也离地较远,看起来动作幅度较小,姿势轻柔。媳妇可随丈夫一起拜,也可以单独拜,也可以几个媳妇一起拜,但无论怎样,必须要给爷奶公婆拜的。称呼上也不能马虎,对公婆一定要响亮地喊"爸爸""娘",而平时她很少这样实实在在地称呼。如果晚辈忘了拜年就坐到饭桌前了,别人就会提醒他,并笑话他:"光吃饺子不拜年——装傻。"小儿也要拜年,他可以在祖灵前拜,也可以在炕上对着长辈拜,拜完了长辈要给压岁钱。

在自己家里拜完年吃过饺子后,要跟弟兄一起去"五服"内的宗亲家拜年,要依照血缘关系由近及远的顺序,一家一家给长辈拜年,先拜大爷、叔叔家,再拜其他。[①] 由于是亲近的族人,被拜的长辈也都不谦让,这些头都是磕得实在的。拜完近亲,"近门儿"和"远门儿"的同族年轻人、孩子们(有的也夹杂着个别中年人)就集合到一起,组成"浩浩荡荡"的一大帮人,一般有二三十个,挨家挨户给同姓的村人拜年。黄庄有黄王两个大姓,黄姓住东部,王姓住西部,这两姓的人要拜完同姓家,需要走半个村子。这时天已蒙

---

① "五服"本是中国古代的丧服制度,根据居丧者与死者的亲缘关系远近,丧服分为五等:斩衰、齐衰、大功、小功、缌麻。对此《仪礼·丧服》有细致记载。"五服"也被用以指称自高祖以下到同辈的本族亲属关系网络。河北省景县人习惯以出没"五服"来确定别人是不是血缘亲近的宗亲。"五服"以内的人是"近门儿"的"一家子",出了"五服"但还不太远的称为"远门儿"的"一家子",到八九服以外的同姓人就不认为是宗亲了。

蒙亮,各家大都已吃完饺子,地上常能看到二踢脚的残骸,空气里弥漫着火药的香气,还有零星的鞭炮声。拜年的一群走进一家,踩着院里放火鞭留下的一地纸屑来到屋门前。有一两个带头的走进堂屋,按辈分称谓喊叫这家的长辈。主人出来时或只是在里屋答应时,领头的就喊:"给你拜年了!"就在祖灵前磕头。屋外的人们也纷纷喊:"拜年啦"。拜了男性长辈,再给女性长辈拜。长辈主人通常会谦让一番:"算了,甭磕头了,地上怪脏的!"如果阻拦不住,就闪在供桌前的一边,两手握住,向磕头的人们打个拱,表示收着或还礼,有的还说着:"我收着。"等人拜完,就让大家"进屋里坐坐"。有的女主人还拿出一簸箩花生或瓜子来让人吃。大伙儿说:"不啦,还有好多人家没走完哪。"就呼啦啦地往外走,主人一直送到大门口。结成大群的拜年者基本上在每一家都不进屋坐,也不说太多的话,主要是磕头拜年。如果拜年的群体只有三四个,可能会进屋坐一会。这样几十家走完,需要一个小时左右的时间。五六十岁以上的男人不加入年轻人的队伍,他们一般是兄弟几个一起去拜年,由于这些人的长辈略少一些,需要拜的人家也较少。年轻媳妇们也凑成一拨拨的,到各家去拜年,不过她们只在近亲那里磕头,到一般村民邻居家只是说说拜年话而已,并不真的磕头。这几年由于村民们共同活动减少,不相邻的人家并不常见面,有些去年刚嫁进村的新媳妇有人还不认识,这时看见新面孔,就难免指指点点打听是谁家的媳妇。拜完同姓,大家就地解散,一般相约着去打扑克或打麻将去了,也有的还要再去拜几家关系好的异姓。

村中老人回忆旧时风俗说,新中国成立以前,全村的异姓之间也要拜年。拜完同姓,同姓的一大群在大街上集合,通常有一二百人,一起去村子的另一头去拜异姓。有时那边的人们也正好过来,在大街上遇见了,就互相喊:"拜年啦!"就相向磕头,在街上跪倒一大片。那场面是有些壮观的。这也是一种团拜。两群人互拜毕,再分散到异姓的家里去拜年。

各家对给人拜年和被人拜年都很看重。年轻人就注意不要漏掉哪一家。长辈们在暗暗留心着哪家的后生来拜过了,哪家的没来,如果有没来的就在心里很别扭。等自己家的孩子回来,一般家长要检查一下年轻人的拜年"成绩",看有无漏拜的人家;如果漏拜了,要赶快去补上。还有没计划拜的,如果人家来拜了,还要去回拜。初一的拜年就这样结束了。剩下的这一天就是放松地聚在一起打牌、下棋了。妇女们大都是串门子,吃着瓜子聊天。一直到晚上,都是放松地玩乐。也有昨晚上没睡够觉的,拜完年再回家补觉。

（二）正月初二到初十外亲之间的拜年

初一是宗亲群体、村民群体内部团聚、拜年的时间,从初二开始要联络村外的亲戚了,要到亲戚家拜年并招待外村来自己家拜年的亲戚。

初二上午先"送神",即把请回家来过年的祖神送回坟地。送完神以后,就该出村拜年了。出去拜年的人一般是各家的中年、青年和孩子们,做了爷爷的老年人一般是不出村拜年的,因为出村拜年都是拜长辈,对同辈的亲戚不用上门拜年①,老年人的长辈亲戚很少有在世的,所以老年人就每天在家招待来拜年的晚辈亲戚。拜亲戚的时间通常在初二到初十的范围内。初七以后拜年的亲戚一般是远亲了。正月十一开始就不拜年了,只有在特殊情况下才拖到十一以后拜年,但必定要跟亲戚说明原因。由于各家都亲戚众多,又分散在不同的村子,在这九天的时间里都"走"完就是一件比较忙碌的事。各家都有一个拜年的日程表。兄弟姊妹多的比较轻松,可以分工去拜,只要一家去一个代表去拜就不算失礼,当然对关系很近的亲戚如亲姨、亲姑家也常有兄弟姊妹都去拜的情况。而只有一个年轻人的家庭,拜年的任务就很繁重,每天要在各村间奔波,一天要"走"三四家,一直要拜到初八初九甚至初十才完。

拜年的日程安排。由于每家的亲戚都比较多,必定有先拜后拜之分。一般先拜近亲,后拜远亲。近亲中又以岳父岳母家为最重要。对结了婚而岳父母尚健在的男子而言,初二是携妻带子去丈人家拜年的日子。同时岳父母家也在这一天派一个人通常是内弟来这边拜年。其余近亲则是姑家、姨家、舅家等。拜完了近亲再去拜远亲。虽然来拜年的日子晚了点,远亲也

---

① 此地有"同辈不拜年"的说法,当有同辈中年龄较小者给年长者拜年时,年长者就用这句话客气地谢绝。但媳妇给丈夫的哥、嫂拜年的情况是较常见的。

不会有意见,因为关系是摆在那里的;而给近亲拜年晚几天,近亲会挑礼。还有一个必须考虑的因素是在哪个亲戚家吃饭。由于常在一天内拜几个亲戚家,而只能在一家吃中午饭,所以要根据路途的便利和关系的远近考虑好先去哪家、后去哪家、在哪家吃饭。一般是在近亲家吃饭,这样不怕麻烦对方,如不在近亲家吃饭,对方也会有意见。也有几个亲戚在一个村的情况。通常在最亲近的亲戚家吃饭,吃饭前由这家去一个人领着去另一家拜年,拜完了再回来。如果顺路,对关系很远的亲戚也可以在初二或初三拜年,只是坐一会就走,不在这家吃饭。关系很近的亲戚一般要选择在上午去,并在这家吃饭,这样显得郑重。还有两种情况影响到拜年日程的安排。一种情况是有的人家嫌每天都来客人比较麻烦,就事先给关系类似、相互都熟悉的几家亲戚打招呼,要他们都在某一天来;另一种情况是,有的人家正好在春节后要给老人做寿或给小孩过生日,或者儿子结婚,就在这一天大办宴席,通知所有的亲戚都在这天来,拜年也合并在这一天了,叫做"一天切"。①

拜年的礼物。给近亲拜年一方面要在这家吃饭,另一方面也要带上礼物,这礼物可以是酒、肉、鸡、鱼、水果、鸡蛋等,也可以是自己做的年糕、去当地商店里买来的点心,装在篮子里或提兜里。亲戚家一般不会把礼物全部收下,而要留出一小部分来,或者再装进些自家的东西,这就是"留回篮"的习俗。常见到在客人走时,主人一定要给客人的篮子里装东西而客人阻拦,或客人要多留些东西而主人拼命拦住的情形,不了解当地习俗的人会以为双方要打架呢。给远亲拜年一般是不带礼物的,即使在远亲家吃饭,也不一定带礼物。反正这家也要去人来这边拜年,双方互相款待。

做客与待客的讲究。在确定了拜年的时间和捎带的礼物后,去亲戚家拜年做客的活动就比较简单,只要照习惯去做就行了。在亲戚家里,比较郑重的事情主要由两件:一是拜年。如在亲戚家吃饭,拜年是在吃饭前进行。主人准备好了下酒菜,主食也快做熟时,就让客人吃饭。客人便从里屋来到

---

① "切"字在这里只是取其读音,意义为"来做客的亲戚",可能是"亲戚"的合音。字典中没有与此音义相对应的字。例如"来切了!(意思是:来客人了!)""这是哪里的切啊?(意思是:这是哪村来的客人?)""一天切"就是春节后只在选定的某一天待客。

外屋拜年。一般是在堂屋向着供祖灵的地方拜。虽然这时已经送完神,不再上供了,但是北墙上挂的祖灵图画还没撤。即使撤了,人们也是按习惯向着这个位置拜年。如果堂屋里正在烧火做饭,客人们也常到北屋门口前,向着供奉祖灵的地方拜年。通常主人比较客气,会拦住拜年的人。所以到亲戚家拜年,大约有一半的情况是不会真磕头的。如果亲戚家有七八十岁的老人,老人行动不便,老人的儿女也不好很执著地阻拦拜年,同时也出于对老人的敬重,磕头通常是实实在在地进行的。如果不在亲戚家吃饭,通常进门后先进屋说话,等临走时再拜年。这时送客人出屋的主人会拦住要磕头的人,如果不是拜年者十分坚持,也不会真的磕头。另一件比较郑重的事情是宴席上的应酬。宴席分两部分。前一部分是酒席,菜是下酒菜,以小碟子的居多,也有一些香肠、鸡肉等大盘菜。喝完酒,撤去下酒菜,再端上正餐。根据客人多少,正餐的菜的数量有"六个碗""八个碗""十个碗"之分,菜碗的数量一定是偶数。主食是馒头,最后有馄饨或饺子或面条。拜年的客人绝大多数都是男性。如果有女客,是不能与男客同席的,除非男女客人之间是很亲近的亲戚,或者男女客人中有一方是小孩,此地讲究"男女不同席"。女客一般也不喝酒,不用设酒席。如果女客多,就另设一桌,让女客人坐在一起说话,喝饮料。如果只有一个女客,就让她在另一间屋里坐着,等男客人喝完酒后再吃饭。拜完年就回到里屋,客人们准备坐到桌前。在入席的时候,大家非常注意先后顺序和就座的位置。里座为尊,外座为卑。对着门的位置是里座,靠近门口的位置是外座。入席时大家都站在边上谦让,讲论一番后把辈分大、岁数大的人让到上座,其余的依序而坐。男主人会坐在最靠门口的位置,席间出入方便。主人负责暖酒、斟酒、劝酒。一般讲究前三盅酒要"透了"(喝干),连喝三盅。后边再分头劝酒。客人间也互相敬酒。主人的责任是让客人喝够"喝好",如果客人喝酒没尽兴,就是主人的失职。如果主人酒量不大,在有重要客人时,就请村里同族中酒量大的人来陪酒。酒桌上往往一片劝酒声。为了劝下一杯酒,会从许多方面摆出该喝的理由。有些不能喝酒的,就先言明因为得了什么病而滴酒不沾,这样别人也不会非劝你喝酒不可。但这样做的要领是一点都不喝,如果坚持不住喝了一杯,别人就会让你喝下更多。与人喝酒时,不能轻易碰杯,如果碰了杯,就要连喝三杯。与别的地方相比,河北农村人的酒量并不特别大,但是劝酒的说辞之多、风气之盛是鲜有其匹的。如果有女婿来拜年,酒席上就分外热闹。因为女婿被当作最重要的客人,主人家一定请来同族中能喝的晚辈来陪酒,其他客人也都把他当作主要的劝酒对象。女婿处于这个位置,又不能不喝,所以"喝高了"是一定的,喝醉了是常见的。女婿到岳父家拜年一定不骑摩托车来,喝多了就骑不回去了。喝完酒,到吃饭时,人们就不再聊天、讲论,闷头吃东西,很快就吃完了。主人要陪吃到最后,不能先撂下筷子。客人撂下筷子时,会对还在吃的客人说:"我吃饱了,你慢慢吃啊。"主人一定劝两句:"再吃点,吃这么点就饱了?"等大家都放下筷子,主人把碗盘都撤下去,女主人和自家的孩子们才开始在外屋吃,除了吃客人没动过的饺子或馄饨等,也吃客人吃剩的菜。吃完饭,再喝会儿茶,客人们就陆续告辞了。

三、村落拜年的社会文化功能

钟敬文先生说:"每一社会中所流行之风俗、习惯,乃至其大部分制度、文物,大抵由该社会之民众,迫于共同之需要,凭借现实所能提供之条件(物质的、精神的)所创成。在流行过程中又不断受到广大群众之补充或修订,一世代又一世代,一地域又一地域,流传与扩布,直到原来之需要及所凭借之各种条件已经变迁、消失,此种社会文化产物亦逐渐或迅速成为一种'残余物',或终沦于消亡。"①拜年这一古老习俗传承至今,在城市和乡村有了显著的差异。城市里虽然也看重拜年,但是其形式和意义都与村落的拜年有较大的差异,有拜年的范围小、仪式简省、更多借助现代通信手段等特点,对这一礼仪的理解也没有乡民那样庄重。拜年习俗的这种变迁是与城市生活方式相适应的,其主要因素应是城市人亲缘观念较为淡薄、人身依附程度较低、人际关系更注重业缘联系和利益合作等。当然城市人更多地拥有现代通信手段也是拜年形式简便的一个重要因素,但不是根本因素,因

---

① 钟敬文:《刘三姐传说试论》(1981),《钟敬文民欲学论集》,第 121 页,上海文艺出版社,1998 年。

为现在农村大部分人家也都有了电话,黄庄的中青年人更是普遍有了手机,村民拜年时都不使用这些,还是采用古老的面对面的方式。古朴的拜年习俗在黄庄的留存,除了有习俗的顽强的传袭力或者说稳固性以外,根本上还是由于这种拜年习俗适合于当地的村落生活和乡土文化,发挥着其特有的社会文化功能。

（一）维系敬老孝亲的伦理道德

拜年主要是对长辈的敬贺礼仪,在河北景县一带更是用磕头这种极端的表示崇敬的方式来表达。出于习俗的强制性规约,每个晚辈在新年伊始都要向每个亲近的长辈如此行礼,这在很大程度上使传统文化中的敬老孝亲伦理得以传承。众所周知,几千年来用以维持封建社会秩序的长老权威和孝道伦理在新中国成立后被政府权力和主流意识形态视为阻碍新的社会文明的垃圾受到严厉打压和清理,改革开放以后又受到市场经济和现代化思潮的冲击,农村社会的长老权威已经趋于崩溃,孝道伦理也难以维系,以至在更多因素的作用下出现了"媳妇权威"和严重的养老危机。而即使那些平时不孝敬老人的晚辈包括儿媳,在大年初一也要面向祖灵给父母、公婆等老人庄重地行礼,同时媳妇要毫不含糊地称呼公婆为"爸爸""娘"。只有那种儿媳与公婆完全"断交"的个别案例中才会"断了年礼"。尽管在封建社会中长老权威和孝道伦理受到过分的推崇而出现了种种弊端,但是新中国成立以后对这种传统文化的过度打压又使事情走向了反面,出现了子女不孝、老人失养的问题,从这个角度说,古朴的拜年习俗有其端正民风的正面作用。

（二）联络亲族的重要手段

亲缘关系在乡土社会结构中占有举足轻重的位置。乡民的亲属网络可分为两部分:宗亲和外亲。初一拜宗亲。同族的人们聚集在一起按血缘亲近程度依序拜望同姓长老,使大家再次意识到相互间的血缘联系。特别是出了"五服"的"远门儿"宗亲,相互间平时并没有作为同族人相处的机会,每年一度的拜年活动把他们凝聚为一个亲密群体。初二以后普拜外亲,那些平时没有往来的亲戚之间也必定相互拜年。如果没有拜年往来,乡民的许多亲戚就很容易中断联系。当然婚丧嫁娶、贺生祝寿之类的事情上的往来也是亲戚间联络的机会,但是这些活动并不是常规性的,如果仅靠这些"大事情"上的往来,亲缘关系较远的亲戚间很快就会疏离。所以,范围广泛的拜年活动是乡民维持其亲情网络的重要手段。

(三)维持和加强村民关系的重要方式

乡民的生活主要发生于其村落之中。一个传统意义的村落是一个相对封闭的社会单位、文化空间,村民们是靠血缘关系和地缘关系凝结起来的互助团体。"五服"以外的同姓村民虽然血缘关系已经淡远,但是追溯起来他们是同一个远祖的后代。拜年时同姓村民之间互相走访,不断唤醒他们的同族意识,使他们感受到相互间的亲近关系。而不同姓氏的村民之间也采用拟亲属称谓来确定相互间的辈分关系,全村的所有村民用世代传袭的亲属称谓网络连接起来,使得全村就像一个亲密的大家族。过去不同姓氏的人家也相互拜年。现在不同姓的近邻之间、关系特别好的异姓村民之间也是相互拜年的。村民之间的拜年,是对相互间的亲密关系和友好感情的郑重确认,是对过去一年中对方给予自己的帮助表示感谢,也为刚刚来临的新的一年的互助做必要的感情投资。村里人说,平时与人吵架闹气了,这时候拜年话一说,就什么意见都没有了。所以,年复一年的拜年习俗是村民间重复确认和不断加强亲密互助关系的一种有效手段。在村落这样一个相对封闭的较小社区内,人与人的交往是面对面的,是无需现代通信设备和文字的。这种生活方式决定了他们的拜年礼仪必定采用面对面的有声语言、恭敬的表情和动作来表达,而不会使用电话、手机或卡片。而跪拜这种极端的卑己尊人的拜年方式产生于远古的乡土社会,借助于习俗的顽强传袭力保持下来,在根本上还是由于传统村落的基本结构还没有变迁,这种拜年习俗还有其存活的现实功能。将来村落的现代化、城市化到了相当程度时,这种古朴的跪拜式拜年礼义也理应消退。

（四）村落之间沟通信息的渠道

村落具有相对的封闭性，平时不同村落之间的村民来往很少。亲戚间的拜年给不同村落的村民提供了社交和沟通信息的机会，增进了村落间的了解和联系。一个村民在正月上旬的拜年期间要走访十几个以上的村落，在大部分亲戚家里都会遇到来自不同村落的来拜年的人。大家聚在一起，嘘寒问暖之余，会兴致勃勃地谈论各村的发展情况、致富信息、稀奇事件等，也会交流对各种问题的见解。将近十天的时间里，忙碌于拜年的村民会增长许多见闻，了解了周围几十里的情况及更广泛社会空间里的一些信息，平日里相对隔膜的村落之间被道路上来来往往的拜年的人们连通起来。

（原载陶立璠主编：《亚细亚民俗研究》
第六辑，学苑出版社，2006 年）

251

附录4 谐音象征与吉祥民俗

汉语的同音字很多,往往同样的读音对应着多个字词,这为通过谐音的途径造就吉祥物,以各种活动象征、隐喻吉祥祝福意义创造了方便条件。本文将汉语中通过谐音象征来表示吉祥意义的语言民俗现象称为吉利谐音。吉利谐音的表达方式是:以谐音为媒介,在视觉形象与文化内涵之间建立象征与被象征的关系,并以隐喻的方式表达祈福求吉的愿望。比如北京婚礼旧俗,新娘下轿不能空手下来,要托着一个苹果、抱着别人递过来的宝瓶下轿,新郎新娘拜过天地,进喜房门时要跨过马鞍,有的还让新娘在进洞房后踏过布匹、高粱,一对新人坐在炕沿上或帐内,要举行撒帐仪式,有人一边将红枣、栗子、花生等"喜果"抛撒在洞房的帐内,一边念诵着吉祥语:"一把栗子一把枣,小的跟着大的跑。"这些活动,都蕴涵着祈福求吉的意义。托苹果、抱宝瓶、跨马鞍都象征着新婚平平安安的祝愿,踏布匹、高粱则象征着步步高升的意思,撒红枣、栗子、花生则象征着早立子、"花搭着生"的祝福。这些实物、行为与美好祝愿之间的象征关系就是通过谐音的媒介建立起来的:"苹""瓶"与"平"谐音,"鞍"与"安"谐音,"布"与"步"谐音,"枣""栗子"与"早""立子"谐音,"花生"与"花搭着"都有个"花"字。这段仪式,除了撒帐歌以外,表达美好祝愿都不明确说出来,是一种"无声的祝福",也就是以隐喻的方式,通过实物名称与吉祥词语的谐音关系来婉转地表达对新婚夫妇的祝愿。

通过谐音建立象征关系和隐喻意义的方法有两种:明谐和暗谐。[①] 所谓明谐,就是事物的名称与吉祥语之间有直接的谐音关系,用这种事物以象

---

① 周星:《民族学新论》,第 226 页,陕西人民出版社,1992 年。

征和隐喻的方式表示求吉意愿。如"八"与"发"、"桔"与"吉"、"鱼"与"余"、"灯"与"丁"都是明谐关系。大部分谐音吉祥民俗都是利用明谐的方法构成的。所谓暗谐，就是事物名称与吉祥语之间没有直接的谐音关系，但是该事物的某一属性、特征的名称与吉祥语存在谐音关系，借助这种曲折的谐音关系婉转地表示吉祥意义。如石榴、葫芦有多籽的特征，"籽"与"子"谐音，于是它们就被用来表达"子孙兴旺"的求子意愿；丸子、元宵的外形特征是圆的，民间以"圆形"之"圆"隐喻"团圆""圆满"之"圆"；馒头是用发面制成的，于是民俗观念就将"发面"之"发"替换为"发财""发达"之"发"。① 还有组合式的吉祥图像运用暗谐的方法：在山西北部，民间剪纸、面塑、刺绣等工艺品常有"老鼠吃白菜"的图案。老鼠在地支次序中属于"子"，"子鼠"是个常用说法，就用老鼠形象来表示"子孙"的"子"；取白菜名称的"白"字，谐音"百"，该图案就可以隐喻祝愿"得百子"、子孙兴旺的意思。许多寺院的殿内立有四大天王塑像，他们就是佛界的四大天王（即四大金刚）：南方增长天王、东方持国天王、北方多闻天王、西方广目天王，其手中的法器有四种，都有谐音象征意义：剑有锋，"锋"谐音"风"；琵琶可调弄，暗谐"调"；伞是用于遮雨的，隐取其"雨"字；手抓龙、貂，表示"顺"，四种形象合起来隐喻"风调雨顺"的意思。暗谐的表意方法较为曲折，如果不熟悉当地的民俗文化，需要有一个猜测、领悟的破译过程；但是如果当地人经常接触到某事物与某吉祥语的暗谐关系，就在头脑里有了二者的较为固定的联系，并不需要破译。

　　汉族的吉祥民俗很发达，由此造成了数量庞大、构成方式丰富多彩、总览起来令人眼花缭乱的吉祥图像。林林总总的吉祥图像有多种：吉祥动物、吉祥植物、吉祥食物、吉祥器物、吉祥人物、吉祥神、吉祥文字、吉祥符号（指具有吉祥意义的图案、纹路等）、吉祥数字、吉祥组合图像。除吉祥人物、吉祥神、吉祥文字之外，其他诸种吉祥图像都含有大量以谐音方式构成的品种。民间常借助、围绕这些吉祥图像，举行各种祈福求吉的仪式、表演、活动，形成表达动态的吉祥意义的民俗事象。这里我们将基于谐音象征而产

---

① 张廷兴：《谐音民俗》，第65、214 页，中央民族大学出版社，2000 年。

生的吉祥民俗现象归结为四类：谐音吉祥物、谐音吉祥图案、吉祥数字、谐音祈福仪式。

一、谐音吉祥物

吉祥物是能够体现吉祥观念，并具有某种特定的吉祥意义的物品。它是吉祥民俗的化石或者说凝固形态，是吉祥观念的载体。某些物品由于长期以来被特定文化社群用来表达某种吉祥意义，在特定物品与特定吉祥意义之间就产生了较固定的联系，这些物品就成为吉祥物，如龙、凤、仙鹤、麒麟、鲤鱼、百合花、双喜字等。谐音象征是吉祥物形成的一种重要且极便利的途径，由此造成的吉祥物在数量上远远超过由其他途径形成的吉祥物。

由谐音方式造成吉祥物的便捷性在于汉语的同音字很多，而吉祥字也很丰富，这就使很多事物的名称都能跟吉祥之事联系起来，只要在语音上有联系，不管该事物属性如何，民间总能以某种方式把它作为一种祈福符号来使用，即使蝙蝠很丑陋，因为"蝠"与"福"谐音，蝙蝠也能成为一种象征幸福的"形象大使"，出现在"福在眼前""五福捧寿""福寿双全"等多种吉祥图画之中。再比如鲤鱼这种民间常见的吉祥物。古代曾有过鲤鱼崇拜，现在鲤鱼作为吉祥物常出现于年画中：胖娃娃抱鲤鱼，取人财两旺的意思，有的画还让胖小子手持莲花，或坐在莲花上，寓意"连年有余"；鱼戏莲叶图，也是取"连年有余"的意思；鲤鱼跃龙门，取"步步高升"的意思……不仅年画，在脸盆、花布、门帘等处也常见鲤鱼图案。鲤鱼的象征意义主要有以下几种：（1）因"鱼"与"余"谐音，鲤鱼常被人用来表示有余、富裕的意思，象征财富，甚至被当作财神。山东淄博等地就把鲤鱼当作财神爷，春节前，走街串巷的小贩卖鲤鱼时这样喊："财神爷来了。"（2）因古来就有仙人骑鲤、鲤鱼跃龙门等传说，鲤鱼在民间信仰里还是一个可以化龙的神物，可以寄托高升、及第的愿望。故在有人升迁或考上大学时，人们以鲤鱼作为贺礼，或主人以"烧尾宴"待客庆贺。① （3）因"鲤"与"礼"谐音，鲤鱼在民间常作为馈

---

① 传说鲤鱼在跃龙门时，有云雨随之，天火烧其尾，鱼便化为龙。

赠亲友的佳礼。(4)因鱼水相谐的意象,鲤鱼作为爱情美满的象征;又因它生命力旺盛且繁殖能力强,有多子的象征义,被用以祈求人丁兴旺。(5)鲤鱼有信使的意象,可用来表示跟书信尤其是情书有关的内容。①

民间常见的谐音吉祥物可分为四小类:动物类、植物类、器物类、食物类。(1)动物类谐音吉祥物最多,有狮子、鹿、蝙蝠、象、猴子、羊、猫、豹、鸡、鸭子、鹰、鹤、鹭鸶、蝴蝶、蝙蝠等。这些动物之所以成为吉祥物,主要由于它们的名称与吉祥词语发音相同或相近。如狮子的"狮",与"师"谐音,可隐喻"太师、少师",再加上狮子有威武的形象,遂成为汉族传统文化中最常见的吉祥物之一,其表现形式为:门前立石狮,一为镇宅辟邪,二为祝福宅院主人富贵,能得到太师、少师之位。鹿也是极常见的吉祥物,因"鹿"与吉祥字"禄、路"谐音,用以隐喻"福禄双全、福禄长久、路路顺利"。常与蝙蝠、仙鹤组图"福禄寿",或双鹿组图"路路顺利",出现在年画、许多物品的图案之中。猴子能成为吉祥物,是由于"猴"与吉祥字"侯"谐音,可隐喻吉祥语"封侯挂印、马上封侯、辈辈封侯"。其表现形式主要出现在图画中:猴子爬到枫树上挂印,组图"封侯挂印";猴骑马组图"马上封侯";猴骑在猴背上,组图"辈辈封侯"。(2)植物类谐音吉祥物有柿子、荷花、桂花、石榴、葫芦、葱、生菜等。其与吉祥语的谐音关系分别为:柿子,取"柿"与吉祥字"事"谐音,可用以构成吉祥语"万事大吉、事事如意、百事如意";荷花(莲花),取"莲、荷"与吉祥字"连、和"谐音,可用以构成吉祥语"连年有余、连生贵子、一品清廉、和合如意";桂花,取"桂"与吉祥字"贵"谐音,可用以构成吉祥语"连生贵子、福增贵子";石榴,因石榴有多籽特征,取"籽"与吉祥字"子"谐音,隐喻吉祥语"多子";葱,取"葱"与"聪明"的"聪"谐音;芙蓉,取"芙蓉"与吉祥语"夫荣"谐音;生菜,取"菜"与"生财"谐音,有的地方有春节吃生菜习俗。这些植物表达吉祥意义的方式主要是出现在吉祥图画中,与其他吉祥物联合隐喻吉祥语,如柿子与桔子一起组图"万事大吉(桔)",两个柿子与如意组图"事事如意",柿子与百合或柏树加上灵芝组图"百事如意"。一些植物的果实或某部分也单独出现在祈福仪式或习俗活动中表示吉祥意义。

---

①　聂济东:《有关鲤鱼的民俗及其成因》,《民俗研究》1997 年第 3 期。

（3）器物类谐音吉祥物有马鞍、花瓶、盒子、笔、银锭、戟、磬、灯、钉、裤子、榆木、笙等。它们与吉祥语的谐音关系分别为：马鞍，取"鞍"与"平安"的"安"谐音；花瓶，取"瓶"与"平安"的"平"；盒子，取"盒"与吉祥字"和、合"谐音，画一个圆盒内飞出五只蝙蝠，表示"五福和合"；笔、银锭，取"笔、锭"与"必定"谐音，二者与如意组图表示"必定如意"，以笔、银锭、粽子赠应试者，祝愿"必定高中"；戟、磬，取"戟、磬"与吉祥字"吉、庆"谐音；灯、钉，取"灯""钉"与"人丁"的"丁"谐音，用于祈子仪式中，隐喻"人丁兴旺"；裤子，取"裤"与"富"谐音，隐喻"富裕"，有新娘缝裤子以求富的习俗；榆木，取"榆"与吉祥字"余"谐音，有用榆木为梁的习俗，寓意"余粮"，隐喻"富足有余"；笙，取"笙"与"生孩子"的"生"谐音，民间有吹笙以催生的习俗。

（4）食物类谐音吉祥物有猪蹄、佛手、枣、桂圆、桔（橘）子、豆腐、栗子、盐等。它们与吉祥语的谐音关系分别为：猪蹄，取"蹄"与"题"谐音，乡试前吃熟猪蹄隐喻"熟题（熟悉考题）"以祝应试顺利；佛手，取"佛"与吉祥字"福"谐音；枣，取"枣"与"早"谐音，用以构成吉祥语"早生贵子、早立子"；桂圆，取"桂、圆"与吉祥字"贵、圆、元"谐音；桔子，取"桔"与吉祥字"吉"谐音；豆腐，取"腐"与"福"谐音，春节包几个豆腐馅饺子，谓吃到者"有福"；栗子，取"栗子"与吉祥语"立子"谐音；盐，取"咸"与吉祥字"贤"谐音，有将盐撒在嫁妆里以祝愿新娘贤惠的习俗。①

二、谐音吉祥图案

吉祥图案是表示吉利祥和意义的图画、纹样、构图符号等，广泛出现于年画、建筑物、服装、饰物、雕塑等物品上。谐音吉祥图案是吉祥图案的一种，以一种或几种谐音吉祥物组成一幅和谐吉庆的图案，整幅画以借物谐音的方式暗喻着某种吉祥语句。

谐音吉祥图案往往将几种谐音吉祥物组合起来表达一个完整的意思，这时只顾几个吉祥物的谐音形式能连结成一个吉祥语句，而不管这几个吉

---

① 左汉中编著：《中国吉祥图画大观》，湖南美术出版社，1998年。

祥物是否有内在的联系,是否在自然状态下能凑到一起。如"封侯挂印"图,画一只猴爬上树枝,几只蜜蜂在树叶间飞舞,印绶挂在树梢。这幅图纯粹为了谐音组合而把几种东西凑在一起,印绶挂在树梢上更是一种现实中不大可能的事。"马上封侯"画一只猴子骑在马上,旁边飞着几只蜜蜂,其中猴骑马的情形在现实中是难得一见的。"太平景象"图画一只大象驮着一个宝瓶,在现实中更是不会有的事情,但是构图能够组成谐音吉祥语,民间就承认这种构思。"老鼠吃白菜"年画,照一般的逻辑来说,是老鼠在祸害人的财物,不是好事,是不应该放在画上宣扬的,但是该图能构成"百子"的吉祥寓意,就成为受人欢迎的吉祥画。鸡作为吉祥物的构图有:人骑大鸡寓意"大吉",鸡与象构图"吉祥",雄鸡立在大石上寓意"室(石)上大吉",雄鸡立于鸡冠花之前组图"官上加官"。"葱"也因与"聪"同音的关系成为吉祥物,主要用于同藕(外形洁白,寓意明亮)、菱角、荔枝组图表示"聪明伶俐"。这样的吉祥图画还有很多。上文所列出的谐音吉祥物绝大多数都能与其他吉祥物组合成吉祥图案。

三、吉祥数字

数字是人们生活中时时用到的,各地都有一套关于数字的修辞和选择方法。人们认为某些数字是吉利的,某些数字是不吉利的,并将与自己有关的事情选定在吉利的日子或把做事的量定为吉利的数目。在特定地方的人们的观念中,数字的吉利与否受多方面因素的影响,而与其他字词的谐音关系是其中的一个重要因素。吉利数字很多是由于同吉祥语谐音而形成的。

中国人有崇尚偶数的倾向,吉利数字以偶数居多。人们认为"成双成对"是完整、圆满、和谐的;单数是孤立的、不完整的,处于单数或者是尚未达到完满,或者是失去了什么而造成不完满,总之是不好的状态。所以民间送礼一般都讲究把礼物的数量配成双数,办喜事也选在偶数的日子,待客上菜的数目也是双数,等等。当然这只是一个大致的倾向,具体数字的吉祥与否还有很多说法,有些奇数也是吉祥数,有些偶数也被视为不吉,这在不同地方有不同的说法,在同一地方做不同的事,对数字也有不同的讲究。比如,河北、山东、河南、陕西、安徽、江苏等地都把"三、六、九"作为出门的吉利日子,俗话"三六九,往外走"流传得很广泛。三和九虽然是单数,但对于出门这件事来说就是吉利数。崇尚偶数是基本的数字信仰观念,还不是由谐音因素造成的。

由谐音关系造成的两个吉祥数是"6"和"8"。"6"成为吉祥数主要有两方面的原因,一是喝酒划拳行令的套语"六六大顺"的说法广为流行、深入人心,已成为人们的口头禅,民间以六为顺;二是"6"与"禄"谐音。所以在大多数地方,"6"是个吉利数,送礼、上菜以"6"为吉利数目之一,也以"逢六"为出行、开业、庆典、婚嫁的吉日。但是,在一些地方,"6"却被视为凶数。湖北的天门、沔阳一带即是如此,他们在送礼、上菜的数目上都要回避"6",因为当地读"6"为"禄"音,而"满禄"是"死"的委婉说法。他们还以"6"为黑词,骂不成器的为"六点"。东北待客上菜的数目忌讳"6",因为"6"与"溜"谐音,"溜"是让客人滚蛋的意思。"8"是另一个因谐音关系而大受欢迎的吉祥数。"8"在粤语中因与"发"谐音,很早以来就是一个吉利数字。走在广州街头,可以见到有的小店铺的招牌也是"388""699"这种吉利数命名的;店牌匾额的长度和高度也讲究是吉利数,如长三米八,高一米八;商品的价格也以尾数为八的居多。① 二十世纪八十年代以后,由于广东开放搞活走在前边,经济地位领先,又是内地与香港交流的中转地,导致该地区的文化也受到全国范围的崇尚,粤语在一段时期内成为"吃香"的语言,在一些媒体上操一口"广味"普通话成为生意成功人士的一种外在标志。在这种形势下,把"8"作为大吉大利数字的习俗也扩展到全国范围。并出现了一系列与"8"组合的吉利数,"888"是"发发发","168"是"一路发","518"是"吾要发","3388"是"生生发发"等。某些商店为赢利目的给某些商品定出吉祥价,比如原本只打算卖800多元的商品,为了所谓吉利效果,就标上888元的价格,而顾客们对商场不找零钱愤愤不平,对"吉祥价"这种温柔的宰客方式却能够接受,咬咬牙多掏几元、几十元也把这种吉祥语

---

① 刘志文主编:《广东民俗大观》,第841页,广东旅游出版社,1993年。

效买下了。① 有一种事情在全国是普遍的:电话、手机、呼机的号码尾数是8和6的,受到人们的追捧,这些号码总是被顾客抢购,以至于商家普遍将这些吉祥号码加价销售,甚至为特别吉利的号码如尾数为四个8或6的举办专门的拍卖活动,这些号码多为有实力的大户以高昂的价格购得。而尾数为4和7的号码就受到顾客冷落,因为它们与"死"和"气"谐音。但是在以前,"8"在全国范围内并不受到特别的推崇。现在,城市里一般都对"8"很推崇,而农村地区大多还保持着对"8"的传统观念和讲究,即将"8"看作一个偶数吉利词,并不与"发"相联系。有些地方也还照样忌"8"。河北一些地方的老人就忌讳在岁数逢八时说"八",怕在这一年与人世分别。江西宜昌的老人就忌"8",忌讳别人送有数字"8"的礼物。河南、湖南、福建等地则有"七不出,八不归"的说法,逢八不回家,因为"八"在字形上有"分别"的意思。②

四、谐音祈福仪式

谐音祈福仪式,指利用谐音象征关系来隐喻祈福求吉意义的民俗活动。这种活动通常是过年、祭祀、婚嫁、祝寿、贺生、建房、开张等节日生活与郑重庆典的组成部分。在重大的节日里或较隆重的庆典上,民众一般要祭祀神灵或施行巫术,来祝愿将来的日子里过得幸福美满,这时进行的表达祝福的活动与日常生活中的做事是不同的,这是一种带有超自然力崇拜的活动,是一种巫术性或至少带有巫术色彩的仪式行为。在各种祈福仪式中,有一种是围绕着谐音吉祥物来进行的,这种仪式就是谐音祈福仪式。比如在正月十五元宵节,各地都有挂灯、舞灯、赛灯、送灯、"偷"灯、观灯等灯俗,这种活动之所以如此兴旺,主要在于"灯"与"丁"谐音,这些围绕着灯进行的活动都隐喻着求子的意义,正如俗话所说"灯越闹,人越旺"。有的地方,前一年生子添丁人家还要举行"请灯酒"仪式,大家举杯庆贺说:"恭喜添丁,多生

---

① 廖仲毛:《"不找零"与"吉祥价"》,《金融时报》1999年1月29日。
② 曲彦斌主编:《中国民俗语言学》,第186页,上海文艺出版社,1996年。

贵子!"这也充分说明在民间的等俗活动中,"灯"确实以与"丁"的谐音关系隐喻着祈子的意义。

这种谐音祈福仪式可以围绕一个吉祥物进行表达一种主题的活动,也可以围绕多个吉祥物传达多种吉祥意义。徽州婚俗,女子出嫁时必须准备"子孙桶",这是一种有盖的马桶,装在一个红漆木箱里。子孙桶里装有瓜子、桂圆、枣子、栗子、花生和一双染红的筷子,寓意"团圆""立子"、"早生贵子""儿女双全"等。新娘下轿后,有一个利市人向新娘敬三碗茶:一碗清茶,寓意清清白白;一碗红枣莲子茶,祝福新娘"连生贵子",第三碗是蜜糖茶,祝愿夫妻生活甜蜜。三碗茶喝完了就拜堂,然后在利市人的引导下踩着铺接在地上的青布袋,步入洞房。踩布袋也是有含义的,旁边有人高喊:"一代传一代,十代传百代!""一代传一代,代代高!"但是忌讳喊"百代传千代"因为在此地方言中"千"与"绝"同音。①

谐音吉祥物并不是孤立静止地表示祈福意义的,而是在特定的场合、过程、气氛之中,被怀有相关信仰并且具有祝福愿望和需求的特定群体来表达和解读的。商店里摆放的一束筷子,作为商品,并不具有谐音祈福的意义。日常生活中仅仅作为搛菜餐具使用的筷子也不具有祈福意义。但是当筷子被某人买去,作为礼品赠送别人表示某种祝福时,或者作为吉祥物用于婚礼仪式时,它就具有特定的祈福求吉功能。下面,我们看筷子这种日常用具是如何作为吉祥物出现于一些地方的祈福仪式的。

在各地,筷子表达吉祥意义有不同的方式,形成了丰富多彩的筷俗。归结起来,它作为吉祥物,主要有三种含义:(1)表示"快速"的"快",常见于"快生贵子"的寓意之中。(2)"快活"之"快",用以表示"快快活活过日子"。(3)象征人物,双筷象征夫妻成双成对。筷子成为吉祥物经历了一个语言演变的过程。在先秦时,筷子叫"筴"或"箸"。《礼记·曲礼上》中说:"羹之有菜者用筴,无菜者不用筴。"《礼记》中又说:"饭黍毋以箸。"这两个字都是竹字头,说明早期的筷子是竹制的。后来又有其他不同的名称,到隋唐时,统一为"箸"。它改称为筷当在明代。明代《推篷寤语》记载:"世有误

---

① 赵日新:《徽州方言与徽州民俗》,《民俗研究》1997 年第 3 期。

恶字而呼为美字者,如立箸讳滞呼为快子,今因流传之久,至有士大夫间,亦呼箸为快子者,忘其始也。"这个记载说明,"箸"字因与"住"谐音,容易引起"停滞"的联想意思,犯忌讳,所以转而反其意而称"快",先在民间流行,后来士大夫也采用,于是社会上都改称"快子",反而忘了它的本名。由于筷子多为竹制,后来又在"快"上加了竹字头,就成了"筷子"。可见,"筷子"这个词从产生的时候起就是一个吉祥语。词语的吉祥义又使筷子这种东西成为吉祥物,在许多地方的民俗活动特别是婚礼中派上用场。比如在中国陕西北部地区婚礼中,当男方迎亲队伍来到新酿家里时,新娘的父亲将一双红筷子用红头绳拴在一起,递给女儿说:"红头绳把你们拴在一搭了,你们要像筷子一样,成双作对,永不分开。这筷子,就是让你们小两口快快活活过日子。"然后把新郎新娘送出门。新娘到男家入洞房时,要抱一只装着麸子的斗(取"福"与"麸"的谐音),将筷子插在斗中麸子里,意味着小两口"快快活活"生活在"福"中。在这种迎亲仪式中,筷子成为一种重要的象征物,既象征着喜结连理的夫妻,又寄托着娘家人对他们的小家庭"快快活活"的祝福。

筷子能成为吉祥物在很大程度上得益于它的发音可以当作"快生贵子"的缩略形式,在寄寓这种意愿的时候,往往结合筷子的外形,将筷子当作阳物的象征。陕西华县、江苏扬州、苏北宝应都有新婚之夜从窗户向洞房扔筷子的习俗。筷子将窗纸戳破,就象征着男女的交媾。在扔筷子的时候,都伴有口诀的念诵。陕西华县由迎姑婆唱:"隔窗扔筷子,明年生太子。"扬州扔筷子的节目叫"麒麟送子",其实就是一群人举着纸糊的麒麟灯,送一束红筷子。将筷子戳破窗纸扔进洞房以后,再进行"捣筷撒床"节目。一群人敲锣打鼓拥入洞房,有一人手捧托盘,盘里放着一只碗和一双红筷子,及红枣干果之类的东西,上面盖着红纸。为首者拿起碗筷,用筷子捣着碗底,唱道:"筷子筷子,快生贵子!"众人和道:"好呐!"他又唱:"筷子一头圆来一头方,养儿长大当厂长!"众人又和:"好啰!"唱完后,将筷子交给新郎,碗交给新娘。以筷子捣碗是象征男女交媾的千年古风,是一种祈子的古老习俗。在苏北宝应,隔窗扔筷子的节目叫"快捣窗户",主角是个小男孩。他由家长抱着趴在窗前,拿着红筷子边捣窗纸边唱:"我是童男子,手拿红筷子,站在窗台下,捣你窗户纸。一捣一戳,生个儿子上大学;一捣一穿,养个儿子做大官。一双筷子一个洞,生个儿子更有用;筷戳窗纸笑哈哈,养个儿子科学家。"吉林、山东、河南、湖北、湖南、广东、云南、浙江、青海等地也有婚礼筷俗,此处不一一介绍。①

汉族文化中以上四种吉利谐音现象已有悠久的历史,是中国发达的吉祥民俗的重要组成部分。在现代中国社会,这种以谐音象征的方式来祈福辟邪的习俗仍然在各地广泛存在。近年来,在中国传统文化复兴浪潮的影响下,在各地包括大城市的民间欢庆活动中特别是春节庙会上,谐音祈福民俗呈现出越来越兴盛的迹象。

(原载《河北大学学报》2006 年第 2 期)

---

① 蓝翔:《汉族婚礼筷俗》,《民俗研究》1996 年第 1 期。

附录5 论流行语的特征

作为一种生动活泼、新奇多变的民间语言现象，流行语以方言俗语和特定地区的风土民情为基础，及时反映着特定时期的文化心态、社会时尚，因而关注和研究流行语，是把握时代脉搏、透析世风民情的一个独特、有趣的视角。

但是关于流行语的理论探讨还比较缺乏，甚至对于什么是流行语，流行语有什么主要特征等最基本的问题，也存在着不同的理解或模糊的认识。社会上所使用的"流行语"概念，很多情况下是指一段时期内人们说得最多的词汇，而不管是在口头上还是在媒体上，不管该词语的流行是由于政府的提倡还是出于民间的创造。比如2002年5月，中国青年研究杂志社"青年流行语研究"课题组组织了一次名为"2001年中国青年十大流行语"的网上调查，结果最终进入前十名的词语是："9·11"、"本·拉登"、"申奥成功"、"入世"、"WTO"、"翠花上酸菜"、"出线"、"QQ"、"反恐"、"Flash3"。这十大流行语所反映的内容都是2001年内人们最关注或成为时尚的事情。2002年底几家研究机构主持评出2002年中国报纸的"十大流行语"，它们是："十六大"、"世界杯"、"短信"、"降息"、"三个代表"、"反恐"、"数字影像"、"姚明"、"车市"、"CDMA"。实际上它们是一定时期内在报纸上出现频率最高的词语，代表当年国内和社会上最受人关注的一些现象。这些"流行语"的绝大部分和另一类流行语显然不同，比如北京话里表示赞赏的流行语，二十世纪四十年代流行说"帅""棒"，五六十年代流行"份儿"，七八十年代流行"盖了帽了""没治了"，九十年代又流行"潮""野""派""火""爽""酷"。笔者认为，前一种概念比较宽泛的流行语，显然和大多数语言学者对流行语的界定是不一样的。严格来说，"世界杯""短信""降息"等这一类流行词语只是某一时期社会上语言运用的"高频词语",①而不是语言学领域严格意义的流行语。

本文所探讨的流行语,是狭义的语言学术语,指在民间口头上流行的反映新近世风民情的时尚性词语。在形成和传播的形式上,它是一种口头用语。在时效性上,它是一段时期内使用的具有强烈新鲜感的词语。在内容上,它代表的是民间的时尚文化,是一段时期内时尚性的民情民风的体现。当然,短期流行的民情民风经常与政府舆论、媒体导向密切关联,甚至大量重合,但后者一旦进入民间,必然要经过民间的消化而带有民间的色彩。在语言形式上,流行语既有词、短语,也有熟语化的句子。在表达方式上,它还有很强的技巧性或艺术性,是一种生动活泼的说法。我们把流行语的这些特点归纳为三个主要特征:新鲜性、俚俗性、生动性。根据这三个特征,基本上可以判定一个词语是否流行语。下面,具体阐述这三个特征的内涵、构成因素或表现形式。

一、新 鲜 性

流行语通常在某一时期的某些人特别是青少年中广泛流行,过了一个时期这些词语或者转变为失去新鲜感的一般性词汇,或者随着社会生活的变迁而悄然隐退。流行语使用期一般较短,最短的可为几个月,长者几年、十几年,最长不过二三十年。旧的流行语失去流行性,新的流行语又会代之兴起。如二十世纪八十年代流行"傍家儿"一词,意为相好的、情人,本源于民间盛行的"搓麻运动"(打麻将),按常规"搓麻"要四人参加,多出来的便"加傍"一方,称为"傍家儿",后来又把"傍大款"的女子称为"傍家儿",最后演化为"情人"之意。这个词流行一个时期后,失去新鲜感,而婚外恋、情人现象仍然存在且为人经常提起,九十年代就出现了另一个流行语"蜜""小蜜"。"蜜"是源于英语"miss"(小姐)的音译。

---

① 将这类词语称为"高频词语",是采纳了胡明扬老师的意见,特此说明并致谢。

　　由于流行语总是追逐着新事物新潮流新时尚,它本身有着很强的趋时求新性。当它出现在人们的口头或笔下时,总能给人新奇感的刺激。它是语汇中的"另类"。当你首次听到"侃大山""大腕""款爷""小蜜""爽"这类词语时,你能不觉得新鲜以至有趣吗?而说话人使用这类词语,表明他了解新事物,或熟悉流行文化,不落伍,不保守,也能增加他说话的生动性,有效地吸引别人的注意力。由于青少年群体最容易接受新事物,最爱追新潮,也最富创新精神,流行语一般先为青少年所用,而老年人使用流行语较晚较少。随着时间迁移,当一段时期内的流行语已成为昨日黄花,不再给人以新鲜感和刺激力时,它就不再成其为流行语,或者就此消失,或者"降格"为常用词汇,或者为新的流行语所替代。

　　流行语是词语的一种创新,是语言的一种新潮。人们在使用流行语的时候,总能体会到语言表述活动自身具有的一种新鲜感、刺激感,这是流行语的独特魅力。可以说,新鲜感,或者说新潮性、新颖性,是流行语的生命力之所在。这就决定了流行语的存活时间不会很长,它总是在某一个时期活跃得比较短暂的语言现象。当一个流行语失去新鲜感的时候,它就失去了作为流行语的资格。

　　流行语的新鲜感是有以下几个方面的因素造成的:

　　(一)流行语经常表达人们在特定时期的新观念、新感觉,或社会生活中冒出的新事物。

　　词语是反映社会生活变动的最敏感的一种语言形式。流行语是新兴词语的一种。许多流行语的新鲜感在于它们及时传达了人们对日新月异的社会生活的认识,或者表示了人们的新观念,或者表达了时尚性的新事物。

　　二十世纪八十年代改革开放以后,迅速出现了一批反映社会转型期新的经济活动的流行语,代表性词语有"下海""倒爷""走穴"等。"下海"在新中国成立以前原指某人加入帮派组织或某良家女子沦为妓女,1949年以后仍在港台地区流行,主要指"女子沦落风尘",八十年代末大陆地区"下海"一词再度流行,意思变了,指公职人员扔掉铁饭碗,辞职投身商品经济大潮,去从事商业活动。在市场经济刚开始的时候,"下海"一词一方面具有"冒风险、赚大钱"的令人艳羡的意味,另一方面也隐隐具有"不务正业,搞旁门左道"的意思。① "倒爷"或"倒儿"也是在改革开放初期产生的流行语,指从事非正规的商业活动,倒买倒卖,转进转出,将商品转手而获利的人。后来产生了指称利用权力倒卖商品的"官倒",又有指称女"倒儿"的"倒姐""倒奶奶"。"走穴"一词在新中国成立以前就有,原指艺人走江湖演出,是艺人行话,八十年代重新流行,开始也是文艺界的行话,指艺人临时组织起来进行商业性演出,所得报酬不上交单位,私演私分,领头的叫"穴头"。随着市场经济的展开,这些商业活动司空见惯,这些词语也不再作为流行语使用。最新的新闻事件也会在流行语中有所反映。2000 年克林顿的婚外恋"拉链门"事件曝光以后,在国内民众中引起巨大反响,一时间成为街谈巷议的核心话题,于是一些新词语在民间流行:"克林顿"成为"撒谎"的代名词,有人说你"很克林顿",是说你很会撒谎。

许多流行语的新鲜感表现在其文化内涵上有对传统文化、主流文化的反拨或叛逆,这些流行语可归为反文化的一部分,它们是首先在青少年群体中流行开的。青少年群体历来比其他年龄段的人群更具有叛逆性,喜欢创造和使用新鲜独特、富于刺激性的流行语是他们特立独行的表现之一。在这一点上,他们的语言方式与其思想、行为是融为一体的。比如"玩深沉"作为对严肃、崇高姿态的嘲讽语,"酷"作为表示另类价值观念和风度的词语,都成为一个时期很流行的说法,特别是"酷"(包括相关短语"酷毙了""特酷"等),则是九十年代以来追求时尚的青少年即"新人类"的最具代表性的流行语。

(二)别出心裁的构词方式造成的新鲜感。

有些流行语给人以新鲜感的刺激是由语言形式的新颖性造成的。其新颖的构词方式主要有三种:

(1)将旧有词语缩略使用。其方法主要是将双音词简化为单音词,而这种单音词通常是不能单用的,这时单用了,并不使人感到别扭,反而使人感觉新鲜。"啤酒"过去不能简化为"啤",但近年来在饭馆里经常听到这样的对话:"您喝白的还是啤的?""啤的"。"啤"成为口头上的流行词,"喝

---

① 陈建民:《中国语言和中国社会》,第 16 页,广东教育出版社,1999 年。

啤"成为流行短语。同类的说法还有"（红）火""狷（狂）""现（眼）""（新）潮""飒（爽）""稀（奇）"。有的流行语是简略式短语,如"跳霹（雳舞）""傻青（年）""（像总有多大）事儿似的"。

（2）将旧词赋予新的意义或用法。以这种方式构成的流行语占很大一部分。比如用于表示异性交往的"嗅""磕"。"嗅",现代汉语中它作为一个单音词,原意为用鼻子辨别气味,例如"小狗在它脚上嗅来嗅去",作为流行语,意思是追求女性,但不同于传统婚恋生活中的追求异性,在以传统观念看来,"嗅"是出于不严肃的目的、以不严肃的方式追逐女性,常用于词组"嗅蜜",也可单用,如:宝康对林蓓说:"你的气质很好,很有诗人的风度。""瞧,开始嗅了。"杨重伏在前座小声对马青说（王朔《顽主》）。这里,有些玩世不恭和"痞气"的杨重认为自诩为作家的宝康在以恭维的方式引诱女青年,他用"嗅"字来形容这一行为。"磕"作为流行语,有两个意思:一是"拼""硬碰",如说"死磕""磕到底";二是"寻觅、追逐女性",常用于词组"磕蜜"。"磕"的本意是"碰在硬东西上"的意思,在流行语中它含有"豁出去""不达目的不罢休"的意味。这几个流行语都是旧有词语的新用法,这些用法都是人们在口头上创用并风行一时,而在一般讲规范用法的辞书中是查不到的。

在上海话里,有不少常用的旧词被赋予新的意义,并成为流行的说法。比如"方向"。它本是现代汉语中一个极普通的词,二十世纪八十年代以来在上海话里有了新鲜的意思,指"休闲时间里可做的事情""生活中的寄托"。惯常搭配是"没方向",意思是"无聊""无事可做""不知道干什么",比如不知道今天晚上怎么打发时间,就说:"今天晚上没方向"。在上海的一些大小弄堂,常听到这样的对话:"朋友,方向有吗？""没有,怎么样,寻个方向？""那好,搓两个搭子打麻将去。"该词先在一些"马路青年"中流行,后来在知识分子中也广泛使用,当感到无聊、苦闷、情绪低落的时候,就说"没有方向"。这可能表现了在改革开放的新时期,由于社会急剧转型,生活变化太快,不少人无法把握环境和自身,从而产生迷惘、失落、漂泊和焦虑情绪。①

---

① 蔡翔:《语词别解》,第147—148页,上海文艺出版社,1998年。

（3）创用别致的新词、新说法。有些新事物、新观念在旧有的词汇中找不到适当的词汇来表达，就以各种方式创造新词，这些新词由于新奇有趣而很快在人们的口头流传，就成为流行语。比如"蜜"与"喇"。"蜜"是英语词"miss"（小姐）的音译，指"较短期的情人"，北京青年报 1988 年 7 月 26日"社会大特写"栏目的一篇文章解释该词语："另一种女人叫'蜜'。她们做人'咖啡伴侣'的目的，绝大多数只是想玩玩，享受一下自己经济条件达不到的物质生活。当然，她们也接受她们的'男朋友'包括金钱在内的各种各样的馈赠，但，这和给'喇'的'工钱'有着本质的区别。她们的男朋友是相对稳定的，有的'友情'能维持一二年。'蜜'的年龄极少有超过 30 岁的。"①近年来使用频率很高，以它造的短语也较多，有"小蜜""嗅蜜""大蜜""二蜜""磕蜜""酒蜜"（陪酒的女友）"军蜜"（身为现役军人的女友）。"喇"作为表述异性关系的流行语，有两个意思，一是"勾引、玩弄"，如："别碰她（指张璐），她不是那种人，不合适。"燕生看看我，继续翻杂志。"她太小。你可以随便'喇'李白玲，杨金丽，只是别诱她。"（王朔《橡皮人》）二是指生活放荡、出卖色相并且"宰人"极狠的女人。如：自从咖啡厅有了专事寻欢作乐的暴发户男子，也就有了专为搭识这种男子才上咖啡厅的女人。这些女人分两种：一种是以此道挣钱，她们被称为"喇"。这种女人从 20 岁到 40 岁的都有。（《北京青年报》，1988 年 7 月 26 日，"社会大特写"）②再如："别吃葡萄不吐籽假装一兜水了。"瘸子略带讥讽第笑。"……我告诉你们，这刘炎其实是北京最脏最脏的'喇'，要多脏有多脏，你想去吧。收拾得跟娘娘似的，其实是个胡同串子，我还不知道她？"（王朔《玩的就是心跳》）"喇"作为流行语来源于谐音词"拉"，从后者"用刀子割肉"的意思引申而来。在此之前，还流行过"傍家儿"，指"傍大款"的女子、大款的相好或情人。这些词都是指称女子的，"蜜"与"喇"所傍的有钱男子则称为"凯子"，这个词来自港台，女子说"找凯子"，有将这个男子作为大把花钱的冤大头的意思，而男方一般则甘愿为此风花雪月的活动而一掷千金。

---

① 周一民：《北京现代流行语》，第 70 页，北京燕山出版社，1992 年。
② 周一民：《北京现代流行语》，第 56 页，北京燕山出版社，1992 年。

（三）一些流行语具有新鲜感在于它们来自特殊的领域或人群,本身具有某种神秘性或奇异性。

这方面的情况主要表现在源于黑社会和一些特殊行业的流行语。有些流行语来自黑社会或流氓团伙的黑话。北京流行语中表示"打人、整治人"之类的意思,有这些词:"放血"指用刀捅人,使之流血;"废了",指将人打成残废;"做了",开始指将人暗杀,后来也指暗中做手脚整垮别人;"灭了",指打服或整垮对方,灭掉对方的威风。被抓进公安局说成"折(zhē)进去""折(shé)了",第二次被抓进公安局叫"二进宫"。这些词语本是流氓团伙内部使用的黑话,后来爱打架斗殴或作风流气的一般青少年也使用,其新奇性跟这些词仍带有黑话色彩有关。类似的一些流行语是来自切汇黑话:"雷子"指警察,"油子"指有换汇经验,不容易受骗的主顾,"面瓜"指缺乏警觉性、呆笨怯懦、容易被骗钱的主顾;"美子"是美元,"港纸"是港币,"老日"是日元;少给主顾钱叫把钱给"下了",下的办法是"抽张",抽张被发觉叫对方"醒"了,醒了之后急眼、发作起来(也指违法者一哄而散、炸窝)叫"炸"了。[①] 有些行业的暗语也进入流行语,如个体户表示人民币数量的说法:1 元叫"一分",10 元叫"一张",100 元叫"一棵"或"一个数",1000 元叫"一吨"或"一堆儿",一万元叫"一方"。

流行语的新鲜感是它的一个根本特性,一方面新鲜感是词语流行的主要动力,词语没有新鲜感也就不能作为新奇有趣的说法流行,这是它在人群特别是青少年群体中快速广泛传播的主要原因;另一方面,它一旦流行一段时间失去新鲜感以后就不再成其为流行语,它就会从人们的口语中消退或转变为一般词语,所以流行语的新鲜感也是其存在时间较短的主要原因。

根据有无新鲜感,可将流行语与一般俚语区分开来。一般俚语虽然也有不少是生动有趣的,但如果它们不能给人以新鲜感,即不是新近流行的,也就不是流行语。比如"套近乎"是早已有之的俚语,"套瓷"(与不太熟悉的人拉关系)则是近一二十年来的流行语。"添堵""挨呲儿""屁颠儿""上赶着"这一类北京口头语也都是一般俚语,而非流行语。

---

① 周一民:《北京现代流行语》,第 119 页,北京燕山出版社,1992 年。

二、俚俗性

流行语的俚俗性指它的口语化、生活化,它是在人们口头使用的用于生活情境的词语,在构词方式、发音方面都是俚俗的。首先,它的构词材料都是日常生活中使用的口语化、通俗易懂的词或语素,比如"宰人"指做生意时以蒙骗的方式坑害顾客、多要顾客很多钱,或以不合道义的方式在钱物上让别人吃亏,"出血"指被迫拿出相对于自己的实力来说是比较多的钱,但相对于所得而言又不大值得,这两个流行语都是用的口头语,虽然其意思或用法富于新鲜感,但在用字是俚俗上口的。其次,在发音方面也保持着当地方言口语的鲜明特点,与普通话发音有所不同。在北京话里,流行语有大量的轻声、儿化词,外来词语一旦进入北京话流行语的行列,也要依照北京话的特点进行轻声、儿化的改造,轻声词如"操行"(不好的德行,熊样子)"瓷器"(关系非常好、非常亲密)、"残废"(个子低的男人)等。北京流行语的儿化词就更多了,如"空姐儿""倒爷儿""官倒儿''"老冒儿""猫儿腻"。周一民著《北京现代流行语》收录 416 条流行语,其中有儿化音的有 141 条,占 34%。除轻声语儿化以外,流行语与普通话还有其他读音方面的差异。如"走穴"的"穴",普通话读阳平 xué,而北京流行语读去声 xuè。"软",普通话读 ruǎn,流行语读 ruá(阳平),其意思有两个,一是指衣服、画等发软、不平展,二是指人软弱、窝囊,即"面"、不硬气、没气派。"拉",普通话 lá(阳平),流行语读上声,写作"喇"。"滋扭",流行语读 zì(去声)niu(轻声)或 zí(阳平)niu(轻声),或将"扭"读儿化,意思是别扭着、不服气,比如警察说所管束的人不服气,爱说"犯滋扭",是一种居高临下的说法。①

俚俗性这一特点将流行语与一般的新词新语区分开来。流行语可视为新词的一种,但它与一般的新词语不同。一般的新词语是熟语书面语体系的,具有郑重、严谨、文气的特点,而流行语总是随意、活泼、通俗甚至粗鄙的。随着社会生活日新月异,一般性的新词语不断涌现的,比如二十世纪八

---

① 周一民:《北京现代流行语》"前言",第 3、7 页,北京燕山出版社,1992 年。

十年代以后随着穿着的丰富多彩,产生了很多意思跟服装有关的新词,如"风衣、时装、新潮装、击剑服、羽绒服、太空服、迷彩服、滑雪衫、蝙蝠衫、T恤衫、广告衫、乞丐衫、文化衫、宽松裤、牛仔裤、太子裤、踏脚裤、健美裤、裙裤"等。① 这些新词语显然不具备俚俗性,不是流行语。近来冒出"知本家"一词,颇为抢眼,特指以信息产业为主的高科技领域中以自己掌握的科学知识和技术为"资本"迅速致富的知识分子和企业家,这是报章对这类人不乏新意的概括,但是个书面语,用在口头未免拗口,所以未能成为大众流行语。再比如世纪交替之际,"千禧年""千年虫""世纪婴儿"等词频现于报章,体现出短期内大众普遍关注的热门话题,但这些词也不是俚俗的流行语。

三、生 动 性

　　流行语是富于生动性和趣味性的一种语言形式。这些灵动的口头用语绝不是从书本或媒体上照搬来的词汇,而是民众在生活中的创新,是一种体现民众智慧的口头语言艺术。即使字面上是原有词语,它能成为流行语,也必定另有新的、生动的意义或用法。流行语的生动性主要表现在以下几个方面:

　　(一)表意的形象性。语言形象化而不是抽象乏味,是民众语言与民间文学的一贯特色。流行语也有很大一部分采取形象化的表达方式。比如说人向原单位辞职或解雇别人,用"炒鱿鱼"的说法,就很形象,因为鱿鱼一炒就卷起来,很像卷铺盖,而汉语里本来就有"卷铺盖"表示"走人"的说法。"卷铺盖"之说虽然也很形象,但已是旧词,"炒鱿鱼"的说法具有新鲜感,所以成为二十世纪八十年代的流行语。北京话里用"满脸双眼皮"形容人长得老相、满脸皱纹,用"大团结"纸币画面指代十元人民币,用"打水漂儿"来形容白花钱,用"柴禾妞儿"形容农村的或土气的姑娘,这种字面意思形象生动的流行语是大量的。网络流行语"美眉"既是"妹妹"的谐音,也有形象

_____

① 　姚汉铭:《新词语社会文化》,第24页,上海辞书出版社,1998年。

的描述性:以美丽的眉眼指代美丽的年轻女子,现在这一词语已从网上扩布到其他媒体上,成为一个更大范围的流行语。网上常用的另一个词"大虾",源于谐音词"大侠",指称熟悉计算机和网络的人,勾画出他常像大虾米一样弯腰在电脑和键盘前的样子。

(二)流行语有很多是以夸张的方式构词。夸张也是造成流行语生动效果的一种重要手段。形容公共汽车上拥挤,说"挤成肉饼"是一般性的说法,北京话说"挤成相片儿了"。说人土气,说"土老冒儿"、"土鳖"还不够,要说"土得掉渣儿"。形容人长得不好或穿戴难看,说"有碍市容"。

(三)许多流行语有俏皮有趣的特点。有些流行语以故意出错的方式造成幽默感,如"马马虚虚"、"美丽冻人"、"乱爱"。流行语"各村有个各村的高招"指各有各的办法、经验,却引用早期影片《地道战》中的台词。将种地干农活说成"修理地球",将无聊地逗闷子、起腻、耍贫嘴说成"逗咳嗽",将怕老婆的人说成"气(妻)管严""床头柜(跪)",都有谐趣效果。

以上我们阐述了流行语三个特征的含义、表现方式、构成因素等。可以看出,这三个特征是一般流行语都具备的。根据上述特征,可以将流行语同高频词语、俚语、新词新语等区分开来。

最后说明一下对流行语应采取的态度。由于有些流行语表现了青少年的消极情绪或叛逆性思维,如大学生中流行"郁闷""有病""去死吧"等词语,就有一些学者认为流行语是一种消极或不规范的现象,需要加以引导,呼吁青少年不要制造语言垃圾等。笔者认为,这是对青少年使用流行语的误解,是不了解流行语的使用情境和表达效果而造成的。其实,流行语就是一种表现人们语言创新能力和表述乐趣的说话方式,即使其意义与消极、反叛情绪有关,流行语也不过是艺术地排遣情绪、传达想法的方式,它造成的交际效果大都是轻松、活泼、友好的。所以,不管其意义、格调如何,流行语都是一种语言艺术,是平淡口语中的花朵和味精。你可以欣赏它、消费它,或者记录它、研究它,也可以反感它、回避它,但是要规范它、引导它却是不必的,也无法做到。

(原载韩国《中国学研究》,第三·四辑,
东西思想研究所,2003 年 12 月)

附录6 近年大学生流行语与校园文化风尚

——以人民大学校园流行语为例

  大学生群体是青年群体的一部分,大学校园中的流行文化和流行语也与校外社会青年流行语有共同的时代特征,如 2001 年左右最受大学生青睐的"酷"一词,不仅是大学生中最流行的词语,而且是这一时期全国城市青少年中最流行的词语,体现了青少年社群整体的文化风尚和审美趣味。同时,大学生流行语也有其自身的特点和独有的词语,体现了大学校园特有的生活风尚。大学生流行语的形成和密集运用与青年人尚奇好新、将"玩语言"作为一种时尚和消遣方式有关,同时也是大学生心理压力大、常有忧虑苦闷情绪的反映:他们常把说流行语当作排遣和化解不良情绪的一种方式。[①] 尽管大学生流行语有一些表现出消极思想或不良习气的词语,我们也不能简单地将大学生流行语的主体看作语言垃圾或语言污染。当深入到校园生活中,将这些词语还原到其存活的环境中时,我们就会对大学校园流行语有较为完整、真切和恰当的理解。下面根据笔者在人民大学所作的数次调查,具体展示近年来大学生流行语的传播、使用状况,以及与之相关的校园生活风尚。

  目前学界对流行语的概念尚有不同的理解。一种理解是指一段时期内人们使用频率特别高并有新鲜感的一些词语。这些词语在一定时期内的媒体上出现频率很高,反映了某一时期国家或社会上最引人注目的一些热点现象,实际上也就是"高频词语"。另一种理解将流行语限定为一段时期内在人们口头流行的时尚性词语,是具有新颖性、俚俗性和生动性的一种口头

---

① 胡明扬、张莹:《70&80 年代北京青少年流行语》,《语文建设》1990 年第 1 期。

语汇。本文所谈的流行语即属第二种理解。

一

近年来笔者在人民大学做了多次校园流行语调查。先看 2001 年 12 月对部分二三年级的大学生所做的调查。根据对调查问卷的统计,当时人大校园十大流行语依次为:"郁闷"、"傻逼"、"去死吧"、"酷"、"考 G、考托"、"QQ"、"牛逼"、"你考研吗"、"有没有搞错"、"上网"。这十大流行语中有几项涉及大学生在课程之外的追求与爱好,其余是表明情绪或带有情绪的词语,反映出当今的大学生学习与生活的压力很大,心情焦躁,很多同学常有郁闷情绪。令笔者吃惊的是,大部分同学们都把"郁闷"作为流行语的首选。这十个词之外的流行语还有:"流食"(留学生食堂)、"下东西"(从网上下载东西,也说"down 东西")、"I 服了 You"、"真恶(巨恶)"、"出国吗"、"好爽"、"好酷"、"好棒"、"搞怪"、"帅哥"、"靓妹"、"哇塞"、"巨"、"猛"、"有事 Q 我"、"你变态呀"、"新东方"、"分特(faint)"、"倒"、"晕"、"老大"、"无所"(无所谓)、"美眉"、"堕落"(指没好好学习)、"白痴"、"滚"、"逃课"、"挂了"、"方便面"(容易"泡"的女孩子)、"恐龙"(丑女)、"混"、"找扁"、"受不了了"、"一般般"、"你有毛病"等。

2002 年 4 月、2004 年 6 月、2006 年 6 月,笔者在人民大学本科生中又进行了三次问卷调查,请被调查者列举自己和身边同学们所使用的流行语,并给出词语的用法、与词语密切相关的校园生活。① 学生们在调查中列出并给以解释的有代表性的流行语可归纳如下:

(1)"郁闷":据称是近年来大学生使用频率最高的一个流行语,表示内心的忧虑、烦闷、空虚、茫然、紧张等不快乐情绪。

(2)"N":"N"本是数学中常用的符号术语,表示不定数。近年来被青

---

① 调查主要是在人民大学人文学院中文系 2001 级、2002 级、2003 级、2004 级、2005 级同学中进行的。本文的资料也采用了同学们在答卷中的一些说法和例句,限于体例,不能一一说明,在此致谢。

274

少年和大学生用来表示无限大、数量非常多的意思,如"今天阅览室的人 N 多""他交了 N 个女朋友了"。

（3）"FT"：英文"faint"的简称,意为"晕眩"。常被大学生用来表示异常的惊讶、不满、难以置信等多种感觉,是一种情绪夸张的表达法,如"我快要 FT 了!""FT!""真是太 FT 了!"有时也说"晕"。

（4）"PH"：Pig Head(猪头)的缩写,调侃别人"脑子笨"。

（5）"靠""我靠"：本是港台电影如周星驰电影《大话西游》中出现的一个对白用语,是经过改造的谐音形式的男性脏话,近年来常被青少年和大学生用来表示惊叹、愤慨、不屑等情绪,男女皆用。

（6）"恐龙"：指貌丑的女性。开始常用于网上,后来其他日常生活场合也用。一个小群体的女生都貌丑,会被称为"天龙八部"。一个社区内的女性都貌丑会被称为"侏罗纪公园"。与貌丑女生约会的男生被称为"反恐精英"。

（7）"翘课"：是"逃课""旷课"的另一种说法。指为无关紧要的事或无故而不去上课。与后二词核心意义相同,但表达的感受不同,表示不去上课而没有惯常逃课应有的理亏心虚,有"堂而皇之"、"理直气壮"、"从容不迫"、"有技巧"、"另有作为"的意味。有同学在作业中说,使用该词"让人觉得甚至让自己觉得,不上课是有正当理由的,只是由于某种原因没有请假。"据称近年来"翘课"的说法已"全面替代"了"逃课"。

（8）"挂"：指考试不及格。可能的语源有两个：一个是"挂红灯"的简称,因不及格的分数常用红笔打,称作"挂红灯";另一个来源是黑话,影视片中的黑社会角色常用"挂"表示"死",被学生借用,夸张地表示学生不及格后面临的"悲惨境况"。例如"怎么样? 没挂吧?""完了。挂了两科。"

（9）"锤"：由马家爵事件而起的流行语,2004 年春季流行。如"今天你锤了吗?""你丫再折腾,看我明天锤死你!"

（10）"QQ"或"Q"："上网聊天"的流行说法。"QQ"本是腾讯公司推出的网上聊天用软件 QICQ 的简称。使用 QICQ 是大学生之间除了电话和手机之外的重要联系方式。例如："我到你床上去 Q 一下下,你不介意吧?""去 Q 吧,没人跟你争。"

（11）"东东"：是"东西"的替代说法，这种重叠语本是沿用孩子说话的方式，带有喜爱、亲昵色彩。例如"咦，这是什么东东啊，好漂亮哦！"最初是网络流行语。

（12）"美女"：对熟悉的女生的戏称，但对方不一定貌美。如用于打招呼："嗨，美女！准备去哪呢?"

（13）"老公"、"老婆"：女生用"老公"指称性格外向、较男孩气而关系特别好的女伴，用"老婆"指称性格内向或柔和又关系特好的女伴，如向来访者介绍室友："这是我老公。"言外之意是："我和她关系很好。"但有时这二词还有另一种用法，是"男朋友""女朋友"的意思。

（14）"矬"：用于形容某人无能、无知，或者表现极差。如"矬人，这种鬼点子也想得出来！"带有亲昵、幽默色彩。据称源自喜剧电影《东成西就》里的"经典"用语："唉，你好矬哎！"

（15）"孔雀"：说别人是"孔雀"，不是赞美别人长得漂亮，而是说他或她太自作多情。指某人在异性面前尽力表现，试图引起对方注意，而未能如愿以偿。带有玩笑、亲昵色彩，也可用于自嘲。

（16）"柴可夫"：指"司机"，是柴可夫斯基的歇后加谐音的形式。大学生幽默地称常用自行车接送女朋友的男同学为"司机"。

（17）"呕像"："呕吐的对象"的简称，因与"偶像"谐音而富于幽默意味。

（18）"秀"：英文 show 的音译，"表现"、"表演"的意思。一般用于讽刺别人因爱慕虚荣而表现自己、出风头。

（19）"秀逗"：指脑子笨或不正常，或头脑暂时"短路"。可用于讽刺别人，也可用于自嘲。同样意思的话还有"脑袋进水了"。

（20）"噗～"、"我喷了"、"我无奈"：指见到很过分的事情，或听到令人无法相信的话，用它表示惊奇或无可奈何。

（21）"牛"：指很行、很能干、很出色，让人钦佩。比如说："他真牛。"也可以说"牛逼""牛人""牛牛"。

（22）"大喜（洗）之日"：要洗很多衣服的日子。

（23）"早恋"（炼）：早晨锻炼身体；"黄昏恋"（炼）：傍晚锻炼身体。

（24）"爽"：相当于"棒,痛快"等表示感觉很好的字眼,如"爽啊""爽耶""太爽了"。

（25）"狂"、"巨"："特别"的意思,如"那件衣服狂贵""巨好"。

（26）"通宵"：是"通宵自习"的意思。原为名词,用作动词,如"去哪儿?""去通宵啊。"一般各大学都开有几个通宵教室,供需要整晚学习的学生使用,临考前通宵学习的学生较多。

（27）"家属"：指本班同学的男朋友或女朋友。

（28）"受挫"："受挫折"的简称,如"怎么这么一副苦瓜脸,又受挫了?"

（29）"长得安全"、"长得困难"、"长得很谦虚"、"长得有创意"：指长相不好。

（30）"去死吧"：表示对人或事物的厌恶、不满,发泄怨气的常用语。

（31）"小白""你好白哟"："白"是"白痴"的简称,戏称同学笨,因较含蓄并带有戏谑、亲昵色彩而易于为人接受。"小白"流行是由于日本动画片《蜡笔小新》中有一条傻乎乎但很可爱的小狗叫小白。

（32）"卧谈"：指熄灯后同宿舍的人各自躺在床上聊天,又称为"卧谈会"。

（33）"现"："现眼"的简称。指在众人面前出丑而感觉失面子。如"今天课堂上回答不出问题,站了半天才坐下,真够现的。"

（34）"老大"：在校园里该词常用于称呼宿舍里最年长的同学,近来又有新用法,指在某方面最棒、很有才干之意,带有赞赏、敬佩意味,常用于女生之间。如"老大啊,计算机作业借我看看哪!"

（35）"小强"：蟑螂的代称。源自周星驰主演的电影《唐伯虎点秋香》,片中男主人公为强调自己身世凄惨而称一只被踩死的蟑螂为"小强",说它是自己唯一的宠物、伴侣。因大学生宿舍里多蟑螂,故"小强"之词流行。

（36）"幸福"："约会"的代称。名词活用作动词。如"某某哪儿去了?""又幸福去了。"

（37）"自感"："自我感觉良好"的简称。一般用于戏谑地讽刺别人,如看到别人很自得、自我感觉良好,就说:"少自感了。"

（38）"我吐"："我要呕吐"的简称。表示对别人意见的强烈反对,或表示对某事强烈的厌恶、不满。

(39)"菌男"、"霉女":"俊男""美女"的简称,但反其意而用之,指丑男丑女,与青蛙、恐龙同义。

(40)"金三角":指在考场上与前后左右的同学协同作弊,如"监考老师是个新手,我们又能金三角了。"

(41)"套题":指期末考试前用各种办法拐弯抹角地向老师打听哪些内容会考、哪些不会考到。"套"是"设圈套"之意,表现出这样做的学生的狡黠。

(42)"伤自尊了":表示自己或别人自尊心受到伤害的戏谑语。原是某年春节联欢晚会上赵本山与宋丹丹合演的小品《钟点工》中的台词。

(43)"我无语了":意思是"我无话可说了",表示对别人意见或做法的不屑与无奈。

(44)"打CS"、"C一局":"CS"是英文 counter-strike 的缩写,又简称为"C",是一种网络游戏,中文名"反恐精英"。一段时期内男大学生对此痴迷,故有此语流行。

(45)"实事求是":这是一个有"人大"特色的流行语,意思是去外面的饭馆聚餐。一进人大的东门就可以看到一块大石头,上面写着人大的校训"实事求是"。学生们到外面吃饭常约定在此石头前集合,故时间久了,用此校训来代替石头,进而成为聚餐的代名词。如:"下午五点半,实事求是。""咱们什么时候实事求是啊?"

(46)"班花":班里最漂亮的女生。

(47)"班草":班里最笨的男生。

(48)"冒酷":指长得并不帅,但是硬打扮成很潇洒的样子。

(49)"可爱":"可怜没人爱"的简称。

(50)"革命":指一般不用功,某一天忽然去上自习。

(51)"钓鱼":指上课打瞌睡。因为头一点一点,像鱼漂上下起伏。

(52)"搞定":指把有难度的事情办好。

(53)"我爱死你了":反语,意思是"我烦死你了""我恨死你了"。幽默地埋怨别人的一种说法。

（54）"中招"：被击中的意思。当课堂上被叫起回答问题却无言以对或考试考砸了，都可以说"中招了"。

（55）"卡门"：本是世界著名歌剧名，活用其字面意思，指人太胖，卡在门框上了。

（56）"请从外边把门关上"：表示请别人离开的委婉语。本是电影《高兴就好》中的台词，斯琴高娃演的妇女不喜欢没过门的儿媳，请她离开自己的家，就对她说："请你从外边把门关上。"被学生用来幽默和含蓄地表示某人该走了。

（57）"恶"："恶心"的缩略，表达轻微的反感。如"太恶了！""好恶啊！"

（58）"短"："发短信"的缩略，如"有事儿短我啊！"

（59）"哈"：有两种用法：读阴平时，是动词，意为"带着狂热地喜欢"，如"哈韩一族"；读去声时，是语气词，通常为性格开朗的女生所用，如"八点我在校门口等你，不见不散哈！"

（60）"暴走"：该词可能来自日本漫画，已在青年人中流行几年，现在还被大学生使用。其意义有两个：一是指因精神受强烈的恶性刺激而举止失控、疯狂；二是指外形失常、混乱或丑陋。如"你再这样我就暴走了！""你的头发怎么这么暴走啊！""他长得真是暴走！"

（61）"你不是我的冤家派来玩我的吧？"：2003年下半年以来，哈工大本科生郝雨的说唱歌曲《大学自习曲》在网上流行，并走红校园。歌词反映大学生的无奈、自嘲情绪，有很强搞笑效果。该句是其中歌词。

（62）"小样"：《大学自习曲》中有一句"小样，你是新来的吧？""小样"常被大学生用来互称。

（63）"做人要厚道"：2004年初上映的冯小刚贺岁片《手机》中的人物严守一与费墨交谈时的台词。说时用四川口音。

（64）"黎叔很生气，后果很严重"：2005年初冯小刚贺岁片《天下无贼》中葛优所演黑道人物的台词。其中，"黎叔"常被替换为"某某"。

（65）"出来混，迟早要还的"：2003年冬季上演的《无间道3》中的台词，做事有报应的意思，被大学生用来表示吃亏后的自我安慰，或对别人的玩笑性抗议。

（66）"相当"：赵本山与宋丹丹所演小品中所用的台词，用东北口音，可以代替"特别""很""极其"等程度副词。

（67）"表酱子"：原为网上用语，"不要这样子"的语音缩略形式。采用南方口音，说起来有点发嗲。如"表酱子嘛，我又不是故意的。"

（68）"腐败"或 FB：指到饭馆聚餐。FB 是"腐败"的拼音缩写。

（69）"很 FR"：FR 是"芙蓉"的拼音简缩。2005 年"芙蓉姐姐"在网上走红之后流行，"很自恋"的意思。

二

从这两次流行语调查所反映的情况，可以看出大学生流行语具有如下几个特点：（1）这些词语真切地反映了大学生的课余生活。应该注意到，流行语是大学生在课余生活的一种消遣和放松，它的内容也主要反映繁重学习之外的业余生活。而业余生活里主要是休闲、游戏、交际等，课堂与课外学习等较郑重的内容很少出现在流行语里，所以不能据此认为大学生不用功学习，整天无所事事。从这些流行语，我们可以看到大学生课余生活里的许多内容：充满着调侃的交谈、各种上网活动、深夜里的卧谈会、恋爱与约会等，也可以看到他们如何逃课、套题、作弊等在学习上的不良倾向。他们的各种观念在其中也多有体现。（2）这些流行语在内容上有很强的感情色彩。流行语凝聚着大学生的浓烈情感，较平淡的事情一般不会出现在流行语里。这里所反映的内容，或者是他们有浓厚兴趣的事：约会、恋爱、上网、玩游戏、卧谈、考研、占座、逃课、套题、聚餐等；或者是他们对一些事情的鲜明的褒贬态度与评价，不少流行语表现他们肯定、喜欢、热爱什么，否定、讨厌、憎恶什么，在表现这些态度与评价时，他们选择词语决不会用那些温和含蓄的字眼，而是用十分夸张的、有些刻薄的但又幽默生动的说法；或者是表现他们的各种情绪，很多流行语都是大学生发泄自己情绪的说法，如"郁闷""去死吧""爽""我吐""我倒""爱死你了""狂（巨）""靠""伤自尊了""受挫"等，大学生会有的各种极端化的情感，几乎都能找到流行语来表达。

从这些流行语及其运用情况，也可以看出大学生的文化风尚的特点：

　　第一，流行语的密集运用说明大学生一般是比较富于情趣和幽默感的。在以上所列举的流行语中，除了"我靠""你爹的""去死吧"等极少数的几条之外，绝大多数都是很有幽默气息的说法，无论是自嘲，还是讽刺别人；无论是表示兴奋、喜爱，还是表示反对、厌恶，大家都用带着笑意的幽默语言来表达，尽管有时语言很极端，但是情绪、心理并不是真的与语言形式所传达的那样，而是有意用一种夸大其词的方式强调自己的意思、引起别人的注意，并制造幽默气氛，如"我倒""我吐"表示对眼前的事情不能接受或强烈厌恶，但都不是郑重其事地表示，而是以开玩笑的语气和表情，所达到的效果也仅仅是表达了自己的惊奇或否定的意思而已，对同学说这样的话也并不会让别人介意。比如在表示自己对别人的不满、埋怨时说"我爱死你了"，虽然实际上是表示"我烦死你了"的意思，但是并不会引起双方的不愉快，假如朝对方瞪一眼，或者呵斥："没长眼呀！"这才会引起双方的冲突。这种比较说明"我爱死你了"是一种幽默的表达，既埋怨对方，又用这种艺术性的语言表达了自己的谅解。其他像"菌男（俊男）""霉女（美女）""可爱（可怜没人爱）""早恋（炼）""黄昏恋（炼）"等更是以谐音技巧来制造幽默效果的。这些幽默的流行语的运用说明大学生的集体生活是比较活泼的，学生之间的交往是富于情趣的。大学生生活与思想显然比一般社会群体更为自由洒脱，又是青春期的伙伴们集聚在一起，气氛更为活泼、幽默，流行语更为丰富，也是可以想见的。

　　第二，大学生情绪化较强，但一般也有较强的心理承受能力。大学生大都从外地来到学校，远离亲人，容易产生孤独感；他们又正处于青春萌动期，世界观、人生观尚不成熟，情感易波动，容易多愁善感；这些都容易导致他们在思维方式上有很强的情绪化倾向。所以很多流行语都是表达他们的情绪的；但同时，这些流行语的幽默气息又表明他们有较强的心理承受能力，对于内心的郁闷、孤独、烦躁等不良情绪大都能够找到某种方式来排遣和化解。其主要渠道是同其他同学的交流与调侃，使用流行语也是他们排遣不良情绪的方式之一。比如说自己"郁闷""伤自尊了""受挫了"，其实是一种自嘲和自我调侃，如果还在闷闷不乐或者垂头丧气，一般是不会说出这些生动语言的。远离家乡的游子们聚在一起形成一个集体，相互之间产生较强的情感依赖关系,使用流行语可以使集体的社交氛围更为活跃和亲密,也能化解许多不愉快的事情。

当然,从流行语的内容也能看出大学生中存在的一些不良风尚,比如不少同学逃课、套题、作弊,生活过于随意散漫等。还有一个不好的倾向是世俗化或粗俗化。像"靠""我靠""你爹的""傻 B"这样的准粗话成为流行语,虽然比社会上的原装粗话要文明些,但它们在大学校园中使用频率过高,也确是粗俗化的表现。他们把恋人称作"家属""老公""老婆",或者把同宿舍的好友称作"老公""老婆",表明现在大学生很多不再以纯情、严谨作为很重要的行为美的标准,而是以世俗化为美。当然这种流行语主要是一种语言幽默,但是这些词语被广泛使用的事实,还是能表现出现在大学生受到了近年来全社会存在的人文精神相对失落、语言粗俗化的影响。

三

怎样看待这些大学生流行语? 有些学者认为,这些流行语是语言垃圾或语言污染,大学生应该语言文明,杜绝怪话、粗话;也有学者认为,像"郁闷""去死吧""你有病啊"等成为大学生流行语,说明大学生内心空虚、思想不健康,等等。我认为,有些学者产生这样比较偏激的看法,主要是不了解大学生活的细微情况,只是从表面的语言形式上看问题,如果把流行语放到它使用的环境中去,看清楚它们的实际意思是什么,它们是怎样运用的,产生了怎样的交际效果,就不会这样评价了。比如"白"是"白痴"的省略,学生之间流行称别人"小白""你好白哟",并不是像语言形式上表现的那样在恶声恶语地骂别人白痴,而是一种亲昵、逗趣的调侃。还有一个意思相近的词"猪头",指人笨拙,但也不是恶语,因为猪的形象虽然笨,但在大学生看来还透着几分可爱,就像《西游记》中的猪八戒,所以用这个词来善意地开同学的玩笑,别人也能接受。正如一位女同学所说:"这两个词(指猪头与小白)都是同学之间的玩笑语言,既增进友谊,又不失幽默,使得校园的环境和谐温馨。"(见该同学所交答卷)我想同学们自己的解释是符合实际的。如果从大学生生活之外来形式化地看这两个词,就有可能认为大学生之间相互谩骂、诋毁、语言不文明等,这明显是不符合事实的评价。

应该说,大学生流行语绝大部分是富于情趣的、有幽默气息的语言,也多是讲究技巧的、充满机智的语言,应该把这些别致的说法看作口语的修辞和创新,是口语富于生命力的体现;它们所使用的字眼虽然多是夸张化的,但是它们在使用时配合着亲切、友好、逗趣的音调、姿势和表情,所传达出的实际意思却是含蓄、委婉的,一般不会损害同学之间的关系,也不会加重自己的心理负荷,而是融洽相互关系、排遣自己的内心负担。

也要看到,大学生流行语本来就集中产生于情感波动频繁的大学生的业余生活,主要反映他们休闲时的浓厚兴趣和强烈情感,特别是常被用于排遣不良情绪,流行语中表达内心苦闷情绪的词语较多应该与流行语的这一特点有关,它们并不是对大学生思想状态的全面和均衡的反映。有些学者根据这些在大学生流行语中所占比例很低的词语,断言大学生就是这样消极的思想状态,认为大学生流行语是语言垃圾,并提出对大学生语言予以引导和规范,未免有以偏概全和不切实际的弊端。实际上,那些反映不良倾向的流行语的出现,是与近年来的社会大环境息息相关的,单靠规范口头用语,不是解决问题的治本良策,也难以做到,它们会随着社会风气的好转和校园文明建设的加强而自然消失。

（原载教育部语用所社会语言学与媒体语言研究室编:
《语言规划的理论与实践——第四届全国社会语言学
学术研讨会论文集》,语文出版社,2006 年）

附录7 语言文化遗产的特性、
价值与保护策略

　　在人类社会走向现代化的过程中,信息传播、科技、经济等方面的全球化程度越来越高,由此带来了世界文化趋同性和单一化的威胁,其中就包括人类语言品种的急剧减少和弱势语言趋于消亡的危机,近三四十年来更是发生了语言品种的大规模灭绝,中国也出现了引起社会广泛关注的语言濒危或方言衰退问题。

　　语言多样性是文化多样性的基础,也是其重要组成部分,因而在非物质文化遗产保护的宏伟工程中,语言文化遗产的保护尤为重要。近年来,国际国内保护文化多样性的呼声越来越高,也有了显著的成绩,但是国内对保护语言文化遗产的重要性还认识不足,学界和社会上关于濒危语言和方言是否需要保护还有着显著的分歧和激烈的争论,有关的理论研究更为鲜见,需要引起关注和深入研讨。

　　人类社会自有语言以来,就有语言的衰亡与消失,只是以前人们对此漠不关心,极少作为。学者们对语言的调查研究也有了长久的历史。现在所说的语言文化遗产保护是在现代化、全球化背景下所进行的世界文化遗产保护工程的一部分,这一工作跟以前的语言学调查研究必定有较大程度的差异。这种差异的要害在于,我们今天开展语言文化遗产保护工作不能按照传统观念仅把语言当作一种交际工具,而是要把语言当作一种非物质文化遗产。这是一种基于新形势、新视角的工作,理当有合乎文化遗产保护规范的观念、理论和方法。

　　近年来,非物质文化遗产保护工作在政府的领导、支持下在全社会展开,而研究工作是在民俗学、民族学、历史学、人类学、艺术学等多学科领域内展开的。从事这项工作的学者主力军则是民俗学者。语言民俗是民俗的重要组成部分之一,语言民俗学是民俗学的一个分支学科。语言文化遗产的研究和实际工作,也应有从事语言民俗学研究的学者的参与。笔者多年来从事语言民俗的调查研究,试从民俗学与语言学交叉的视角来对语言文化遗产的基本理论问题进行初步探讨。

一、语言文化遗产的界定

关于语言的定义,人们习惯了这样的说法:"语言是人类最重要的交际工具","语言是思维的主要媒介和表达方式",或者"语言是音义结合的符号系统"。这些说法从语言学角度或哲学角度来看,固然有其合理性并在较长时期内为人们所习用,但是按着这种理解来从事作为非物质文化遗产的语言保护的研究和实践,却会引起观念、理论上的偏颇、失误和实际工作上的缺憾。

要恰当地界定作为非物质文化遗产的语言,需要先了解非物质文化遗产的概念。国际通行的非物质文化遗产概念体现于联合国教科文组织的一系列文件之中。在 1989 年 11 月颁布的《保护民间创作建议案》中,"民间创作"被解释为"来自某一文化社区的全部创作"。这里将民间创作与特定社区联系起来,是一种关注情境的学术思路的体现。该组织的另一份关于非物质文化遗产保护的重要文件《无形文化遗产,文化多样性的镜子》(2002)中说:"无形文化遗产深深地扎根于当地历史和自然环境,并反映在体现众多世界观的众多语言中……无形文化遗产是一个生动活泼以及实践、知识和表现可以不断再创造的整体,它可以使社会各层次的个人和社区都能够通过各种系统的价值观和伦理标准来表现自己的世界观。"而在联合国教科文组织 2003 年发布的《保护非物质文化遗产公约》中,"非物质文化遗产"被定义为:"指被各群体、团体、有时为个人视为其文化遗产的各种实践、表演、表现形式、知识和技能及其有关的工具、实物、工艺品和文化场所(cultural space)。各个群体和团体随着其所处环境、与自然界的相互关系和历史条件的变化不断使这种代代相传的非物质文化遗产得到创新,同时使他们自己具有一种认同感和历史感,从而促进了文化多样性和人类的创造力。"从以上定义,可以归纳出非物质文化遗产的某些特征:第一,它的主体部分不是脱离环境的文本、产品等,而是具体情境中的文化现象。《无形文化遗产,文化多样性的镜子》和《保护非物质文化遗产公约》这两个重要文件都把非物质文化遗产的主体界定为活态的、生动的、过程性的、变异中的文化现象,表现出鲜明的重视情境的学术取向,并且明确指出了与之密切关联的若干情境因素:自然环境、历史条件、文化社区、群体、团体、工具、实物、文化场所等。第二,它的构成部分也有"知识"、"技能"、"工具"、"实物"、"工艺品"等静态的、固态的形式,但是其更重要的、表现更多的形式是"实践"、"表演"等动态的、活态的行为、活动等。第三,它表现着特定社群的价值观、伦理观、世界观等精神性、观念性的内容,显示着特定族群的文化特色。由此可知,作为非物质文化现象的语言,不应该主要是脱离语境的静态的文本或结晶体,即语音、词汇、语法等符号体系,而是具体情境中的表达活动;不是脱离社会生活的,而是生活土壤中的说话行为;不是没有文化内涵的,而是与说话人、语言社群的精神、文化密切联系在一起的。

根据国际通行的文化遗产概念,可以说,语言文化遗产是在特定民族、国家或社群传承、享有的口头表达文化。它不是一种单纯的音义符号,而是民众在特定文化背景下进行的模式化的语言活动,是一种复合性的文化现象。这种文化现象的完整含义,应该包括三个层面的内容:(1)以口语为主的语言形式及其运用规则,包括在特定社群约定俗成的音义符号体系及其在长期的历史过程中凝结成的固定表达方式。这是基础的、表层的也是最显著的部分,主要作用于我们的听觉。(2)类型化的语言行为及与之关联的生活情境,这一部分主要作用于我们的视觉。在语言活动的发生过程中,它与语言形式密不可分,但是容易被人忽略。(3)支配语言行为并与语言的意义、功能凝结在一起的民众精神或民俗心理。这是较深层次的内容,来自外部环境的研究者需要在观察、体验和访谈的基础上深入理解当地文化和民众观念才能获知。

这样理解语言文化遗产,就不能像注重静态形式的语言研究那样,将语言形式从言语活动中抽离出来,作为一种定格的静态的标本进行剖析。恰恰相反,我们要把静止不变的语言形式还原到语言生活形态,要在具体的社区、社群中观察、记录、研究语言,关注语言发生的情境,关注口头表述的行为、活动,关注与语言密切相关的生活文化和民众观念。这样,语言文化遗产就是特定社群历史文化、生活文化的一部分,体现着特定社群的世界观、价值观、思维方式等特色精神文化。

对语言文化遗产的这种界定强调语言表述在具体情境下的生活形态,与社会语言学者所说的"语言生活"在内涵上有很大部分的重合,但也有一定的差异:社会语言学的语言生活概念很注重书面语言、媒体语言等以文字表达的语言运用问题,以及讲普通话的社区语言问题。而语言文化遗产概念所关心的主要是生活场合的口头表述活动,指向与普通话相对的方言、民族语言问题。普通话的强势地位是方言、民族语言成为弱势语言的重要因素,也使它们成为需要保护的非物质文化遗产。

二、语言文化遗产的特性

作为非物质文化遗产的语言现象有多种特点,最显著的有以下三点:

第一,语言既是其他文化遗产的传承工具和主要载体,其自身也是一种非物质文化遗产。不仅口头文学离不开语言,其他绝大多数种类的非物质文化遗产如礼仪、节庆、表演、信仰等离开了语言这个最重要的表达手段就难以进行。所有具有历史性的非物质文化遗产,如果没有口头语言的代代传承和书面语言的记载保存,就几乎不能留存下痕迹。从这点来说,要保护非物质文化遗产而不保护方言、少数民族语言,绝大多数非物质文化遗产的保护工作就失去了必要的基础和条件。许多口头文学形式如民歌、小戏如用其他语言来演唱就失去了独特的韵味。有些口头文学如某些少数民族史诗就是极少量老艺人用他们的民族语言传承的,别人无法使他们改用其他语言传承,研究者也只能用其民族语言来记录整理,再翻译成汉语以保存或推广。联合国教科文组织《保护非物质文化遗产公约》也明确地将"作为非物质文化遗产媒介的语言"作为保护对象。

况且,语言现象本身也是一种重要的非物质文化遗产。人类学、民俗学向来重视族群语言的调查研究,或者通过语言来探索族群文化。著名人类学家摩尔根、洪堡特、博厄斯、萨丕尔、马林诺夫斯基等都有丰厚的关于语言文化的著述。民俗学者也都把民间语言列为民俗的重要组成部分。需要注意的是,把语言看作非物质文化遗产的载体与看作非物质文化遗产本身,这是两种视角。学者们在调查研究中大多比较容易将语言现象处理为载体,而将语言本身当作民俗现象或非物质文化遗产一部分的记述或研究还很少,也是有较大难度的,需要具备专门的学术积累或训练。对语言文化遗产的保护,既要重视它作为文化载体的一面,更要重视它本身作为文化遗产一部分的一面。

第二,语言的传承需要以社群为单位,不像文物或技艺那样可以靠单独的个人来保持;语言作为一个复杂精微的体系,在习得上又有极大的艰难性,且一旦灭绝就不能再生。这是对语言文化遗产进行存活式保护的最大困难所在,这一困难几乎是不可克服的,并使人们倾向于对已经严重濒危的语言放弃存活式保护。有些非物质文化形式,比如史诗、民歌、故事的传人,手工艺的传人,我们可以通过荣誉鼓励、经济资助等方式对之实施较有效的保护,甚至可以让老艺人将才艺传给徒弟或下一代。而对于濒危语言,却几乎不可能施行这种保护。因为语言需要在一个有相当规模的社群和社区内、在人与人之间的交流中产生、保持和发展。如果没有别人持有同样的语言,一个人就无法使用这种语言,更不能将它传下去;我们也无法想象只有两三个人会说某种语言而把这种语言传下去的局面。某种手工技艺比如剪纸,我们甚至可以通过保护措施使民间艺人单人对单人地传下去,但是濒危语言显然不能这样做。国际上曾有通过强有力干预措施使某个社区维持极度濒危语言的做法,但是还没见到可以为人效仿的成功案例。

每一个语言品种都全面地表达了其语言社群对世界的认识和他们生活中的各种想法,都需要有足够丰富的语音、语汇、语法等语言成分,因而都构成繁复精致的体系,是人类智慧的华美结晶和珍贵成果。每一种语言都是该社群在长期的生活和社交实践中逐渐创立、丰富的,也是在日常生活中点点滴滴地传递、习得的。语言社群之外的人要习得这种语言就要花费巨大的努力,最终还不能获得对自己母语般的掌握程度。而一旦某种语言彻底灭绝,后人就无法仅根据文字记录或音像资料使它在生活中再生并传递下去。

第三,语言作为人类生存的基本活动和必需工具,在选择和使用上受相对的经济原则的制约,很容易发生"优胜劣汰"的情况。语言存在的价值,首先在于它是人们的表达手段和交际工具。从实用有效的角度出发,语言构造有一种经济原则,即不会同时并存两种功能完全相同的成分。如果不是出于表达和交际的需要,人们也不会同时运用两种语言体系。在语言社群生活很闭塞的地方,在当地生活区域内就没有学习母语以外的语言的需要。但是在一些经济、科技相对落后的地区,人们忽然接触到经济、科技相对先进的外部世界,或者与来自外部相对发达世界的人们交际时,会产生强烈的文化自卑意识,在学习后者文化其他方面的同时,往往认为自己的语言也是落后、低劣的。在转用其他语言时,就会放弃自己的语言,从而造成该社群母语的濒危。其实,语言之间的优劣之分,主要是当地人在特定处境下产生的偏激的主观感受。语言学观点认为,各种语言之间并无高下优劣之分。在语言接触、竞争时,起决定作用的往往是语言背后的经济文化背景因素。这种出于语言社群的偏见而造成的"优胜劣汰",对该地母语存活造成的危害是严重的。由于是语言社群自己对语种作出的选择,社群外部的人很难进行强硬的阻挠。当然,相关的政府部门也能采取某些措施唤醒人们珍惜母语的意识,或尽力延缓语言濒危的速度,遏制语言衰危的倾向。

三、语言文化遗产的价值与方言保护论争

语言文化遗产有特别重要的保护价值。这首先在于语言文化作为非物质文化遗产的双重属性:它既是其他非物质文化遗产的载体,其本身也是一种非物质文化遗产。语言是特定族群文化的重要部分,体现着一个族群对世界的基本认知方式和成果,通常被当作构成一个民族的标志性元素之一;同时,语言作为其他文化的载体,承载着一个族群在长期的历史过程中积累的大量文化信息。在中国,各少数民族语言的存活是保护少数民族文化遗

产的基础,汉语的各种方言是地域文化的重要载体和表现形式,也是普通话健康发展的资源和保障。这些关于语言的文化价值的基本论点已经有不少文献论述,限于篇幅,此处不加详论,仅引述作家王蒙的一段生动的表述。王蒙曾说到维吾尔语是如何复杂难学而又曲折精妙,并进一步谈到对语言的见解:"真是怎么复杂怎么来呀!而它们又是那样使我倾心,使我迷恋。它们和所有的能歌善舞的维吾尔人联结在一起。……我欣赏维吾尔语的铿锵有力的发音,欣赏它的令人眉飞色舞的语调,欣赏它的独特的表达程序……一种语言并不仅仅是一种工具,而且是一种文化,是一个活生生的人群,是一种生活的韵味,是一种奇妙的风光,是自然风光也是人文景观。"①这段话是作家基于自己的直感而谈的,不是学术语言,但是其见解很接近我们对语言文化遗产的界定和对语言文化价值的理解。

在国际上,进行语言文化遗产特别是濒危语言的保护已经成为相关政府部门、社会各界的共识,已有许多这方面的组织、基金、项目、会议,做了大量的工作。②但是在社会上以及相关学术界,近年来对于是否进行语言遗产的保护,还有激烈的争论。不仅社会上许多民众对保护方言不理解,一些非专业人士发表不少抨击保护方言的言论,就是相关学科如语言学、民俗学的某些资深专家也时有反对保护方言的声音。对于濒危的少数民族语言保护问题,反对保护的意见不很强烈,这主要是由于国家的民族政策起了支持保护的作用。但是对于方言保护问题,国家不但没有出台正式的法规,而且很多人还以为它与国家推广普通话的政策相违背。无论从学理层面还是从政策层面,关于如何处理方言保护与推广普通话的关系问题,在某些方面也还确实需要进行更为深入妥善的研究。总的说来,国内在怎样对待方言的问题上还没有达成共识,语言文化遗产保护工作尚没有正式展开,国务院已发布的两批国家非物质文化遗产名录也没有列入语言遗产保护项目。这也跟语言遗产有很大的特殊性、问题复杂、难以处理有密切关系。

笔者认为,方言跟濒危的民族语言一样也是宝贵的非物质文化遗产,是

---

① 王蒙:《我的另一个舌头》,载王蒙:《四月泥泞》,春风文艺出版社,1994 年。
② 徐世璇:《濒危语言研究》,中央民族大学出版社,2001 年。

同样需要保护的。我国的汉语社群人口众多,分布在幅员辽阔的地域,方言品种众多,相互差异往往很大,在体现社群文化多样性方面的价值并不比民族语言差。但笔者并不是方言崇拜者,不是绝对的方言保护主义者,而认为方言的保护有两种:一种是存活式保护,即在大力推广普通话的同时,尽量让方言在社群的口头使用、保持、传承;二是记录式保护,对于方言特别是濒危方言的文化资料,尽可能完善地记录、保存。

　　但是,社会上反对保护方言的一些说法似乎也言之凿凿,颇能赢得一些缺乏文化多样性观念的人的赞同。在此,针对反对者最具代表性的几种观点①,加以简要的评析。

　　第一种观点,认为方言是地方封闭和社群隔绝的产物,继续保持方言会阻碍社会流动和人际往来,妨碍推广、学好普通话,不利于个人前途和社会发展。这是常被人说起的理由,乍听起来有一定道理,实际上是仅凭直觉而作出的偏激论断,其合理性建立在保持方言就不能说普通话的前提之上。根据语言学原理和其他国家、地区的语言状况,保持方言与会说通用语并不矛盾。现在我们去一些方言较难听懂的地区,在与当地人交际时确实会存在一些语言障碍,这主要是由于各地年龄较大而文化程度不高的人群不会说或不习惯说普通话造成的,而在当地的公务场合或同中年以下的当地人交流时则可以用普通话,将来社会上的人们文化程度普遍较高、都能熟练运用普通话时,我们同方言区的人们交流应不会有交际障碍。即使在粤语、英语受到推崇的香港,自回归祖国以后,出于实用目的,普通话的地位逐渐提高,现在北方人到了香港在各种场合已经基本上可以用普通话与香港本地华人交流。方言区的人说普通话可能会带有口音,这确实是现实存在的问题,但是只是对其从事某几种职业有实质性的不利影响,而会说方言也对从事另外一些职业如方言研究、地域文化研究、有地方特色的演艺工作以及在该方言区的各种社会工作带来方便。何况,事实证明,从小学说普通话的人,在持有方言能力的同时,往往普通话也能说得很好。

---

① 这些观点在毛翰的《保护方言为哪般》一文中有集中的表述。该文载香港《二十一世纪》
　　2004 年第 6 期。

第二种观点,认为孩子们要掌握普通话、外语等更有利于个人发展的语言,没有更多精力学习实用价值较小的方言。学习语言确实需要花费很多时间。但是学习方言与学习普通话、外语的途径和场合不同,并不存在没有精力学习方言的问题。方言可从小由父母、邻居、亲友那里学来,也主要用于生活情境和私人场合的口头社交;普通话和外语则由广播、电视、学校、文献等途径学习,主要用于公务、学术、出外社交等场合。孩子在成长的过程中,完全可以互不冲突地同时习得方言与普通话;稍后的时期,再学习外语。发达社会并不一定是只有一种通用语言的社会,恰恰相反,当今许多发达地区都是多元文化、多种语言并存的。① 掌握多种语言也是国民具有良好文化素质和生存技能的表现,并不会对个人前途有很大不利影响。而且,据专家研究,一个人从小学习多种语言有利于其智力发育。联合国教科文组织总干事松浦晃一郎认为,实行官方通用语和本地母语的双语教育可以促进孩子认知能力的发展,增强孩子的学习能力,有助于孩子成人后取得更大成就。虽然这种说法还需论证,但可以肯定的是,从小就跟父母使用普通话、放弃本地母语,就失去了自然地习得一种方言的机会,也少了一种观察和认识世界的地域文化视角。

第三种观点,认为自古以来就不断有方言的兴亡与交融,今天方言被普通话取代只不过是语言演变过程中的一个阶段,应该顺应语言演变自然进程;如果要阻止语言演变以保护语言的某种原始状态的话恐怕要让它回到太古时代了。这种说法主要是没有清楚地认识到当今的现代化和全球化对文化多样性的致命伤害是前所未有的。事实上,任何一个时代的文化变迁都不像现在这样从根本上威胁到文化多样性包括语言多样性的基本格局。持有这种观点的人其实是在用传统社会的视角来看待全球化时代的问题,也没有认识到文化多样性对人类文明健康发展的重要性。今天全球范围内弱势语言被强势语言冲击以至取代的快速势头是全球化浪潮造成的,已经打破了自古以来语言缓慢演变的自然进程;从这个角度说,现在对方言采取一些适宜的保护措施实际上是在某种程度上减少普通话和外来语言对方言

---

① 徐世璇:《濒危语言研究》,中央民族大学出版社,2001 年。

的剧烈冲击,努力使方言保持自古以来的自然演变。

第四种观点,认为与普通话相比,方言因为俚俗而不美,有碍于美好感情的表达,或者说会造成粗陋不堪的文风,比如某种方言将"眼泪"说成"目屎儿"。这种观点显属偏见。人类学家和语言学家通过对多种语言的考察比较,认为语言没有优劣美丑之分,即使是偏僻落后地方的使用人数很少的语种,也同样具有复杂精微的语言结构和丰厚强大的表达潜力。很难说哪种方言的发音就是不美的。至于词汇方面,由于方言主要是口语体系,一般是俚俗的,也确实有很多不雅洁的词语。但是,方言主要用于口头表达,正是方言的大量俚俗的词语很好地满足了人们在特定地方的各种日常生活场合中的口头表达需要,普通话则长于书面化的较为文雅的表达,而一些具有地方特色的口头交际场合则不适宜用普通话。所以应该说,方言与普通话使用场合不同,各有其长,两者可以互相补充。不能仅用方言的短处来比普通话的长处从而得出普通话应取代方言的结论。

第五种观点,认为方言保护既然是出于保护方言的文化价值,不如让对此有兴趣的学者去做方言的考古和收藏,普通人则尽可使用实用价值更大的普通话。这是对方言保护的曲解。一方面,方言是活态的非物质文化,在保护方式上与静态的文物的保护有根本的不同,其存活式保护需要在使用中进行;另一方面,方言的文化价值不是少数专家感兴趣的价值,而是所属语言社群的群体文化的一部分,不能由少数专家进行个人收藏式的保护。

还有其他一些反对保护方言文化的说法,在此不一一论及。总的来说,各种反对保护方言的观点大都基于语言首先是一种交际工具,而对其文化价值的重要性认识不足。毋庸讳言,保护方言和少数民族濒危语言的理由确实是从其文化价值出发的。作为一种具有久远历史的博大精微的文明结晶,语言的重大文化价值是无可辩驳的,如果语言的所有者弃之如敝屣,无论如何都是不合情理的事情。尽管如此,我们必须承认,语言的首要价值并不是其文化价值,而是它作为人类生存必需的用来表达和交际的工具价值。问题是,不管如何看重其工具价值,都不能忽略其文化价值。在当今高度现代化、加速全球化的世界,我们面临着前所未有的文化趋同的危机,对语言文化遗产必须有不同于传统社会的观念、态度。在制定语言政策或研究相关问题时,应该努力兼顾语言的工具价值和文化价值,任何偏于一端的做法都是不妥当、不负责任的。

四、语言文化遗产的保护策略

语言文化遗产既有重大的保护价值,又有很大的特殊性。因而,对语言文化遗产保护应该给以特别而足够的关注,在非物质文化遗产保护工程中把它作为一个专门的部分来研究、部署和落实。怎样进行语言文化遗产保护,这是一个政策性很强也很复杂的问题。这里,笔者仅根据自己的学术视野提出几点建议。

第一,对于濒危语言,应该以资料记录式保护为主;对于交际功能减弱但尚未濒危的语言,应该采取积极措施鼓励它在其语言社群得以自然传承而不致在现代化、全球化浪潮的冲击下迅速走向濒危。语言不能像自然物种那样可以设立保护区加以保护;它一旦衰退到濒危的境地,其走向消亡的命运是不以人的意志为转移的,语言保护工作者能做的有效工作主要是抢记语言资料。也可以进行存活式保护的试验,采取强有力的外部干预使之复兴,但是鉴于语言遗产的特殊性,这种做法的实效预期不容乐观。语言濒危的发生,一般是由于该语言的社会功能在现代化背景下迅速减弱,语言使用者出于生存和发展的需要而主动选择语言转用,在语言功能已经非常弱化的情势下,外部力量对此不能也无法强力干预和阻止。而对于尚未濒危但表现出社会威望处于弱势、使用人数减少、适用范围缩小等特征的语言,则应采取适当、有效的措施鼓励该语言社群保持该语言,如倡导双语政策使人们在学习通用语的同时不致丢弃本地语,宣传当地弱势语言的价值,改变当地人们的语言自卑意识和否定本地语言的态度等。

第二,语言文化遗产资料的记录,应该注重语言文化现象的完整性,不应只记录其语音、基本词汇、语法等语言形式资料,还应记录社群在长期的历史发展过程中形成的大量特色表达方式、言语情境、文化内涵、密切关联的社区生活等。这涉及对语言文化遗产的根本认识问题。如前所述,语言保护是非物质文化遗产保护的一种，其保护对象不只是作为交际对象和表达符号的语言，而且还是作为文化载体和文化现象的语言。前文所界定的语言文化遗产概念基本上就是人类学家马林诺夫斯基所说的"原始语言"（Primitive Language）。① 如果按照语言学研究的传统概念，只记录语言形式资料，那么这种记录就是不完善的，不符合非物质文化遗产保护的工作规范，所记下的资料必定是干巴巴的，不能较好体现抢记语言的文化价值。提倡要把语言作为有血有肉的活体来研究的顾曰国教授称这种缺乏情境内容的语言资料为"语言骷髅"，而把有血有肉的语言活体称为"语言美女"。② 那么，作为非物质文化保护工作的语言记录，则是记录、保存代表着社群文化风貌、有着浓郁生活气息的语言活体。这种记录可采用笔记、录音、摄像、电脑数据处理等多种手段。

第三，积极倡导双语制或多语制。许多国家的语言生活状况表明，倡导和保持双语制或多语制是实行弱势语言存活式保护的最佳对策。③ 在现代化进程中，语言社群为了便于同外部交流可以使用国际、国内或族际的通用语，同时在内部社交场合使用本族语或本地语。新中国成立之初，我国政府制定的语言政策是全力推广普通话，这是符合当时社会形势的正确决策。随着现代化进程的深入，近年来学习使用普通话已经成为一般国民的个人发展策略和主动追求，而许多民族语言和汉语方言处于被放弃的境地，于是，"人们开始认识到，多语言多方言是国家宝贵的社会文化资源，不应看成国家统一和社会经济发展道路上的障碍"④。在势头迅猛的全球化和快速发展的现代化背景下，推广普通话与提倡双语制应该是并行不悖的语言策略。

---

① Bronislaw Malinowsky, *The Problem of Meaning in Primitive Languages*. C. K. Ogden and I. A. Richards, *The Meaning of Meaning*. New York and London：Harcount Brace Jovanovich, 1923.
② 顾曰国：《语言亲历学：地面承载、空中承载和网路承载》，香港：第六届中国社会语言学国际学术研讨会主题发言论文，2008 年 3 月。
③ 徐世璇：《濒危语言研究》，中央民族大学出版社，2001 年。
④ "中国语言生活状况报告"课题组：《中国语言生活状况报告（国家语言文字工作委员会发布）》，商务印书馆，2006 年。

　　第四,从事语言文化遗产保护工作需要掌握辨音记音等语言学专业知识和技能,又要具备文化学、民族学等学科素养,应联合语言学、民俗学、民族学、人类学等多学科的学术力量,加强研究,创立系统科学的语言保护策略,制定出完善周密的保护措施。

（原载《中国人民大学学报》2008 年第 4 期）

附录8　语言民俗概念解释四则

一、语言民俗(Linguistic Folklore)

语言民俗是在特定文化环境中形成的口头习用语汇以及与之紧密相连的表达习惯、行为方式等,又称"民间语言""民俗语言"。"语言民俗"这一术语有时被用作广义,包括民间文学与民间语言两种内容。狭义的"语言民俗"不包括成篇的文学作品,仅指民间语汇这种不成篇的简短语言片段及其相连习俗。此处用于狭义。

语言民俗的特点:语言民俗是一种口头语言,质朴而明快,通俗而活泼,与文雅庄重的书面语言有显著不同。这些口头语汇具有显著的生活化特点,与其借以存活的民俗生活密不可分。它们是民众出于生活需要而约定俗成的,为人们长期享用,并规范着、服务于民众生活。比如,民众在生产活动或社会交往中总结出某种经验、获得某种教训,体悟到某种事理,就用精练生动的语言来概括,流传开来成为较固定的说法,就是谚语,民众喜欢引用这些精辟的俗话来说理和传承民间知识。一般人都热切希望自家的日子过得富足美满,避免疾病、灾祸、贫穷等不祥之事,就用念诵或张贴吉祥语的方式来祈求好运、福气,并用它们来向别人表示自己的良好祝愿,形成祝贺的套语;同时回避那些不吉利的字眼,就是语言禁忌和语言避讳。出于对语言灵力的虔诚信仰,某些民众还用祈祷和念咒的形式来祈福辟邪……这些都是语言民俗在民俗生活中的自然体现。语言民俗是一种世界性的文化现象,各个国家、民族、地区都有着丰富的语言民俗。语言民俗的种类在各种地域或族群间大同小异,但是由于文化差异,通常同一个表达目的或所指对象,在不同的民族、同一民族的不同地方甚至同一地方的不同社群,都使用不同的表达方式或语汇(除语音差异之外)。如在中国,繁复的亲属称谓语系统反映了发达的民间亲属制度和严明的社交礼制,而使用英语的西方国家亲属观念与中国有较大差异,亲属关系网络也较松稀,其亲属称谓语就较少。汉语称谓对同辈人的长幼关系区分细致,而英语称谓基本不做此区分,如 uncle 对应着汉语的"大爷"和"叔叔",brother 对应着汉语的"哥哥"和"弟弟"。

语言民俗的范围:从民俗学的学科属性和学术史上的研究实践来看,语言民俗主要指那些有着鲜明浓厚的民俗文化特色的俗话套语。常引起民俗学者注意的语言现象可归纳为以下两类:(1)日常生活中的俗语:亲属称谓、拟亲属称谓、人名、谚语、歇后语、俗成语、俗短语、方言词、流行语、招呼语、脏话、骂詈语等;(2)特殊场合或仪式中的套语:咒语、吉祥语、禁忌语、委婉语、神谕、祷词、誓言、隐语(含暗语、黑话)等。当然,这并不是语言民俗的全部。除了语汇形式以外,还有一些具有民俗文化内涵的语音、语法、修辞等方面的语言现象,可以作为语言民俗看待。口头形式以外的表意方式,如体态语、隐喻性实物、在部分地区或特定群体被当作表意符号的特色文字或图画等,也可看作口头语言的替代形式,纳入语言民俗学的研究范围。

民间语言是各种民俗现象的重要载体之一。总体来看,各个门类的民俗文化都在民间语言中有程度不同的体现。首先,民间语言记载着大量的物质民俗。谚语"三亩地,一头牛,老婆孩子热炕头",反映出传统社会中农民依靠简单工具劳作的农耕习俗和自给自足的生活方式,其中"热炕头"指称的是一种过去很普遍、如今仍在部分地区存在的农家居住习俗。"东北有三宝:人参、貂皮、乌拉草",是对中国东北部地方风物和山民生活的反映。"好马全凭肥壮,好汉全凭志强",则出自惯于骑马狩猎、剽悍豪爽的蒙古族。"小鱼穿在大串上"是山东沿海地区的一个俗短语,比喻有些没有自知之明又爱虚荣、善钻营的人,捞取本来没有资格获得的名分、地位,不相称地与更有身份的人物并列在一起。这个短语的表层意思,说的是当地渔民用马蔺草、鱼针来穿鱼成串以便携带的生活习俗:渔民通常用这种方法穿起大鱼,如穿小鱼,则会将小鱼搞得破头烂腮。各地俯拾皆是的方言词更详细表述和记载着民众日常生活的方方面面。其次,民间语言记载着民间社会组织和制度方面的习俗。比如严整有序的农村拟亲属称谓语体系反映了以地缘互助关系为基础、以血缘式亲情礼仪关系为凝聚手段的村落组织习俗。歇后语"大年初一光吃饺子不拜年——装傻""小孩儿放鞭——又喜又怕",记载着两种传统春节习俗。第三,民间语言载录着民众的哲学、伦理、信仰等意识形态方面的民俗。谚语"让人三分不为输""一让两有,一争两丑",讲的是传统观念中注重人际关系的和谐、不尚争斗、以忍让为美德的处世哲学。云南流传的谚语"狗不嫌家贫,儿不嫌母丑""山高压不倒太阳,官高压不倒爹娘""为人不孝,不打交道",讲述着民间极受崇尚的孝道伦理。山东鄄城等地大年三十的下午,人们要洒扫庭院,担满水缸,然后在院子里撒上芝麻秆,叫做撒岁,并且唱着:"东撒岁,西撒岁,儿成双,女成对,白妮胖小,都往家跑。"这种口诀式吉祥语的念诵本源于民间信仰中的语言灵力崇拜和巫术中的念咒习俗。民间文学也是以民间语言为载体的文化现象。

民间语言不仅是民俗的重要载体,其自身也是一种民俗现象。对此,应从以下几个方面来理解:首先,自然状态下的民间语言都是在特定的民俗情境下发生的。民间语言的完整意义和社会功能等也出现在特定情境中。当这些自然生长在生活土壤中的语言花朵被收集起来,就会呈现为干枯的标本样的文字形式。如"吃了吗"是汉语中最常用的招呼语之一。它的形成并不仅仅是由于中国人过去常常吃不饱肚子,还与中国乡民的生活情境和文化观念密切相关。它主要用于同一村落中的村民之间,使用的场所通常是在家里或在家院周围,使用的时间通常是在一日三餐的惯例时间前后。它同另一常用招呼语"干嘛去"一样,体现出村民间一方对另一方的活动和状况的关注和对特定事物的共享感,表达的是双方的密切关系和亲近情感。这种问候方式成为村落文化背景中的语言礼仪,起着确认和维持村民关系的礼俗功能。将民间语言置于民俗情境之中,最有效的做法是在一个内部具有相当程度的文化一致性的社区内来观察研究语言现象。这样,民间语言就不是零散、孤立的语言片段,就有了社区背景,成为特定情境中发生的立体性的民俗现象。其次,语言民俗是一种民众行为、民俗活动。民间语言不是从民众的语言表述活动中抽离出来的静止的语句,而是以发音形式体现的行为、活动。这种发音活动不是单纯的物理学或生理学的活动,而主要是一种文化活动,是民俗活动的一种。词语或句子是这种活动的构成要素,它们是说话人对集体共享的语言资源的运用。它们是语言活动中最确定的部分,但它们不是抽象的存在,整个语言活动是它们的体现形式。如农村过年时最重要的习俗活动之一是拜年,"拜年啦"是其中的礼仪套语,它和跪拜动作一起构成拜年仪式。这一套语,是拜年活动中必不可少的部分,从语言行为的角度看,它和跪拜动作都是拜年行为,说出套语是以言行事的部分。同理,咒语的念诵是巫术仪式的组成部分。从语言活动的角度看待语言民俗,就是把语言民俗看作在特定情境(包括文化背景和现场处境)下,民众出于生活的需要而以模式化的语言表述方式进行的民俗活动。语言作为一种民俗,自然具有与其他民俗共同的特征,也理应被看作人类的一种行为、活动,而不应被看作与使用者、语境相脱离的孤立、静态的工具或媒介,正如马林诺夫斯基所言:"语言是文化整体中的一部分,但是它并不是一个工具的体系,而是一套发音的风俗及精神文化的一部分。"(《文化论》,第6—7页)第三,将民间语言看作一种生活文化。语言民俗作为民俗的一种,是民众生活的组成部分。这是从语言活动角度看待语言民俗的主要意义所在。语言民俗是生活文化,其含义是:语言民俗活动是在生活情境之下,为满足生活需要而发生的,语言的意义和功能也是为生活情境所规定的,而且语言民俗活动本身也是生活的一部分。就是说,民俗学者是将语言行为放在民众生活的整体中来看待的。"拜年啦"这一礼仪套语,如果仅看它的语言形式层面,就脱离了其生活环境;而将它看作民众活动,就自然联系到它的生活内容:它是在村落背景中春节生活的一部分,这种礼仪的发生除了有悠久厚重的古老习俗的驱动外,还是乡土生活的自然需要和乡邻感情的自然流露;村人的互拜,是对相互之间亲属关系(包括仿拟的)和亲密感情的郑重确认,是对过去一年中给予自己的帮助表示感谢,也为来年的互助做必要的"感情投资"。第四,语言民俗是一种精神文化。对民间语言现象的观察与探究不能忽视了"人"这一主体因素。进行语言民俗活动的人不是机械运动的工具,而是有习惯意识但也有观点有感情的人。这些语言民俗活动是以习惯的行为方式出现,但它体现的是民众的精神。将语言民俗看作语言活动,不是像行为主义者那样只看重语言活动的外部表现,而是重在分析支配着语言行为并与语言的意义、功能凝结在一起的民众精神或民俗心理,考察民众在特定生活情境中的精神活动,这种精神活动的内容就是民俗语言的确切意义。

语言民俗产生于人类文明出现的最早时期,自从有了人类语言,就有了语言民俗。对于语言民俗的关注、搜集以至研究也很早就开始了。早在中国的周秦时代,天子为了考察各地风土民情,每年都要组织人手广为搜求歌谣和方言异语。自汉代的《尔雅》《方言》《说文解字》开始,各代学者都不忽视对语言的研究,其中不乏从习俗或文化方面所做的解释。明清时期尤其是清代的学者热心于方言俚语的集录和考证,出现了一大批关于方言俗语的著作,如顾雪亭的《土风录》、杜文澜的《古谣谚》等。古代学者对方言俗语偏重于搜集、释义和考源,并非严格意义上的民俗学研究,但毕竟提供了丰富的、鲜活的民间语言材料,阐释中也多有真知灼见之论。二十世纪二三十年代,我国民俗学的早期倡议者们承继古代采风问俗活动重视方言俗语的传统和国外民俗学研究将语言民俗作为一个重要组成部分的传统,对民间语言给予较多关注。从 1918 年北京大学征集歌谣活动开始,早期的民俗学者刘半农、张竞生、周作人、江绍原等就开始调查、记述和研究谚语、歇后语、咒骂语、物名、人名等。加上研究歌谣的需要,方言的调查研究一度成为民俗学运动的一个分支。新中国成立后的较长时期内,民俗学受到冷落,而民间文学受到重视。谚语作为民间文学的一个品种,其搜集汇集工作有丰硕的成果,以《中国民间谚语集成》为代表,研究性论著也较多。总体来看,致力于语言民俗研究的学者还比较少,研究成果与语言民俗研究在民俗学领域所应占的份额不相称;过去大都偏重于语言民俗资料中词语形式的搜集,而缺少对语言民俗在民众生活中的功能与运用状况的记录与研究;较为缺乏对语言民俗理论的深入探讨,在研究对象和研究方法的把握上尚有一些基本的问题未解决。二十世纪八十年代以来,语言民俗研究受到重视并有较大成绩,谚语以外的其他民俗语言种类,如吉祥语、禁忌语、委婉语、称谓语、人名、咒语、隐喻、行话、歇后语等,也得到较多的研究。语言民俗学作为一个有影响的学科正在形成之中。国外民俗学界对语言民俗一向重视,多数学者将它当作民俗范畴的一项不可或缺的内容,但是一般并未将它视为一个独立的部分,并未建立研究语言问题的较专门的学问,而是将它作为民间文学的一部分,或者与民间文学混在一起,因而也就基本没有形成关于语言民俗研究的较专门的理论和较深入充分的研究。

二、字(Courtesy Name)

"字"是中国古代姓名体系的组成部分。又称"表字",意为字与名互为表里。字是名的引申、延展,是名之外的另一个常用称谓符号。字由名滋生而来,对名起到补充、解释、配合的作用。名与字之间,一般都有某种方式的意义关联。如诸葛亮字孔明,"亮"与"明"同义;李商隐字义山,名与字都表示对商代义士伯夷、叔齐的景仰追思。名是从小就有的,字是成人之后才加上。《礼记·曲礼》记载:"男子二十冠而字,女子许嫁笄而字。"指男子满二十岁时,为他举行结发、加冠、取字的成年礼仪式;女子则在可以出嫁(十五岁)的时候束发、取字。称字是对别人成年人身份的承认和尊重,也是讳名习俗的体现。据文献记载,中国早在周代就有了取字的习俗,此后一直沿用到二十世纪上半叶。在 1949 年以前上流社会的交际场上,人的名是不能随便称呼的,除了自称以示谦逊外,长辈和上级可以称呼别人的名,地位相仿者之间、位卑者对位尊者不能称名,而称别人的字或号。更为尊敬的称呼,则是连字也不称,仅以亲属称谓称长辈,或以职务名来称上级。但古时也并非人皆有字,只有富贵者、文人等中上层人士才取字,平头百姓以致刀笔小吏等下层民众一般是无字的,这种状况使拥有字成为尊贵的一种标志,相互称字也是一种风雅的事。辛亥革命后,社会上提倡"一名主义",主张废除取字号的习惯,从此取字习俗逐渐衰落,1949 年以后完全废止,原来有字者也极少使用了。就流传范围而言,取字、称字主要是中国汉族社会的命名、称谓习俗;其他民族偶有此俗,一般是受汉文化影响而致。

三、号（Ideal-expressing Name）

"号"是根据人成年之后的特征,在名和字之外另起的名称。又称别号、别字。郑玄注《周礼·春官·大祝》:"号,谓尊其名,更为美称焉。"呼号不仅尊人之名,而且尊人之字,所以比称字更加尊敬、客气。取号之风早已有之,春秋战国时代已有先例,但不是常见现象,到汉魏之际此风乃盛。到宋代,文人几乎人人有号,甚至一人多号。号与名、字在意义上没有联系。有的号为赠号,是别人根据某人的行为特征而送给他的,如诸葛亮被称为"卧龙",庞统被称为"凤雏",更多的情况是自号,借以表明志向、情趣或其他心态,也有的根据自己居住地的环境特征来命号,如陶潜字渊明,号五柳先生,有随遇而安、自由任达的寓意。一些人的号被叫得很响,以致掩盖了字,如宋代的苏轼字子瞻,号东坡居士,人多称"苏东坡";陆游字务观,号放翁,人多称"陆放翁";而清代的郑燮号板桥,曹霑号雪芹,竟以号行,其名字反而鲜有人提及。还有一些特殊种类的号:尊号,是皇帝或皇后在世时,臣下奉予以表示尊崇、颂扬之意的号;庙号,一般为"某祖""某宗",是皇帝死后,新皇帝为敬奉并祭祀他而加的号;谥号,是在帝王、贵族、高官死后,朝廷根据其功业和品德等,加给一个称号以示褒贬;封号,臣下因功而受封爵位等,以爵位名为号,即封号;法号,又称戒名,是佛教徒在受戒时由师傅所授的名号;道号,是道教徒入教时所取的教名。到二十世纪初,取号称号习俗衰退,至1949年此俗废止。许多民族都有从个人特征或理想的角度选取特色称号用以自称或称呼他人的现象,而将号作为姓名称谓重要组成部分并风行于较大社群范围内的现象,则是古代汉族社会的称谓特色。

四、咒语（incantation）

咒语是在巫术与宗教活动中出现的被认为具有超自然力量的神秘套语。广义的咒语,包括巫术与宗教活动中的所有神秘语言,将祷词(向神灵进行祷告以祈福禳灾的语言)与神谕(被认为体现神的意志的语言或其他象征形式)也涵盖在内。狭义的咒语,即此处所用概念,仅指那种以语言灵力崇拜为主的神秘套语。在民间信仰中,它的神奇效力在根本上不是借助神灵的力量,而是主要依靠语言自身的魔力。我国古代文献上记载的较早的咒语皆向自然物直接发号施令,而不祈求神灵,如《礼记·郊特牲》记载了年终蜡祭的咒语:"土反其宅,水归其壑,昆虫毋作,草木归其泽!"二十世纪初期,英国人类学家马林诺夫斯基在西太平洋群岛的一些部落考察,记录了当地居民在"祈美巫术"中念诵的咒语:"我的头发出光芒,我的面孔耀眼生辉。我得了好看的外形,我是惟一的一个,我的声誉无人能及。"这些朴拙的语句显示出语言巫术在民间信仰里直接影响自然进程的巨大威力。

咒语的特征:根据巫术的基本原理,我们可将咒语的特征概括为四个方面:(1)命令性,指施术者以语言对客观世界(包括作为客观世界变形反映的鬼神世界)予以强行支配和安排的特点;(2)实施性或自足性,指咒语直接对事物发布命令,人们相信咒语的发出就是事情的完成、收效的达到;(3)固定性,指咒语大多是内部传承的特定的词语组合,不能够随意更替和改动;(4)神秘性,指咒语大都在狭小集团的内部秘密传承,不会轻易泄露给一般人。依据以上特征,可将咒语与祷词、神谕区分开。

咒语的种类:咒语可从诸多角度进行分类,常见的是从用途上,分为农事咒语、治病咒语、护身咒语等;从咒语是企图致福于人还是降祸于人,可分为善意的祝词与恶意的诅咒,或称为白巫术咒语与黑巫术咒语。从民众信仰中咒语魔力的构成状况以及与神灵崇拜的关系的角度,可将咒语分为三种基本类型:原咒、驱鬼咒、请神咒。

咒语的运用:咒语一般是作为巫术仪式的组成部分来施行。施咒时,一般要按规矩准备好相应的器具,常见的法器有法剑、法镜、法印、皮鼓、铜铃等,另一种器具是施咒对象的象征物如木偶、草人、鸡、狗、水等;要交通神灵的话,还要摆好神像、祭品等。仪式进行中,往往有其他配合念咒的行为,除了模仿性施术动作外,还有舞动、表演、哼唱、鼓乐、祭拜、踏斗、捏诀等。有的仪式还将咒语与符箓结合使用。符箓在某种程度上可看作物化的、视觉的咒语,完整的符包括神像、文字、符号三部分(神像部分常省略)。不管仪式怎样繁复,咒语一般都是巫术里最重要的成分,也是巫师保密最严的东西。

咒语的起源与演变:咒语在人类社会的史前时期就已经产生了。由于原始初民不能理解、难以适应客观世界,他们就试图运用巫术仪式来控制客观世界的进程。咒语就是这种巫术仪式的组成部分。已发现的巫术仪式的最早遗迹是见于距今 4 万到 10 万年的欧洲穆斯特利型墓葬,其遗址中有施行法术的迹象。距今至少 2 万至 3 万年的中国山顶洞人墓葬遗址中也有类似情况。在前宗教时代,巫师用咒语等法术直接命令客观世界;产生鬼神崇拜以后,施术者就试图通过驱使或祈求鬼神来控制客观世界,这样信众就惯于将咒语以不同形式与神灵崇拜相结合,如二十世纪三四十年代,河北省景县一带的红枪会组织在"求体"仪式上念诵的咒语:"天护身,地护身,今请南方火帝君。头顶火焰山,脚踩火龙门。左边火龙刀,右边火龙绳。护前心,护后心,通身上下护得清。若要有人破我的法,除非数清我头发。"在现代社会,由于科学技术的发达等因素,对巫术包括咒语的信仰总体上已经趋于衰亡,但在一些经济较为落后、保留较多原始文化的地区或社群中,咒语仍在不同程度地被运用着。

(原载《中国大百科全书》第 2 版,
中国大百科出版社,2009 年)

主要参考文献

《礼记正义》、《仪礼注疏》、《尔雅注疏》,《十三经注疏》,中华书局,1980 年。

(清)梁章钜:《称谓录》,郑珍:《亲属记》,中华书局,1996 年。

钟敬文:《钟敬文学术论著自选集》,首都师范大学出版社,1994 年;

　　《话说民间文化》,人民日报出版社,1990 年;

　　《钟敬文民俗学论集》,上海文艺出版社,1998 年;

　　《民俗学概论》,上海文艺出版社,1998 年。

费孝通:《江村经济》,江苏人民出版社,1986 年;

　　《乡土中国　生育制度》,北京大学出版社,1998 年。

罗常培:《语言与文化》,语文出版社,1989 年。

江绍原:《中国礼俗迷信》,渤海湾出版公司,1989 年。

陈　原:《语言与社会生活》,三联书店,1980 年;

　　《社会语言学》,学林出版社,1983 年。

乌丙安:《中国民俗学》,辽宁大学出版社,1992 年。

刘魁立:《刘魁立民俗学论集》,上海文艺出版社,1998 年。

胡明扬:《语言学论文选》,中国人民大学出版社,1991 年。

陈建民:《语言文化社会新探》,上海教育出版社,1989 年。

刘铁梁:《村落——民俗传承的生活空间》,《北京师范大学学报》1996 年第
　　6 期。

董晓萍:《民俗学导游》,中国工人出版社,1995 年。

周　星:《汉族民俗文化中的谐音象征》,《社会科学战线》1993 年第 1 期;

　　《灯与丁:谐音象征、仪式与隐喻》,见王铭铭、潘忠党主编:《象征与社会:
　　中国民间文化的探讨》,天津人民出版社,1997 年。

赵世瑜:《眼光向下的革命——中国现代民俗学思想史论(1918—1937)》,北京师范大学出版社,1999年。

高丙中:《民俗文化与民俗生活》,中国社会科学出版社,1994年。

徐扬杰:《宋明家族制度史论》,中华书局,1995年。

王铭铭:《村落视野中的文化与权力》,三联书店,1997年。

曲彦斌:《民俗语言学》,辽宁教育出版社,1989年;《中国民俗语言学》,上海文艺出版社,1996年。

袁庭栋:《古人称谓》,四川教育出版社,1994年。

涂纪亮:《现代西方语言哲学比较研究》,中国社会科学出版社,1996年。

刘润清:《西方语言学流派》,外语教学与研究出版社,1995年。

郭于华:《国家力量·民间社会·文化象征——从养老看文化变迁中农村的国家力量》,见马戎、周星主编:《田野工作与文化自觉》,群言出版社,1996年。

纳日碧力戈:《姓名论》,社会科学文献出版社,1997年。

刘晓明:《中国符咒文化大观》,百花洲文艺出版社,1995年。

[英]詹·乔·弗雷泽:《金枝》,徐育新等译,大众文艺出版社,1998年。

[英]马林诺夫斯基:《巫术、科学、宗教与神话》,李安宅译,中国民间文艺出版社,1984年;《文化论》,费孝通译,中国民间文艺出版社,1987年;《两性社会学》,李安宅译,中国民间文艺出版社,1986年。

[美]路易斯·亨利·摩尔根:《古代社会》,杨东莼等译,商务印书馆,1977年。

《马克思恩格斯选集》,人民出版社,1995年。

[美]冯汉骥:《中国亲属称谓指南》,徐志诚译,上海文艺出版社,1989年。

[瑞士]费尔迪南·德·索绪尔:《普通语言学教程》,高名凯译,商务印书馆,1980年。

[德]威廉·冯·洪堡特:《论人类语言结构的差异及其对人类精神发展的影响》,商务印书馆,1997年。

[法]克洛德·莱维—斯特劳斯:《结构人类学》,谢维扬等译,上海译文出版

社,1995 年。

《景县志》,天津人民出版社,1991 年。

《景州志》,清乾隆十年,刻本。

《中国地方志民俗资料汇编·华北卷》,北京图书馆出版社,1989 年。

后　记

　　本书是在我的博士论文的基础上修改而成的。论文原题为《民间语言现象的民俗学研究——以河北省景县黄庄的几种语言现象为例》。这个名称还是恩师钟敬文先生为我确定的。那是 1997 年 11 月 12 日在北师大民间文化研究所举行的开题报告会上。我在做了关于选题的陈述之后说,我的题目还没有想好,希望各位老师帮我想一想。半个小时后钟老在总结发言时说:"你这个题目可以叫《语言现象的民俗学研究——以某某村落的几种语言现象为例》。"我听了以后豁然开朗,并对钟老在这一课题上高屋建瓴的把握能力深为折服,更对他在 95 岁高龄还有这么敏捷过人的才思深感惊佩。后来在八大处的工人疗养院,他又建议在题目前边加"民间"二字做进一步的限定。音容笑貌尚在,而先生却这样快地仙去了,令弟子无限伤悲。本来这本书应该在扉页上写明献给他老人家,但由于那是西方人的表达习惯,我生性愚讷,竟学不来,也就罢了。

　　在 1996 年秋入学的第一学期,先生考虑到我是从语言学专业过来的,就给我确定了研究语言民俗的方向。看得出他对这一课题有浓厚的兴趣,经常兴致勃勃地跟我谈起清代以来的《古谣谚》、《恒言录》、《明清俗语辞书集成》等关于俗语、方言的书籍。但是我在一年多的时间里总是搞不清这个题目应该怎样做。开题报告上我拿出了一个大纲。参加开题报告会的老师有钟敬文、刘铁梁、董晓萍、赵世瑜诸位教授,都对我的论文写作提出了有益的意见和建议。钟老在会上讲:语言民俗学或民俗语言学尚处于开创期,是个处女地,这个题目研究得好是有开创性的;进行语言现象的民俗学研究,要从民俗学的观点来研究语言,用民俗学的箭去射语言的靶子,用民俗的性质、基本特点来考察语言;以特定的乡村作为主要对象来取材,看一个社区的人怎样使用语言,用对一个时空的观照来做整体论的研究,这是个案研究,但是是个性的也是共性的,是本乡的也是全国的。这是钟老为我的论文确定的原则和方向。我当时记在笔记本上,后来逐步领悟和贯彻。会后钟老表示对我提交的大纲不满意,说是搞的内容太细了(应该是指大纲中有类似于方言学的词汇调查内容),让我修改以后再交上一个来。我理解为这个提纲还受语言学研究的影响,还没有完全跨到民俗学的领域来。紧接着先生让我参加编写《民俗学概论》的"民间语言"一章,在编写过程中针对初稿的修改他详细阐述了对语言民俗的理解,重点说明"民间语言既是民俗的载体,它本身也是一种民俗现象"的基本观点,并交代各节的具体写法、斟酌每一句话的措辞。这项工作对我正确理解语言民俗有很大的作用,也为我后来的论文写作打下了基础。

1998 年夏天我回乡做正式的语言民俗调查工作。我的第一个调查对象是黄金新大爷爷(按当地拟亲属称谓习俗采取的称呼),他是一个乡土知识丰富也很健谈的老人,他第一次给我讲俗语就让我明白了我的论文应该怎样作:他讲俗语总是和当地的风土习惯、村民轶事结合在一起的,特别是有时还讲述了村民运用俗语的完整事件,对我启发很大。原来在民众那里,民间语言本来就是同他们的生活密不可分的,他们不可能脱离其日常生活而孤立地、抽象地谈论俗语。这在民众那里是再简单不过的事情,但是演绎成学术思想却是深刻、宝贵的。我在村子里得到了在北京的校园里无论如何也得不到的切身体验。田野调查一开始就使我真正理解了钟老关于民间语言是民俗文化的一部分的思想,也具有了做好论文的信心:我只要照民众使用语言的本来的样子去描述、分析就行了。接下来我的调查很顺利,乡亲父老们都很热情地配合我的工作,有的村民还非常乐意跟我摆村里的事情。其实我的调查在大部分情况下都看不出是在做什么"调查工作",只是在和老乡们闲聊而已,在村头、地头、炕头、门口、路上我都不着形迹地围绕我关心的问题和村民聊天,在不特意提问时也注意倾听和观察,稍后再将所得到的东西记在我的笔记本上。比较大型的也是最郑重其事的一次调查活动,是在一天雨后的农闲时间,我随支书王金升小叔到各家请来十几位老人,在我家的院子里谈村里的俗语、风俗和掌故等。有时我也做录音,有一种录音还是晚上村民在街头乘凉聊天时我在他们完全没有察觉的情况下录的。这里我要郑重感谢在我的调查过程中帮助过我的所有"兄弟爷们儿们""奶奶大娘们",尤其要感谢对我帮助较多的黄金新大爷爷、王金升支书、黄金厂大爷爷、黄金岭大爷爷、黄金池大爷爷、王金昌大爷爷、王丙戌大哥、王文治大哥、王之岩大哥等。感谢父母对我的扶助。父亲除了回答我的问题外,还张罗着为我联络、招待调查对象。在论文写作过程的始终,家乡的人们中就数母亲对我的帮助最大:她是那种保留传统民俗观念最多的村民之一,在村里调查时,我随时向她询问村里的事情和一些民俗现象;回到城里,母亲又为我看孩子、做饭、收拾房间等,我在论文写作过程中有不明白的事情、有缺少的田野资料,就随时问母亲。实际上有很大一部分资料是从母亲那里来的。母亲辛勤劳作的形象也是我用功写作的一种精神动力。所以这本书也应该献给我的母亲。

开题时确定的大纲由两大部分组成,第一部分是一般性的理论探讨,第二部分是各种类型的语言民俗探讨。等调查初步完成后,决定第一部分不要了,或者说是把它融会到第二部分里去,由具体的材料分析展开普遍性的理论探讨,于是就成了现在的框架。写作的过程是紧张而艰苦的。当时我还没有使用电脑写作,稿子是在阳台上手写而成。可能是由于长时间坐着,不怎么运动,加上写不动时爱喝点白酒刺激、活跃神经,等论文写完后,我的体重竟然增加了三十多斤,几乎所有的裤子都穿不得了。人都说使劲做学问的人"为伊消得人憔悴",我却是"为伊变得人肥胖",也是怪事。写作真正是"遗憾的艺术",写完后觉得有的地方不满意或没来得及充分研究,但是也有一点是十分自信的:我的写作态度是真诚的、忠实的,我所借以得出结论的资料、文中反映的乡村文化的现状完全是我自己调查来的,完全是真实的,没有一点虚假的成分。对这一点我问心无愧,即使我的论述是肤浅拙劣的,这种真实性也能支持自己对于论文的信心。在答辩会上我也向诸位委员先生说过这样的话。

我的论文是在 1999 年 6 月中旬通过答辩的。答辩委员会由陈原研究员担任名誉主席,何九盈教授担任主席,由陈建民研究员、李耀宗教授、刘铁梁教授、周星教授、赵世瑜教授任委员,郭必恒学兄担任书记员。那段时间天气很热,各位先生为阅读我的论文、参加答辩会辛苦良多;各位先生对我的热情赞誉与真诚的批评都令我十分感动。特别是陈原先生,他在答辩委员会中年龄最长,而所写的评议书最长(1200余字),且字斟句酌,俨然一篇文章,想来我的论文让陈先生花了很多工夫。在此我谨向各位先生表示诚挚的谢意。

论文答辩以后的两年里,钟老非常关心论文出版的事情,他前后有十几次以上在见到我时问起这事,也曾帮我想办法出版,如建议放入某丛书里面、告诉我怎样申请北京市社科研究基金等。他见到晚于我毕业的同学的论文都出版了,我好像还是不着急的样子,替我着急之余,倒夸我能做到淡泊处世。其实我何尝不急,只是我一方面还要按答辩委员们提出的意见修改一遍,一方面出版实在不易,又不愿意为出版的事麻烦他老人家。2001年春节过后,我将论文修改完毕,请钟老写序。钟老口述,我记录,并融合了他在前期所写的谈论语言问题的文章,由我整理而成。初稿完成后,分两次念给他听,他逐字逐句做了修改。2001年12月底,我到友谊医院看望他,告诉他我的论文已经确定在人民出版社出版,他听了很高兴,说:“好啊,人民出版社权威啊!”我想在书里放一张同他老人家的合影,征求他的意见,他欣然同意:“行,只要对书的出版有好处。”他一向是乐于别人借助于他的(只要不是干不好的事),甚至在许多场合,甘愿一遍一遍地、不厌其烦地充当道具式的人物,以满足大家与他合影的愿望。先生还反复嘱咐要在书名前边加上“中国民间文化探索丛书”(北京师范大学出版社近年推出的一套丛书),我也很愿意这样做,但是我这本书在人民出版社是放在“中国文化新论丛书”里的,就不宜再加上别的丛书名,这点只能向先生说抱歉了。可惜的是,我没有让他在世的时候看到我出版的论文。待书出来后,我要将这不成熟的作品献给老人家的在天之灵。过去,他看到自己的学生出了书,总要兴奋一阵子的。现在,我的书出版了,已在仙界的先生也肯定能感到些许快慰吧。

我的硕士论文导师胡明扬教授引导我走上了学术研究之路,也一直关心着我的博士论文的写作与出版,在此向胡先生表示诚挚的谢意。

感谢教授我博士学位课程的刘魁立教授、董晓萍教授,感谢给我以教诲的陈子艾教授,感谢热情帮助我的王德宽老师、安德明师兄、杨丽慧师姐。我要特别感谢我的两位同届师兄萧放、万建中,同届师姐贾放,在同他们的交往中我获得了不少专业上的教益。也感谢吴效群、刘晓春、周福岩、苑利、巴莫曲布嫫、杨树喆、朝戈金、王晓莉、刘宗迪、康丽、庞建春、严优、王杰文、岳永逸等所有帮助、关心我的论文写作的师兄学兄们。

人民出版社的乔还田先生对本书的出版给予了全面的支持,还帮助我确定现在的书名,选择书中的插图。没有他的大力支持,本书是不能这样顺利出版的。前辈学者张作耀先生在审稿期间对本书的学术价值作出了较高的、中肯的评价,并认真指出、仔细改正了原稿中的不少文字错误。刘丽华女士也曾充分肯定本书的出版价值。在本书的出版过程中,还有我所不认识的领导、编辑为之付出了努力和辛苦。在此谨向他们致以深深的谢意。

为了与整套丛书的规划相协调,论文增加了一些插图。本书的图片除了自己拍摄的照片外,还从王树村先生编著的《中国古代民俗版画》(新世界出版社,1992 年版)、孙二林女士著《民间剪纸技巧》(金盾出版社,2001 年版)、王惕女士著《中华美术民俗》(中国人民大学出版社,1996 年版)等文献中选用了部分图片,这里向他们表示感谢;由于联络方法不详,没有事先一一征得他们的同意,希望能得到他们的谅解,并请他们与出版社或作者(中国人民大学中文系,邮编:100872)联系,我们将按规定付给微薄的稿酬。

最后,我要特别感谢每一位长期关心我的好朋友。

黄　涛

2002 年 6 月 10 日于北京西三旗育新花园

再 版 后 记

本次再版，增加了一个短序。那本是已故著名语言学家陈原先生为我的博士论文写的评议书。陈先生是钟敬文先生的老乡和旧友，两人平日来往并不多，因我的论文是谈语言问题的，正好关涉陈先生的学术研究领域，钟先生就想到请他评议我的论文和参加答辩会。当时陈先生年事已高，又值7月盛夏，还是很认真地审读了我的打印版论文，并且写了一份较长的评议书。陈先生的身份其实首先是出版家、作家，然后才是学者，他也应该很少参加高校里的学术活动，这次受故交之托，不得不拿出时间来看我的论文。我猜他为高校学生论文写评议不是绝无仅有，也是极少的事。好在我的论文跟他写过的社会语言学的很多文字是相近论题，我想他看我的论文时还是有兴趣的。陈先生所写的评议跟一般高校学者写得很不一样，可说是不落窠臼、独具一格，既力求在学术方面作出充分评议，又按着写作习惯特别讲究篇章、文采。当时我看了这份评议书很感动，同时又觉得只当做评议书在答辩会上宣读太可惜了，应该找机会公开发表出来。我在准备将论文交付出版社时，就打算把陈先生的评议作为"序二"，为此我征求陈先生的意见，陈先生和蔼地点头说"好"，一付无所谓的样子。可是钟先生却明确地表示不同意。我问为什么，他没多解释，只大致说陈先生跟我们学校里的人眼光有些不一样。他在另一次谈话里曾表示对陈先生指出我论文不足的几句话不以为然，这几句话是评议书的最后一条："应当认为作者掌握了丰富的中文有关学术资料，但也看出作者对外文资料的涉猎还不够，否则行文会更充实。文风是平易的，逻辑性还可以，从美学的观点看，则还缺少打动人的文采。"陈先生认为我的论文引用外国文献只是用已经翻译过来的资料，没有直接看原著是个不足；钟先生认为如果不需要，写这篇论文不是必须要看外文原著的。陈先生从作家的眼光看,认为学术著作也应有易于打动人的文采。钟先生认为这不应是评价学术著作的必要标准。我想钟先生的说法也许有对自己学生的偏袒成分吧。在我本人来看,写作本论文时在语言上还是很讲究的,但主要是追求准确明白,确实没有追求表述的生动性,也没有意讲求文采。就本论文的内容而言,陈先生关于文采的要求我确实难以达到,但是我也认为那是值得我以后写作借鉴和追求的更高标尺。现在我还是按着原来的打算把陈先生的评议书当作"序二"发表出来,把上面那段指出我论文不足的话从序里拿出来,表示对钟先生意见的尊重;同时也借机在本后记里发表出来,表示不掩饰对自己论文的批评意见,也是一种诚实。我跟陈先生见面不多,但是他那种特别和善、儒雅的风范令我一见倾心、终生不忘。我觉得那种风范是老一代学者身上所特有的。

陈原先生与陈建民先生是当时国内最负盛名的两位社会语言学家,恰好都是钟先生的广东老乡。按钟先生的说法,陈建民先生还是他的"小老乡"(都是广东海丰人,建民先生还曾担任海丰北京校友会会长),钟先生也提议陈建民先生做了我论文的评委。建民先生在答辩会上热情洋溢、用词毫无顾忌引起举座大笑的情形如在昨日。那次答辩会以后,建民先生对我的研究很关心,跟我有较多的来往。我实在很喜欢建民先生的为人风格和学术著述。我最后一次见到建民先生是 2004 年在国家语委大楼的语用所办公室。当时他是退休返聘,跟我的老同学郭龙生兄正好在一个办公室,他在里面的套间。那次我是找老同学才碰到他的。那时他正忙于操持秋季要召开的第四届社会语言学大会,并邀请我提交一篇论文。我们三人还坐在沙发上合了影。当时他还那样精力充沛、生龙活虎,没想到在那个秋季就突然因病辞世了。

借上述两段文字,表达对做过我的博士论文评委的已过世的两位先生的怀念。

本书封底还采用了何九盈、刘铁梁、周星、赵世瑜等教授的评议文字,借以对本书介绍宣扬。在此,对几位先生表示感谢。

这次修订,改正了原书中文字上的错误、不当、疏漏计 80 余处,去掉了所有的插图。我指导的研究生尹云龙同学认真地通读了全书,一点点记下他认为的文字错处,特别是指出了我自己没有看出的一些问题。这里,对他的细致校对工作也表示感谢。

在附录部分,增加了近年来我所写的与本书内容相关的几篇论文和几则概念解释,以期对本书个案研究的局限有所弥补。

最后,感谢人民出版社副总编辑乔还田先生多年来的支持和关心以及本版责任编辑于宏雷为修订所做的工作。

黄 涛

2010 年 8 月于温州茶山高教园区

责任编辑:于宏雷
封面设计:肖　辉
版式设计:程凤琴

图书在版编目(CIP)数据

语言民俗与中国文化/黄涛 著. -北京:人民出版社,2010.12
ISBN 978-7-01-009465-6

Ⅰ.①语…　Ⅱ.①黄…　Ⅲ.①语言-关系-民俗学-研究-中国
Ⅳ.①H0-05

中国版本图书馆 CIP 数据核字(2010)第 227924 号

语言民俗与中国文化

YUYAN MINSU YU ZHONGGUO WENHUA

黄　涛　著

人民大学 出版发行
(100706　北京朝阳门内大街166号)

北京龙之冉印务有限公司印刷　新华书店经销

2010 年 12 月第 1 版　2010 年 12 月北京第 1 次印刷
开本:710 毫米×1000 毫米 1/16　印张:21
字数:323 千字　印数:0,001-3,000 册

ISBN 978-7-01-009465-6　定价:44.00 元

邮购地址 100706　北京朝阳门内大街 166 号
人民东方图书销售中心　电话 (010)65250042　65289539